TURING 图灵程序设计丛书

U0739849

判定过程

第 ② 版

SAT 与 SMT 求解算法

[英] 丹尼尔·克勒宁 (Daniel Kroening)　[以] 奥弗·施特里希曼 (Ofer Strichman) ——— 著　蔡少伟 ——— 译

YES

NO

DECISION PROCEDURES

An Algorithmic Point of View, Second Edition

人民邮电出版社

北　京

图书在版编目(CIP)数据

判定过程：SAT与SMT求解算法：第2版 /（英）丹
尼尔·克勒宁（Daniel Kroening），（以）奥弗·施特里
希曼（Ofer Strichman）著；蔡少伟译. -- 北京：人
民邮电出版社，2025. --（图灵程序设计丛书）
ISBN 978-7-115-66220-0

Ⅰ. TP301.6

中国国家版本馆 CIP 数据核字第 2025F8V444 号

内 容 提 要

　　本书系统介绍了各种可判定的一阶理论及其在自动软硬件验证、定理证明与编译器
优化等场景中的具体应用，涵盖了布尔可满足性（SAT）求解器和可满足性模理论（SMT）
求解器的核心技术，以及命题逻辑、线性算术和位向量等多种建模语言。作者通过大量
实际案例展示了如何将复杂的计算问题转化为形式化的逻辑问题，并借助高效的判定过
程进行求解。本书不仅为研究人员提供了丰富的理论知识，还为高级软件工程师和开发
者提供了实用的参考指南。

　　本书适合软件工程师、计算机专业的学生以及对逻辑推理感兴趣的读者阅读。

◆ 著　　　[英] 丹尼尔·克勒宁（Daniel Kroening）

　　　　　　[以] 奥弗·施特里希曼（Ofer Strichman）

　　译　　　蔡少伟

　　责任编辑　王军花

　　责任印制　胡　南

◆ 人民邮电出版社出版发行　　北京市丰台区成寿寺路 11 号

　　邮编 100164　　电子邮件 315@ptpress.com.cn

　　网址：https://www.ptpress.com.cn

　　北京市艺辉印刷有限公司印刷

◆ 开本：800×1000　1/16

　　印张：23.75　　　　　　　　　　2025 年 9 月第 1 版

　　字数：460 千字　　　　　　　　2025 年 9 月北京第 1 次印刷

　　　　　著作权合同登记号　图字：01-2023-1197 号

定价：159.80 元

读者服务热线：(010) 84084456-6009　印装质量热线：(010) 81055316

反盗版热线：(010)81055315

版 权 声 明

推荐语

逻辑推理的判定过程，是自动推理技术革命的核心。这场革命已在工业领域展现出广泛应用，从硬件与软件验证，到云服务正确性的保障，乃至更多关键领域。有人认为，这些技术将在解决生成式机器学习模型的"幻觉"问题上发挥关键作用。本书是该领域最有价值的入门读物。两位作者作为自动推理领域的先驱和知名专家，不仅对最重要的方法提供了算法细节，还深入探讨了其背后的逻辑与计算基础，最后介绍了这些技术的应用场景。对于任何想了解这一前沿方向的读者而言，本书都是不可或缺的读物。如今，其中文版得以问世，我深感欣喜。

——Armin Biere，德国弗赖堡大学计算机体系结构讲席教授、国际 SAT 学会前任主席

这本经典著作是最早也是至今唯一的系统阐述可满足性模理论（SMT）核心概念的教材。更重要的是，其内容至今仍对想要了解该领域的读者具有极高的参考价值。书中几乎涵盖了现代 SMT 求解相关的所有重要主题，尤其侧重算法解析与实例演示，这一特点使得不同背景的读者都能轻松理解书中内容。

——Clark Barrett，斯坦福大学计算机系教授、著名自动推理专家、ACM 会士

在过去的 25 年里，SMT 已成为自动推理领域的领先技术。由该领域两位前沿研究人员丹尼尔·克勒宁和奥弗·施特里希曼所著的《判定过程：SAT 与 SMT 求解算法（第 2 版）》是这一重要领域的权威教科书。我很高兴看到蔡少伟研究员将此书翻译成中文，让中国的本科生和研究生能够接触到这部重要著作。

——Moshe Vardi，美国莱斯大学计算工程系杰出教授、著名形式化方法专家、美国国家科学院/美国国家工程院/美国艺术与科学院院士

在我的大脑中，经常会出现两个声音：一个推崇科学之美，另一个推崇极致工程。在

我的认知中，可判定的一阶理论以及 SAT 与 SMT 求解器，正是计算机领域中一座连接科学与工程的桥梁。蔡少伟研究员是约束求解方向的顶尖学者，其倾力翻译的《判定过程：SAT 与 SMT 求解算法（第 2 版）》这本经典著作，系统地介绍了这个方向的基础理论、重要算法、核心技术以及具体应用，必将会促进该方向在国内的发展，意义深远。值得一提的是，书中每一章最后专门讲述了相关知识的演进脉络与幕后故事，其中蕴藏着科学技术发展的内在规律，极富启发性。

——包云岗，中国科学院计算技术研究所副所长、中国科学院大学计算机学院副院长

本书系统介绍了可判定一阶理论及其应用，是该领域不可多得的优秀教材。我国约束求解专家蔡少伟研究员将该书倾力翻译为中文，具有深远意义。强烈推荐所有形式化方法领域的研究者、技术开发者以及相关工程应用人员学习和参考。

——王戟，国防科技大学研究员、CCF 形式化方法专业委员会前任主任

本书由国际知名学者丹尼尔·克勒宁与奥弗·施特里希曼合著，是计算机科学领域的一本经典教材。该书从算法视角系统地介绍了一阶理论的可判定性问题，聚焦 SAT 与 SMT 求解器的核心技术，通过大量实际场景甚至工业级的案例展现了算法和求解器在应用中的威力。无论是对于计算机专业学生、算法工程师，还是对形式化验证感兴趣的研究人员来说，该书都是一本关于 SAT 与 SMT 求解的涵盖理论、算法和工程落地的重要参考书。蔡少伟研究员以深厚的学术功底和对 SAT 与 SMT 求解的深刻洞见，把握原著精髓，译文严谨流畅，为国内读者提供了一个快捷进入该领域前沿的途径。

——夏壁灿，北京大学数学科学学院教授

SAT 是计算机科学和人工智能领域的重要基础问题之一。自 20 世纪末以来，SAT 求解算法取得了巨大进步。SMT 是其扩展，能接受更加丰富的约束形式。SAT 和 SMT 求解算法及工具推动了软件分析、测试和验证的发展。本书是较早介绍 SAT 和 SMT 求解技术的专著，在国际上有重要影响，虽然不是尽善尽美，但有助于读者深入了解该领域。我相信，该书中文版的出版，将吸引更多的国内学者加入这一领域，或使用该领域的成果。

——张健，中国科学院软件研究所研究员、CCF 会士

译 者 序

在计算机的数学基础中，数理逻辑可以说是基础中的基础，主要包含命题逻辑和一阶逻辑。可满足性问题是数理逻辑的核心问题，其目标是判定是否存在一组变量赋值，使得给定公式的结果为真，简单地说，就是判断一个逻辑公式是否包含矛盾。很多问题其实都属于这类问题，比如计算机硬件或软件有没有漏洞，某个规划任务有没有可行方案。本书介绍了布尔可满足性（SAT）问题和可满足性模理论（SMT）问题的求解算法，分别对应命题逻辑和给定背景理论的一阶逻辑公式的可满足性问题。

可满足性问题是计算机科学的核心问题之一。同时，可满足性判定作为自动推理的主要方法，也是符号主义 AI 的代表性技术。从芯片设计到操作系统，从基础软件到工业软件，从密码分析到航空航天，SAT/SMT 求解器在很多重要领域发挥着重要作用。2022 年和 2023 年，为了普及相关方向，我和吴志林研究员组织了两次"约束求解"公开课，报名的学员来自 100 多个单位，包括各大高校和著名企业。其中，2023 年线上听课人数超过1000 人，引起了很好的反响。在此过程中，我经常被问到一个问题：这个领域有没有相关的中文教材？这时我意识到了一本中文教材的重要意义。我自己在本科期间刚接触这个领域的时候，读了中国科学院软件研究所张健研究员的《逻辑公式的可满足性判定——方法、工具及应用》一书（2000 年出版），受益匪浅。这些年来，这个领域取得了长足的发展，特别是大部分 SMT 求解算法是在 2000 年之后发展起来的。然而，目前仍缺乏系统介绍这些算法技术的中文教材。我也想过自己编写一本介绍 SAT/SMT 算法的教材，但受限于能力和精力，恐怕短期内难以完成这一任务。再者，国际上已经有很好的教材，其中我认为最好的一本是 *Decision Procedures: An Algorithmic Point of View, Second Edition*，它覆盖了不同背景理论的 SMT 求解算法，也介绍了 SAT 最主要的算法。于是我决定将这本教材翻译成中文，希望能为此方向在中国的发展做一点微小的贡献。

在本书的翻译过程中，我有幸得到了多位朋友的帮助。感谢贺飞、马菲菲、吴志林、李博涵、韩瑞、吕昆航、师朗辰、贾富琦、董弈伯、张枨宇、何德源、郝政伟、刘柯蓝、杨子腾、赵启元、吴熙炜、戴佳妮等人对本书进行了校阅。感谢原书作者 Ofer Strichman 对细节的严格要求，这极大地帮助我们进一步提升了质量。感谢编辑王军花的耐心和各种帮助。在翻译过程中，我根据原书的勘误做了更正，对某些明显的不当之处也做了更正，并且得到了作者的认可。限于译者水平，翻译不妥之处在所难免，敬请读者谅解和指正。

蔡少伟

2025 年夏于北京市中关村

第 2 版序

Leonardo de Moura[1]，微软研究院

判定过程已经对多个应用领域产生了深刻影响。在过去 20 多年里（主要是从新一代 SAT 求解器诞生开始，尤其是 2001 年 Chaff 求解器出现之后），它在实践中变得如此高效，以至于许多之前无法解决的现实问题现在可以在数秒之内被求解。不过，这些判定过程结合了计算机科学中一些最基础的研究领域和 20 世纪符号逻辑方面的发现。它们结合了 SAT 问题以及凸优化和项运算符号系统的一些领域知识，并且涉及判定问题、逻辑理论的完备性和不完备性，以及复杂性理论。

毫不夸张地说，在微软，我们每天都在使用判定过程。举几个例子，这样的应用包括安全测试、静态代码分析、约束求解和软件验证。在微软，判定过程最大的一个应用就是安全测试，消耗多于 500 机器年。判定过程发现了传统测试无法找到的数百个微妙但关键的安全漏洞。

这本书既是对这个精彩话题的介绍，也是面向高级开发人员的参考手册。它介绍了许多有用的理论（及其组合），并描述了它们在软件工程中的一些应用，包括微软的静态代码分析。第 2 版提供了一些重要的新内容，包括一般量化（比如 E-匹配算法）、关于高效 SAT 求解和相关问题（比如增量式求解）的更新、有效命题化（EPR），以及其他有重要价值的主题。

---

① 他是 Z3 的主要开发者，Z3 是一个获奖的 SMT 求解器。

第 1 版序

Randal E. Bryant

对判定过程的研究始于几十年前，但 21 世纪初，它的实践价值和基础技术都取得了快速发展。早在 20 世纪 70 年代，出于将形式逻辑应用于人工智能和软件验证的动机，这个领域就有一些科研活动，主要集中在斯坦福大学和斯坦福研究院。这些工作奠定的基础如今仍在发挥作用。20 世纪八九十年代，随着人们普遍对自动验证方法持悲观态度，这方面的研究中断了。当时的普遍观点是，计算机系统（尤其是软件）过于复杂，无法进行形式推理。

这种普遍观点下的一个显著例外，就是布尔方法自 20 世纪 90 年代初开始在硬件验证领域获得成功应用。模型检测器等工具证明了工业级硬件系统的一些有用属性，也找到了某些只靠仿真检测不到的 bug。相比之前的方法，这些方法通过更有效的逻辑推理，即有序二元决策图和 SAT 求解器，获得了改进。大家开始广泛意识到算法效率的重要性，甚至开始关注缓存性能等底层因素。这些因素被认为对问题求解规模有重要影响。

早期的模型检测器在布尔级别上进行表示，这限制了它们在控制密集型硬件系统中的应用。如果把状态的每一位都看作一个布尔信号，那么尝试对软件中的数据操作、数据结构和控制结构进行建模会产生太多状态。

提高系统验证的抽象层次的一种方法是把数据视为更抽象的项。把计算机中的字看作整数，而非 32 个布尔值的集合。许多验证任务可以把浮点数乘法器简单地视为在输入范围内进行可重复计算的“未解释函数”，而非视为一个复杂的布尔函数集合。这种方法重新激发了人们对判定过程的兴趣，即对不同的数学形式进行自动推理。一些工作复用了多年前的方法，但也有一些工作采用了布尔方法，利用了已经获得极大性能提升的 SAT 求解器。最近，判定过程已经变得相当复杂，采用了基于搜索的 SAT 求解器的一般框架，并且整合了处理各种数学理论的方法。

随着算法的改进和计算机系统性能的提升，现代判定过程可以稳定地处理 20 世纪 70 年代的方法远远无法解决的问题。这种进步使得形式推理可应用于之前普遍认为不可能处理的硬件系统和软件系统。此外，在计算机系统面临的各种恶意攻击下，一个看起来很小的 bug 也可能导致运行时出现严重的漏洞，这使得应用形式化方法进行软件分析愈发重要。

到目前为止，学习判定过程的前沿知识需要阅读大量文献，这些文献来源于数十年间不同学科的期刊和会议。科研思路就散布在这些文献中，但是没有标准的术语和符号。另外，有些方法已被证明是不可靠的，还有很多方法被证明是无用的。所以，我很高兴看到丹尼尔·克勒宁和奥弗·施特里希曼把关于判定过程的这么多信息编写到一本专著中。这个领域已经取得了足够的进展，想应用判定过程的人也会对这些结果感兴趣。同时，这是一个快速发展且活跃的研究领域，本书是该领域许多科研人员的必读之书。

前　言

判定过程是一个算法，对于一个给定的判定问题，它会停机并回答"是"或"否"。在本书中，我们专注于了解在自动软硬件验证、定理证明与编译器优化中有用的可判定的一阶理论判定问题。另外，既然本书包含命题逻辑的内容，我们也关心任何在 NP 复杂度类中但不可在多项式时间内求解的问题。本书涉及的建模语言——命题逻辑、线性算术、位向量、带量词的公式等——以及每种语言的建模例子，将帮助你把待求解的具体问题"翻译"为这些语言，并且用某个开源工具进行求解。我们通常用**可满足性模理论**（satisfiability modulo theories，SMT）这个术语来描述这个领域，求解 SMT 公式的软件则被称为 SMT **求解器**。

对于前面提到的任务，处理工业规模的问题非常依赖高效的判定过程，因此 SMT 是一个充满活力且繁荣的研究课题，它吸引了来自世界各地学术界和工业界的研究人员。英特尔、AMD、ARM 和 IBM 等公司在解决规模不断增长的电路验证需求时经常使用判定过程。微软正在研发一个 SMT 求解器并把它常规地用于十几个代码分析工具中。微软 Windows和 Office 的每个用户都间接享受了这项技术的好处，因为这项技术提高了这些软件包对抗黑客攻击的可靠性和弹性。有数百家规模较小、知名度较低的公司将 SMT 求解器用于各种软件工程任务，也用于解决各种规划和优化问题。

现在有很多大学开设了判定过程的相关课程；有时，算法课程和计算机逻辑课程也会讲到这方面的内容。本书适合作为计算机科学专业高年级本科生或研究生的教材。阅读本书只需要具备计算机科学专业本科三年级学生的基础知识即可。本书也可以帮助刚进入本领域的研究生，使得他们不需要从浩瀚无际的文献中收集信息。

本书描述的判定过程来源于不同领域，比如图论、逻辑学、运筹学以及人工智能，如图 0.1 所示。这些过程必须非常高效，因为它们所面对的问题在本质上是难解的。然而，它们似乎永远都不可能足够高效，毕竟，我们想证明的东西总是比**能**证明的东西难。对于这些判定过程的渐进复杂度和实践性能的改进是永无止境的。这使得该主题在研究和教学中格外引人入胜。

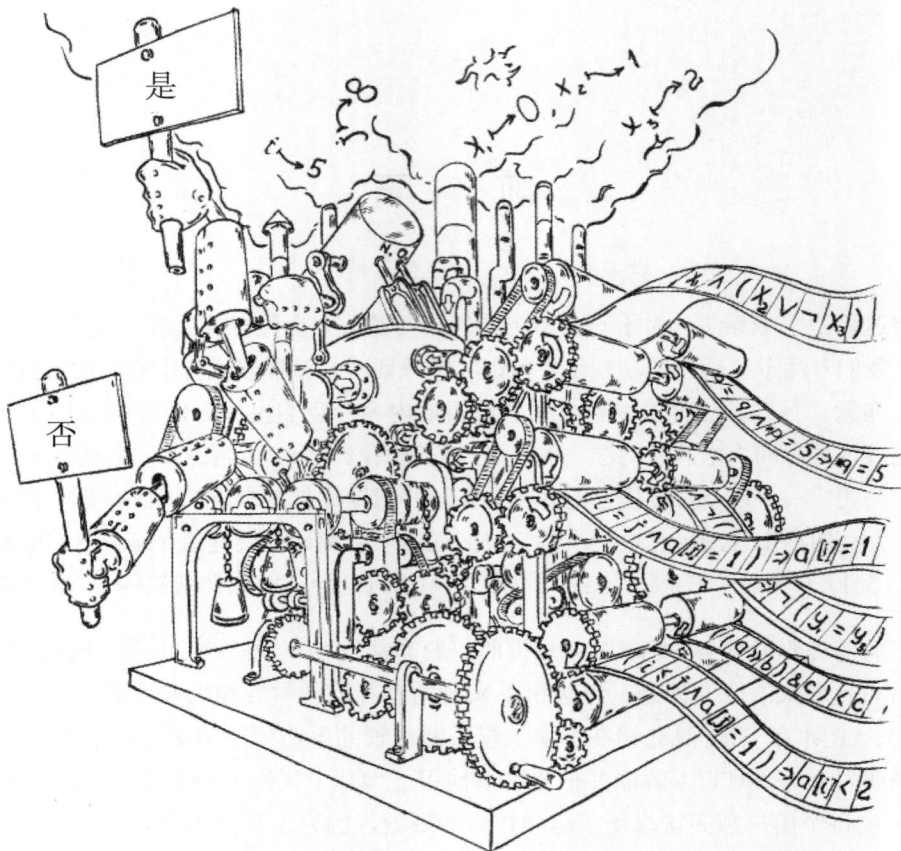

图 0.1　判定过程可以是非常复杂的……本书介绍的判定过程接收不同理论的公式作为输入，有时候
　　　　也接收混合不同理论的公式（通过 Nelson-Oppen 过程，参见第 10 章），判定它们的可满足
　　　　性（"是"或"否"），如果回答为"是"，还要提供一个满足赋值

哪些理论？哪些算法？

　　一个一阶理论只要至少满足以下两个条件，就会被认为是"有意思"的，至少从实践
的角度看是如此。

1. 该理论的表达能力足以建模一个实际的判定问题，并且对于一些模型，该理论比那
   些更容易判定的理论有更强的表达能力或者表达起来更自然。

2. 该理论是可判定或者半可判定的，并且和表达能力更强的理论相比，它可以被更高效地求解（如果理论上做不到，那么至少在实践中是如此）。①

本书描述的所有理论都满足以上两个条件，而且它们在实践中已被应用。对于每个理论，我们都举出一些实际问题的例子来说明它们的应用，这些例子可能来自 C 程序验证、硬件电路验证或者编译器优化。不过，读者不必具备相关领域的背景。

除了其中一章，本书中的所有理论都是无量词的。这些理论的判定问题都是 NP 完全的。从这个方面讲，它们都可以看作可供替代的建模语言，可以被各种判定过程求解。它们之间的区别主要在于建模各种判定问题的自然程度。以第 4 章描述的等式理论为例，这个理论可以表达布尔变量和 $x_1 = x_2$ 形式表达式的任何**布尔**组合，其中 x_1 和 x_2 是有一定取值范围（比如自然数）的变量。该理论的可满足性问题可以归约为命题逻辑公式的可满足性问题（反之亦然）。因此，命题逻辑和等式理论在建模这个判定问题的能力方面是没有差别的。然而，许多问题用等号和非布尔变量来建模会更加自然。

对于我们讨论的每个理论，文献中都有许多可供替代的判定过程。有些研究工作致力于选择一些在实践中相对高效同时其方法也比较有意思的判定过程。从这个角度说，大家也没办法摆脱对自己研究方向的偏爱。

每一年都会有新的判定过程和工具发布，我们不可能写一本书来记录"最高效"的判定过程（同类判定过程的最坏情况复杂度大都是一样的），而且许多判定过程从来没有对比过。对这个领域的最新进展有兴趣的读者，我们推荐你查阅 SMT-LIB 网页，以及年度工具比赛 SMT-COMP（见附录 A）的结果。要了解关于各种判定过程和相应工具的相对效率的最新情况，调研 SMT-COMP 比赛也许是最佳途径。不过，我们需要牢记，要在实践中获得高性能，需要的远不止一个好算法。

本书结构和性质

第 1 章介绍计算机科学专业本科三、四年级学生应该熟悉的一些基本概念，比如形式推理、可满足性问题、可靠性、完备性，以及表达能力和可判定性的权衡，也包含本书剩余部分需要用到的一些理论基础。第 1 章从 1.5 节开始引入了一些高级概念，这对于该章作为本书的一般性介绍是必要的，因此也推荐给高级读者。第 2 章和第 3 章描述如何检查命题公式的可满足性，以及如何将这种能力扩展到更复杂的理论上。这三章对于理解本书剩余部分是必要的。第 4 章到第 11 章大部分是独立的，一般不依赖于除了前三章内容之

---

① 术语"表达能力"和"可判定"有明确的含义，第 1 章将给出它们的定义。

外的其他材料。最后一章描述了这些方法在验证软件正确性以及解决计算生物学各种问题上的应用。

　　书中的数学符号和记号大部分只适用于某一章。每次介绍一个新符号的时候，在其页面边缘都会有一个方框，方便查找。绝大部分章节最后有习题、文献注释和符号表。①

在教学中使用本书

　　不算我们自己在以色列理工学院和英国牛津大学的课程，全世界范围内有 38 门课程使用了本书第 1 版作为教材。我们自己的课程同时面向本科生和研究生。这些课程的课件以及本书其他资源的链接和项目想法，都可以在本书的网页上找到。该网页上也有一个便于快速研发判定过程的 C++ 库。这个库提供了实现本书描述的许多算法所需的基础编程组件，附录 B 有所解释。该课程的一个要求是实现书中的某个算法，这样做有很好的效果，甚至引导一些学生找到了他们的学位论文主题。

关于第 2 版的说明

　　本书第 1 版的销量显然超出了出版社的预想，于是出版社希望作者写第 2 版。从更根本的原因看，写新版也是必要的。不过，第 1 版是在 SMT 的起步阶段写的（2004 年—2008 年），没有包含现在的一些标准术语和经典算法。第 1 版第 11 章的大部分内容（命题逻辑编码和 DPLL (T) 框架）在过去的几年变得非常重要，所以我们对它们进行了扩展并且将其前移到第 3 章，而**积极编码**（eager-encoding）算法的大部分内容移到了第 11 章。此外，在第 2 章中，我们把原来的 SAT 启发式更新为更现代的启发式，添加了一节关于增量式可满足性问题的内容，以及一节关于约束满足问题（constraint satisfaction problem，CSP）的内容。在关于量词的那一章（参见第 9 章），我们添加了一节介绍基于 E-匹配的一般量化，以及一节关于 EPR 一阶逻辑片段的内容。最后，我们增加了新的一章（参见第 12 章），介绍 SMT 在软件工程中的应用（其中部分内容基于微软研究院 Nikolaj Bjørner 和 Leonardo de Moura 的著作），以及 SMT 在求解计算生物学问题中的应用（基于微软研究院 Hillel Kugler 的著作）。

---

① 本书的定义、示例、定理、引理等按章顺序编码。另外，书中的符号 $\doteq$ 是定义的意思。——编者注

致谢

　　许多人阅读了本书的草稿并提供了有用的建议。我们感谢对第 1 版提供帮助的人：Domagoj Babic、Josh Berdine、Hana Chockler、Leonardo de Moura、Benny Godlin、Alberto Griggio、Alan Hu、Wolfgang Kunz、Shuvendu Lahiri、Albert Oliveras Llunell、Joel Ouaknine、Hendrik Post、Sharon Shoham、Aaron Stump、Cesare Tinelli、Ashish Tiwari、Rachel Tzoref、Helmut Veith、Georg Weissenbacher 和 Calogero Zarba。也感谢对第 2 版提供帮助的人：Francesco Alberti、Alberto Griggio、Marijn Heule、Zurab Khasidashvili、Daniel Le Berre、Silvio Ranise、Philipp Ruemmer、Natarajan Shankar 和 Cesare Tinelli。我们感谢 Ilya Yodovsky Jr. 绘制了图 0.1。

丹尼尔·克勒宁（Daniel Kroening）

英国牛津大学

奥弗·施特里希曼（Ofer Strichman）

以色列理工学院

2016 年 9 月

目　　录

第 1 章　简介和基本概念

虽然本书的重点是算法而非数理逻辑，但是二者不可避免地混杂在一起：如果不理解一个算法背后的逻辑，就无法真正理解它的正确性。不过，这并不是说数理逻辑是本书的预备知识，也不意味着不理解逻辑基础就不能学习和使用书中的算法。这有点像一个摩托车手可以选择是否学习摩托车的工作原理。

他可以在没有这些知识的情况下骑很长的路，但如果在某个时候摩托车出现了问题或者需要进行调整，那么他关于摩托车工作原理的知识会派上用场。还有一个问题，如果这位车手打算学习相关的机械知识，那么应该学到什么地步为宜？内燃机的物理原理重要吗？"为什么"重要吗？还是只需要知道"怎么样"？或者，考虑一个更根本的问题：我们是应该先学习骑车，然后在需要的时候学习基础知识，还是"自底向上"学习，从原理到运作机制，从科学到工程，然后学骑车的规则？

事实是不同的人有不同的需求、偏好和背景，我们没办法编写一本适合所有摩托车手的手册。如果试图写一本介绍判定过程的书，让它既适合研发人员，又适合学生和科研人员，就会发现事情变得更复杂：研发人员只想了解他们手头问题的算法，而学生和科研人员却想了解算法的理论框架，也即逻辑。

我们在写第 1 章的时候就同时考虑了以上两类读者。这一章既提供了后续章节的参考知识，也提供了一般性介绍。1.1 节描述了形式推理最常见的两种方法，推演和枚举，并且以命题逻辑为例进行解释。1.2 节定义了一些基础术语，比如**有效性**、**可满足性**、**可靠性**和**完备性**。1.3 节给出了更多的基础术语，主要用于讨论范式以及它们的属性。到该节为止，本章还没有引入新内容。1.4 节作为本书的一般性介绍，讨论了一些高级话题。1.4 节把本书关注的主题置于文献通常讨论的理论框架中。这样做对于第二类读者尤其重要，也即那些想进入这个领域做研究的人，或者那些在数理逻辑上有过一定训练的人。这一节还描述了本书关心的问题类型，以及后续章节表达它们所用的标准形式。1.5 节描述了表达能力和可判定性之间的权衡（tradeoff）。在 1.6 节，我们讨论了在布尔框架下对公式进行推理的必要性。1.7 节介绍了用逻辑进行建模的好处。

　　本书的其他部分呢？ 每一章都专注于不同的一阶**理论**。我们还没有解释什么是理论，更具体地说，什么是**一阶理论**——这会在 1.4 节介绍——不过这里还是给出一些例子以提供一些直觉，帮助读者在阅读到具体章节之前理解什么是理论。

　　非正式地讲，我们可以认为一个理论就是一个有限或者无限的公式集合。这些公式遵循共同的语法规则以及一个值域，允许包含函数和谓词。它们被称为"一阶"的，只是想表达在量词上的约束（只允许量化变量，而不能量化变量集合）。不过，这对阅读本书基本没有什么影响，因为除了其中一章之外，本书其他所有章节都关注无量词的理论。表 1.1 列出了本书涉及的一阶理论，包括位向量、数组和指针逻辑等，这些是**软件形式化验证**的必要组件。软件形式化验证是软件工程的子领域，专注于证明计算机程序在给定规约下的正确性。实际上，在第 12 章中，我们会描述一些基于求解这类公式的软件验证技术。

表 1.1　本书涉及的一阶理论

理论名称	示例公式	对应的章
命题逻辑	$x_1 \wedge (x_2 \vee \neg x_3)$	2
等式理论	$y_1 = y_2 \wedge \neg(y_1 = y_3) \implies \neg(y_2 = y_3)$	4,11
差分逻辑	$(z_1 - z_2 < 5) \vee (z_2 - z_3 \leqslant 6)$	5
线性算术	$(2z_1 + 3z_2 \leqslant 5) \vee (z_2 + 5z_2 - 10z_3 \geqslant 6)$	5
位向量	$((a \gg b) \mathbin{\&} c) < c$	6
数组	$(i = j \wedge a[j] = 1) \implies a[i] = 1$	7
指针逻辑	$p = q \wedge *p = 5 \implies *q = 5$	8
量化布尔公式	$\forall x_1. \, \exists x_2. \, \forall x_3. \, x_1 \implies (x_2 \vee x_3)$	9
组合理论	$(i \leqslant j \wedge a[j] = 1) \implies a[i] < 2$	10

　　在接下来的几节中，我们使用命题逻辑（假设读者熟悉命题逻辑）来解释各种概念，这些概念可以同样应用于其他一阶理论。

1.1　形式推理的两种方法

　　我们关心的首要问题是一个给定公式的有效性（或可满足性）问题。解决这个问题有以下两个基本策略。

- **基于证明的方法**：这种方法基于**公理**和**推理规则**构成的**推理系统**进行推演。

- **基于模型的方法**：这种方法在一个有限候选集合里面枚举所有可能的解。

这两个方向——推演和枚举——是命题逻辑中最先学习的内容。本节主要就是解释它们。

考虑下面 3 个命题，把它们放一起会导致矛盾。

1. 如果 x 是一个比 2 大的素数，那么 x 是奇数。
2. x 并非不是一个比 2 大的素数。
3. x 不是奇数。

用 A 表示"x 是一个比 2 大的素数"，B 表示"x 是奇数"。这些陈述句可以用命题逻辑公式表示如下：

$$
\begin{aligned}
&A \implies B \\
&\neg\neg A \\
&\neg B
\end{aligned}
\tag{1.1}
$$

我们现在想证明这个公式集合实际上是互相矛盾的。

1.1.1　基于推演的证明

第一个方法是利用推理系统来得到结论。推理规则将**前提**和**结论**联系起来。例如，下面两条推理规则称为假言推理（modus ponens，M.P.）和矛盾式（CONTRADICTION）：

$$
\frac{\varphi_1 \implies \varphi_2 \qquad \varphi_1}{\varphi_2} \quad \text{(M.P.)}
\tag{1.2}
$$

$$
\frac{\varphi \qquad \neg\varphi}{\textbf{FALSE}} \quad \text{(矛盾式)}
\tag{1.3}
$$

M.P. 规则读作：从 $\varphi_1 \implies \varphi_2$ 为真和 φ_1 为真，得到 φ_2 为真。公式 φ_2 是 M.P. 规则的结论。公理就是没有前提的推理规则：

$$
\frac{}{\neg\neg\varphi \iff \varphi} \quad \text{(双重否定公理)}
\tag{1.4}
$$

（在书写公理的时候，我们通常不会写分隔线。）我们也可以写一条类似的规则：

$$
\frac{\neg\neg\varphi}{\varphi} \quad \text{(双重否定)}
\tag{1.5}
$$

（双重否定公理和双重否定规则是不一样的，因为后者是非对称的。）不过，很多时候，公理和推理规则是可以互换的，它们之间并非总有明显的区别。

以上推理规则和公理借助了任意公式符号进行表达（比如规则 (1.2) 中的 φ_1 和 φ_2）。为了利用它们证明一个特定的定理，需要对它们进行**实例化**，也就是把这些任意公式符号替换为我们想证明的定理中的具体变量和公式。例如，我们可以实例化规则 (1.2)、(1.3) 和 (1.5)，从而由公式集合 (1.1) 推导出矛盾。

$$
\begin{array}{lll}
(1) & A \implies B & \text{（前提）} \\
(2) & \neg\neg A & \text{（前提）} \\
(3) & A & \text{（2; 双重否定）} \\
(4) & \neg B & \text{（前提）} \\
(5) & B & \text{（1, 3; M.P.）} \\
(6) & \text{FALSE} & \text{（4, 5; 矛盾式）}
\end{array}
\tag{1.6}
$$

这里，在第 (3) 步，双重否定规则的 φ 实例化为 A。M.P. 规则中的前提 φ_1 实例化为 A，而 φ_2 实例化为 B。

证明更复杂的定理需要更复杂的推理系统。这里有一个问题，是否所有由推理系统证明的公式确实是有效的？如果是这样，我们就说该系统是**可靠的**。此外，推理系统可否对每个有效的公式都产生一个证明？如果是这样，我们就说该系统是**完备的**。这些是推理系统的基础问题。我们将在 1.2 节中讨论这个话题并给出精确的定义。

虽然推演方法是通用的，但在判断一个公式是否有效的时候，它并不总是最方便、最有效的。

1.1.2　基于枚举的证明

有些时候，检查一个公式是否可满足的问题可以归约为在一个有限集合中**搜索**满足赋值的问题，那么我们就可以考虑第二种方法。比如，如果公式的变量是定义在一个有限域（finite domain）上的[①]，就属于以上情况。对于命题逻辑，我们可以通过**真值表**来枚举解，示例如下。

---

① 有限域是充分但不必要的条件。在许多情况下，即使域是无限的，也可能找到一个界，使得如果存在满足赋值，则存在一个在此界内的赋值。具有这种性质的理论称为具有小模型属性。

A	B	$(A \implies B)$	$\neg\neg A$	$\neg B$	$(A \implies B) \wedge \neg\neg A \wedge \neg B$
1	1	1	1	0	0
1	0	0	1	1	0
0	1	1	0	0	0
0	0	1	0	1	0

第 3 列、第 4 列、第 5 列给出了公式 (1.1) 的子公式的值，而第 6 列给出了它们合取的值。我们可以看到，所有 4 组可能的赋值都没有满足此公式，因此它是不可满足的。

1.1.3 推演与枚举

推演和枚举，这两种方法已经有很长的历史了，也是数理逻辑的主要研究内容。实践中的多数判定过程不是显式地采用枚举方法或推演方法。不过，它们的操作通常可以理解为其中一种方法（或者二者）的隐式使用，这尤其有利于证明算法的正确性。

1.2 基 本 定 义

我们从贯穿本书的几个基本定义开始。因为我们关心的是无量词公式，所以以下定义没有完全遵循数理逻辑的传统，这使得我们可以简化一些定义。我们将在 1.4 节中进一步讨论。

定义 1.1（赋值） 给定一个公式 φ，φ 的赋值是把 φ 中的变量映射到值域 D 中的元素的函数。对于 φ 的一个赋值，如果它作用于 φ 的所有变量，则称它是完整的，否则就是部分的。

定义 1.2（可满足性，有效性，矛盾） 如果一个公式存在一个对其变量的赋值使其为真，则称该公式为**可满足的**。如果一个公式是不可满足的，则称该公式为**矛盾的**。如果一个公式在所有赋值下都为真，则称该公式为**有效的**（也称为重言式）。

一个公式在某个赋值下"为真"是什么意思呢？为了计算一个公式的真值，我们需要知道公式中各种函数和谓词的**语义**。比如，在命题逻辑中，逻辑联结词（也称为运算符）的语义是通过真值表给出的。实际上，对于一个命题逻辑公式，给定其所有变量的一个赋值，我们可以通过**真值表**检查该赋值是否满足了公式，也即该公式在这个赋值下是否为真。**可满足**

性模理论（SMT）这个词就是用来描述任意一个逻辑理论或组合理论的可满足性问题的。求解这个问题的软件叫作 **SMT 求解器**。本书就是关于这种求解器用到的算法的。

不难发现，当且仅当 $\neg\varphi$ 是矛盾的，公式 φ 是有效的。虽然这个结论看起来好像很平常，但其实非常有用，因为这意味着我们可以通过检查一个公式的否定是否为矛盾（也即不可满足的）来检查一个公式是否有效。

示例 1.3　命题公式

$$A \wedge B \tag{1.7}$$

是可满足的，因为存在一个赋值，即 $\{A \mapsto \text{TRUE}, B \mapsto \text{TRUE}\}$，使得公式为真。公式

$$(A \implies B) \wedge A \wedge \neg B \tag{1.8}$$

是矛盾的，我们之前已经看到了，没有赋值可以满足它。而这个公式的否定，即

$$\neg((A \implies B) \wedge A \wedge \neg B) \tag{1.9}$$

是有效的：每一个赋值都满足它。

$\boxed{\alpha \models \varphi}$　　给定一个公式 φ 和其变量的一个赋值 α，我们用 $\alpha \models \varphi$ 表示 α 满足 φ。如果一个公
$\boxed{\models \varphi}$　式 φ 是有效的（所有赋值都满足该公式），我们记为 $\models \varphi$。[①]

定义 1.4（公式的判定问题）　判定问题就是判定一个给定的公式 φ 是否有效。

$\boxed{T}$　　给定一个理论 T，我们感兴趣的是对于 T 的判定问题，对所有公式都会终止并给出正确答案的过程。[②][③]

这可以形式化地表达为"可靠性"和"完备性"。我们之前讨论推理系统的时候提到过这两个概念。对于更一般的情况，我们可以将这些术语定义如下。

定义 1.5（过程的可靠性）　对于一个判定问题的过程，如果它返回"有效"，输入的公式确实是有效的，则称该过程是**可靠的**。

[①] 这里的讨论只关注命题逻辑的情况。对于更一般的情况，我们谈论的不是赋值是否满足公式而是结构是否满足公式。那时，$\models \varphi$ 意味着所有的结构都满足 φ。这些术语将在 1.4 节中进行解释。

[②] 按照传统，一个**过程**不一定会终止，但一个**算法**肯定会终止。这可能会引起一些混淆，因为根据定义，一个"过程"是会停止的，所以实际上应该叫"判定算法"。这个混淆来源于历史上的文献，我们这里沿用了之前的说法。

[③] 每个理论定义在一个符号集合上，比如线性算术定义在包括"+"和"≥"等符号上。当我们说"一个理论的所有公式"，指的是所有由该理论的符号构成的公式。更多细节请见 1.4 节的解释。

定义 1.6（过程的完备性） 如果一个判定问题的过程

- 总会停机；
- 当输入公式是有效的，它返回"有效"。

则称它是**完备的**。

定义 1.7（判定过程） 如果一个过程对于理论 T 是可靠的且完备的，则称其为理论 T 的**判定过程**。

定义 1.8（理论的可判定性） 当且仅当存在一个判定过程，一个理论是**可判定的**。

基于这些定义，我们就可以根据是否同时具备可靠性和完备性，或者是否仅具备可靠性，对过程进行分类。不可靠的过程很少会引起大家的兴趣。理想情况下，我们总是希望有一个如上定义的判定过程。然而，有时候这是不可能的（如果问题本身就是不可判定的），或者问题可以被某个不完备过程更容易地求解。有些过程被归类到不完备过程，因为它们不总是停机（或者，它们停机的时候给出的是"不知道"的回答）。不过，在现实中的大部分情况下，它们是会停机的。所以，完备性可以理解为一种量化属性而非二分属性。

我们在本书中考虑的所有理论，除了 9.5 节外，都是可判定的。如果一个理论是可判定的，那么接下来的问题就是求解它的难度有多大。我们在本书中考虑的大部分判定问题是 NP 完全的。我们介绍的求解这些问题的各种算法的最坏情况复杂度经常是一样的，但是这并不是唯一重要的度量。一个过程完全优于另一个过程的情况很少发生。在实践中，比较常见的做法是，如果一个判定过程在问题的公开基准集的某个显著子集或者某个良好定义的问题子类上面明显优于其他过程，我们就对它有兴趣。如果我们没有办法在运行程序之前就预测不同过程的相对性能，也可以并行地运行不同过程，只要有一个过程先完成求解就可以停止其他过程。这是工业中常见的做法。

1.3　范式及其属性

范式这个词，一般用来表示公式具备特定的语法属性。本节介绍布尔结构的范式。为了判定一个公式的可满足性，通常的做法是先把它转换为某种判定过程接受的范式。为了说明整个过程是正确的，我们需要证明该转换保持了公式的可满足性。表达这个关系的相关词语定义如下。

定义 1.9（等可满足性）   如果两个公式都是可满足的或都是不可满足的，则它们是**等可满足的**。

一阶逻辑的基本模块是谓词，也称为公式的**原子公式**（有时简称为原子）。比如，布尔变量是命题逻辑的原子公式，而形如 $x_i = x_j$ 的等式则是第 4 章将讨论的等式理论的原子公式。

定义 1.10（否定范式）   如果公式中的否定联结词只允许作用于原子公式，而且联结词只允许使用 $\wedge$、$\vee$、$\neg$，则该公式为否定范式（negation normal form，NNF）公式。

例如，$\neg(x_1 \vee x_2)$ 不是 NNF 公式，因为否定联结词作用在了一个非原子公式的子公式上。

每个带布尔结构的无量词公式都可以在线性时间内转换成 NNF，即通过重写 $\implies$，

$$(a \implies b) \quad \equiv (\neg a \vee b) \tag{1.10}$$

以及重复使用**德摩根律**，

$$\begin{aligned} \neg(a \vee b) &\equiv (\neg a \wedge \neg b) \\ \neg(a \wedge b) &\equiv (\neg a \vee \neg b) \end{aligned} \tag{1.11}$$

在上面的例子中，这样做就会得到 $\neg x_1 \wedge \neg x_2$。

定义 1.11（文字）   一个**文字**是一个原子公式或者它的否定。如果一个文字是原子公式的否定，我们说它是**负文字**，否则说它是**正文字**。

比如，对于命题逻辑公式

$$(a \vee \neg b) \wedge \neg c \tag{1.12}$$

文字集合是 $\{a, \neg b, \neg c\}$，其中后两个文字是负文字。在等式理论中，原子公式是等式谓词，$\{x_1 = x_2, \neg(x_1 = x_3), \neg(x_2 = x_1)\}$ 就是一个文字集合。

文字是语法对象。如果我们用德摩根律对一个公式进行转换，那么公式的文字集合也随之变化。比如，公式 (1.12) 可以写为 $\neg(\neg a \wedge b) \wedge \neg c$，这就改变了文字集合。

定义 1.12（赋值下的文字状态）   如果一个正文字的原子公式被赋值为真，则该正文字是**被满足的**。类似地，如果一个负文字的原子公式被赋值为假，则该负文字是**被满足的**。

定义 1.13（纯文字） 在一个公式中，如果某个文字对应变量的所有出现都具有相同符号（都为正文字，或者都为负文字），则称该文字为纯文字。

在很多情况下，我们在查找公式的文字集合时，就把公式看作 NNF。在这种情况下，要么输入公式已经是 NNF（或者已经被转换为 NNF），要么通过间接的形式计算文字集合。这可以通过简单地计算每个原子公式被多少个否定符号嵌套来判断：当且仅当此数字是个奇数时，文字是负的。

例如，$\neg x_1$ 是下面公式的 NNF 的一个文字：

$$\varphi := \neg(\neg x_1 \implies x_2) \tag{1.13}$$

因为 x_1 在公式 φ 里面出现了一次，它被嵌套了 3 个否定符号（x_1 出现在蕴含符的左边也被算为一次否定）。这时，我们说它的这次出现的**极性**（polarity，也称为**相**，phase）是负的。

定理 1.14（NNF 的单调性） 令 φ 为一个 NNF 公式，α 为公式中变量的一个赋值。α 相对于 φ 的**正集**，记为 $\mathrm{pos}(\alpha, \varphi)$，是被 α 满足的文字的集合。对于 φ 中的每个变量赋值 α'，如果 $\mathrm{pos}(\alpha, \varphi) \subseteq \mathrm{pos}(\alpha', \varphi)$，则 $\alpha \models \varphi \implies \alpha' \models \varphi$。

$\boxed{\mathrm{pos}(\alpha, \varphi)}$

图 1.1 阐释了这个定理：增加一个赋值文字，维持公式的满足性，但不维持不满足性，即可能使得一个不满足赋值变为一个满足赋值。

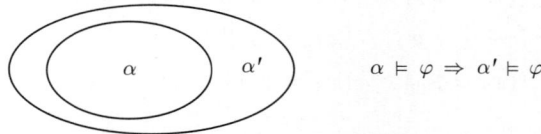

图 1.1 定理 1.14 的阐释。图中的椭圆分别表示赋值 α 和 α' 满足的文字集合

定理的证明留作练习（参见问题 1.3）。

示例 1.15 令

$$\varphi := (\neg x \wedge y) \vee z \tag{1.14}$$

为一个 NNF 公式。考虑以下赋值和它们相对于公式 φ 的正集：

$$\begin{aligned}
\alpha &:= \{x \mapsto 0, \ y \mapsto 1, \ z \mapsto 0\} \quad \mathrm{pos}(\alpha, \varphi) := \{\neg x, y\} \\
\alpha' &:= \{x \mapsto 0, \ y \mapsto 1, \ z \mapsto 1\} \quad \mathrm{pos}(\alpha', \varphi) := \{\neg x, y, z\}
\end{aligned} \tag{1.15}$$

根据定理 1.14，因为 $\alpha \models \varphi$，$\mathrm{pos}(\alpha, \varphi) \subseteq \mathrm{pos}(\alpha', \varphi)$，所以 $\alpha' \models \varphi$。实际上，$\alpha' \models \varphi$。∎

接下来，我们介绍 NNF 的两个非常有用的限制版本：析取范式（disjunctive normal form，DNF）和合取范式（conjunctive normal form，CNF）。

定义 1.16（析取范式）   如果一个公式是文字合取式的析取，则该公式是**析取范式**公式，其形式如下：

$$\bigvee_i \left(\bigwedge_j l_{ij} \right) \tag{1.16}$$

其中 l_{ij} 是第 i 项（一个项是文字合取式）的第 j 个文字。

示例 1.17   在命题逻辑里，一个布尔文字是一个布尔变量或者它的否定。下面的公式是一个涉及布尔变量 a、b、c、d 的 DNF 公式：

$$\begin{aligned}
(a \wedge c \wedge \neg b) &\quad \vee \\
(\neg a \wedge d) &\quad \vee \\
(b \wedge \neg c \wedge \neg d) &\quad \vee \\
&\vdots
\end{aligned} \tag{1.17}$$

在等式理论中，原子公式是等式谓词。下面的公式是 DNF 公式：

$$\begin{aligned}
((x_1 = x_2) \wedge \neg(x_2 = x_3) \wedge \neg(x_3 = x_1)) &\quad \vee \\
(\neg(x_1 = x_4) \wedge (x_4 = x_2)) &\quad \vee \\
((x_2 = x_3) \wedge \neg(x_3 = x_4) \wedge \neg(x_4 = x_1)) &\quad \vee \\
&\vdots
\end{aligned} \tag{1.18}$$

每个布尔结构的公式都可以转换为 DNF 公式，这样做可能使得公式的规模呈指数级增长。示例如下。

示例 1.18   以下公式的长度与 n 呈线性关系：

$$(x_1 \vee x_2) \wedge \cdots \wedge (x_{2n-1} \vee x_{2n}) \tag{1.19}$$

不过，与其等价的 DNF 公式的长度是 n 的指数函数，因为每个二元子句（两个文字的析取）都使得 DNF 公式中的项翻倍，这就导致了 2^n 个项：

$$(x_1 \wedge x_3 \wedge \cdots \wedge x_{2n-3} \wedge x_{2n-1}) \quad \vee$$
$$(x_1 \wedge x_3 \wedge \cdots \wedge x_{2n-3} \wedge x_{2n}) \quad \vee \qquad (1.20)$$
$$(x_1 \wedge x_3 \wedge \cdots \wedge x_{2n-2} \wedge x_{2n}) \quad \vee$$
$$\vdots$$

虽然把公式转换为 DNF 很耗时，但这也是判定任意布尔公式的一个很自然的途径。

我们考虑一个线性算术的析取公式，其原子公式为实数域上的线性不等式。我们知道怎么判定这类文字的**合取式**的可满足性：有一个称为单纯形法（Simplex）的算法可以给出答案。为了利用单纯形法求解这种包含析取的更一般的公式，我们可以做语法上的分情况求解（syntactic case-splitting）。首先把公式转换为 DNF，然后对每一个项分别求解。每一个项是文字的合取，我们知道如何求解这种形式。如果 DNF 公式里面有任何一个项是可满足的，整个公式就是可满足的。另外，也可以做语义上的分情况求解（semantic case-splitting），对于变量的取值范围有限的情况，做法是分解搜索空间（考虑 $x = 0$ 的情况，然后考虑 $x = 1, \cdots$）。

在文献中，**分情况求解**通常指语法上的分情况求解或者对应的更"聪明"的实现方法。实际上，在使用语法上的分情况求解方法时，产生的很多情况是冗余的，它们包含了一些公共的部分，而且这些部分包含矛盾。高效的判定过程应该避免重复推导这些矛盾，换句话说，应该会**学习**，如下面的例子所示。

示例 1.19 考虑以下公式：

$$\varphi := (a = 1 \vee a = 2) \wedge a \geqslant 3 \wedge (b \geqslant 4 \vee b \leqslant 0) \qquad (1.21)$$

φ 的 DNF 包含 4 个项：

$$(a = 1 \wedge a \geqslant 3 \wedge b \geqslant 4) \quad \vee$$
$$(a = 2 \wedge a \geqslant 3 \wedge b \geqslant 4) \quad \vee \qquad (1.22)$$
$$(a = 1 \wedge a \geqslant 3 \wedge b \leqslant 0) \quad \vee$$
$$(a = 2 \wedge a \geqslant 3 \wedge b \leqslant 0)$$

通过一个线性算术的判定过程（第 5 章），这 4 种情况可以分别丢弃。不过，注意到第一个项和第三个项包含了公共的合取项（conjunct）$a = 1$ 和 $a \geqslant 3$，这两个文字就已经导致矛盾了。类似地，第二个项和第四个项都包含 $a = 2$ 和 $a \geqslant 3$。所以，如果有正确的学习机制，判定过程的 4 次调用中有 2 次调用就可以避免。这样仍然是分情况求解，而且比直接转换为 DNF 要更高效。

对含一般布尔结构的公式进行推理是本书的一条主线。

定义 1.20（合取范式）　如果一个公式是文字析取式的合取，则该公式是**合取范式**公式，其形式如下：

$$\bigwedge_i \left(\bigvee_j l_{ij} \right) \tag{1.23}$$

其中 l_{ij} 是第 i 个**子句**（一个子句是文字析取式）的第 j 个文字。

每个布尔结构的公式都可以转换为 CNF 公式，这样做可能使得公式的规模呈指数级增长。不过，任何命题逻辑公式都可以转换为等可满足的 CNF 公式，并且公式长度只会线性增长。代价是引入 n 个新的布尔变量，n 是公式中**逻辑门**的数量。这种转换是通过 **Tseitin 编码**完成的[277]。

Tseitin 提出，应该为原始公式的每个逻辑门都引入一个新变量并添加一些子句，约束这个新变量的值等于该逻辑门的输出值，这个值是基于该逻辑门的输入确定的。当且仅当这些子句的合取以及最外层算子关联的新变量合起来是可满足的，原始公式才是可满足的。我们通过一个例子来阐释。

示例 1.21　给定一个命题公式

$$x_1 \implies (x_2 \wedge x_3) \tag{1.24}$$

采用 Tseitin 编码，我们给每个子表达式，也即每个逻辑门，比如与（$\wedge$）、或（$\vee$）和非（$\neg$），分配一个新变量。对于这个例子，我们给与门分配一个变量 a_2（对应子表达式 $x_2 \wedge x_3$），给蕴含门分配一个变量 a_1（对应 $x_1 \implies a_2$），这也是公式的最顶层运算。图 1.2 描述了这个公式的**派生树**以及辅助变量，也即方括号里的变量。

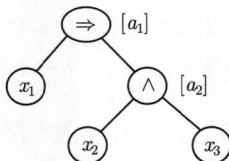

图 1.2　Tseitin 编码。通过给每个逻辑门分配一个新变量（此处以方括号显示），我们可以将任一命题逻辑公式转换为 CNF，公式的规模只会线性增长

在满足 a_1 的同时，我们还需要满足两个等价式：

$$
\begin{aligned}
a_1 &\iff (x_1 \implies a_2) \\
a_2 &\iff (x_2 \land x_3)
\end{aligned}
\tag{1.25}
$$

第一个等价式写成 CNF 如下：

$$
\begin{aligned}
&(a_1 \lor x_1) &\land \\
&(a_1 \lor \neg a_2) &\land \\
&(\neg a_1 \lor \neg x_1 \lor a_2)
\end{aligned}
\tag{1.26}
$$

第二个等价式写成 CNF 如下：

$$
\begin{aligned}
&(\neg a_2 \lor x_2) &\land \\
&(\neg a_2 \lor x_3) &\land \\
&(a_2 \lor \neg x_2 \lor \neg x_3)
\end{aligned}
\tag{1.27}
$$

因此，完整的 CNF 公式就是公式 (1.26) 和公式 (1.27) 的合取，以及表示最顶层运算的单元子句

$$
(a_1)
\tag{1.28}
$$

我们可以做各种优化来减少转换后公式的长度和辅助变量的数量。比如，考虑下面的公式：

$$
x_1 \lor (x_2 \land x_3 \land x_4 \land x_5)
\tag{1.29}
$$

使用 Tseitin 编码，我们需要引入 4 个辅助变量。不过，后边部分子公式的子句编码可以优化，只使用一个变量即可，记为 a_2：

$$
a_2 \iff (x_2 \land x_3 \land x_4 \land x_5)
\tag{1.30}
$$

转换为 CNF 即

$$
\begin{aligned}
&(\neg a_2 \lor x_2) &\land \\
&(\neg a_2 \lor x_3) &\land \\
&(\neg a_2 \lor x_4) &\land \\
&(\neg a_2 \lor x_5) &\land \\
&(a_2 \lor \neg x_2 \lor \neg x_3 \lor \neg x_4 \lor \neg x_5)
\end{aligned}
\tag{1.31}
$$

总体来说，可以用一个变量和 $n+1$ 个子句表示 n 个文字的合取式，这是对原始编码方法的改进。原始编码方法需要 $n-1$ 个辅助变量和 $3(n-1)$ 个子句。

对于连续的析取式，我们也可能做这样的改进（见问题 1.1）。另一个常用的优化是**包容**（subsumption）技术：给定两个子句，其中一个子句的文字集合包含另一个子句的文字集合，那么更长的那个子句就可以丢弃，不会影响公式的可满足性。

最后，如果原始公式是 NNF 公式，则子句的数量可以大大减少，正如 Plaisted 和 Greebaum 在其论文[225] 中指出的。Tseitin 编码基于如下形式的约束：

$$\text{辅助变量} \iff \text{公式} \tag{1.32}$$

但只有左到右的蕴含是必要的。我们把这个改进的正确性的证明留作练习（参见问题 1.4）。实验表明，在实践中，因为我们首先要把公式转换为 NNF，所以相比于 Tseitin 编码，这个化简对于 SAT 求解器的运行时间只有较小的（正面）影响。

示例 1.22　考虑逻辑门 $x_1 \wedge x_2$，我们引入一个辅助变量 a。为了编码 $a \iff (x_1 \wedge x_2)$，我们需要三个子句，如公式 (1.27) 所示。不过，约束 $a \impliedby (x_1 \wedge x_2)$（等价于 $(a \vee \neg x_1 \vee \neg x_2)$）是冗余的。这三个约束只有两个是必要的。　∎

Wilson 给出了一个转换算法[285]，达到和文献 [225] 中算法类似的效果。该算法不把公式先转换为 NNF，而是直接在算法里消除否定号。

1.4　理 论 视 角

虽然本书主要是从算法视角编写的，但是理解其理论也很重要，尤其对于想阅读这个领域的文献或者更习惯于形式逻辑术语的读者而言。这对于理解第 3 章和第 10 章也是必要的。在本节中，我们假设读者某种程度上了解一阶逻辑——对该主题的合理阐述已经超出了本书的范围。读者可以参考文献 [43] 和文献 [138] 获得更系统的相关知识。我们先来看一些和本书主题相关的术语。

一阶逻辑（也叫**谓词逻辑**）是基于以下要素定义的。

1. **变量**：一个**变量**集合。

2. **逻辑符号**：标准的布尔联结词（例如，"∧""¬""∨"）、量词（"∃"和"∀"）以及括号。

3. **非逻辑符号**：函数、谓词和常量符号。

4. **语法**：构造公式的规则。遵守这些规则的公式就称为**良式**。

本质上，一阶逻辑用量词和非逻辑符号扩展了命题逻辑。一阶逻辑的语法很自然地扩展了命题逻辑的语法。下面是两个公式的例子：

- $\exists y \in \mathbb{Z}. \forall x \in \mathbb{Z}. x > y$
- $\forall n \in \mathbb{N}. \exists p \in \mathbb{N}. n > 1 \implies (\mathrm{isprime}(p) \wedge n < p < 2n)$

其中">""<"和"isprime"是非逻辑二元谓词符号。

以上列出的要素只是关于符号和语法的，它们还不能告诉我们如何判断一个给定公式是真或假。这种对符号及其解释的分离，也即语法和语义的分离，是逻辑学的一个重要原则。我们将用一个例子来说明这种分离。令 Σ 表示符号集合 $\{0, 1, +, =\}$，这里"0"和"1"是常量符号，"+"是二元函数符号，而"="是一元谓词符号。考虑 Σ 上的公式：

$$\varphi := \exists x. x + 0 = 1 \tag{1.33}$$

现在，公式 φ 在 $\mathbb{N}_0$ 中是否为真？（$\mathbb{N}_0$ 表示自然数集合，包括 0。）

这个看起来很浅显的问题在形式逻辑的世界里却不是那么简单。一个逻辑学家会说，答案取决于对 Σ 中符号的**解释**。"+"表示什么意思？"0"和"1"又指什么？从形式化的角度，φ 是否为真只能相对于一个给定的解释来回答。一个**结构**具有以下形式。

- 一个域（domain）。
- 对非逻辑符号的解释，把每个函数符号和谓词符号分别映射到一个具体的函数和谓词，把每个常量符号赋值为域中的一个元素。
- 把每个自由（无量化的）变量赋值为域中的一个元素。

比如，我们选择把"+"解释为**乘法**函数，那么公式 (1.33) 中的 φ 就是假的。

当且仅当存在一个结构使得公式为真，公式 φ 才是可满足的。事实上，在这个例子中，即存在一个这样的域和解释，即 $\mathbb{N}_0$ 和对"+""=""0"和"1"的常用解释。所以，公式是可满足的。

这个例子可能会带来一些疑问，因为在例子中我们需要解释"+"符号，而这个符号已经有了常用解释。当我们定义一个理论的时候，一般不建议这样做：不应该使用一些之前已经有含义的符号，然后要求对它进行形式化定义。我们会假设这样的符号的解释是固定的，匹配它们常用的解释。只需对一些"无名"符号进行解释。

一阶逻辑可以看作由一个通用语法框架和定义具体约束的模块构成，后者称为**理论**。一个理论定义我们可以使用什么非逻辑符号，以及可以赋予它们什么解释。在实践中，我们不希望考虑符号的任意解释（比如把"+"解释为乘法），而只考虑某些解释。

一个非逻辑符号集合称为一个**签名**。给定一个签名 Σ，一个 Σ-**公式**是一个只包含 Σ 里非逻辑符号的公式（可能还有逻辑符号）。如果一个变量没有被量词限制，则该变量是**自由**的。一个没有自由变量的公式称为一个**句子**。一个一阶 Σ-**理论** T 由 Σ-句子集合构成。给定一个 Σ-理论 T，如果存在一个结构满足 Σ-公式 φ 和 T 的句子，则这个 Σ-公式 φ 是 T-**可满足**的。类似地，如果所有满足 T 的句子的结构都满足 Σ-公式 φ，则 φ 是 T-**有效**的。

句子集合有时候很大甚至是无限的。所以，我们一般用公理集来定义理论。通过完备可靠的推理系统，从公理集可以得到所有由这些公理推导出的句子。

示例 1.23   考虑一个只包含"$=$"的字母表 Σ[①]。令 T 为一个 Σ-理论，下面是一个格式良好的 Σ-公式：

$$\forall x.\, \forall y.\, \forall z.\, (((x = y) \wedge \neg(y = z)) \implies \neg(x = z)) \tag{1.34}$$

如果我们希望 T 规定"$=$"的解释为等式谓词，采用下面三条公理就足够：

$$\begin{aligned}
&\forall x.\, x = x && \text{(自反性)} \\
&\forall x.\, \forall y.\, x = y \implies y = x && \text{(对称性)} \\
&\forall x.\, \forall y.\, \forall z.\, x = y \wedge y = z \implies x = z && \text{(传递性)}
\end{aligned} \tag{1.35}$$

因为每个满足以上三条公理的域和解释都满足公式 (1.34)，因此公式 (1.34) 是 T-有效的。

如上所述，一个理论只限制非逻辑符号。如果我们想限制逻辑符号或语法，就需要讨论逻辑理论的**片段**。例如，我们可以讨论上述理论 T 的**无量词片段**。这个片段称为**等式逻**

---

① 在文献中，通常把等式符号看作一个逻辑符号，则在此定义的理论符号表为空。不过，我们在这里不遵循这个惯例。

辑，是第 4 章讨论的内容。实际上，本书中大部分章节关心的是某些理论的无量词片段。另一个有用的片段是**合取片段**，限定了只能使用合取这个布尔联结词。能不能限制逻辑符号的解释呢？用来限制逻辑符号的解释的公理也称为**逻辑公理**，一般是内置的，它们对所有一阶理论都一样。

人们已经针对各种问题研究了许多理论，其中很多是可判定的，而且通常存在高效的判定过程。比如，定义在 $\Sigma = \{0, 1, +, =\}$ 上的 Presburger 算术理论是可判定的。然而，定义在 $\Sigma = \{0, 1, +, \cdot, =\}$ 上的 Peano 算术理论是不可判定的：加入了乘法符号和相应的公理使得它变成不可判定。其他的著名理论包括等式理论、实数算术理论、整数算术理论、数组理论、递归数据结构理论以及集合理论。本书会介绍其中大部分可判定的理论。

1.4.1 我们求解的问题

除非另外说明，本书所关心的是

各种一阶逻辑理论的无量词片段的可满足性问题。

这些片段的公式只含有自由变量（没有量词约束），称为**基本公式**（ground formula）。本书只有第 9 章介绍量化公式，以及第 7 章的一小部分涉及量化的数组逻辑。

基本公式和只带存在量词的公式的可满足性问题有微妙的差别。很明显，当且仅当

$$\exists x_1, \cdots, x_n. \varphi \tag{1.36}$$

是可满足的，一个关于变量 $x_1, \cdots, x_n$ 的基本公式 φ 才是可满足的。所以，这两个问题的判定过程是类似的。我们采用前一个定义的原因，主要是从一个严格的角度出发，在这种定义下，一个满足的结构包含所有变量的赋值，因为这种定义下它们都是自由变量。很多现实应用中，这个具体的赋值结果非常重要。实际上，这个问题可以视为**约束满足问题**（CSP）的一种特例。CSP 关心的就是找到满足一组无量词约束的赋值。[①]

接下来介绍算法时，我们假设输入公式符合 NNF，或者在算法一开始就被转换为这种形式。如我们在定义 1.10 后面的解释，每个公式都可以在线性时间内转换为这种形式。这个假设很重要，因为它简化了算法以及算法正确性的证明。

---

① 侧重点和术语有所不一样。和本书所考虑的问题不一样，CSP 社区的研究主要关心有限离散域的问题。

1.4.2　如何介绍理论

在后面的章节中，我们对理论的定义不是通过如上方式进行的。为了使得我们的介绍更容易看懂，也令各个章节的内容尽量独立，我们做了以下改动。

1. 我们并不给出理论的符号集合和句子集合，而是显式地给出变量值域，并且把符号的解释固定为它们的通常用途。因此，"+"一直表示加法函数，"0"就是一个给定域的 0 元素，等等。
2. 对于理论片段，我们并不从一阶逻辑的一般语法开始定义，而是直接给出一个显式的、独立的语法定义。

从形式逻辑的视角看，固定解释意味着我们隐式地给出句子，其可满足性问题依旧不变。不过，从算法视角看，其可满足性问题则变为从预定的值域中搜索一个满足的变量赋值。一个给定的赋值是否满足一个公式，可以通过公式中符号的通常意义进行判断。

采取这种介绍方法也和我们聚焦于算法的视角一致：当我们要对一个理论设计判定过程时，需要先定义其符号的解释。换句话说，如果我们改变变量的值域或者符号的解释，那么算法也就变了。

1.5　表达能力与可判定性

一个理论的表达能力和它的判定难度之间的权衡尤为重要。一个理论的判定难度指的是判定该理论下一个给定的公式是否有效的难度。这也是我们定义许多不同的理论的原因；否则，我们可以只定义一个足以表达所有理解的判定问题的理论。

一个理论可以视为一个定义**语言**的工具。它的每个公式都定义了一种语言，该语言是由满足公式的"单词"（对于无量词公式，就是赋值）构成的集合。现在我们来定义一个理论比另一个表达能力更强是什么意思。

定义 1.24（表达能力）　对于两个理论 A 和 B，如果每个 B 公式定义的语言都可以被某个 A 公式定义，并且至少存在一个由 A 公式定义的语言不能被任何 B 公式定义，则我们说理论 A 比理论 B 有**更强的**表达能力。我们把理论 B 比理论 A 表达能力更弱记为 $B \prec A$。

$\boxed{B \prec A}$

例如，命题逻辑比**2-CNF**（每个子句最多只有两个文字的 CNF）有更强的表达能力。在命题逻辑中，我们可以定义公式

$$x_1 \vee x_2 \vee x_3 \tag{1.37}$$

该语言接收 x_1, x_2, x_3 的除了 $\{x_1 \mapsto \text{FALSE}, x_2 \mapsto \text{FALSE}, x_3 \mapsto \text{FALSE}\}$ 之外的所有赋值。这个公式定义的语言无法通过 2-CNF 定义。我们如何证明呢？

假设该语言可以用一个 2-CNF 公式表示，这个 2-CNF 公式和原公式有相同的变量。现在我们考虑其中一个二元子句。这个子句会排除 8 种可能赋值里面的 2 种赋值。比如，子句 $(x_1 \vee x_2)$ 排除了 $\{x_1 \mapsto \text{FALSE}, x_2 \mapsto \text{FALSE}, x_3 \mapsto \text{FALSE}\}$ 和 $\{x_1 \mapsto \text{FALSE}, x_2 \mapsto \text{FALSE}, x_3 \mapsto \text{TRUE}\}$。2-CNF 公式中的任何其他子句只会排除更多赋值。所以，我们不可能构造出一个 2-CNF 公式，使得所有 8 个赋值中只有一个赋值不能满足公式。

另外，因为 2-CNF 是一个受限的命题逻辑，所以每个 2-CNF 公式都可以由命题逻辑表达。因此，我们有

$$2\text{-CNF} \prec \text{命题逻辑} \tag{1.38}$$

这个例子也说明了表达能力对计算难度的影响：命题逻辑是 NP 完全的，而 2-CNF 却存在多项式时间算法。

为了说明一个理论的表达能力及其判定问题的难度之间的权衡，我们考虑一个理论 T。对 T 进行各种语法限制（类似于对命题逻辑做限制得到 2-CNF），我们得到 T 的一些片段，$T_1, \cdots, T_n$，且 $T_1 \prec T_2 \prec \cdots \prec T_n \prec T$，也即这些片段根据表达能力的强弱构成一个**全序**。基于这个假设，图 1.3 说明了理论的表达能力和计算难度的权衡：一个理论的表达能力越弱（也即我们给它加上更多限制），它就越容易判定。在图 1.3 中从右往左移动，当越过一个阈值之后，左边的理论片段就都是可判定的了。如果所加的限制足够多，理论还可以变为多项式时间内可解。那些可判定但是又不能在多项式时间内判定的理论片段就构成计算上的挑战。这是本书关心的一类挑战。

不过，以上观点过于简单化，因为所有理论的表达能力并不存在一个全序关系，它们只有偏序关系。可能存在两个理论，A 和 B，它们的表达能力不同，但是一个没有比另一个更强。也就是说，存在一些语言可以被 A 定义但是不能被 B 定义，也存在一些语言可以被 B 定义但不能被 A 定义。

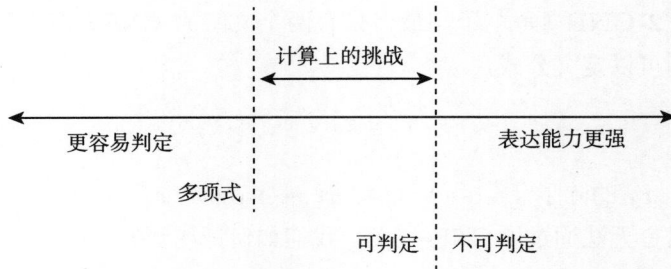

图 1.3 理论的表达能力和判定难度的权衡，通过假想的一系列理论 $T_1, \cdots, T_n$ 阐释，其中每个 T_i 的表
达能力都比在它前面的理论更弱

1.6 逻辑公式的布尔结构

许多判定过程假设其处理的判定问题是约束的合取式，比如第 5 章提到的单纯形法和
Omega 测试。

然而，在许多应用中，公式带有复杂的布尔结构。比如，在程序分析与验证中，待验证
的程序可能包含析取式，可以是显式表达式（例如 x = y || z）或者通过 if 和 switch
等条件语句隐式表达。因此，处理这种程序的逻辑推理系统必须能够处理析取式。例如，程
序验证中的**验证条件**（使用 **Hoare 逻辑**）经常是以蕴含式表达的。

下面通过例子介绍一种程序验证的技术，说明在验证条件中如何表达 if 语句等程序
结构。

示例 1.25　　**有界模型检测**（bounded model checking，BMC）可以验证一个程序对
循环或递归进行 k（k 是一个给定的整数）次迭代展开时是否满足一个给定属性。在这个
界的限制下，程序可到达的状态可以用一个公式表达，再结合待验证属性的否定构成一个
公式，如果这个复合公式是可满足的，就说明该程序存在一条违反属性的路径。

考虑图 1.4 左边的程序片段。程序的路径数量随着 N 呈指数级增长，因为每个 $a[i]$ 元
素都可能是 0 或者非 0。尽管程序有指数条路径，它的状态却可以用一个规模与 N 呈线性
关系的公式来编码，如图 1.4 的右图所示。

图 1.4 的右图展示了对左边程序的状态进行编码的结果，以**静态单赋值**（static single
assignment, SSA）形式表达。简单地说，对于左图中的每个赋值语句 x = exp;，变量 x

被替换为一个新的变量，如 x_1，在此之后直到 x 被再次赋值，任何对 x 的引用都替换为 x_1。我们可以做这样的替换，因为 SSA 中没有循环（在 BMC 技术中循环被展开）。在这样的转换之后，把语句合取起来，得到的公式就表达了原程序的状态。

```
int a[N]; unsigned c;
...



c=0
for(i=0; i<N; i++)
    if(a[i]==0)
        c++;
```

$$c_1 = 0 \ \wedge$$
$$c_2 = (a[0] = 0)\,?\,c_1 + 1 : c_1 \ \wedge$$
$$c_3 = (a[1] = 0)\,?\,c_2 + 1 : c_2 \ \wedge$$
$$\cdots$$
$$c_{N+1} = (a[N-1] = 0)\,?\,c_N + 1 : c_N$$

图 1.4　一个有指数条路径的简单程序（左）及其展开 for 循环后的一个静态单赋值（右）

图 1.4 中的三目运算 $c\,?\,x:y$ 可以重写为析取式，如公式 (1.39) 所示。这样，整个公式如果转换为 DNF，会得到指数条子句。

$$
\begin{aligned}
&c_1 = 0 \ \wedge \\
&((a[0] = 0 \wedge c_2 = c_1 + 1) \vee (a[0] \neq 0 \wedge c_2 = c_1)) \ \wedge \\
&((a[1] = 0 \wedge c_3 = c_2 + 1) \vee (a[1] \neq 0 \wedge c_3 = c_2)) \ \wedge \\
&\cdots \\
&((a[N-1] = 0 \wedge c_{N+1} = c_N + 1) \vee (a[N-1] \neq 0 \wedge c_{N+1} = c_N))
\end{aligned}
\tag{1.39}
$$

为了验证某个断言在程序的特定位置是否成立，我们只需把断言的否定作为约束加入公式，然后检查所得的公式是否可满足即可。比如，为了证明在以上程序结束的时候 $c \leqslant N$，我们需要结合公式 (1.39) 和 $(c_{N+1} > N)$。

总结一下，本节指出我们需要对带析取式的公式进行推理，如上面的例子所示。简单地把公式转换为 DNF 的方法不能用于大规模的例子，我们需要更好的方法。实践中确实存在表现更好的方法（当然，最坏情况复杂度也是指数级的），而本书将广泛地介绍这些方法。

1.7　逻辑作为建模语言

在介绍算法之前，我们先向非本领域的读者简要介绍用逻辑进行建模的好处。实际上，在一个世纪前，数理逻辑最初是用来对数学进行形式化的。今天，很多人知道它作为一种建模语言可以帮助解决各种工程问题、物流问题以及组合优化问题，等等。公式 (1.1) 的例子显示了用逻辑建模数学语句，然后使用现成的软件进行求解。我们也可以用它来建模工业中的问题，比如发现软件中的 bug 或者检查一个机器人是否能在给定步数内完成某个任务。针对这类公式的强大求解器——基于本书介绍的算法的求解器——使得人们无感于解决问题背后的逻辑推理技术，而忘记了是逻辑推理最终解决了他们的问题。

如果不把问题转换为逻辑公式，有什么其他替代方案吗？答案是：其他方案会更加困难。我们总可以尝试找到直接解决问题的算法。有时候，这样的算法有更低的最坏情况复杂度，因为利用了问题的特殊性质（这种情况一般意味着在逻辑建模时没有选择合适的逻辑片段）。不过，更可能的情况是，这些经过了几十年数百人投入巨大努力的逻辑求解引擎，可以更快地求解问题。

从这个意义上说，逻辑、**约束求解**以及**数学规划**之间的界限是模糊的。数学规划是运筹学的一个领域，是和计算逻辑同时发展起来的。它也提供了一种建模语言以及相应的求解引擎。但是，它们侧重点有所不同。

1. **约束语言**：在传统上，数学规划专注于解决有限域中的线性和非线性约束问题。约束求解[①]主要关心变量值域为有限域的公式。另外，SMT 提供了一种表达能力更强的建模语言，覆盖了这二者[②]（考虑本章开头提到的例子：数组、指针、位向量，等等）。SMT 提供了一个非常通用的算法框架，将布尔结构从理论中分离出来，并且提供了一种组合不同理论的通用方法。相应地，SMT 语言标准 **SMT-LIB**，也会时不时地进行扩展以包含新理论。附录 A 给出了本书写作时的标准。在该附录中，我们描述了本书覆盖的一些理论的标准。

2. **技术**：即使是求解线性规划问题，SMT 求解器的技术也与数学规划技术不同。SMT 求解器基于 SAT 求解器（第 2 章），这使得它们可以高效地处理带有丰富布尔结构的大规模公式。

3. **目标**：数学规划的重点不在于可满足性，而在于优化问题（稍难一些）：给定一个约束模型，找到一个赋值，使得一个给定的函数（称之为目标函数）达到最小化。不过，如果问题中变量的值域是有限域，优化问题和可满足性问题之间的区别就很模糊了：如果问题存在可行解，我们可以用一个可满足性求解器，通过一系列的可满

---

① 这里的约束求解实际上表达的是 CSP。——译者注

② 在 2.2.8 节，我们将描述约束求解，和 SMT 类似，它也是一种可扩展的语言，通过扩展可以使得 SMT 语言覆盖不住它。不过约束求解问题可以归约为命题逻辑，而这是被 SMT 覆盖的。

足性检查来找到最优解。每次检查，添加一条新的约束，要求目标函数值比之前的
更好。有些人确实使用 SMT 求解器作为优化引擎。

这三个领域的群体，包括学术界和工业界，采用彼此的算法和概念，以致它们之间的区别
可以主要归于历史原因。

1.8　习　　题

问题 1.1（改进 Tseitin 编码）

(a) 使用 Tseitin 编码把以下公式 φ 转换为 CNF 公式，需要多少个子句？

$$\varphi := \neg(x_1 \wedge (x_2 \vee \cdots \vee x_n)) \tag{1.40}$$

(b) 考虑一个非 CNF 公式中的一个子句 $(x_1 \vee \cdots \vee x_n)$，$n > 2$。它的 Tseitin 编码需要
多少辅助变量？提出一个其他编码方案，只使用一个辅助变量，需要多少个子句？

问题 1.2（表达能力和复杂度）

(a) 若 T_1 和 T_2 是两个可判定的理论，并且在同一个复杂度类中。T_1 公式的可满足性
问题是否可以归约为 T_2 公式的可满足性问题？

(b) 若 T_1 和 T_2 是两个理论，其可满足性问题可以互相归约，T_1 和 T_2 是否在同一个
复杂度类中？

问题 1.3（NNF 公式的可满足性的单调性）　证明定理 1.14。

问题 1.4（单边 Tseitin 编码）　设 φ 为一个 NNF 公式（参见定义 1.10）。设 $\vec{\varphi}$ 为从
φ 转换得到的公式，类似于 Tseitin 编码方法，但其中的 CNF 约束是根据从左到右的蕴含
关系而非等价关系推导得到的。例如，考虑公式

$$a_1 \wedge (a_2 \vee \neg a_3)$$

这个新的编码是与下面的公式等价的 CNF 公式：

$$x_0 \qquad\qquad\qquad \wedge$$
$$(x_0 \implies a_1 \wedge x_1) \quad \wedge$$
$$(x_1 \implies a_2 \vee x_2) \quad \wedge$$
$$(x_2 \implies \neg a_3)$$

其中 x_0、x_1、x_2 是新的辅助变量。注意到，Tseitin 编码开始的公式是一样的，除了 " $\implies$ " 替换为 " $\iff$ "。

(a) 证明 φ 可满足当且仅当 $\overset{\frown}{\varphi}$ 可满足。

(b) 假设 l、m、n 分别表示 φ 中与门、或门和非门的数量。推导出一个以 l、m 和 n 为参数的公式，该公式表示 Tseitin 编码的子句数量与此处建议的单边编码的子句数量之比。

1.9 符 号 表

本章用到的符号如下。

符号	含义	首次使用的页码
$\alpha \models \varphi$	赋值 α 满足公式 φ	6
$\models \varphi$	公式 φ 是有效的（在无量词公式中，这表示该公式被值域中的所有赋值满足）	6
T	一个理论	6
$\mathrm{pos}(\alpha, \varphi)$	φ 中被赋值 α 满足的文字集合	9
$B \prec A$	理论 B 比理论 A 表达能力更弱	18

第 2 章　命题逻辑的判定过程

2.1　命 题 逻 辑

我们假设读者熟悉命题逻辑，以及 NP 复杂度类和 NP 完全的概念。

命题逻辑公式定义如下：

$$\text{公式}：\text{公式} \wedge \text{公式} \mid \neg\text{公式} \mid (\text{公式}) \mid \text{原子公式}$$

$$\text{原子公式}：\text{布尔变量} \mid \text{TRUE} \mid \text{FALSE}$$

或（$\vee$）和异或（$\oplus$）等其他布尔运算可以通过与（$\wedge$）和非（$\neg$）这两个运算定义。

动机

命题逻辑可满足性判定问题，简称 SAT 问题，是 NP 完全问题，因此它可以用来求解任何 NP 问题。我们也可以采用其他 NP 完全问题（比如 k 着色问题）来建模各种 NP 问题，不过它们都不如命题逻辑这么自然。命题逻辑被广泛用于多个领域，包括数据库查询、人工智能规划、自动推理和电路设计。接下来，我们考虑两个例子：一个分配问题和一个程序验证问题。

示例 2.1　令 $S = \{s_1, \cdots, s_n\}$ 为一个广播电台的集合，每个电台都分配到 k 个频道中的一个频道（$k < n$）。靠得太近的两个电台不能使用相同频道。我们用 E 来表示有这种约束的电台对的集合。为了对这个问题进行建模，我们定义一些命题变量 $\{x_{ij} \mid i \in \{1, \cdots, n\}, j \in \{1, \cdots, k\}\}$。当且仅当电台 i 分配到频道 j，变量 x_{ij} 取值为真。问题的约束如下。

- 每个电台至少分配一个频道：

$$\bigwedge_{i=1}^{n} \bigvee_{j=1}^{k} x_{ij} \tag{2.1}$$

- 每个电台不能分配多于一个频道：

$$\bigwedge_{i=1}^{n} \bigwedge_{j=1}^{k-1} (x_{ij} \implies \bigwedge_{j < t \leqslant k} \neg x_{it}) \tag{2.2}$$

- 邻近电台不能分配相同频道，对于任意 $(i, j) \in E$，

$$\bigwedge_{t=1}^{k} (x_{it} \implies \neg x_{jt}) \tag{2.3}$$

这个问题的输入可以表示为一个图，电台对应图中的点，E 对应图中的边集。检查是否存在可行的频道分配的问题就对应于图论中的 **k 着色**问题：图中所有的点能否被 k 种颜色着色，使得相邻的点有不同的颜色？实际上，解决 k 着色问题的一个方法就是把它归约为命题逻辑。

示例 2.2　考虑图 2.1 中的两段代码，右边的代码是左边的代码经过编译优化得到的。

```
if(!a && !b) h();          if(a) f();
else                       else
    if(!a) g();                if(b) g();
    else f();                  else h();
```

图 2.1　两个代码片段——它们等价吗？

我们想检查这两段代码是否等价。构造**验证条件**的第一步就是将代码中的变量 a 和 b 以及代码中调用的函数，用布尔变量 a、b、f、g 和 h 表示，如图 2.2 所示。

```
if ¬a ∧ ¬b then h          if a then f
else                       else
    if ¬a then g               if b then g
    else f                     else h
```

图 2.2　在构造验证条件的过程中，我们用新的布尔变量替换程序变量和函数符号

代码中的 `if-then-else` 语句可以用命题逻辑表示如下：

$$(\text{if } x \text{ then } y \text{ else } z) \quad \equiv \quad (x \wedge y) \vee (\neg x \wedge z) \tag{2.4}$$

那么，两段代码的等价性检查就变为以下命题逻辑公式的有效性检查：

$$(\neg a \wedge \neg b) \wedge h \ \vee \ \neg(\neg a \wedge \neg b) \wedge (\neg a \wedge g \ \vee \ a \wedge f)$$
$$\Longleftrightarrow \quad a \wedge f \ \vee \ \neg a \wedge (b \wedge g \ \vee \ \neg b \wedge h) \tag{2.5}$$

2.2 SAT 求解器

2.2.1 SAT 求解器的历史

SAT 求解器判断一个给定的命题逻辑公式 $\mathcal{B}$ 是否可满足；如果是可满足的，一般还会报告一个满足赋值。在本章中，我们只考虑 CNF 公式的求解（定义 1.20）。因为每个命题逻辑公式都可以在线性时间内转换为 CNF （在定义 1.20 之后有解释），所以这不会带来实际限制。①对于某些问题领域，直接求解一般形式的命题公式更高效，不过大部分求解器和研究仍然聚焦在 CNF 公式上。

SAT 问题在理论和实践中都非常重要，吸引了许多学者进行了大量的研究，也研发了非常强大的 SAT 求解器。现代 SAT 求解器可以在合理时间内求解有几十万甚至上百万个变量的来自现实问题的 CNF 公式。图 2.3 和图 2.4 展示了 SAT 求解器的发展历程。当然，也存在一些只有几千个变量的问题是这些求解器还解不了的。一般而言，我们很难在实际求解之前就预测哪些实例是难求解的。不过，**SAT 集成求解器**可以通过机器学习技术抽取 CNF 公式的特征，从而选择最适合当下实例的 SAT 求解器。2.4 节给出了该方法的一些细节。

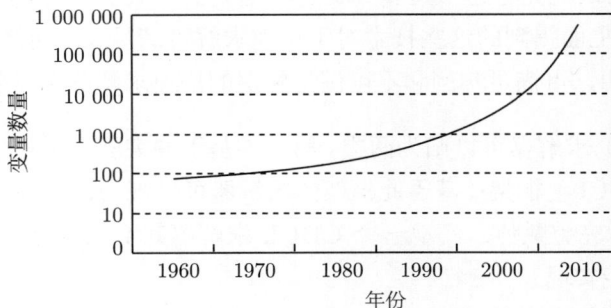

图 2.3　按年份列出可以被 SAT 求解器在几小时内求解的来自工业问题（诸如电路验证和规划问题）的 CNF 公式的规模。截至本书写作之时，大部分效率提升是在 2000～2010 年取得的

---

① 附录 B 提供了一个库，可以进行这样的转换来产生 DIMACS 格式的 CNF 文件。几乎所有的开源 SAT 求解器都采用这种文件格式。

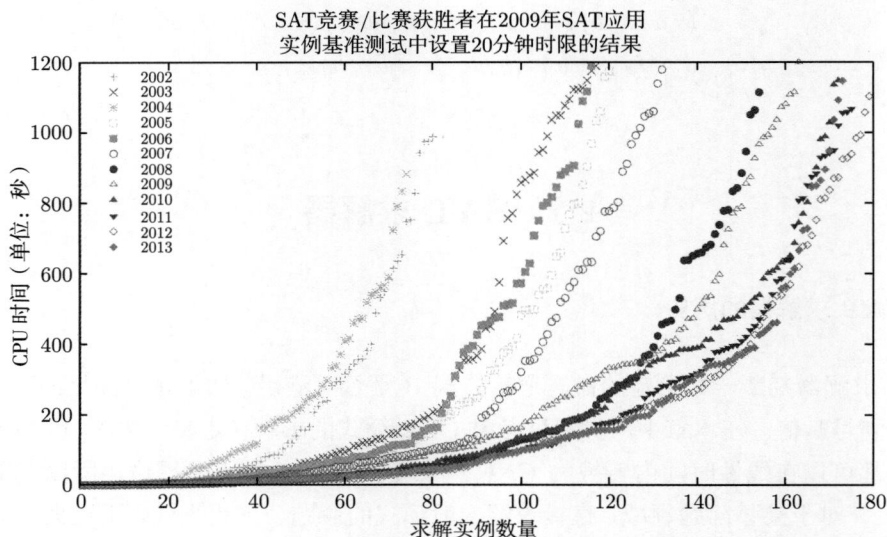

图 2.4　每年的 SAT 比赛会评估 SAT 求解器在一些随机选择的来自工业界的基准集上的性能。该图显示
　　　　了 2002~2013 年的比赛（主赛道）中获胜者使用相同的单核硬件在相同的基准集上性能的比较。
　　　　这样的图被称为"仙人掌图"（cactus plot）。一个点 (x, y) 表示在 y 时间内求解 x 个实例。因
　　　　此，在图中越靠右，表示求解器的效果越好。我们可以观察到，在这 12 年中，由于算法的进步，
　　　　20 分钟内求解的实例数量增加了一倍以上。这个基准集中的实例比较大，2002 年之前开发的求
　　　　解器在尝试求解这些实例时会耗尽内存（感谢 Daniel Le-Berre 提供素材）

　　　SAT 求解器的成功很大程度上是因为它们能从错误赋值中学习，以此快速"剪去"大
量搜索空间，并且它们优先考虑"重要"变量，也即一旦赋予正确取值之后可以极大化简
公式的那些变量。[1]上面提到的这些技术对于快速求解可满足或不可满足的实例都很重要。
有实验证据 [213] 表明，可满足实例和不可满足实例的快速求解分别需要不同的启发式。

　　　大部分现代 SAT 求解器可以归为两类。第一类基于冲突驱动子句学习（conflict driven
clause learning，CDCL）框架：基于此框架的求解器可以视为在一棵二叉树上进行遍历和
回溯，其叶节点表示完整赋值。实现一个 CDCL 求解器其实很容易：使用 C++ 和 STL，
不到 500 行代码就能实现。

　　　第二类基于**随机搜索**：求解器先猜一个完整赋值，如果公式在该赋值下为假，求解器
就开始根据某些（贪心）启发式翻转一些变量的取值。通常，算法会统计不满足子句的数

————————

① 具体而言，每个公式都有**后门变量**[284]，这些变量一旦被赋予正确的值，就可以使得化简后的公式变为多项式时间内可解。

量,选择最小化这个数量的变量进行翻转。有各种策略可以帮助求解器跳出局部最优解,避免重复之前一些不好的操作。每年都有 SAT 比赛评估 SAT 求解器在大量 CNF 实例上的性能,根据比赛的结果,一般认为 CDCL 求解器在多数情况下比随机搜索求解器更优。CDCL 求解器还有一个优势:它们是完备的(定义 1.6),而大部分随机搜索方法是不完备的。随机算法在求解随机(可满足)CNF 实例上更有优势,这也不奇怪:这样的实例没有可以利用的结构,子句学习很难发挥效果,对于变量和值的选取也没有明显有利的策略,使得 CDCL 求解器中的启发式失去作用。在本书中,我们只关心 CDCL 求解器。

历史标注: CDCL 是由 Davis-Putnam-Loveland-Logemann(DPLL)框架经过一系列改进发展而来的。读者可以参考本章最后的文献注释。

2.2.2　CDCL 框架

最简单的 CDCL 求解器是这样工作的:迭代地选择一个变量和一个值(真或假)对该变量进行赋值,然后对该决策进行简单的推理传播,当遇到冲突时就回溯。如果把以上过程视为一棵二叉树上的搜索,我们给每个决策关联一个**决策层**,其值等于该决策在二叉树中的深度,从 1 开始。对于由一个决策蕴含得到的赋值,它们的决策层都和该决策一样。原始公式就蕴含的赋值(由**单元子句**即只有一个文字的子句蕴含),其决策层为 0,也称为**基层**(ground level)。

定义 2.3(赋值下的子句状态)　如果一个子句的文字至少一个是被满足的(见定义 1.12),这个子句是**被满足的**;如果一个子句所有的文字对应的变量都已经赋值了并且文字都不被满足,这个子句是**冲突的**;如果一个子句是不被满足的,并且仅有一个文字还未赋值,这个子句是**单元子句**;其他情况,我们就说子句是**未决子句**。

注意,单元子句和未决子句的定义只与部分赋值有关(参考定义 1.1)。

示例 2.4　给定部分赋值

$$\{x_1 \mapsto 1,\ x_2 \mapsto 0,\ x_4 \mapsto 1\} \tag{2.6}$$

$(x_1 \vee x_3 \vee \neg x_4)$	是被满足的,
$(\neg x_1 \vee x_2)$	是冲突的,
$(\neg x_1 \vee \neg x_4 \vee x_3)$	是单元的,
$(\neg x_1 \vee x_3 \vee x_5)$	是未决的。

　　给定一个部分赋值，如果某个子句在该赋值下变为单元子句，那么对于该子句唯一的未赋值的文字，我们必须对其变量进行相应的赋值以使得该文字被满足。这就是**单元子句规则**。这条规则对于满足公式是必需的，不过很明显是不充分的。

　　对于一个单元子句 C，其未赋值的文字为 l，我们说 l 被 C 蕴含，而 C 是 l 的**导因子句**（antecedent clause），记为 Antecedent(l)。如果有多个单元子句蕴含 l，那么 SAT 求解器实际用来推导 l 赋值的那个子句就称为 l 的导因子句。

　　示例 2.5　　子句 $C := (\neg x_1 \vee \neg x_4 \vee x_3)$ 和部分赋值 $\{x_1 \mapsto 1,\ x_4 \mapsto 1\}$ 蕴含了 x_3 的赋值，且 Antecedent(x_3) = C。　　　◢

　　算法 2.2.1 给出了大部分现代 CDCL 求解器（比如 Zhang 和 Malik 的求解器[299]）所遵循的算法框架。表 2.1 总结了 CDCL 算法的主要组成部分，图 2.5 展示了这些组成部分之间的交互。Analyze-Conflict 函数将在 2.2.4 节中介绍。

算法 2.2.1: CDCL-SAT

输入：一个 CNF 命题公式 $\mathcal{B}$
输出：如果公式是可满足的，返回"可满足"，否则返回"不可满足"

1. **function** CDCL
2. 　　**while** (TRUE) **do**
3. 　　　　**while** (BCP() = "冲突") **do**
4. 　　　　　　*backtrack-level* := Analyze-Conflict();
5. 　　　　　　**if** *backtrack-level* < 0 **then return** "不可满足";
6. 　　　　　　BackTrack(*backtrack-level*);
7. 　　　　**if** ¬Decide() **then return** "可满足";

2.2.3　布尔约束传播和蕴含图

　　接下来介绍布尔约束传播（BCP）、冲突分析以及回溯。每个赋值关联一个决策层，表示该变量是在哪一个决策层被赋值的。如果变量 x_i 在决策层 dl 被赋值为 1（TRUE，通过决策或者蕴含），我们就记为 $x_i@dl$。类似地，$\neg x_i@dl$ 表示该变量在决策层 dl 被赋值为 0（FALSE）。有时候，为了使用更简单的记法，我们会忽略决策层，只记其赋值。

$\boxed{x_i@dl}$

表 2.1 算法 2.2.1 主要组成部分的描述

函数名	DECIDE()
输出	FALSE，当且仅当没有未赋值的变量
描述	选择一个未赋值的变量和将要赋给它的真值
注释	对于这些决策，有许多启发式，其中一些在 2.2.5 节中进行了描述。每个这样的决策对应了一个决策层，可以视为搜索树的深度
函数名	BCP()
输出	"冲突"，当且仅当遇到一个冲突
描述	重复应用单元子句规则，直到遇到一个冲突或者不能蕴含更多赋值
注释	这个重复过程被称为布尔约束传播（Boolean constraint propagation，BCP）。算法在进行决策之前就会执行一次 BCP，因为输入公式可能存在单元子句
函数名	ANALYZE-CONFLICT()
输出	如果在决策层 0 遇到冲突，返回 -1（意味着公式是不可满足的），否则返回求解器应该回溯到的决策层
描述	2.2.4 节会详细描述这个函数。简单地说，它负责计算回溯层，检测全局不可满足性，并在搜索过程中加入新的子句
函数名	BACKTRACK(dl)
描述	把当前决策层设为 dl，并擦除大于 dl 的决策层的赋值

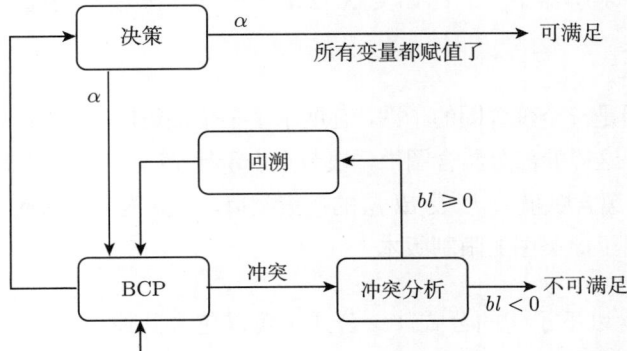

图 2.5 CDCL-SAT：冲突驱动子句学习算法框架。变量 bl 表示回溯层，也即算法回溯到的决策层。α 表示一个赋值（部分赋值或者完全赋值）

BCP 的过程可以通过**蕴含图**（implication graph）进行阐释。蕴含图表示了当前的部分赋值，以及其中每个由蕴含得到的赋值的原因。

定义 2.6（蕴含图） **蕴含图**是一个带标签的有向无环图 $G(V, E)$。

- V 表示当前部分赋值包含的文字（一个点和它代表的文字在我们的表达里是可以互换的）。每个点标注了它所代表的文字和相应的决策层（也即该变量是在哪个决策层被赋值的）。

- $E = \{(v_i, v_j) \mid v_i, v_j \in V, \neg v_i \in \text{Antecedent}(v_j)\}$ 是有向边的集合，其中每条边 (v_i, v_j) 上标注了 $\text{Antecedent}(v_j)$。

- G 可能包含单一的**冲突节点**，标注为 κ，其入边 $\{(v, \kappa) \mid \neg v \in c\}$ 标注了某个冲突子句 c。

蕴含图的根节点对应着由决策得到的文字（变量赋值），而内节点对应着通过 BCP 蕴含得到的文字。冲突节点的入边标注 c，表示 BCP 过程导致了一个冲突，并且该冲突是因为子句 c 的所有文字都赋值为 0 了（也即 c 是一个冲突）。这种情况下，我们说该图是一个**冲突图**。蕴含图包含了当前决策层和所有比它浅的层，并且是动态图：回溯会移除节点及其入边，而新的决策、蕴含以及冲突子句则会对图进行扩展。

BCP 顺序会影响蕴含图，这意味着一个给定的部分赋值对应的图不是唯一的。对于大部分 SAT 求解器，这个传播顺序是相当随机的（特别地，BCP 过程会沿着某个文字出现的子句进行处理，而这些子句出现的顺序可能受它们在输入 CNF 公式中的顺序的影响）；在一些其他的 SAT 求解器中——比如文献 [223]——这个顺序不是随机的，相反，它偏向于更快触发冲突。

一个**部分蕴含图**是一个蕴含图的子图，它展示了某个决策层的 BCP 过程。部分蕴含图足以描述冲突分析。在这样的部分蕴含图中，根节点表示比 dl 层浅的决策层的赋值（不一定是决策赋值，也可能是蕴含赋值），以及 dl 层的决策赋值，而其内节点对应了 dl 层的蕴含赋值。下面的描述主要采用了此类图的限制版本。

比如，考虑包含以下子句的公式（该公式也可以包含其他子句）：

$$
\begin{aligned}
c_1 &= (\neg x_1 \vee x_2) \\
c_2 &= (\neg x_1 \vee x_3 \vee x_5) \\
c_3 &= (\neg x_2 \vee x_4) \\
c_4 &= (\neg x_3 \vee \neg x_4) \\
c_5 &= (x_1 \vee x_5 \vee \neg x_2) \\
c_6 &= (x_2 \vee x_3) \\
c_7 &= (x_2 \vee \neg x_3) \\
c_8 &= (x_6 \vee \neg x_5)
\end{aligned}
\tag{2.7}
$$

假设决策层 3 的决策是 $\neg x_6@3$，它从 c_8 蕴含了 $\neg x_5@3$（故 Antecedent($\neg x_5$) $= c_8$）。假设求解器目前处在决策层 6，然后做了决策 $x_1 \mapsto 1$。决策层 4 和决策层 5 对 $x_1, \cdots, x_6$ 之外的变量进行了赋值，不列在此，因为和这些子句不相关。

图 2.6 左边的蕴含图展示了当前层也即决策层 6 直到遇到冲突的 BCP 过程。图的根节点 $\neg x_5@3$ 和 $x_1@6$ 构成了此冲突产生的充分条件。因此，我们可以安全地向公式加入这个**学习子句**。①

$$c_9 = (x_5 \vee \neg x_1) \tag{2.8}$$

c_9 是由原公式逻辑蕴含的，因此不会改变可满足性结果；同时，它可以对解空间进行剪枝。向公式加入学习子句的过程一般叫作**子句学习**，反映求解器从过去的错误中学习的方式。随着本章内容的展开，我们将看到，学习子句不仅可以对搜索空间剪枝，而且对决策启发式、回溯层次以及每次决策蕴含的变量集合都有影响。

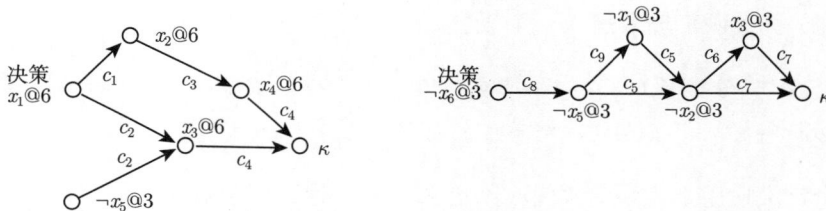

图 2.6　决策层 6 对应的部分蕴含图，对应公式 (2.7) 中的子句，在决策 $x_1 \mapsto 1$ 之后（左），以及另一个类似的图，对应学习到子句 $c_9 = (x_5 \vee \neg x_1)$ 并回溯到决策层 3（右）

冲突分析函数（即伪代码中的 Analyze-Conflict 函数）负责推导新的学习子句并且计算回溯的层次。它从冲突节点 κ 开始，反向遍历蕴含图，通过一系列的步骤（将在 2.2.4 节介绍）产生一个学习子句。现在，假设 c_9 就是实际产生的学习子句。

在检测到冲突并学习到子句 c_9 之后，求解器根据**冲突驱动回溯**策略决定回溯到哪一个决策层。根据该策略，回溯层被设置为**学习子句的倒数第二层**，因此擦除该层后面的所有决策和蕴含。有两种特殊情况：当学习到一个单元子句时，求解器回溯到基层；当冲突发生在基层时，那么回溯层设为 -1，求解器退出并宣布公式是不可满足的。

在以上例子中，求解器学习到子句 c_9 之后，回溯到决策层 3（x_5 所在的决策层），并擦除自决策层 4 开始的所有赋值，包括 x_1、x_2、x_3 和 x_4 的赋值。

---

① 原文为冲突子句，容易有歧义，因为空子句有时候也称为冲突子句。——译者注

因为 $x_5 = 0$，所以新加的学习子句 c_9 会变为单元子句，进而推导出 $\neg x_1$@3。这就重启了决策层 3 的 BCP 过程。子句 c_9 是一类特殊的学习子句，叫作**断言子句**：在回溯之后它会直接导致一个蕴含。冲突分析函数可以设计为只产生断言子句（而不产生其他类型的学习子句），实际上大部分高性能的求解器是这么做的。

如图 2.6 右图所示，在断言 $x_1 = 0$ 之后，求解器再次遇到一个冲突。这次，学习到子句 (x_2)，然后求解器回溯到决策层 0，从那里继续。为什么是 (x_2)？冲突分析产生学习子句的策略将在 2.2.4 节解释，不过我们可以从图 2.6 右图观察到 $\neg x_2$ 是如何通过子句 c_6 和 c_7 导致冲突的。

附注：多个学习子句

从一个冲突图可以推导出不止一个学习子句。在当前的例子中，赋值 $\{x_2 \mapsto 1,\ x_3 \mapsto 1\}$ 也是产生冲突的充分条件，因此 $(\neg x_2 \vee \neg x_3)$ 也是一个学习子句。我们对这个观察进行泛化。为此我们需要引入一个概念。

定义 2.7（分离割） 在一个冲突图中，一个**分离割**是一个极小边集，移除该集合的边会切断所有从根节点到冲突节点的路径。

这个定义适用于完整蕴含图（见定义 2.6），也适用于对应于冲突发生的决策层的部分蕴含图。一个分离割把蕴含图的节点分为两边：**原因部分**（包含所有根节点的一边）和**冲突**部分。在原因部分，和冲突部分有边相连的节点集合就构成了冲突产生的一个充分条件，因此它们的否定就是一个合理的学习子句。不同的 SAT 求解器采用不同策略来选择学习子句：有些求解器产生尽可能多的学习子句（对应多个割），而有些则尝试找到最有效的学习子句。有些求解器，包括大部分现代 SAT 求解器在内，每次遇到冲突只加入一个学习子句，对应冲突的一个断言子句。现代求解器还有某个策略来**擦除**学习子句，否则内存中会很快充满数百万个学习子句。一个典型的策略就是衡量子句的**活跃度**，周期性地擦除活跃分数较低的子句。如果一个子句参与了推导新的学习子句，子句的活跃分数就会增加。

冲突驱动回溯引发了若干问题。

- **这样做看起来浪费了一些工作**，因为到决策层 5 为止的部分赋值仍然可能是某个满足赋值的一部分。然而，实验证据表明，冲突驱动回溯和冲突驱动的决策启发式（如 VSIDS，将在 2.2.5 节讨论）配合，可以带来很好的性能。对此，一个可能的解释是，所遇到的冲突会影响决策启发式对更深决策层（在此例子中为决策层 4 和决策层 5）的变量选择和取值选择。所以，在新增信息（也即新加入的学习子句）之后，保留之前的决策和推理会使得搜索倾向于之前的区域，但那些已经不再是（算法的启发式认为的）最佳方向。不过，我们还是可以挽回一些浪费的工作：简单地保留最后一次赋值，然后在下次遇到该变量时使用该赋值 [261]。这种技术的详细分析见文献 [222]。

- 这个过程能保证会终止吗？换句话说，我们怎么知道不会重复访问一个部分赋值？不能靠学习到的子句，因为事实上，大多数 SAT 求解器会在一段时间后删除许多学习子句以防止公式增长太多。其真正原因总结如下。

定理 2.8　　求解器不会以相同的部分赋值重复进入一个决策层 dl。

　　证明　　考虑一个从根到决策层 $dl-1$ 的部分赋值 α，该赋值没有导致冲突。假设命题不成立，也即在求解器回溯到某个浅的决策层 dl^-（$0 \leqslant dl^- < dl$）之后，这个状态（以相同的部分赋值进入决策层 $dl-1$）在后面某个时候被重复。任何从决策层 dl^+（$dl^+ \geqslant dl$）跳到 dl^- 的回溯，都会在 dl^- 层增加一个蕴含，该蕴含决定了原来在 dl^+ 层被赋值的某个变量的新取值。因为这个变量没有在到 dl 层为止的部分赋值 α 中出现，一旦求解器再次到达 dl 层，它所伴随的部分赋值就和以前的部分赋值 α 不一样，这就和我们的假设矛盾了。　　∎

图 2.7 阐释了基于这个策略的 SAT 求解器的（假设）过程，更多细节解释见图注。

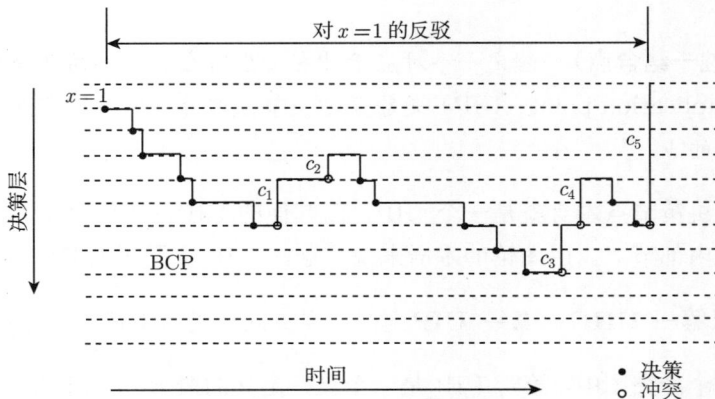

图 2.7　基于冲突驱动回溯的 SAT 求解器的工作流程。每个冲突都会导致一个学习子句（在图中记为 $c_1, \cdots, c_5$）。如果左上角的决策是 $x=1$，那么该图展示了 SAT 求解器在反驳（refute）这个错误决策时所做的工作。在这段期间，只有一部分工作是创建 c_5 并反驳这个决策所必需的。"浪费的工作"（可能在后面会变得有用）是决策启发式的不完美造成的

2.2.4　学习子句与归结法

现在我们来考虑冲突分析函数（算法 2.2.2）。目前该算法的描述依赖于一个事实，即产生的学习子句是断言子句，我们在考虑第 3 行的终止标准时保留这个假设。为了描述这个标准，我们需要先引入下面的定义。

算法 2.2.2: ANALYZE-CONFLICT

输入：

输出： 回溯决策层 + 一个新的冲突子句

1. **if** 当前决策层 = 0 **then return** -1;
2. $cl :=$ 当前冲突子句;
3. **while** ($\neg$STOP-CRITERION-MET(cl)) **do**
4. $lit :=$ LAST-ASSIGNED-LITERAL(cl);
5. $var :=$ VARIABLE-OF-LITERAL(lit);
6. $ante :=$ ANTECEDENT(lit);
7. $cl :=$ RESOLVE(cl, $ante$, var);
8. add-clause-to-database(cl);
9. **return** clause-asserting-level(cl);　　　　　　　▷ cl 中的第二深决策层

定义 2.9（独一蕴含点）　给定一个对应于冲突发生所在决策层的部分冲突图，**独一蕴含点**（unique implication point，UIP）是除了冲突节点之外，从决策节点走向冲突节点的所有路径都经过的点。

根据定义，决策节点本身就是一个 UIP，而其他的 UIP，如果存在的话，是那些对应于冲突所在层的内部节点。用图论的术语来说，这些 UIP **支配**了冲突节点。

定义 2.10（第一 UIP）　**第一 UIP** 是离冲突节点最近的 UIP。

如何证明一个冲突图中，第一 UIP 是一个良好定义的概念，我们把这个证明留作习题（见问题 2.14）。图 2.8 展示了一个冲突图中的 UIP（请看图题）。

实验研究表明，子句学习的停止标准（第 3 行）有一个好的策略是，当且仅当 cl 中当前层的文字只有第一 UIP 的否定时停止。这个文字在回溯之后会马上被断言成立。这个策略有几个好处，也许可以帮助解释它在实验中的有效性。

1. 相比于选择离冲突更远的 UIP 的策略，此策略计算代价较低。
2. 此策略使得算法回溯到的层次最浅 (lowest)。

以上第 2 点可以用图 2.8 来加以说明。令 l_1 和 l_2 分别表示第一 UIP 和第二 UIP 的文字。根据第一 UIP 和第二 UIP 策略产生的断言子句分别为 $(\neg l_1 \vee \neg x_1 \vee \neg x_2)$ 和 $(\neg l_2 \vee \neg x_1 \vee \neg x_2 \vee \neg x_4)$。除了断言文字 $\neg l_1$ 和 $\neg l_2$ 之外，第二个子句的其他部分包含了第一个子句的其他部分。这并非偶然：其构造过程决定了肯定是如此。回忆一下算法是如何决定回溯层的：它回溯到断言子句第二深的层次。很明显，这就意味着根据第一个子句计算出来的回溯层比根据第二个子句算出来的回溯层更浅。在我们的例子中，它们分别是决策层 4 和决策层 7。

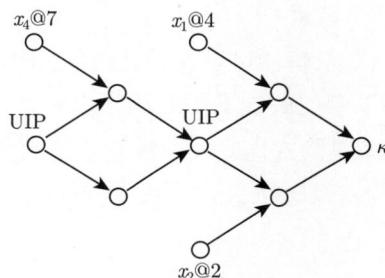

图 2.8 一个蕴含图（大部分标签没有显示出来），其中有两个 UIP。左边的 UIP 是决策节点，右边的是第一 UIP，因为它是离冲突节点最近的 UIP

为了解释冲突分析函数的第 4~7 行，我们需要以下定义。

定义 2.11（二元归结和相关概念） 考虑以下推理规则：

$$\frac{(a_1 \vee \cdots \vee a_n \vee \beta) \qquad (b_1 \vee \cdots \vee b_m \vee \neg\beta)}{(a_1 \vee \cdots \vee a_n \vee b_1 \vee \cdots \vee b_m)}(\text{二元归结}) \tag{2.9}$$

其中，$a_1, \cdots, a_n, b_1, \cdots, b_m$ 是文字，β 是变量。变量 β 称为**归结变量**。子句 $(a_1 \vee \cdots \vee a_n \vee \beta)$ 和 $(b_1 \vee \cdots \vee b_m \vee (\neg\beta))$ 是**归结子句**，而 $(a_1 \vee \cdots \vee a_n \vee b_1 \vee \cdots \vee b_m)$ 是**归结式**。

Robinson[243] 得到的一个著名结果表明，一个只采用二元归结法作为唯一推理规则的推理系统是可靠且完备的。换句话说，一个 CNF 是不可满足的，当且仅当存在一个有限的二元归结序列，该序列最终导致空子句。

附注：基于归结法判定过程的困难例子

一些命题逻辑公式只能用与问题输入大小呈指数关系的归结步骤来判定。Haken [137] 在 1985 年证明了**鸽笼问题**就是这样一个问题：给定 $n > 1$ 只鸽子和 $n-1$ 个鸽笼，在不共享鸽笼的情况下，每只鸽子可以飞入一个鸽笼吗？这个问题可以非常直接地编码为命题逻辑公式，需要 $n \cdot (n-1)$ 个变量。然而，在写作本书的时候，没有 SAT 求解器（隐式地执行归结操作）可以在合理的时间内求解多于几十只鸽子的规模，即使对应的 CNF 是很小的。作为实验，我们尝试用 4 个前沿的 SAT 求解器来求解 $n = 20$ 的鸽笼问题：Siege4 [248]、zChaff-04 [202]、HaifaSat [124] 和 Glucose-2014 [8]。在一台配有奔腾 4 和 1 GB 内存的机器上，这些求解器都无法在 3 小时内求解该问题。我们可以对比一下，在同样的时间限制下，这些求解器常常可以求解有几十万甚至几百万变量的工业实例。

好消息是，现在有些 SAT 求解器可以在预处理的时候识别出 CNF 中的**基数约束**（形如 $\sum_i x_i \leqslant k$ 的约束）并以专门的技术对之进行求解。在鸽笼问题中，每个鸽笼只能最多住一只鸽子的事实，就是隐式地对每个鸽笼用基数约束 $\sum_i x_i \leqslant 1$ 进行编码。某些支持这种技术的 SAT 求解器，比如 SAT4J，就可以求解规模达到 $n = 200$ 的鸽笼问题 [32]。

冲突分析函数的第 7 行调用的函数 RESOLVE (c_1, c_2, v) 返回子句 c_1 和 c_2 的归结式，其中 v 是归结变量。第 6 行调用的 ANTECEDENT 函数返回 Antecedent(lit)。其他函数和变量都一目了然。

冲突分析函数从冲突子句开始，从右往左分析冲突图，在这个过程中，通过归结步骤构造学习子句。它从冲突子句 cl 开始分析，该子句所有的文字都为假。子句 cl 中最后一个被赋值的文字记为 lit，它相应的变量记为 var。变量 var 的导因子句记为 $ante$，包含的唯一真文字就是 $\neg lit$，其他文字当前都是假的。子句 cl 和子句 $ante$ 分别包含 lit 和 $\neg lit$，它们能以变量 var 进行归结。产生的归结式子句也是一个冲突子句，作为下一个归结步骤的基础。

示例 2.12　考虑图 2.9 中的部分蕴含图和子句集合，假设 BCP 的蕴含顺序是 x_4, x_5, x_6, x_7。

通过一系列的二元归结就可以得到学习子句 $c_5 := (x_{10} \vee x_2 \vee \neg x_4)$。从表 2.2 中可以看到，冲突分析从冲突子句 c_4 出发，后向遍历蕴含图，遵循蕴含顺序的逆序。中间的子句，在本例子中也即归结序列的第二个和第三个子句，一般会被丢弃。

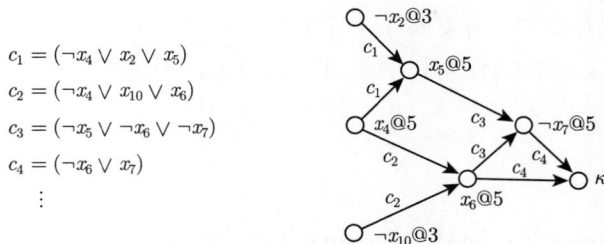

$$c_1 = (\neg x_4 \vee x_2 \vee x_5)$$
$$c_2 = (\neg x_4 \vee x_{10} \vee x_6)$$
$$c_3 = (\neg x_5 \vee \neg x_6 \vee \neg x_7)$$
$$c_4 = (\neg x_6 \vee x_7)$$
$$\vdots$$

图 2.9　阐释算法 2.2.2 的一个部分蕴含图和子句集合。图上的节点以它们被创建的层次作为水平顺序进行排列。算法 2.2.2 以逆序从右往左遍历这些节点。第一 UIP 是 x_4，相应的断言文字是 $\neg x_4$

表 2.2　子句学习和推导过程

名称	cl	lit	var	ante
c_4	$(\neg x_6 \vee x_7)$	x_7	x_7	c_3
	$(\neg x_5 \vee \neg x_6)$	$\neg x_6$	x_6	c_2
	$(\neg x_4 \vee x_{10} \vee \neg x_5)$	$\neg x_5$	x_5	c_1
c_5	$(\neg x_4 \vee x_2 \vee x_{10})$			

子句 c_5 是一个断言子句，其中，第一 UIP（x_4）的否定文字是唯一来自当前决策层的文字。

2.2.5　决策启发式

也许 SAT 求解中最重要的部分是选择变量及其取值的策略。这种策略称为 SAT 求解器的**决策启发式**。下面介绍一些著名的决策启发式。我们将以它们被提出的顺序来介绍，这也刚好是它们在很多实验中反映出来的平均效益从低到高的顺序。每年都有新的策略发表。

Jeroslow-Wang

给定一个 CNF 公式 $\mathcal{B}$，对每个文字 l 计算

$$J(l) = \sum_{\omega \in \mathcal{B}, l \in \omega} 2^{-|\omega|} \tag{2.10}$$

其中，ω 表示一个子句，而 $|\omega|$ 是该子句的长度。选择那个 $J(l)$ 最大的文字 l（要求在当前赋值下 l 和 $\neg l$ 都不出现）。

这个策略给经常出现在短子句中的文字赋予更高的优先权。它有静态版本和动态版本。在静态版本中，算法开始时计算好每个文字的分数。在动态版本中，每次决策只考虑对不满足的子句进行计算。动态方法可以产生更好的决策，不过每次决策都带来较大的开销。

DLIS

动态最大和（dynamic largest individual sum，DLIS）在每个决策层，从未赋值的文字中选择可以满足最多不满足子句的文字。

这个启发式有一种常见的实现方式，就是为每个文字维护一个指针，指向一个保存该文字出现的子句的列表。在每个决策层，对于每个文字，求解器计算包含这个文字的不满足子句的数量，然后选择此数量最大的那个文字。DLIS 的开销较大，每一次决策的复杂度与子句的数量成正比。Copty 等人 [79] 提出了这种策略的一个变种，它计算的是每个可能决策**及其通过** BCP **蕴含**导致的满足子句数量。这个变种实际上表现更好，不过开销也更大。

VSIDS 及其变种

变量状态独立衰减和（variable state independent decaying sum，VSIDS）策略是在 SAT 求解器 CHAFF [202] 中被提出来的，它类似于 DLIS，但是高效得多。其一，在计算每个文字出现的子句数量时，它不考虑子句是否被满足。这意味着每个决策的估计质量存在一些折扣，不过其复杂度低很多：假设我们按照文字的分数把文字保存在一个列表里面，它做一次决策的复杂度是常数时间。其二，该策略周期性地对所有分数都除以 2。

该决策启发式的核心思想是**冲突驱动**，这意味着它会首先尝试去解决最近发现的冲突。为了这个目的，它需要给最近冲突涉及的变量赋予更高的分数。回想一下，每个冲突都会导致一个学习子句。一个新产生的学习子句，正如其他子句一样，会给其中每个文字的分数加 1。自该子句生成以来经过的时间越长，这些文字的分数除以 2 的次数越多。所以，新产生的学习子句中的变量会变得更有影响力。首次引入 VSIDS 的 SAT 求解器 CHAFF，允许通过设置变量分数被除的频率以及除数来对这个策略进行调优。实验发现，对于不同类型的 CNF 公式，其最优参数也不同。

还有其他冲突驱动的启发式，比如屡屡获奖的 SAT 求解器 MiniSAT 采用的策略。MiniSAT 对每个变量维护了一个活跃分数（双精度的浮点数），用于衡量该变量参与推导新的学习子句的程度。如果一个学习子句 c 是由子句 $c_1, \cdots, c_n$ 推导得到的，那么一个变量 v 在 $c_1, \cdots, c_n$ 中的每次出现都会使得 v 的分数增加一个常数 inc。这个常数 inc 一般初始化为 1，然后在每次冲突之后都乘以 1.05，以此给参与最近冲突的变量赋予更高的分数。为了避免溢出，如果某个变量的活跃分数超过 10^{100}，则所有变量的分数以及 inc 都乘以 10^{-100}。该策略选择具有最高分数的变量。关于变量的取值，可能选择 FALSE，或者随机值，或者该变量的上一次赋值。如此成功的求解器 MiniSAT，并没有尝试猜测变量的正确赋值，这个事实表明，重要的是随着子句学习调整搜索的位置，而不是对分支的正确猜测。这也不奇怪：即使在可满足公式里，大部分的分支不会导向一个满足赋值。

基于子句的启发式

在这类启发式里，出现在近期学习子句中的文字被赋予了绝对优先权。这个效果是通过在每次需要做决策时，后向遍历学习子句列表来实现的。我们接下来详细描述一个称为 Berkmin 的启发式。

对每个变量维护一个分数，类似于 VSIDS 对每个文字维护一个分数（也即，如果一个变量的文字出现在一个子句中，就增加其分数并且周期性地将分数除以一个常数）。对每个文字也维护一个类似的分数，但是不对它做周期性的除法。学习到的子句被压到一个栈里。当算法需要做决策的时候，找到栈顶的未决子句。从该子句选择分数最高的未赋值变量。选择该变量对应的分数最高的文字对该变量进行赋值（正文字对应赋值TRUE，负文字对应赋值FALSE）。如果这个栈变为空了，则从所有未赋值变量（而非一个子句）的集合中选择变量，仍然采用一样的选择策略。

这个启发式最开始是在一个叫 BERKMIN 的 SAT 求解器中实现的，其想法是给出现在近期学习子句中的文字赋予绝对优先权，从实验结果看更有效。和 VSIDS 不一样，它只关注未决的学习子句。

另一个基于子句的策略叫作 Clause-Move-To-Front （CMTF）。这个策略和 Berkmin 类似，不同的是，在学习一个新子句的时候，其中 k 个参与归结出新子句的子句被存到列表尾部（k 是个参数），而新子句紧跟其后。这么做的理由是它使得搜索更加聚焦。比如，考虑一个子句 c，它是从 c_1、c_2 和 c_3 归结得到的，记为 $c_1 \wedge c_2 \wedge c_3 \implies c$。可以清楚地看出，满足 c 比满足 $c_1 \wedge c_2 \wedge c_3$ 更容易。所以，当前赋值使得 $c_1 \wedge c_2 \wedge c_3$ 为假，算法回溯，然后在重新尝试去满足这三个子句之前，算法先尝试满足一个更容易的公式（即 c）。一个叫 HAIFASAT [124] 的 SAT 求解器实现了 CMTF 策略。求解器 EUREKA [99] 实现了 CMTF 策略的一个变种 Clause-Based Heuristic（CBH）。

2.2.6 归结图和不可满足核

既然学习子句是从一些其他的子句推导出来的，我们可以把这个过程用一个**归结图**记录下来。

定义 2.13（二元归结图） 一个**二元归结图**是一个有向无环图，其中每个节点标注着一个子句。每个根节点对应一个原始子句。每个非根节点对应一个由二元归结得到的子句，恰好有两条入边，表示该节点是由它在图中的两个父节点进行二元归结得到的。

通常，SAT 求解器不会保留在子句学习的归结过程中产生的所有中间子句。不过，它们会保留足够的子句来构造一个描述学习子句关系的图。

定义 2.14（超归结图） 一个**超归结图**是一个有向无环图，其中每个节点标注着一个子句。每个根节点对应一个原始子句。每个非根节点有两条或更多的入边，表示该节点是由它的父节点通过二元归结得到的，其归结过程可能涉及一些在图中没有表示的子句。

示例 2.15 让我们再次考虑图 2.9 中的蕴含图。子句 $c_1, \cdots, c_4$ 参与了产生 c_5 的归结过程。对应的归结图如图 2.10 所示。

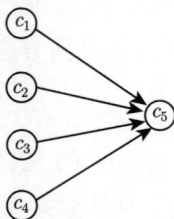

图 2.10 一个超归结图，对应图 2.9 中的蕴含图

在公式不可满足的情况下，归结图有一个汇节点（即只有入边的节点），它对应了一个空子句。①

---

① 在实践中，SAT 求解器在实际推导出空子句之前就终止了，如我们在算法 2.2.1 和算法 2.2.2 中所见。但我们可以在算法运行终止后继续扩展归结图，从而得到以空子句结束的完整的归结过程。

归结图有多个用途,这里我们介绍其中几个。最常见的用途是推导出不可满足公式的**不可满足核**。

定义 2.16(不可满足核)　对于一个不可满足的 CNF 公式,原始子句集合的任何不可满足的子集都是它的**不可满足核**。

不可满足核是原始子句集合的相对较小的子集,在很多场景中有用,因为它们可以帮助我们聚焦于不可满足的**原因**(可以有多个不可满足核彼此不包含,甚至不相交)。我们留给读者一个习题:设计一个算法,对于一个给定的归结图,计算一个不可满足核,见问题 2.17。

归结图的另一个用途是验证 SAT 求解器得出的公式不可满足的结论。对于可满足实例,满足赋值是容易验证的证据。不同于可满足实例的情况,检查不可满足性结果更难。不过,一个独立检查器可以通过归结图重新执行归结步骤,从原始子句开始,直到归结出空子句。此验证过程需要的时间与归结证明的长度呈线性关系。

2.2.7　增量式可满足性问题

在许多工业应用中,SAT 求解器是一个更大系统的一个组件,该系统向 SAT 求解器发出可满足性查询。比如,一个机器人路径规划程序可以使用 SAT 求解器来找出是否存在从当前状态到目标状态的 k 步内的路径。如果答案是否定的,就增加 k 的值再尝试。这里的一个重点是,SAT 求解器需要求解的公式序列不是随机的:这些公式有很多共同点。我们是否可以利用这个事实加快 SAT 求解呢?我们应该通过某种方式复用在求解之前实例的过程中积累的信息,以此加快对当前实例的求解。为了更容易理解,我们考虑两个 CNF 公式,C_1 和 C_2,求解 C_1 之后接着求解 C_2,假设在求解 C_1 时已经知道 C_2。

在求解 C_2 时,有两种信息是可以复用的。

- **复用子句**。我们需要回答这样的问题:如果 c 是在求解 C_1 的过程中学习到的子句,那么什么情况下 C_2 和 $C_2 \wedge c$ 是等可满足的?为了更容易地回答这个问题,我们把 C_1 和 C_2 都看作子句集合。令 C 表示这两个集合的交集 $C_1 \cap C_2$。任何仅从集合 C 的子句学习到的子句都可以在求解 C_2 时复用。在实践中,如同上面提到的路径规划问题,需要连续求解的公式是相似的。在这里,C_1 和 C_2 共享绝大部分子句,这意味着大部分学习子句可以复用。我们留下一个习题:设计一个算法来发现可复用的学习子句（参见问题 2.16）。

- **复用启发式参数**。算法在搜索过程中会更新各种权重，并且根据它们启发式地引导搜索方向。例如，算法根据变量分数来做决策（参见 2.2.5 节），根据子句活跃度决定哪些子句应该保留，哪些应该删除，等等。如果 C_1 和 C_2 足够相似，在开始求解 C_2 时，把各种权重设为 C_1 求解结束时的值可以加快对 C_2 的求解。

为了理解现代 SAT 求解器如何支持增量式求解，我们首先需要理解**假设**机制，该机制在 SAT 求解器 MINISAT [110] 中首次被提出。假设指的是一些文字，它们在求解 C_1 时是成立的，但在求解 C_2 时可能被移除或者变假。假设文字的列表会作为参数传递给求解器。求解器把假设文字看作规定了初始决策的特殊文字。如果求解器回溯超过了最后一个假设的决策层，它就宣布公式为不可满足，因为在不改变假设的前提下该公式没有解。举个例子，设 $a_1, \cdots, a_n$ 为假设文字。那么，求解器一开始就会做这些决策：$a_1 = \text{TRUE}, \cdots, a_n = \text{TRUE}$，并且像往常一样执行 BCP。如果在某个时刻，求解器回溯到决策层 n 或者比它浅的层次，它就宣布该公式是不可满足的。

这里的要点是，所有学习子句都是**独立于假设的**，即使假设不再成立了，它们仍然可以被复用。这就是子句学习的本质：它学习到的子句是独立于任何具体决策的，而假设只是某些具体决策。因此，我们开始求解 C_2 时保留了求解 C_1 过程中学习到的子句。通过这种方式，我们复用了上面提到的两种信息，从而节约了重新分析公式的时间。

下面描述求解一般的增量式 SAT 问题时如何使用假设，这涉及不同实例之间增加和删除子句。关于增加子句，求解器会提供一个接口用于接收应该加入的子句集合（在我们的例子中即为 $C_2 \setminus C_1$）。删除子句则是通过给每个子句 $c \in (C_1 \setminus C_2)$ 增加一个新的假设文字（对应一个**新**变量），该文字是负文字。例如，对于子句 $c = (x_1 \vee x_2)$，它被替换为 $c' = (\neg a \vee x_1 \vee x_2)$，其中 a 是新变量。我们注意到在假设 $a = \text{TRUE}$ 下，$c = c'$，所以增加的假设文字并不改变公式的可满足性。不过，在求解 C_2 时，我们会把假设 $a = \text{TRUE}$ 替换为 $a = \text{FALSE}$，这就相当于擦除了子句 c。用于这种用途的假设文字称为**子句选择器**。

2.2.8 从 SAT 到 CSP

与 SAT 研究同时进行的，还有很多 CSP 的研究 [98]，两个领域之间有很多交叉的成果。CSP 允许在有限离散域的变量上定义任意约束。例如，可以在以下变量域定义一个 CSP 问题：$x_1 \in \{1, \cdots, 10\}$，$x_2 \in \{2, 4, 6, \cdots, 30\}$，$x_3 \in \{-5, -4, \cdots, 5\}$，该问题是这些

变量上的约束的布尔组合

$$\textsc{AllDifferent}(x_1, x_2, x_3) \wedge x_1 < x_3 \tag{2.11}$$

$\textsc{AllDifferent}$ 约束表示其参数变量都必须取不同的值。现代 CSP 求解器支持至少数十种这样的约束。命题逻辑公式可以视为只用布尔联结词而不含有其他约束类型，并且变量域局限为 $\{0, 1\}$ 的 CSP 模型的特殊情况。

CSP 求解是 NP 问题，所以可以在多项式时间内归约为 SAT。[①] 因为变量的值域是有限离散域，所以把它们展开为命题逻辑需要做一些工作。例如，一个值域为 $\{1, \cdots, n\}$ 的变量可以用 $\lceil \log n \rceil$ 个命题变量进行编码。如果变量的值域有某些"洞"，那么需要对这些变量可以取的值施加额外的约束。类似地，约束也可以转换为命题逻辑公式。例如，x_1 用命题变量 $b_1, \cdots, b_5$ 表示，x_2 用命题变量 $c_1, \cdots, c_5$ 表示，那么约束 $x_1 \neq x_2$ 就可以用命题逻辑表达为 $\vee_{i=1}^{5}(b_i \vee c_i) \wedge (\neg b_i \vee \neg c_i)$，以此迫使它们之间至少有一位不同。$\textsc{AllDifferent}$ 就是判定其所有参数变量是否两两不等。第 6 章介绍了其他的按位（对数化的）方法，问题 2.11 就是关于一个线性转换方法的习题。事实上，一些高性能的 CSP 求解器只是做了一个把 CSP 编码成 SAT 的**前端**，可能在 SAT 求解前就一次性完成编码，也可能采取惰性（也就是在算法执行过程中逐步展开编码）的方法。其他求解器则直接处理约束。

本书不涉及 CSP 求解器的工作原理描述。我们只想说它们的内核和 SAT 求解器内核类似，都包括了决策、约束传播以及学习机制。不过，每种约束都需要单独处理。CSP 求解器一般是模块化的，所以向已有的 CSP 求解器添加自己喜欢的约束并不难。为此需要做的主要工作就是为新添加的约束类型定义一个**传播器**（propagator）。约束 c 的传播器是一个函数，它可以根据 c 和变量当前的值域，推断出可以对某些值域进行缩减，以及检测 c 是否冲突，即在当前值域下无法被满足。在上面的例子中，$<$ 约束的传播器应该从 $x_1 < x_3$ 推导出，x_1 的值域缩减为 $\{1, \cdots, 4\}$，因为那些更大的值不被 x_3 当前的值域支持。换句话说，对于如 $x_1 = 5$ 这样的赋值，x_3 当前值域 $\{-5, \cdots, 5\}$ 中，没有一个值可以满足 $x_1 < x_3$。考虑另一个例子，假设我们有这样的 CSP：

$$x_1 \in \{0, 1\}, \quad x_2 \in \{0, 1\}, \quad x_3 \in \{0, 1\}$$
$$\textsc{AllDifferent}(x_1, x_2, x_3)$$

$\textsc{AllDifferent}$ 传播器应该检测到在这些变量值域下约束不能被满足。SAT 中相应

---

① 这个复杂性结果是基于 CSP 求解器支持的约束而言的。当然，我们也可以找到一些约束使得 CSP 超出 NP 问题的范围。

的传播器就是 BCP——请见 2.2.3 节。传播器必须是可靠的，但对于某些约束来说，让传播器具备完备性的计算代价太大了（见定义 1.6）。换句话说，传播器可能无法找到所有可能的值域缩减，在部分赋值下也并不总是能够检测到冲突。但这并不改变整个求解器的完整性，因为它可以在完整赋值下检测到冲突。

面对一个约束问题，把它建模为 CSP 而非命题逻辑有两个潜在的好处：

- 作为建模语言，CSP 的可读性强很多，并且更简洁；
- 如果所使用的 CSP 求解器**不是**基于归约为 SAT 的方法，某些复杂约束（比如 ALLDIFFERENT）可以有多项式时间的精确传播器，如果把这些约束归纳为命题逻辑后再用 SAT 求解，最坏情况下则需要指数时间。[①]

通常情况下，这两种潜在的优势并不起主要作用，因为工业中解决的大多数问题都是自动生成的，所以可读性并不重要。由于现实中的约束问题混合了许多类型的约束，因此解决它们的时间复杂度仍为指数级。目前的观点是，仅从运行时间的角度来看，CSP 和 SAT 之间并没有明显占优者，这更多的是一个工程问题，而不是实质性的问题。

2.2.9　SAT 求解器：总结

在 2.2 节中，我们介绍了现代 CDCL 求解器的基本要素，包括决策启发式、冲突驱动子句学习以及冲突驱动回溯。还有其他提高效率的技术，本书没有涵盖，例如 BCP 的高效实现、被包含子句检测、预处理和化简、学习子句删除以及**重启**（即当求解器似乎陷入了搜索树的没有希望的分支时重启求解器）。感兴趣的读者可以阅读 2.4 节的参考文献。

现在让我们再次思考 1.1 节描述的两种推理方法——推演和枚举。能不能说本节描述的 SAT 求解器遵循其中的一种方法呢？一方面，可以将 SAT 求解器视为在一棵有 2^n 个叶节点的二叉树上进行搜索，其中 n 是输入公式中布尔变量的数量。每个叶节点就是一个完整赋值，所以遍历所有叶节点就对应了枚举。从这个视角说，产生学习子句是为了"剪去"搜索空间。另一方面，学习子句是通过归结规则从其他子句中**推导**出来的。如果公式是不可满足的，那么按照 SAT 求解器的日志列出的归结序列就是对公式不可满足的演绎证明。从这个角度，搜索启发式可以视为应用推理规则的策略——搜索一个证明。因此，这两种观点是同样合理的。

---

① 一些具有多项式传播器的约束可以转换成特定形式的命题公式，通过适当的 SAT 求解器策略，同样可以在多项式时间内求解，请见文献 [220]。

2.3 习　　题

2.3.1　热身练习

问题 2.1（命题逻辑：练习）　对于下面的公式，判定它们是可满足的，不可满足的，还是有效的：

1. $(p \implies (q \implies p))$
2. $(p \wedge q) \wedge (a \implies q) \wedge (b \implies \neg p) \wedge (a \vee b)$
3. $(p \vee q) \wedge (\neg p \vee \neg q) \wedge (p \vee \neg q) \wedge (\neg p \vee q)$
4. $(a \implies \neg a) \implies \neg a$
5. $(((a \implies p) \wedge (b \implies q)) \wedge (\neg a \vee \neg b)) \implies \neg(p \wedge q)$
6. $(a \wedge b \wedge c) \wedge (a \oplus b \oplus c) \wedge (a \vee b \vee c)$
7. $(a \wedge b \wedge c \wedge d) \wedge (a \oplus b \oplus c \oplus d) \wedge (a \vee b \vee c \vee d)$

其中 $\oplus$ 表示异或运算。

问题 2.2（建模：简单）　考虑三个人 A、B、C，三个人需要坐在一排，但是：

- A 不想挨着 C 坐；
- A 不想坐左边的椅子；
- B 不想坐在 C 的右边。

请写一个命题公式，当且仅当存在一个满足所有约束的三人座位安排时，该公式可满足。该公式是可满足的吗？如果是，请给出一个满足赋值。

问题 2.3（建模：程序等价性）　证明下面两个 `if-then-else` 表达式等价：

> !(a || b) ? h : !(a == b) ? f : g　　　　　!(!a || !b) ? g : (!a && !b) ? h : f

你可以假设变量都只有一比特。

问题 2.4（SAT 求解） 考虑以下子句集合：

$$
\begin{aligned}
&(x_5 \vee \neg x_1 \vee x_3), \quad (\neg x_1 \vee x_2), \\
&(\neg x_2 \vee x_4), \qquad\quad (\neg x_3 \vee \neg x_4), \\
&(\neg x_5 \vee x_1), \qquad\quad (\neg x_5 \vee \neg x_6), \\
&(x_6 \vee x_1)
\end{aligned}
\tag{2.12}
$$

应用 VSIDS 启发式和带冲突驱动回溯的冲突分析。如果 VSIDS 启发式出现平局的情况，做出一个最终会导致冲突的决策。在每个决策层上展示蕴含图。

2.3.2 命题逻辑

问题 2.5（命题逻辑：与非门和或非门） 证明任何命题逻辑公式都可以被等价地写为

- 只有与非（NAND）门，
- 只有或非（NOR）门。

2.3.3 建模

问题 2.6（将你喜欢的 NP 完全问题归约为 SAT） 选一个你最喜欢的 NP 完全问题（不包括 SAT 本身和下面提到的问题），展示该问题到命题逻辑的归约。可以在网上找到著名的 NP 完全问题的列表（例如：顶点覆盖、击中集、集合覆盖、背包问题、反馈顶点集、装箱问题……）。请注意，其中许多问题更为人所知是作为优化问题，因此首先要定义相应的判定问题。例如，**顶点覆盖**的优化版本是：找到最小数量的顶点，这些顶点同时触及所有边。相应的判定问题是：给定一个自然数 k，是否可能用 k 个顶点触碰所有边？

问题 2.7（对有限自动机进行编码） 一个非确定有限自动机是一个五元组 $\langle Q, \Sigma, \delta, I, F \rangle$，其中

- Q 是一个有限的状态集合，
- Σ 是字母表（有限的字母集合），
- $\delta : Q \times \Sigma \mapsto 2^Q$ 是一个转移函数（2^Q 是 Q 的幂集)，
- $I \subseteq Q$ 是初始状态集合，
- $F \subseteq Q$ 是接收状态集合。

给定当前状态和输入，转移函数决定可以转移到哪些状态。我们说自动机**接收**一个有限字符串 $s_1, \cdots, s_n$，其中 $s_i \in \Sigma$，当且仅当存在状态序列 $q_0, \cdots, q_n$，满足

- $q_0 \in I$
- $\forall i \in \{1, \cdots, n\}.\ q_i \in \delta(q_{i-1}, s_i)$
- $q_n \in F$

例如，图 2.11 中的自动机定义如下：$Q = \{s_1, s_2\}$，$\Sigma = \{a, b\}$，$\delta(s_1, a) = \{s_1\}$，$\delta(s_1, b) = \{s_1, s_2\}$，$I = \{s_1\}$，$F = \{s_2\}$。它接收以 b 结尾的字符串。给定一个非确定有限自动机 $\langle Q, \Sigma, \delta, I, F \rangle$ 和一个固定的输入字符串 $s_1, \cdots, s_n$，$s_i \in \Sigma$，构建一个命题公式，当且仅当自动机接收该字符串时，公式是可满足的。

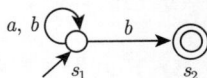

图 2.11　一个非确定有限自动机，接收所有以 b 结尾的字符串

问题 2.8（分配老师负责教学科目）　考虑 k 位老师覆盖 m 个科目的问题，定义如下。令 $T : \{T_1, \cdots, T_n\}$ 为老师的集合，$S : \{S_1, \cdots, S_m\}$ 为科目的集合。每个老师 $t \in T$ 可以教授科目 S 的一些子集（即 $S(t) \subseteq S$）。给定一个自然数 $k \leqslant n$，是否存在一个大小为 k 的老师子集，这些老师一起覆盖了所有 m 个科目，即是否存在子集 $C \subseteq T$，满足 $|C| = k$ 且 $(\bigcup_{t \in C} S(t)) = S$？

问题 2.9（哈密顿回路）　将以下问题转换为一个命题逻辑公式：给定一个有向图，它是否包含一条哈密顿回路（即一条闭合路径，除了起点外，恰好访问每个节点一次）？

2.3.4　复杂度

问题 2.10（CDCL 的空间复杂度）　在以下情况下，2.2 节描述的 CDCL SAT 求解器的最坏情况空间复杂度是多少？

(a) 不含子句学习。

(b) 含子句学习，也即记录学习子句。

(c) 含子句学习，不过只记录长度不超过 k 的学习子句。

问题 2.11（从 CSP 到 SAT）　假设我们有一个在统一域上的 CSP，统一域为 $\mathcal{D}$：$[\min..\max]$，所有约束都是 $v_i \leqslant v_j, v_i - v_j \leqslant c$ 或者 $v_i = v_j + c$ 的形式，c 为常数。例如

$$((v_2 \leqslant v_3) \vee (v_4 \leqslant v_1)) \wedge v_2 = v_1 + 4 \wedge v_4 = v_3 + 3$$

其中，$v_1, v_2, v_3, v_4 \in [0..7]$。这个公式被以下两个赋值中的一个满足：$(v_1 \mapsto 0, v_2 \mapsto 4, v_3 \mapsto 4, v_4 \mapsto 7)$ 或 $(v_3 \mapsto 0, v_1 \mapsto 3, v_4 \mapsto 3, v_2 \mapsto 7)$。

把这种公式转换为命题逻辑公式。提示：需要用到 $|V| \cdot |\mathcal{D}|$ 个命题变量，其中 $|V|$ 是变量的数量，$|\mathcal{D}|$ 是域的大小。对于每个变量 $v_i \in V$ 和 $j \in \mathcal{D}$，引入了一个命题变量 b_{ij}，表示 $v_i \leqslant j$ 为真。

对于高级读者：尝试找到一个对数级别的编码。

问题 2.12（多项式时间的限制性 SAT 问题）　考虑以下两个 CNF 的限制版本：

- 每个子句中最多有一个正文字；
- 所有子句最多有两个文字。

1. 针对以上问题，分别给出多项式时间算法。
2. 证明每个 CNF 公式都可以转换为一个由上述两种类型公式合取得到的 CNF 公式。换句话说，在结果公式中，所有子句要么是一元子句，要么是二元子句，要么最多有一个正文字。这个转换需要多少额外的变量？

2.3.5　CDCL SAT 求解

问题 2.13（回溯层）　我们看到，使用冲突驱动回溯的 SAT 求解器会回溯到学习子句的第二深的决策层 dl。这将浪费从决策层 $dl+1$ 到当前层 dl' 的所有工作（尽管如我们所提到的，这样做的优点盖过了这个缺点）。假设我们试图避免这种浪费，仍然按照通常的冲突驱动回溯的方式进行，但是重复决策层 $dl+1$ 到 $dl'-1$ 的赋值（而非采用算法的标准启发式赋值策略）。可以保证这种重新赋值将进行而不冲突吗？

问题 2.14（第一 UIP 的定义是明确的吗？）　证明在冲突图中，第一 UIP（离冲突节点最近的 UIP）的概念是明确定义的，即总有单一的最近 UIP。提示：你可以使用图论中**支配点**的概念。

2.3.6 相关问题

问题 2.15（被屏蔽子句，blocked clause） 令 φ 为一个 CNF 公式，$c \in \varphi$ 是一个子句，其中 $l \in c$ 是一个文字，$\varphi_{\neg l} \subseteq \varphi$ 是包含 $\neg l$ 的 φ 的子句集合。如果以 $\mathrm{var}(l)$ 作为枢轴将 c 与 $\varphi_{\neg l}$ 中的任何子句进行归结都得到一个重言式，我们称 c 被 l 屏蔽。例如，$c = (l \vee x \vee y)$ 且 $\varphi_{\neg l}$ 恰有一个子句 $c' = (\neg l \vee \neg x \vee z)$，那么在 l 上对 c 和 c' 做归结得到 $(x \vee \neg x \vee y \vee z)$，这是一个重言式，因此 c 被 l 屏蔽。证明 φ 与 $\varphi \setminus c$ 是等可满足的，即删除 φ 中的被屏蔽子句不影响其可满足性。

问题 2.16（增量式可满足性） 在 2.2.7 节中，我们看到了一个在相似实例之间共享子句的条件。设计一种实现这个检查的方法，即 SAT 求解器如何检测从两个实例的共同子句推导得到的子句？解决方案不能使用假设机制。

问题 2.17（不可满足核）

(a) 设计一个算法，给定一个归结图（见定义 2.14），找到原始公式的尽量小的不可满足核（不一定是最小的）。

(b) 给定一个不可满足核，提出一种对它进行最小化的方法。

问题 2.18（不可满足核与转移子句） 令 $\mathcal{B}$ 为一个不可满足的 CNF 公式，c 是 $\mathcal{B}$ 的一个子句。如果移除 c 使得 $\mathcal{B}$ 变为可满足，我们就说 c 是**转移子句**（transition clause）。证明：一个公式的所有转移子句都包含在不可满足核中。

2.4 文 献 注 释

2009 年出版的《可满足性手册》（*Handbook of Satisfiability*）[35] 厚达 980 页①，涵盖了本章中提到的所有主题以及更多内容，这表明本章只覆盖了 SAT 领域非常小的一部分。最近，高德纳在他的"计算机程序设计艺术"（*The Art of Computer Programming*）系列图书中专门用了将近 300 页来讲述这个主题 [168]。接下来，我们介绍 SAT 历史上的一些亮点。

Davis-Putnam-Loveland-Logemann（DPLL）框架的发明经历了两个阶段。1960 年，Davis 和 Putnam 提出了一个迭代使用三条规则求解 CNF 公式的方法 [88]，这三条规则

---

① 第 2 版于 2021 年出版。——译者注

包括纯文字规则、单子句规则（现在称为 BCP）和"消除规则"——一条通过归结法消除变量的规则（例如，为了从给定 CNF 中消除变量 x，可以对形为 $(x \vee A) \wedge (\neg x \vee B)$ 的每对子句应用归结法，删除参与归结的子句，保留归结式）。他们当时的想法是优化之前的一个对一阶公式的不完备判定方法。值得注意的是，在当时，"优化"意味着过程更容易手工操作。1962 年，Davis 和 Putnam 雇用的两位程序员 Loveland 和 Logemann，实现了 Davis 和 Putnam 的想法，得出结论，分支回溯的方法比归结法更高效。Davis、Loveland 和 Logemann 一起发表了我们今天所认识的 DPLL框架 [87]。SAT 社区倾向于将现代的基于 CDCL（冲突驱动子句学习）的求解器与基于 DPLL 的求解器区分开，因为 CDCL 求解器强调了它们的学习能力与非时序回溯的结合，以及紧密结合搜索与学习的启发式（如 VSIDS）。另一个与先前的 DPLL 求解器的主要区别是，现代求解器经常重启搜索。除了 DPLL/CDCL 之外，另一类主要的 SAT 求解器是随机搜索求解器，也称为**局部搜索** SAT 求解器，本章没有详细讨论。GSAT 和 WALKSAT 是该领域的早期求解器 [254]，多年来一直起到引领作用。有一些求解器将局部搜索与学习和传播技术相结合，例如 UNITWALK [143]。

SAT 求解器的发展一直受到 CSP 领域发展的影响。CSP 是将 SAT 推广到任意有限离散域和任意约束条件的问题。Montanari（1976 年）对 CSP 的定义 [201] 与之前 Waltz（1975 年）的工作，以及高效的 CSP 求解器的发展，促进了两个领域之间的互相交流和借鉴。例如，非时序回溯首先是在 CSP 中使用的，然后被 Marques-Silva 和 Sakallah 用于他们的 GRASP SAT 求解器（1996 年至 2000 年间最快的 SAT 求解器）[262]。此外，GRASP 中通过冲突子句进行学习的方法受到了 CSP 的"无用约束记录"（no-good recording）的启发。Bayardo 和 Schrag 也发表了一种针对 SAT 的冲突驱动学习方法 [21]。CSP 求解器有一个一年一度的竞赛，叫作 MiniZinc 挑战赛。2016 年自由（不受限制）搜索类别的冠军是 Michael Veksler 的求解器 HaifaCSP [279]。

CHAFF 是由 Moskewicz、Madigan、Zhao（赵颖）、Zhang（张霖涛）和 Malik 在 2001 年提出的 [202]，它标志着求解器性能方面的突破，再次激发了人们对这个领域的兴趣。CHAFF 引入了冲突驱动的非时序回溯以及 VSIDS 启发式，这是第一个冲突驱动的启发式。它还包含了一个基于被称为"双观察文字"（two-watched literal）的数据结构的快速 BCP 技术，该技术现已成为现代 SAT 求解器的一项标准技术。本章中关于 SAT 算法的描述主要受到 CHAFF 及其相关工作的启发 [298,299]。BERKMIN 是由 Goldberg 和 Novikov 研发的 SAT 求解器，引入了一个后来被称为"Berkmin 启发式"的方法 [133]。求解器 SIEGE 引入了 Variable-Move-To-Front（VMTF）的决策启发式，将学习子句中一定数量的变量移到列表的顶部，在实践中表现很好 [248]。MINISAT [110] 是由 Niklas Eén 和 Niklas Sörensson 开发的一个极简主义的开源求解器，在过去十年中不仅赢得了几场比赛，也成了 SAT 研究的标准平台。有几个比赛甚至专门为 MINISAT 的变种设立了一个特别的赛道。从 2009 年开始，GLUCOSE [8] 似乎是领先的求解器（之一）。它提出了一种基于学习子句包含的决策层数量来预测学习子句质量的技术。GLUCOSE 像大多数求解器一样，会定期清除一些学习子句，这种度量方式提高了保留那些有可能更好地参与进一步学习的子句的机会。Armin Biere 研发的一系列求解器，PICOSAT [30]、PRECOSAT 和 LINGELING [31] 等，在过去几年中也常常占据主导地位，其中有许多新的优化技术。这些求解器是针对非常大的 CNF 实例进行设计的，并包含了相应的**内处理**（inprocessing）步骤，在搜索期间周期性地对公式进行线性时间化简。通常从预处理技术中选择一部分作为内处理技术。另一种非常成功的技术称为**分块治之**（cube-and-conquer）[140]，它可将 SAT 问题分解为数百万个更简单的问题。当然，挑战在于如何进行这种分解，以减少总的运行时间。在第一阶段，它找到一致的**块**（cube），这些块其实就是部分赋值（通常只对不超过变量总数的 10% 进行赋值）；在此阶段使用计算成本较高的启发式方法，例如，在做出决策之前，检查每个可能赋值对剩余公式规模的影响。如果在整个求解过程中都使用这种昂贵的计算，则性能不佳，因为它仅用于识别相对较短的块。在第二阶段，使用一个标准的 SAT 求解器来求解分出来的块对应的（经过化简的）公式。这种策略非常适合并行化，事实上，Biere 的 TREENGELING 求解器就是一种高效的分块治之的并行求解器。每年都会出现新的 SAT 求解器，对最新求解器感兴趣的读者可以查看年度 SAT 比赛的结果。

大家意识到不同类别的 SAT 问题对应的最佳求解器是不同的。这个认识催生了一种**算法组合**（algorithm portfolio）的策略。这意味着在给定的问题实例中，根据对哪个求解器可能表现最好的预测，自动从 n 个预定义求解器中选择一个。首先，使用一个大的"训练集"，基于其中实例的各种特征构建**实验难度模型** [212]。然后，对于给定的问题实例，预测每个求解器的运行时间，并相应地选择求解器来完成任务。SATzilla [289] 是基于这些思想的一个成功的算法组合，在 2007 年的比赛中赢得了几个赛道的冠军。即使没有学习阶段和自动选择技术，同时运行不同的求解器并报告第一个找到解的结果就已经非常强大了。例如，LINGELING 的并行版本 PLINGELING [31]，在 2010 年的 SAT 比赛中赢得了并行赛道的冠军，比任何单核求解器都要好得多。它简单地在几个核上运行 LINGELING，每个核使用不同的随机种子和稍微不同的参数，这些参数会影响其预处理和决策策略。各个线程只共享学到的单元子句。

关于子句学习和归结法之间的联系，文献 [22, 122, 180, 295, 298] 进行了讨论。Zhang 和 Malik 描述了一个用 SAT 求解器高效提取不可满足核和不可满足证明的过程 [298, 299]。有很多算法用于最小化不可满足核，详见文献 [123, 150, 184, 214]。最小不可满足核（minimal unsatisfiable core，MUC）问题的一个变种是高级最小不可满足核（high-level minimal unsatisfiable core，HLMUC）问题 [203, 249]。除了 CNF 公式 $\mathcal{B}$，该问题的输入还包括 $\mathcal{B}$ 的一组子句集合。该问题的目标不是最小化不可满足核，而是使得与不可满足核交集非空的输入的子句集合数量最小化。该问题在形式化验证中有各种应用，详见上述参考文献。

现代版本的增量式可满足性问题，是指解决相关问题时哪些冲突子句可以复用的问题（参见问题 2.16），由 Strichman 在文献 [260, 261] 中提出，并由 Whittemore、Kim 和 Sakallah 在文献 [281] 中独立提出。这个问题的更早版本有更多限制，例如 Hooker 的工作 [148] 与 Kim、Whittemore、Marques-Silva 和 Sakallah 的工作 [164]。

有关 SAT 的理论研究非常丰富，比如，在复杂性理论方面，1971 年 Cook 用 SAT 问题来确定 NP 完全复杂性类 [77]；在证明复杂性方面，有大量关于归结证明的特征 [23] 以及各种限制和拓展的工作。在统计物理中，物理学家研究随机公式的性质 [48, 67, 197]：对于给定的变量数量 n 和给定的固定子句大小 k，子句是通过从 $\binom{n}{k} \cdot 2^k$ 种选项中均匀随机选择生成的。一个公式 φ 是 $\alpha \cdot n$ 个随机子句的合取。很明显，当 $\alpha \to \infty$ 时，φ 是不可满足的；当 $\alpha = 0$ 时，φ 是可满足的。当 α 的值为 4.267 时，φ 可满足的概率为 0.5。①事实证明，使用这个比例构建的公式在实验中往往是最难求解的。此外，n 越大，SAT 和 UNSAT 之间的相变越明显，渐近地达到了一个阶跃函数，即所有 $\alpha > 4.267$ 的公式均不可满足，而所有 $\alpha < 4.267$ 的公式均可满足。这种从 SAT 到 UNSAT 的转变被称为**相变**。关于这个主题，已经有几篇文章发表在《科学》[166, 196] 和《自然》[200] 这两本杂志上，甚至《纽约时报》也有相关报道 [157]。

最后，我们想提到，在本书的第 1 版中，这一章包括大约 10 页关于有序二元决策图（OBDD，常简称为 BDD）的内容。BDD 是 Randal Bryant 发明的 [55]，在计算机科学的各个领域，特别是自动定理证明、符号模型检测和形式化验证的其他子领域中都具有极大的影响力。使用 BDD 可以对命题公式进行表示和操作。BDD 的一个关键优势是它们是**规范**的，只要按照相同的变量顺序构建 BDD，逻辑上等价的命题公式具有相同的 BDD。如果 BDD 不为空，则公式是显然可满足的，这意味着一旦建立了 BDD，可满足性问题可以在常数时间内解决。问题在于构造 BDD 本身可能需要指数级的空间和时间，在实践中，基

---

① 这个值取决于子句长度。这里提到的值 4.267 是针对 3-SAT 问题而言的。——译者注

于 CDCL 的 SAT 求解器通常更擅长解决可满足性问题。尽管在商业模型检测器中仍然使用基于 BDD 的引擎，但是在形式化验证中，各种基于 SAT 的技术，比如 Craig 插值 [193] 和 PDR（property-directed reachability，属性定向可达性）算法 [42]，大多取代了 BDD。BDD 还用于解决其他问题，比如精确存在量化命题公式、计算命题公式的解的数量（该操作可以在与 BDD 大小呈线性关系的时间内完成），等等。高德纳在"计算机程序设计艺术"系列中专门为这个主题撰写了一大章 [167]。

2.5　符　号　表

本章用到的符号如下。

符号	含义	首次使用的页码
$x_i@dl$	（SAT）x_i 在决策层 dl 被赋值为 TRUE	30

第 3 章 从命题逻辑到无量词理论

3.1 引　言

在上一章中，我们学习了基于 CDCL 的命题逻辑判定过程。假设现在除了命题变量，我们还有谓词，例如在实数上的等式和不等式，比如

$$(x_1 = x_2 \lor x_1 = x_3) \land (x_1 = x_2 \lor x_1 = x_4) \land x_1 \neq x_2 \land x_1 \neq x_3 \land x_1 \neq x_4 \tag{3.1}$$

或者，也许我们想判定线性算术谓词的布尔组合式：

$$((x_1 + 2x_3 < 5) \lor \neg(x_3 \leqslant 1) \land (x_1 \geqslant 3)) \tag{3.2}$$

或者考虑一个与数组相关的公式：

$$(i = j \land a[j] = 1) \land \neg(a[i] = 1) \tag{3.3}$$

等式、线性谓词、数组……有没有一种统一的框架定义它们呢？当然有，就是一阶逻辑。上面的每个例子都是某个一阶**理论**的某个无量词片段的一个公式。我们先回忆 1.4 节介绍过的一些基础概念。通常，这样的公式可以使用命题联结词以及一组函数和谓词符号。这些符号构成的集合记为 Σ，这些符号唯一地定义了理论 T——实际上 Σ 称为 T 的**签名**（signature）。[①] 理论 T 的判定过程可以判定 T-公式的有效性。相应地，这些公式可以是 T-有效的、T-可满足（也称为 T-一致）的，等等。关于这些方面，感兴趣的读者可以在 1.4 节找到更详细的讨论。

在本章中，我们将学习一个通用方法——一个框架，它把 CDCL 泛化为可以判定无量词一阶理论的判定过程。[②] 这个方法通常被称为 DPLL(T)，强调这是以某个理论 T 为参数

[①] 在本书中，我们考虑只带常用符号（比如 "+" "*" "<"）的签名，我们假设这些常用符号以标准形式解释（例如 "+" 对应加法）。所以，Σ 中这些符号的解释是固定的。

[②] 该框架可以扩展去求解带量词的公式（不一定是可判定的），这部分内容将在 9.5 节介绍。

的。它被称为 DPLL(T) 而非 CDCL(T) 仅仅是因为历史原因：实际上它是基于现代 CDCL 求解器的（二者的区别可参考 2.4 节）。这个方法在大部分 **SMT** 求解器中有实现。例如，对于公式 (3.1) 的情况，T 就是简单的等式理论（见第 4 章）。DPLL(T) 基于 SAT 求解器和 T **合取** 片段（即 T-文字的合取）的判定过程 DP_T 之间的相互作用。 $\boxed{DP_T}$

以下例子阐述了等式合取式的一个判定过程 DP_T。

示例 3.1 当 T 是等式理论时，很容易设计一个简单的 DP_T 过程。T-文字是某个变量集合 V 上的等式谓词或者不等式谓词。给定 T-文字的合取式 φ，构建一个无向图 $G(N, E_=, E_{\neq})$，其中的节点集合 N 对应变量集合 V，有两种边，$E_=$ 和 $E_{\neq}$，分别对应 φ 中的相等谓词和不等谓词。这个图叫**等式图**。不难看出，当且仅当存在一条边 $(v_1, v_2) \in E_{\neq}$，从 v_1 经过一系列的 $E_=$ 边可到达 v_2，公式 φ 是不可满足的。例如，图 3.1 中的等式图对应了公式 $x_1 \neq x_2 \wedge x_2 = x_3 \wedge x_1 = x_3$。以上判定过程可以通过在图 G 上进行 $|E_{\neq}|$ 次深度优先搜索实现，因此相对于输入公式的规模是多项式的。更高效的过程将在第 4 章讨论。 ◾

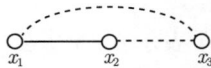

图 3.1 对应于公式 $x_1 \neq x_2 \wedge x_2 = x_3 \wedge x_1 = x_3$ 的等式图

对于带任意命题逻辑结构而非仅仅合取式的公式，我们可以简单地进行分情况求解，使用 DP_T 判定每种情况。如果有一种情况是可满足的，那么原公式就是可满足的。例如，为了判定公式 (3.1)，需要考虑 4 种情况：

$$
\begin{aligned}
&(x_1 = x_2 \wedge x_1 = x_2 \wedge x_1 \neq x_2 \wedge x_1 \neq x_3 \wedge x_1 \neq x_4) \\
&(x_1 = x_2 \wedge x_1 = x_4 \wedge x_1 \neq x_2 \wedge x_1 \neq x_3 \wedge x_1 \neq x_4) \\
&(x_1 = x_3 \wedge x_1 = x_2 \wedge x_1 \neq x_2 \wedge x_1 \neq x_3 \wedge x_1 \neq x_4) \\
&(x_1 = x_3 \wedge x_1 = x_4 \wedge x_1 \neq x_2 \wedge x_1 \neq x_3 \wedge x_1 \neq x_4)
\end{aligned}
\tag{3.4}
$$

所有情况都是不可满足的。因此，我们可以得出结论，公式 (3.1) 是不可满足的。

这个方法的主要问题是需要考虑的情况数量相对于原公式规模呈指数级增长——想想如果原公式有 n 个子句，我们需要考虑多少种情况——实际上，当我们尝试用这个方法求解带非平凡命题结构的公式时，需要考虑情况的数量就是主要的瓶颈（见示例 1.18）；而且这个方法会错过一些学习的机会，因为每种情况都是独立求解的。在以上例子中，矛盾 $x_1 = x_2 \wedge x_1 \neq x_2$ 出现在两种情况中，但我们仍然需要对每种情况都各自推导矛盾。

一个更好的方法是利用 SAT 的学习能力（参见 2.2.3 节）和其他提高效率的方法，结合 SAT 求解器和 DP_T 来求解这些公式。这个框架中的两个引擎紧密合作：SAT 求解器选出满足公式的布尔结构需要满足的文字，而 DP_T 检查这些选择是否 T-可满足。

这个方法的优势是用 SAT 求解器对 φ 的命题框架进行推理，可以避免对 φ 中的析取式进行分情况求解。这样的算法是模块化的而且很高效，在实践中有很大的优势。

接下来详细介绍这个结合是如何实现的，我们将继续以等式理论为例子。

3.2　DPLL(T) 概述

回顾一下，每个理论 T 都是相对于签名 Σ 定义的，签名就是允许使用的符号集合。例如，对于等式理论，$\Sigma = \{\text{'='}\}$，当我们写 Σ-文字（或者 Σ-原子公式和 Σ-公式）时，表示该文字只使用了 Σ 中的符号。

$\boxed{at(\varphi)}$

$\boxed{at_i(\varphi)}$

$\boxed{e(a)}$

$\boxed{e(t)}$

给定一个 NNF 公式 φ，令 $at(\varphi)$ 表示 Σ-原子公式的集合。假设对原子公式设定一个顺序，把 φ 中的第 i 个原子公式记为 $at_i(\varphi)$。

我们给原子公式 a 关联一个独立的布尔变量 $e(a)$，称该变量为该原子公式的布尔**编码器**。把这个想法扩展到公式层面，给定一个 Σ-公式 t，$e(t)$ 表示把 t 中的原子公式替换为它的布尔编码器之后得到的布尔公式。

如果 $x = y$ 是一个 Σ-原子公式，那么 $e(x = y)$ 这个布尔变量就表示它的编码器。如果

$$\varphi := \ x = y \lor x = z \tag{3.5}$$

是一个 Σ-公式，那么

$$e(\varphi) := \ e(x = y) \lor e(x = z) \tag{3.6}$$

对于一个 Σ-公式 φ，以此方式获得的布尔公式 $e(\varphi)$ 称为 φ 的**命题骨架**。

使用这个记法，我们现在可以开始对本章研究的方法进行概述。我们会使用一个简单的例子，其中使用的符号将在后面更正式地定义。

和之前一样，我们以等式理论作为例子。令

$$\varphi := \ x = y \land ((y = z \land \neg(x = z)) \lor x = z) \tag{3.7}$$

φ 的命题骨架为

$$e(\varphi) := e(x=y) \wedge ((e(y=z) \wedge \neg e(x=z)) \vee e(x=z)) \tag{3.8}$$

令 $\mathcal{B}$ 为一个布尔公式，初始化设置为 $e(\varphi)$，也即

$$\mathcal{B} := e(\varphi) \tag{3.9}$$

下一步，我们把 $\mathcal{B}$ 传递给一个 SAT 求解器。假设该公式是可满足的，并且 SAT 求解器返回了一个满足赋值

$$\alpha := \{e(x=y) \mapsto \text{TRUE},\ e(y=z) \mapsto \text{TRUE},\ e(x=z) \mapsto \text{FALSE}\}$$

现在，判定过程 DP_T 需要判定该赋值对应的文字合取式是否可满足。我们用 $\hat{Th}(\alpha)$ 表示这个合取式，"Th" 是为了提醒读者，这个函数的结果是一个"理论"（theory），而"帽子"符号则是为了表示这是一个合取式。对于以上赋值，

$$\hat{Th}(\alpha) := x=y \wedge y=z \wedge \neg(x=z) \tag{3.10}$$

这个公式是不可满足的，也即公式的否定是重言式。所以，$\mathcal{B}$ 与 $e(\neg\hat{Th}(\alpha))$ 进行合取，这个重言式对应的布尔编码为：

$$e(\neg\hat{Th}(\alpha)) := (\neg e(x=y) \vee \neg e(y=z) \vee e(x=z)) \tag{3.11}$$

这个子句与当前赋值相矛盾，因此**屏蔽**（block）了该赋值，使得它不会被重复访问。这一类子句称为**屏蔽子句**（blocking clause）。通常，我们把该公式记为 t ——也称为 DP_T 返回的**引理**。在这个例子中，$t := \neg\hat{Th}(\alpha)$，也即这个引理是完整赋值 α 的否定，所以它是一个子句。更一般地，t 可以是多个子句，取决于 DP_T 的实现。

当屏蔽子句被加入公式之后，SAT 求解器被再次调用，求出另一个赋值，比如

$$\alpha' := \{e(x=y) \mapsto \text{TRUE},\ e(y=z) \mapsto \text{TRUE},\ e(x=z) \mapsto \text{TRUE}\}$$

对应的 Σ-公式

$$\hat{Th}(\alpha') := x=y \wedge y=z \wedge x=z \tag{3.12}$$

是可满足的，也就说明原公式 φ 是可满足的。实际上，任何满足 $\hat{Th}(\alpha')$ 的赋值也满足 φ。

图 3.2 阐释了判定过程中两个引擎的信息交互。

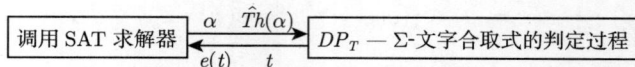

图 3.2   SAT 求解器和一个 Σ-文字合取式判定过程 DP_T 的信息交互

这个基础过程有许多改进之处，本章会介绍其中一些，而其他的会留作习题。有一处改进是在**部分赋值**之后调用 DP_T 判定过程，而非找到完整赋值才调用。一个矛盾的部分赋值会导致一个更强有力的引理 t，因为它会阻止所有扩展该部分赋值的赋值；而且，如果部分赋值没有矛盾，它可以用来推导出蕴含关系，然后传播回给 SAT 求解器。继续看以上例子，考虑部分赋值

$$\alpha := \{e(x = y) \mapsto \text{TRUE},\ e(y = z) \mapsto \text{TRUE}\} \tag{3.13}$$

其相应的公式被传给 DP_T，

$$\hat{Th}(\alpha) := \ x = y \wedge y = z \tag{3.14}$$

DP_T 就会从该公式推导出 $x = z$，于是通知 SAT 求解器当前的部分赋值 α 蕴含了 $e(x = z) \mapsto \text{TRUE}$。因此，除了 SAT 求解器正常的布尔约束传播（BCP），现在还有**理论传播**。这样的传播可以导致更进一步的 BCP，这也意味着求解器在做出下一个决策前可能迭代好几次传播过程。

在接下来几节，我们将描述上面提到的这些传播过程的不同版本。

3.3   形式化表达

$\boxed{\alpha}$ 给定一个编码 $e(\varphi)$，我们以 α 表示对 $e(\varphi)$ 中编码器的一个赋值，该赋值可能是部分的，也可能是完整的。那么，对于一个编码器 $e(at_i)$，如果 α 给了编码器一个真值，其对应的文字记为 $Th(at_i, \alpha)$，定义如下：

$$Th(at_i, \alpha) \doteq \begin{cases} at_i & \alpha(at_i) = \text{TRUE} \\ \neg at_i & \alpha(at_i) = \text{FALSE} \end{cases} \tag{3.15}$$

$\boxed{Th(\alpha)}$ 请允许我们在这里复用一下记号，用 $Th(\alpha)$ 表示被 α 赋值了的编码器对应的文字：

$$Th(\alpha) \doteq \{Th(at_i, \alpha) \mid \text{被 } \alpha \text{ 赋值了的 } e(at_i)\} \tag{3.16}$$

我们以 $\hat{Th}(\alpha)$ 表示集合 $Th(\alpha)$ 中所有文字的合取。

$\boxed{\hat{Th}(\alpha)}$

示例 3.2 为了阐释以上记号的用法，令

$$at_1 = (x = y), \ at_2 = (y = z), \ at_3 = (z = w) \tag{3.17}$$

且令 α 是一个部分赋值

$$\alpha := \{e(at_1) \mapsto \text{FALSE}, \ e(at_2) \mapsto \text{TRUE}\} \tag{3.18}$$

则

$$Th(at_1, \alpha) := \ \neg(x = y), \ Th(at_2, \alpha) := \ (y = z) \tag{3.19}$$

且

$$Th(\alpha) := \ \{\neg(x = y), (y = z)\} \tag{3.20}$$

对这两个项进行合取得到

$$\hat{Th}(\alpha) := \ \neg(x = y) \wedge (y = z) \tag{3.21}$$

◢

回想一下，DP_T 是 T-文字的合取式的判定过程，其中 T 是定义在 Σ 符号上的理论。设 DEDUCTION 是一个基于 DP_T 的过程，它接收 T-文字的合取式作为输入，判定它是否可满足，如果答案是否定的，返回对这些文字的约束，如下所述。在此类过程的基础上，我们来看看在本章开头介绍过的方法的变种。

算法 3.3.1（LAZY-BASIC）判定一个给定的 T-公式 φ 是否可满足。它从 $\mathcal{B} = e(\varphi)$ 开始，迭代地求解命题公式 $\mathcal{B}$，逐渐用 DEDUCTION 计算出来的约束的命题编码来加强该公式。$\boxed{\mathcal{B}}$

在每次迭代，SAT 求解器返回元组 〈赋值, 结果〉（第 4 行）。如果 $\mathcal{B}$ 不可满足，则 φ 也不可满足：LAZY-BASIC 返回"不可满足"（第 5 行）；否则，在第 7 行，DEDUCTION 检查 $\hat{Th}(\alpha)$ 是否可满足，返回一个元组 〈约束, 结果〉，其中约束是 Σ-文字的一个子句，而结果则是 {"可满足"，"不可满足"} 其中之一。如果结果是"可满足"，LAZY-BASIC 返回"可满足"，见第 8 行（α 是一个完整赋值）；否则，DEDUCTION 返回的公式 t（通常是 $\boxed{t}$ 一个或多个子句）对应了关于 φ 的引理。在第 9 行，LAZY-BASIC 把 $e(t)$ 与 $\mathcal{B}$ 进行合取，然后继续迭代。

算法 3.3.1: LAZY-BASIC

输入： 一个公式 φ

输出： 如果公式是可满足的，返回"可满足"，否则返回"不可满足"

1. **function** LAZY-BASIC(φ)
2. $\mathcal{B} := e(\varphi)$;
3.   **while** (TRUE) **do**
4. $\langle \alpha, res \rangle :=$ SAT-SOLVER$(\mathcal{B})$;
5.   **if** $res =$ "不可满足" **then return** "不可满足";
6.   **else**
7. $\langle t, res \rangle :=$ DEDUCTION$(\hat{Th}(\alpha))$;
8.   **if** $res =$ "可满足" **then return** "可满足";
9. $\mathcal{B} := \mathcal{B} \wedge e(t)$;

对 DEDUCTION 算法返回的公式 t 有以下三个要求。

1. 公式 t 是 T-有效的，也即，t 是 T 中的重言式。如果 T 是等式理论，则 $x = y \wedge y = z \implies x = z$ 是 T-有效的。
2. t 的原子公式都出现在 φ 中。
3. t 的命题编码和 α 矛盾，即 $e(t)$ 是一个屏蔽子句。

第 1 个要求是保证可靠性的充分条件。后两个要求是保证终止性的充分条件。具体而言，第 3 个要求保证了 α 不会重复。

以上三个要求中，有两个要求是可以弱化的。

- 要求 1：t 可以是由 φ 蕴含的任何公式，而不局限于 T-有效的公式。不过，找到既被 φ 蕴含，又同时满足其他两个要求的公式，和判定 φ 本身一样难，这就失去了意义。实践中，为了尽可能优化总体性能，花多少时间计算 t 是需要对不同的理论和判定过程进行调参的。
- 要求 2：t 可以包含不出现在 φ 中的原子公式，只要这样的原子公式是有限的即可。例如，在等式理论中，我们允许 t 中出现任意形如 $x_i = x_j$ 的原子公式，其中 x_i 和 x_j 是公式 var(φ) 中的变量，即使只有一部分这样的等式谓词在 φ 中出现。

整合到 CDCL

设 $\mathcal{B}^i$ 是算法 3.3.1 第 i 次迭代时的 $\mathcal{B}$ 公式。约束 $\mathcal{B}^{i+1}$ 严格强于 $\mathcal{B}^i$（$i \geqslant 1$），因为在 算法的迭代中，只会加入新的屏蔽子句，而不会删除已有的屏蔽子句。不难看出，这意味 着，任何在求解 $\mathcal{B}^i$ 的过程中学习到的子句都可以在求解 $\mathcal{B}^j$（$i < j$）时复用。实际上，这 就是**增量式可满足性**的特例，大部分现代 SAT 求解器支持增量式可满足性求解。[①] 因此， 在第 4 行调用增量式 SAT 求解器可以提高算法的效率。

一个更好的方案是把 DEDUCTION 整合到 CDCL-SAT 算法中，如算法 3.3.2 所示。这 个算法中有一个过程叫 ADDCLAUSES，用于在运行时向当前子句集合加入新的子句。至于 为什么这个方案比使用增量式 SAT 求解器更好，我们留给读者思考（见问题 3.1）。这里， 第 9 行的 α 是指对命题变量的当前赋值。

算法 3.3.2: LAZY-CDCL

输入：一个公式 φ

输出：如果公式是可满足的，返回"可满足"，否则返回"不可满足"

1. **function** LAZY-CDCL
2.   ADDCLAUSES($cnf(e(\varphi))$);
3.   **while** (TRUE) **do**
4.   **while** (BCP() = "冲突") **do**
5.   *backtrack-level* := ANALYZE-CONFLICT();
6.   **if** *backtrack-level* < 0 **then return** "不可满足";
7.   **else** BackTrack(*backtrack-level*);
8.   **if** ¬DECIDE() **then**   ▷ 完整赋值
9. $\langle t, res \rangle$:=DEDUCTION($\hat{T}h(\alpha)$);   ▷ α 就是完整赋值
10.   **if** *res*= "可满足" **then return** "可满足";
11.   ADDCLAUSES($e(t)$);

[①] 增量式可满足性在 2.2.7 节中介绍过。它关心更一般的情况，子句不但可以加入，也可以删除。其中的主要问题是哪些学习 子句可以被安全地复用。也可参考问题 2.16。

3.4 理论传播和 DPLL(T) 框架

3.4.1 理论传播蕴含

算法 3.3.2 可以继续优化。比如，考虑一个公式 φ，它包含整数变量 x_1，以及文字 $x_1 \geqslant 10$ 和 $x_1 < 0$。

假设 DECIDE 过程执行了赋值 $e(x_1 \geqslant 10) \mapsto$ TRUE 和 $e(x_1 < 0) \mapsto$ TRUE。不管其他赋值是如何决策的，任何对 DEDUCTION 的调用都会发现这两个事实之间的矛盾。然而，算法 3.3.2 直到找到一个完整的满足赋值时才会调用 DEDUCTION 函数。因此，花费时间找一个完整的满足赋值实际上是一种浪费；而且，就如本章开头提到的，对这个完整赋值的反驳（refutation）也可能是基于其他原因（也即通过赋值的其他部分证明存在矛盾）。如果是这种情况，算法并没有排除 $e(x_1 \geqslant 10)$ 和 $e(x_1 < 0)$ 同时成立的错误，在之后仍然会搜索包含了这个错误的其他赋值。

因此，我们可以通过在达到编码器完整赋值之前就调用 DEDUCTION 进一步优化算法 3.3.2。对 DEDUCTION 的尽早调用有两个目的。

1. 尽早排除包含矛盾的部分赋值。
2. 可以产生关于未赋值变量的引理，这些引理以子句的形式返回给 SAT 求解器，如 3.2 节所示。继续上面的例子，一旦 $e(x_1 \geqslant 10)$ 被赋值为 TRUE，我们就可以推导出 $e(x_1 < 0)$ 必须为 FALSE，也就可以避免它们之间的冲突。

这就引出了下一个版本的算法，叫作 DPLL(T)，它最早由 Tinelli [274] 以抽象形式提出。和算法 3.3.1 以及算法 3.3.2 一样，这个算法包含了 CDCL 的组件以及某个理论 T 的合取片段的判定过程。算法取名叫 DPLL(T)（如之前所说，该算法也叫 CDCL(T)）意在强调这是一个框架，可以通过实例化其理论和判定过程得到具体算法。

在算法 3.4.1 展示的 DPLL(T) 版本中（也可见图 3.3），当 BCP 不能继续传播时调用 DEDUCTION（第 9 行）。DEDUCTION 找出 T-蕴含文字并把它们以约束 t 形式传回给求解器的 CDCL 部分。① 因此，除了在布尔域上做蕴含，现在还可以从理论 T 推导出引理。相应地，这项技术称为**理论传播**。

---

① DEDUCTION 也返回结果 res（也即 $\hat{T}h(\alpha)$ 是否可满足的结果），但 res 不会被用到。我们把它留在伪代码里是为了尽可能和之前的算法相似。

算法 3.4.1: DPLL(T)

输入: 一个公式 φ

输出: 如果公式是可满足的, 返回 "可满足", 否则返回 "不可满足"

1. **function** DPLL(T)
2.   ADDCLAUSES($cnf(e(\varphi))$);
3.   **while** (TRUE) **do**
4.   **repeat**
5.   **while** (BCP() = "冲突") **do**
6. $backtrack\text{-}level$:= ANALYZE-CONFLICT();
7.   **if** $backtrack\text{-}level < 0$ **then return** "不可满足";
8.   **else** BackTrack($backtrack\text{-}level$);
9. $\langle t, res \rangle$:= DEDUCTION($\hat{Th}(\alpha)$);
10.   ADDCLAUSES($e(t)$);
11.   **until** $t \equiv$ TRUE;
12.   **if** α 是一个**完整赋值 then return** "可满足";
13.   DECIDE();

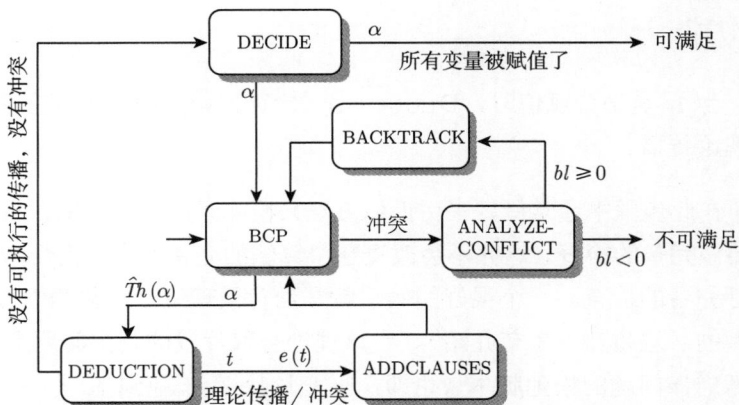

图 3.3   DPLL(T) 的主要构成部分。DEDUCTION 中实现了理论传播

对这些新子句有什么要求呢? 如之前一样, 这些子句必须是 φ 蕴含的, 并且只包含有限个原子公式——通常就是 φ 的原子公式。我们也希望, 当 $\hat{Th}(\alpha)$ 不可满足时, $e(t)$ 会屏蔽 α; 不过这不是必需的, 因为不管它有没有屏蔽 α, 都不影响正确性——只要 DEDUCTION 在 α 成为完整赋值时是完备的即可。有些 SMT 求解器利用这个事实, 在部分赋值时只做

代价较低的检查，比如，限制检查的时间。如果 $\hat{Th}(\alpha)$ 是可满足的呢？那么我们要求 t 满足以下两个条件至少一个，以保证算法的终止性。

1. 子句 $e(t)$ 是 α 下的断言子句（断言子句在 2.2.3 节定义）。这意味着，把 $e(t)$ 加入 $\mathcal{B}$ 之后，调用一次 BCP 可以推导出某个文字的编码器的赋值。

2. 如果 DEDUCTION 不能发现如上所述的断言子句 t，则 t 和 $e(t)$ 等于 TRUE。

比如，当所有布尔变量都被赋值了，也即骨架公式是可满足的时，就会遇到另一种情况。这种情况满足第 11 行的条件，判定过程从第 13 行继续，再次调用 DECIDE 进行决策。如果所有变量都被赋值了，则判定过程返回"可满足"。

示例 3.3　　我们继续考虑这个包含两个编码器的例子，$e(x_1 \geqslant 10)$ 和 $e(x_1 < 0)$。在第一个编码器被赋值为 TRUE 之后，DEDUCTION 检测到当前赋值蕴含了 $\neg(x_1 < 0)$，换句话说，

$$t := \neg(x_1 \geqslant 10) \vee \neg(x_1 < 0) \tag{3.22}$$

是 T-有效的，其相应的编码（断言）子句

$$e(t) := (\neg e(x_1 \geqslant 10) \vee \neg e(x_1 < 0)) \tag{3.23}$$

被加入 $\mathcal{B}$，可以马上推导出 $\neg e(x_1 < 0)$，并且可能做进一步蕴含推理。　　◾

3.4.2　性能，性能……

回想一下，当 α 是部分赋值时，DEDUCTION 检查理论方面是否存在矛盾，如果不存在，它就执行理论传播。

为了性能，在此步骤中通常最好采用近似方法来检测矛盾。实际上，只要 α 是部分赋值，就没有必要做**完备**的检查。这并不会改变整个算法的完备性，因为当 α 变成完整赋值时，算法会执行完备的检查。一个很好的例子就是当背景理论是**整数线性算术**时，一些求解器就是这么做的（这将在 5.3 节介绍）。对该理论合取片段的判定问题是 NP 完全问题，所以求解器只考虑该问题的松弛版本（也即，把变量从 $\mathbb{Z}$ 松弛到 $\mathbb{R}$ 上——从整数松弛为实数），这个松弛问题可以在多项式时间内求解。这意味着，DEDUCTION 有时候会漏掉一些矛盾，所以不能返回屏蔽子句。

另一个性能考虑与理论传播有关。一个重要的事情是意识到理论传播不属于**正确性**要求，而是为了提高**效率**。所以，为了使整体性能达到最佳，花多少时间来做推理是需要调优的。

遍历理论传播（exhaustive theory propagation）是指可以找出和传播**所有**由 $\hat{Th}(\alpha)$ 蕴含的 T-文字的过程。一个简单普适的理论传播方法（称为"plunging"）是这样做的：对于一个未赋值的理论原子公式 at_i，检查 $\hat{Th}(\alpha)$ 是否蕴含 at_i 或 $\neg at_i$。要检查多少个未赋值的原子公式，取决于我们想做多详尽的理论传播。

示例 3.4 考虑等式逻辑，使用示例 3.1 中的记号。对于等式逻辑，有一个简单的遍历理论传播方法：对每个未赋值的形如 $x_i = x_j$ 的原子公式，检查当前部分赋值是否在 $E_=$ 中构成一条从 x_i 到 x_j 的路径。如果是，路径上的所有文字合起来就蕴含了这个文字。如果当前部分赋值构成了一条不等式路径（路径中恰好有一条边来自 $E_{\neq}$），则蕴含了该原子公式的否定。

不过，这个通用方法通常不是最高效的。在很多时候，一个更好的策略是只做简单的代价不高的传播，忽略那些代价高的传播。比如，对于线性算术理论，实验表明遍历理论传播对整体性能有负面作用。在这种情况下，一个更高效的做法是只搜索容易找到的蕴含，比如"如果 $x > c$ 成立，x 是变量，c 是常数，那么任何形如 $x > d$ 且满足 $d < c$ 的文字都被蕴含"。

3.4.3 返回蕴含赋值而非子句

对理论传播的另一个优化是关于 DEDUCTION 如何给布尔求解部分传递信息的。到目前为止，我们要求 DEDUCTION 返回的子句 t 必须是 T-有效的。如果对于 α，$\hat{Th}(\alpha)$ 蕴含了一个文字 lit，那么

$$t := (lit \vee \neg\hat{Th}(\alpha)) \tag{3.24}$$

其布尔编码子句 $e(t)$ 是以下形式：

$$\left(e(lit) \vee \bigvee_{lit' \in Th(\alpha)} \neg e(lit')\right) \tag{3.25}$$

Nieuwenhuis、Oliveras 和 Tinelli 总结说这是一种低效的方法 [211]。在各种基准集上的实验显示，这些子句中平均不到 0.5% 的子句会再次被使用，而它们却加重了这个过程的负担。他们提出了一个更好的做法，让 DEDUCTION 返回一些蕴含的赋值（包含 $e(lit)$），随后 SAT 求解器执行这些赋值。

和基于 BCP 的标准蕴含不一样，这些蕴含的赋值在 $\mathcal{B}$ 中并没有导因子句。这在冲突分析（见算法 2.2.2）中就导致了一个问题，因为冲突分析依赖导因子句来推导出**学习子句**。

对此的解决方法是，当冲突分析需要给这样的蕴含文字一个导因时，它就查询（对理论合取片段的）判定过程以获取一个**解释**，也即，一个被 φ 蕴含的子句，并且在当时的部分赋值下，该子句蕴含了这个文字。

对一个赋值的解释可能是原来就应该推导出的子句，但不一定：因为效率的原因，通常 DEDUCTION 的实现不会保留这样的子句，所以需要产生新的解释。例如，为了给等式逻辑中的蕴含文字 $x = y$ 一个解释，需要在等式图中寻找一条连接 x 和 y 的等式路径，此图显示了在识别和传播此蕴含时存在的边。

3.4.4   生成强引理

如果 $\hat{Th}(\alpha)$ 是不可满足的，DEDUCTION 返回一个屏蔽子句 t 来消除赋值 α。一个引理越强，就可以消除越多的矛盾赋值。获得更强引理的一个方法是，以参与了证明 $\hat{Th}(\alpha)$ 不可满足的文字的否定来构成子句。换句话说，如果 S 是由那些作为不可满足性证明中的前提的文字构成的集合，那么屏蔽子句就是

$$t := \left(\bigvee_{l \in S} \neg l \right) \tag{3.26}$$

计算集合 S 就对应了计算公式的一个**不可满足核**。[1] 给定一个不可满足性的演绎证明，很容易找到一个不可满足核。为此目的，人们可以将这样的证明表示为有向无环图，如图 3.4 所示（在这个例子中，该图是对等式逻辑和未解释函数理论上的证明的表示）。在这样的图中，有唯一的汇节点，标注为 FALSE，而所有根节点标注了证明的前提（可能包括公理）。根节点集合可以通过从 FALSE 节点进行后向遍历获得，该集合对应了一个不可满足核。

3.4.5   即刻传播

现在考虑此算法的一个变种，该算法在每次对某个编码变量进行新赋值之后马上调用 DEDUCTION（该赋值可能是由于决策或 BCP 蕴含引起的），而不是先完成 BCP。我们进一步假设算法实现了上面描述的遍历理论传播。在此变种中，对 DEDUCTION 的调用不会导致冲突，这意味着它永远不返回屏蔽子句。对此观察的证明留作练习（参见问题 3.5）。一个非正式的解释是，如果对单个编码器的赋值会使 $\hat{Th}(\alpha)$ 不可满足，则对该赋值的否定本就应该在上一步由 DEDUCTION 蕴含和传播得到。举个例子，如果编码器 $e(x = y)$ 是蕴

---

[1] CNF 公式的**不可满足核**的定义见 2.2.6 节。这里的简单讨论把之前的定义泛化为二元归结之外的推理规则。

含得到的并传给 DEDUCTION，仅当在之前的部分赋值下 x 和 y 之间存在不等式路径（此类路径在示例 3.4 中讨论），此文字会导致冲突。这就意味着，在上一步，求解器的布尔部分就应该传播出 $\neg e(x = y)$ 了。

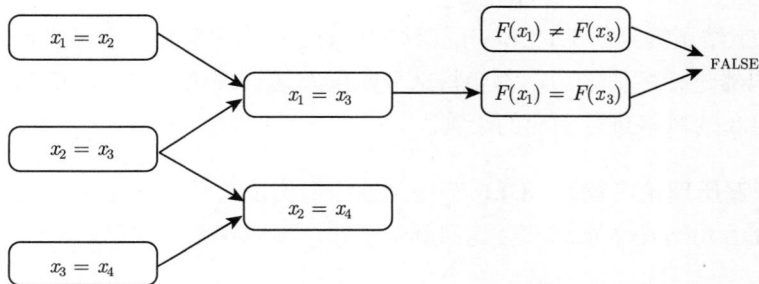

图 3.4　一个不可满足性证明中的前提对应了图中从 FALSE 节点通过后向遍历可到达的根节点（在这个例子中就是除了 $x_3 = x_4$ 之外的左右根节点）。引理对应了所有根节点，而这个根节点子集可以用于生成**强**引理

3.5　习　　题

问题 3.1（LAZY-CDCL 中的增量式求解）　在求解一个实例之后，再求解一个相似的实例（即添加一些子句和删除一些子句），增量式 SAT 求解器知道哪些学习子句可以复用。把算法 3.3.1 的第 4 行替换为一次对增量式 SAT 求解器的调用，和算法 3.3.2（LAZY-CDCL）是否有区别？

问题 3.2（对算法 3.3.1~3.4.1 的优化）

1. 考虑算法 3.3.1~3.4.1 的一个变种，输入是 NNF 公式 φ（否定符号都被推到原子命题的最底层，例如 $\neg(x = y)$ 表示为 $x \neq y$）。发送 $\bigwedge Th_i$ 而不是 $\hat{Th}(\alpha)$ 给 DEDUCTION 函数，其中 i 的取值满足 $\alpha(e_i) = \text{TRUE}$。比如，给定一个赋值

$$\alpha := \{e(x = y) \mapsto \text{TRUE}, \ e(y = z) \mapsto \text{FALSE}, \ e(x = z) \mapsto \text{TRUE}\} \tag{3.27}$$

检查

$$x = y \wedge x = z \tag{3.28}$$

这个变种是否正确？证明其正确性或者给出一个反例。

2. 给出一个例子，说明上述变种减少了 DEDUCTION 和 SAT 求解器之间的迭代次数。

问题 3.3（理论传播）　令 DP_T 为一个处理 Σ-文字的合取式的判定过程。设计一个使用 DP_T 进行遍历理论传播的过程。

问题 3.4（一个 DPLL(T) 变种的伪代码）

回顾 3.4.5 节结尾提到的 DPLL(T) 算法的变种。在该变种中，不仅仅是在 BCP 之后，而是每次对编码器进行赋值之后，都会将部分赋值发送给理论求解器。请为该算法编写伪代码，并以图 3.3 的风格进行相应的绘制。

问题 3.5（遍历理论传播）　3.4.5 节提到使用遍历理论传播在 DEDUCTION 中不会发生冲突，因此 DEDUCTION 永远不会返回屏蔽子句。证明这个说法是对的。

3.6　文　献　注　释

下面是一些关于惰性编码框架和 DPLL(T) 的发展的文献细节。在 1999 年，Alessandro Armando、Claudio Castellini 和 Enrico Giunchiglia [4] 提出了一个在 SAT 求解器和理论求解器之间交互的求解器，其工作方式类似于本章开头介绍的简单惰性方法。他们的求解器是针对一个称为析取时序约束的单一理论量身定制的，该理论是差分逻辑的受限版本。事实上，他们结合了惰性方法和积极推理：在预处理中，如果初步检查发现一对理论文字相互矛盾，则向命题框架增加其对应编码器的约束，形如 $(\neg e_1 \vee \neg e_2)$，通过这样的预处理步骤向命题框架增加约束。这为后面的惰性引擎节省了许多工作。同年，LPSAT 求解器出现 [286]，它包含了本章描述的许多功能，包括学习强引理的过程。

在更早之前，将 DPLL 与某些（单一）理论的判定过程进行集成的基本思想就被提出；这些工作的重点是模态和描述逻辑 [5, 129, 149, 219]。

2001 年，CHAFF SAT 求解器 [202] 带来 SAT 求解性能的飞跃，促使几个研究小组在一年后（各自独立）提出了利用这一进展的判定过程。所有这些算法都对应了 3.3 节描述的惰性方法的某个变种：CVC [19, 268]，由 Aaron Stump、Clark Barrett 和 David Dill 提出；ICS-SAT [113]，由 Jean-Christophe Filliatre、Sam Owre、Harald Ruess 和 Natarajan Shankar 提出；MATHSAT [7]，由 Gilles Audemard、Piergiorgio Bertoli、Alessandro Cimatti、Artur Kornilowicz 和 Roberto Sebastiani 提出；DLSAT [186]，由 Moez Mahfoudh、Peter Niebert、Eugene Asarin 和 Oded Maler 提出；VERIFUN [115]，由 Cormac Flanagan、Rajeev

Joshi、Xinming Ou 和 Jim Saxe 提出。这些工具大多数是作为通用引擎构建的,它们可以通过不同的判定过程进行扩展。自从这些工具出现之后,这个方法就成为主流方法,至少有 20 多个其他的求解器是基于相同的原理研发的。

DPLL(T) 最开始是 Cesare Tinelli 以演算的形式,通过抽象术语描述的 [274]。当时理论传播技术已经存在,在 Armando 等人 [4] 和 Audemard 等人 [7] 的论文中以不同名字介绍过该技术。Ganzinger 等人针对带有未解释函数的等式(equalities with uninterpreted function,EUF)理论定制了高效理论传播技术 [120],这是首个针对特定理论的理论传播技术。这些学者也介绍了一个传播理论蕴含的思路,通过维护一个存储这些蕴含赋值的栈并对它们进行后验解释,而不是给 DPLL 发送屏蔽子句。最小化引理(阻断子句)的想法则主要归功于 Leonardo de Moura 和 Harald Ruess 的工作 [93],虽然我们之前提过在 LPSAT 的描述中已经出现了寻找更小引理的方法。

文献 [120] 和 [209] 分别介绍了针对 EUF 理论和差分逻辑理论,如何将基于 DPLL 的 SAT 求解器转变为 DPLL(T) 求解器的相关细节。文献 [211] 对 DPLL(T) 进行了很好的描述,从抽象的 DPLL 过程到实现的各种细节,都做了介绍。Roberto Sebastiani 对惰性 SMT 求解器做了较全面的综述 [253]。有许多工作研究如何设计可以给出**解释**的 T-求解器,正如在 3.4.5 节提到的,这是高效实现 DPLL (T) 求解器的必要组件,比如文献 [95, 210, 270]。

在这里我们要介绍几个求解器,在本书写作之时(2016 年),它们经常在 SMT 比赛的多个赛道领先。

1. Z3,来自微软研究院,由 Leonardo de Moura 和 Nikolaj Bjørner 开发 [92]。它在很多理论上性能领先,还提供了多个语言版本的应用编程接口(API),而且便于增加插件。

2. CVC-4 [15,17],由 Clark Barrett 和 Cesare Tinelli 带领的团队研发。CVC 可以对每个理论生成证明,这些证明可以由外部工具独立检查。

3. Yices-2 [90],最早由 Leonardo de Moura 开发,后来由 Bruno Dutertre 和 Dejan Jovanovic 接续研发工作。

4. MathSAT-5 [71],由 Alessandro Cimatti、Alberto Griggio 和 Roberto Sebastiani 开发。

5. Boolector [52],由 Armin Biere 和 Robert Brummayer 开发,专门用于求解位向量公式。

在文献 [132] 和文献 [199] 中，介绍了基于二元决策图（binary decision diagram，BDD）[55] 的判定过程，其节点标有谓词。多路决策图把 BDD 泛化到各种一阶理论，在硬件验证方面，有很多关于多路决策图的文献 [81]。

3.7　符　号　表

本章用到的符号如下。

符号	含义	首次使用的页码
DP_T	一个对 T-原子公式合取式的判定过程	57
$at(\varphi)$	φ 的原子公式集合	58
$at_i(\varphi)$	假设不同原子有一个预定顺序，这表示 φ 中第 i 个原子	58
$e(a)$	Σ-原子 a 的命题编码器	58
$e(t)$	把 t 中的原子公式替换为它的布尔编码器之后得到的布尔公式	58
α	对原子公式的一个（完整或部分）赋值	60
$Th(\alpha)$	见公式 (3.16)	60
$\hat{Th}(\alpha)$	$Th(\alpha)$ 中元素的合取	61
$\mathcal{B}$	一个布尔公式，在本章中，初始化为 $e(\varphi)$，在搜索过程中会加入约束	61
t	对于一个 Σ-理论 T，t 表示 DEDUCTION 返回的一个 Σ-公式（通常是一个子句）	61
$\mathcal{B}^i$	公式 $\mathcal{B}$ 在算法 3.3.1 循环的第 i 次迭代时的版本	63

第 4 章　带未解释函数的等式逻辑

4.1　引　　言

本章介绍**等式理论**，也称为**等式逻辑**。等式逻辑可以视为命题逻辑，其中的原子是一些无限类型变量之间或变量和常量之间的相等关系。例如，公式 $(y = z \lor (\neg(x = z) \land x = 2))$ 是一个良定义的等式逻辑公式，其中 $x, y, z \in \mathbb{R}$（$\mathbb{R}$ 表示实数）。一个满足赋值的例子是 $\{x \mapsto 2, y \mapsto 2, \ z \mapsto 0\}$。

定义 4.1（等式逻辑）　等式逻辑公式由以下语法定义。

$$\text{公式：公式} \land \text{公式} \mid \neg\text{公式} \mid (\text{公式}) \mid \text{原子公式}$$

$$\text{原子公式：项 = 项}$$

$$\text{项：标识符} \mid \text{常数}$$

其中标识符是定义在一个无限域（如**实数域**或**整数域**）上的变量[①]，常数是变量域中的元素。

从算法的角度来看，我们只关注合取片段（即合取运算是唯一允许的命题运算符），因为 DPLL(T) 框架可以处理更一般的布尔结构，这在前一章已经介绍过了。

4.1.1　复杂度和表达能力

等式逻辑（定义 4.1）的可满足性问题是 NP 完全的。我们把证明留作习题（参见问题 4.6）。等式逻辑和命题逻辑都是 NP 完全的，这意味着它们可以建模相同的判定问题（建模得到的公式的变量数量差异不超过多项式级别），那么我们为什么还要同时研究它们呢？

有两个主要原因：建模方便性和效率。对于某些问题，使用等式逻辑建模比使用命题逻辑更自然和方便，反之亦然。在效率方面，等式逻辑公式中的高层结构可用来加快判定过程。如果把问题直接建模为命题逻辑公式，这些信息可能会丢失。

---

① 限制单一的域（也称为单一**类型**）并不是必需的，而是为了方便介绍。

4.1.2　布尔变量

通常，等式逻辑公式含有布尔变量。然而，为了保持算法描述的简单性，我们不将它们合并到该理论的定义中。可以通过将每个布尔变量替换为两个变量之间的等式，从输入公式中轻松消除布尔变量。但这并不是一个高效的方法。随着本章内容的展开，我们将会清楚地看到，可以通过对各种判定过程进行微小修改来直接处理布尔变量。这一观察结果同样适用于本书考虑的许多其他理论。

4.1.3　消除常数：一项化简技术

$\boxed{\varphi^{\mathrm{E}}}$　**定理 4.2**　给定一个等式逻辑公式 φ^{E}，存在一个算法可以在多项式时间内生成一个不包含常数的等可满足的公式（参见定义 1.9）$\varphi^{\mathrm{E}'}$。

算法 4.1.1 用新的变量替换常数，从而消除常数。问题 4.1 和问题 4.2 重点关注此过程。从这里开始，除非特别说明，否则我们都假设输入的等式逻辑公式不含常数。

算法 4.1.1：消除常数

输入：一个包含常数 $c_1, \cdots, c_n$ 的等式逻辑公式 φ^{E}

输出：一个没有常数的与 φ^{E} 等可满足的等式逻辑公式 $\varphi^{\mathrm{E}'}$

1. $\varphi^{\mathrm{E}'} := \varphi^{\mathrm{E}}$。
$\boxed{C_{c_i}}$
2. 在 $\varphi^{\mathrm{E}'}$ 中，把每个常数 c_i（$1 \leqslant i \leqslant n$）替换为一个新变量 C_{c_i}。
3. 对于每对常数 c_i, c_j（$1 \leqslant i < j \leqslant n$），向 $\varphi^{\mathrm{E}'}$ 中添加约束 $C_{c_i} \neq C_{c_j}$。

4.2　未解释函数

等式逻辑与**未解释函数**结合会更加有用。未解释函数可以用于抽象或泛化定理。与其他函数符号不同，它们不应被解释为公式模型的一部分。例如，在下面的公式中，F 和 G 是未解释的，而二元函数符号"$+$"被解释为通常的加法函数：

$$F(x) = F(G(y)) \lor x + 1 = y \tag{4.1}$$

定义 4.3 **（带未解释函数的等式逻辑，EUF）** 带"未解释函数"和"未解释谓词"[①]的等式逻辑公式通过以下语法定义。

$$公式：公式 \wedge 公式 \mid \neg 公式 \mid (公式) \mid 原子公式$$
$$原子公式：项 = 项 \mid 谓词符号(项的列表)$$
$$项：标识符 \mid 函数符号(项的列表)$$

我们通常使用大写字母表示未解释函数，用上标"UF"表示 EUF 公式。

附注：逻辑视角

为了从逻辑的角度解释"未解释函数"的含义，我们需要回到**理论**的概念，这在 1.4 节中已进行了解释。回想一下公理集 (1.35)，以及在本章中我们提到的无量词片段。

只需添加一个额外的公理（实际上是一个公理方案），就可以将等式逻辑扩展到 EUF。对于每个 n 元函数符号，需要添加一个新的未解释函数符号，

$$\forall t_1, \cdots, t_n, t'_1, \cdots, t'_n$$
$$\bigwedge_i t_i = t'_i \implies F(t_1, \cdots, t_n) = F(t'_1, \cdots, t'_n) \qquad （一致性） \tag{4.2}$$

其中 $t_1, \cdots, t_n, t'_1, \cdots, t'_n$ 是新变量。对于未解释谓词，也可以定义类似的公理。

因此，在函数符号有解释的理论中，由公理来定义它们的语义，即我们希望它们表示什么。而在使用未解释函数的理论中，我们对函数的唯一限制是函数一致性。也就是说，唯一限制是一致性（congruence）规则所带来的。

4.2.1 未解释函数的使用

对给定的公式，将其中的函数替换为未解释函数是简化推理（例如，证明其有效性）的常用技巧。与此同时，这个过程让公式变得**更弱**，也就是说，它可能使原来有效的公式变为无效。这种观察可以用下面的关系来概括，其中 φ^{UF} 是通过将公式 φ 的部分或所有函数用未解释函数替换而得到的： $\boxed{\varphi^{\mathrm{UF}}}$

$$\models \varphi^{\mathrm{UF}} \implies \models \varphi \tag{4.3}$$

未解释函数在微积分和其他数学分支中广泛使用，但在推理和验证中，它们主要用于简化证明。在特定条件下，未解释函数让我们在推理时可以忽略一些函数的语义，假设它们对于证

[①] 从现在开始，我们只讨论未解释函数，未解释谓词是以类似的方法处理的。

明来说并不必要。忽略函数的语义意味着什么？（前面的一则附注中简要给出了正式的解释。）一种视角是从定义函数的公理（axiom）来理解。忽略函数的语义，意味着一个解释不一定要满足这些公理，也可以满足公式。它唯一需要满足的是一个这样的公理：未解释函数（就像任何函数一样）是一致的，即给定相同的输入，它返回相同的输出。[①] 这就是**函数一致性**的要求。

　　　函数一致性：给定相同的参数，同一函数的所有实例会返回相同的值。

　　在许多情况下，无论公式中的函数有什么样的解释，公式都是有效的。此时未解释函数可以大大简化证明，特别是在借助自动定理证明器进行机械证明时。

　　假设我们有一种方法来检查 EUF 公式的有效性。基于这个假设，使用未解释函数的基本方案如下。

1. 令 φ 表示一个带有解释的函数的公式。假设证明 φ 的有效性是比较困难的甚至是不可能的。
2. 给 φ 中的每一个有解释的函数都分配一个未解释函数。φ 中的每个函数都用其对应的未解释函数进行替换，如此产生的新公式记为 φ^{UF}。
3. 检查 φ^{UF} 的有效性。如果它是有效的，返回"φ 是有效的"（由公式 (4.3) 证明)，否则返回"不知道"。

　　第 2 步中的转换当然是有代价的，因为它会丢失信息。正如前面提到的，即使原始公式属于可判定逻辑，它也会使得判定过程不完备。当输入公式中存在一个判定过程，但其计算复杂度太高时，可以设计一种判定过程，将未解释函数逐步替换回其解释版本。我们将在 4.4 节中进一步讨论这种做法。

4.2.2　一个例子：证明程序的等价性

　　作为一个引导性例子，我们来证明图 4.1 中两个 C 语言函数的等价性。更具体地说，目标是证明它们对于每个可能的输入"in"，都返回相同的值。

[①] 请注意，这里提到的函数是指数学函数。在 C 或 Java 等编程语言中，"函数"并不一定是数学函数，例如它们不一定有终止条件或返回值。假设它们有终止条件或返回值，那么它们对于读写的所有数据（包括全局变量、堆、从环境读取的数据等）都是函数一致的。如果一个函数在多线程程序中运行，或者由于未初始化的局部变量等原因具有不确定性，则一致性的定义会发生变化，详见文献 [66] 中的讨论。

```
int power3(int in)                    int power3_new(int in)
{                                     {
    int i, out_a;                         int out_b;
    out_a = in;
    for (i = 0; i < 2; i++)               out_b = (in * in) * in;
        out_a = out_a * in;
    return out_a;                         return out_b;
}                                     }
```

(a)   (b)

图 4.1 两个 C 语言函数。通过把乘法运算（"*"）替换为未解释函数，可以简化它们的等价性证明

通常情况下，两个程序的等价性证明是不可判定的，这意味着没有一种既可靠又完备的方法来证明这种等价性。然而，对于这个例子，等价性是可以判定的。[①] 关于这两个程序，一个关键观察是它们只包含有限的循环，因此可以计算它们的输入/输出关系。从这两个程序中推导出这些关系的方法如下。

1. 移除变量声明和 return 语句。
2. 展开 for 循环。
3. 对于每个赋值语句，用一个新的辅助变量替换左边的变量。
4. 每当读取一个变量（在表达式中引用）时，都将它替换为它最近一次被赋值时引入的辅助变量。
5. 合并所有的程序语句。

通过这些操作，产生了两个公式 φ_a 和 φ_b，如图 4.2 所示。[②]

$$
\begin{aligned}
out0\_a &= in0\_a & \wedge \\
out1\_a &= out0\_a * in0\_a & \wedge \\
out2\_a &= out1\_a * in0\_a
\end{aligned}
\qquad
out0\_b = (in0\_b * in0\_b) * in0\_b;
$$

(φ_a) (φ_b)

图 4.2 对应图 4.1 中程序 (a) 和 (b) 的两个公式。变量定义在有限宽度整数（位向量）上

---

① 程序验证和程序等价性的不可判定性是由无限存储空间导致的，在这个例子中没有出现这种情况。

② 将这种形式的转换推广到带有 if 分支和其他结构的程序，被称为**静态单赋值**（SSA）。大多数优化编译器使用 SSA，且 SSA 可以用于验证流行编程语言（如 C）编写的带有界循环的程序[170]。另见示例 1.25。

于是，剩下的工作就是证明这两个输入/输出关系实际上是等价的，也就是证明以下公式的有效性：

$$in0\_a = in0\_b \land \varphi_a \land \varphi_b \implies out2\_a = out0\_b \tag{4.4}$$

通过 4.2.1 节介绍的过程，未解释函数可以帮助证明程序 (a) 和 (b) 的等价性。使用未解释函数主要是为了方便计算，例如，判定带有 64 位（二进制）变量乘法的公式是非常困难的，使用未解释函数代替乘法符号可以解决此问题。

图 4.3 展示了对于 φ_a 和 φ_b，用一个新的未解释函数 G 替换公式中的乘法，得到公式 φ_a^{UF} 和 φ_b^{UF}。同理，如果程序中有加法，也可以用另一个未解释函数 F 来替换所有加法。我们不直接证明公式 (4.4)，而是尝试证明

$$in0\_a = in0\_b \land \varphi_a^{\mathrm{UF}} \land \varphi_b^{\mathrm{UF}} \implies out2\_a = out0\_b \tag{4.5}$$

$$out0\_a = in0\_a \qquad\qquad\qquad \land$$
$$out1\_a = G(out0\_a, in0\_a) \; \land$$
$$out2\_a = G(out1\_a, in0\_a)$$

$$out0\_b = G(G(in0\_b, in0\_b), in0\_b)$$

$$(\varphi_a^{\mathrm{UF}}) \qquad\qquad\qquad\qquad\qquad (\varphi_b^{\mathrm{UF}})$$

图 4.3　把 "$*$" 替换为未解释函数 G

我们可以让这个例子更难一些。考虑图 4.4 中的两个程序。现在，这两个程序的输入 "in" 是一个指向链表的指针，我们假设这个链表结构都是以下形式的。

```
struct list {
    struct list *n; // 指向下一个元素的指针
    int data;
};
```

仅仅强制要求输入相同，就像在公式 (4.4) 中所做的那样，是不够的，事实上也没有意义，因为影响这两个程序输出的不是绝对地址，而是这些地址上的数据。因此，我们需要要求的是，当两个程序进入这两个函数时，"in" 中对应位置引用的数据相同。例如，两个程序都会读取 in -> n -> data 的值，它们读到的值应该是一样的。我们用未解释函数来表述这种条件。在这种情况下，我们需要两个这样的函数，记为 $list\_n$ 和 $list\_data$，对应 $list$ 中的两个域，见图 4.5 中的公式。当程序涉及对递归数据结构进行读写时，问题会变得更复杂，见问题 4.7。

```
int mul3(struct list *in)
{
    int i, out_a;
    struct list *a;
    a = in;
    out_a = in -> data;
    for (i = 0; i < 2; i++) {
        a = a -> n;
        out_a= out_a * a -> data;
    }
    return out_a;
}
```

(a)

```
int mul3_new(struct list *in)
{
    int out_b;

    out_b =
        in -> data *
        in -> n -> data *
        in -> n -> n -> data;

    return out_b;
}
```

(b)

图 4.4 这两个程序和图 4.1 中的两个程序的区别是，这里程序的输入是指向链表的指针。现在的输入可以是任意地址，因此挑战在于保证验证条件中的输入必须相同

$$a0\_a = in0\_a \qquad\qquad\qquad \land$$
$$out0\_a = list\_data(in0\_a) \qquad \land$$
$$a1\_a = list\_n(a0\_a) \qquad\qquad \land$$
$$out1\_a = G(out0\_a, list\_data(a1\_a)) \land$$
$$a2\_a = list\_n(a1\_a) \qquad\qquad \land$$
$$out2\_a = G(out1\_a, list\_data(a2\_a))$$

$$(\varphi_a^{\text{UF}})$$

$$out0\_b = G(G(list\_data(in0\_b),$$
$$list\_data(list\_n(in0\_b)),$$
$$list\_data(list\_n(list\_n(in0\_b)))))$$

$$(\varphi_b^{\text{UF}})$$

图 4.5 用未解释函数 G 替换 "$*$"，用未解释函数 $list\_n$ 和 $list\_data$ 分别替换 n 和 data

现在，为了证明两个程序的等价性，只需要证明公式 (4.4)。

顺便提一下，还有其他方法可以证明这两个程序的等价性。在这种情况下，**替换**就足够了：只需在 φ_a 中，把 $out2\_a$ 替换为 $out1\_a * in$，$out1\_a$ 替换为 $out0\_a * in$，$out0\_a$ 替换为 in，我们就可以自动证明公式 (4.4)，因为我们得到的表达在语法上是等价的。然而，在很多情况下这样的替换并不高效，因为它可能会使公式的规模呈指数级增长。同时，仅仅依靠替换可能不足以证明等价性。比如，考虑公式 power3_con 和 power3_con_new：

```
int power3_con                          int power3_con_new
   (int in, int con) {                     (int in, int con) {
int i, out_a;                           int out_b;
out_a = in;
for (i = 0; i < 2; i++)
    out_a = con?out_a * in              out_b = con?(in*in)*in
              :out_a;                              :in;
return out_a;                           return out_b;
}                                       }
```

| (a) | (b) |

替换之后，我们得到这两个函数对应的两个表达式：

$$out\_a = con? \, ((con? \, in * in : in) * in) : (con? \, in * in : in) \qquad (4.6)$$

和

$$out\_b = con? \, (in * in) * in : in \qquad (4.7)$$

这两个表达式不仅在语法上不等价，而且第一个表达式的规模随迭代次数呈指数级增长。

4.5 节会介绍其他使用未解释函数的例子。

4.3   通过等价闭包判定带未解释函数的等式逻辑的合取公式

下面我们介绍一种求解带未解释函数的等式逻辑的合取公式的方法。该方法由 Shostak 于 1978 年提出[258]。正如我们在本书中考虑的大多数理论一样，谓词的合取公式的可满足性问题可以在多项式时间内解决。请记住，我们解决的是不含常数的公式的可满足性问题，因为常数可以通过一些算法（如算法 4.1.1）消除。

从变量和未解释函数上的等式和不等式的合取式 φ^{UF} 开始，Shostak 的算法分两个阶段进行（参见算法 4.3.1），是一个基于等价类计算的方法。这里介绍的算法版本假设未解释函数具有单个参数。一般情况的扩展留作练习（参见问题 4.5）。

> **算法 4.3.1**：等价闭包
>
> **输入**：变量和未解释函数上的等式谓词的合取式 φ^{UF}
>
> **输出**：如果 φ^{UF} 是可满足的，返回"可满足"；否则，返回"不可满足"
>
> 1. 建立等价闭包等价类。
>   (a) 在开始的时候，如果 $(t_1 = t_2)$ 是 φ^{UF} 中的谓词，那么将两个项 t_1 和 t_2（可以是变量或未解释函数实例）放置在它们自己的等价类中。所有其他项形成单例等价类。
>   (b) 给定两个具有公共项的等价类，将它们合并。重复此过程，直到没有更多的等价类可以合并。
>   (c) 计算**等价闭包**：对于在同一类中的两个项 t_i 和 t_j，如果 $F(t_i)$ 和 $F(t_j)$ 是 φ^{UF} 中关于未解释函数 F 的项，则合并 $F(t_i)$ 所在类和 $F(t_j)$ 所在类。重复这个过程直到不存在这样的实例。
> 2. 如果在 φ^{UF} 中存在一个不等式 $t_i \neq t_j$，其中 t_i 和 t_j 在同一个等价类中，则返回"不可满足"，否则返回"可满足"。

示例 4.4 考虑合取式

$$\varphi^{\mathrm{UF}} := \ x_1 = x_2 \wedge x_2 = x_3 \wedge x_4 = x_5 \wedge x_5 \neq x_1 \wedge F(x_1) \neq F(x_3) \tag{4.8}$$

等价类初始化为

$$\{x_1, x_2\}, \{x_2, x_3\}, \{x_4, x_5\}, \{F(x_1)\}, \{F(x_3)\} \tag{4.9}$$

算法 4.3.1 的第 1(b) 步合并前两个等价类：

$$\{x_1, x_2, x_3\}, \{x_4, x_5\}, \{F(x_1)\}, \{F(x_3)\} \tag{4.10}$$

第 1(c) 步则合并包含 $F(x_1)$ 和 $F(x_3)$ 的等价类，因为 x_1 和 x_3 已经在同一个等价类中：

$$\{x_1, x_2, x_3\}, \{x_4, x_5\}, \{F(x_1), F(x_3)\} \tag{4.11}$$

在第 2 步，我们注意到 $F(x_1) \neq F(x_3)$ 是 φ^{UF} 中的谓词，但 $F(x_1)$ 和 $F(x_3)$ 在同一个等价类中。因此，φ^{UF} 是不可满足的。∎

算法 4.3.1 可以采用**并查集**数据结构高效实现，时间复杂度为 $O(n \log n)$（参见文献 [210]）。

我们的最终目标是求解具有任意布尔结构的公式。Shostak 最开始介绍他的方法时，通过分情况的方式实现了对析取的支持，这是该方法的瓶颈。比如，给定公式

$$\varphi^{\mathrm{UF}} := \ x_1 = x_2 \vee (x_2 = x_3 \wedge x_4 = x_5 \wedge x_5 \neq x_1 \wedge F(x_1) \neq F(x_3)) \tag{4.12}$$

他分别考虑了析取左部和右部对应的两种情况。不过只要考虑的情况不太多，这种方法就可以很好地工作。

在本书所研究的所有理论中，都会涉及处理命题结构一般情况的问题。处理这个问题有两种主要方法。如第 3 章所讨论的，一个高效的方法是将基于 DPLL 的 SAT 求解器与一个用于判定特定理论下的文字合取式的算法相结合。前者搜索命题部分的满足赋值，后者检查找到的命题赋值是否对应了等式谓词的满足赋值。

另一种方法是将公式完全归约为命题逻辑，这是第 11 章的主题。

4.4　函数一致性不足以完成证明

函数一致性不一定足以证明陈述的正确性。这并不奇怪，因为用未解释函数替换具体的有解释的函数，显然丢失了信息。比如，考虑**加法**（"+"）函数。假设给定两个函数实例 $x_1 + y_1$ 和 $x_2 + y_2$，另外，由函数的其他部分推导出 $x_1 = y_2$ 以及 $y_1 = x_2$。如果把"+"替换为一个未解释函数 F，由于我们只按照参数的出现顺序成对比较参数，因此我们的证明不能使用这两个函数实例给出相同结果的事实。换句话说，仅有函数上的一致性不足以捕捉"+"函数的交换律，而这对证明可能是必需的。这个例子说明，使用未解释函数会丢失完备性（见定义 1.6）。

我们可以添加约束来捕捉原始函数的更多信息，例如上面例子中的交换性。对于上面的例子，我们可以加入

$$(x_1 = y_2 \wedge x_2 = y_1) \implies F(x_1, x_2) = F(y_1, y_2) \tag{4.13}$$

这些约束可以根据需要进行定制，以反映未解释函数的属性。也就是说，通过添加这些约束，我们使它们成为**部分解释函数**，因为我们对它们的某些属性进行了建模。例如，对于乘法函数，我们可以添加一个这样的约束：如果其中一个参数等于 0，则结果也等于 0。通常来说，公式越抽象，判定问题越容易求解。但是，公式越抽象，就越难证明其原始版本正确的事实。对于给定的公式，正确的抽象层次可以通过试错过程找到。这个过程甚至可以通过一个**抽象–细化循环**①来自动化实现，正如我们在算法 4.4.1 中所见到的（这不仅仅

---

① 许多形式推理工具实现了"抽象–细化循环"[173]，使用的抽象类型可能与此处介绍的完全不同，但迭代过程的基本元素是相同的。

是一个算法，更像一个算法框架，需要根据具体问题具体实现）。在第 2 步中，若抽象公式是有效的，则算法返回"有效"。这一步的正确性可以通过公式 (4.3) 推导出来。如果公式不是有效的，而且抽象公式 φ' 与原始公式相同，那么算法在下一步返回"非有效"。第 4 步后面的可选步骤对于算法的正确性不是必需的，只是为了提高算法的性能。只有在执行该步骤比求解 φ 本身更容易时，才值得执行该步骤。

附注：重写系统

诸如"任何数乘以 0 等于 0"这样的观察可以形式化为**重写规则**。这些规则是**重写系统** [100,151] 的基础，数学和数理逻辑的多个分支会用到重写系统。基础版本的重写系统定义了一组术语以及（可能是非确定性的）转换规则。基于重写系统的定理证明器（如 ACL2 [162]）使用了数百条这样的规则。许多这样的规则可以在部分解释函数的上下文中使用，正如我们在 4.4 节中对"乘以 0"的规则进行的阐释。

重写系统作为一种形式化机制，与图灵机具有相同的能力。重写系统经常用于定义和实现推理系统，通过用相等但更简单的子表达式替换公式中的子表达式来简化公式，计算算术表达式，等等。这样的实现需要设计应用规则的策略，以及基于模式匹配的检测机制，用于检测每一步可应用的规则集合。

算法 4.4.1：抽象–细化

输入：逻辑 L 的一个公式 φ，其中 L 是带未解释函数的理论并且存在判定过程
输出：如果 φ 是有效的，则返回"有效"，否则返回"非有效"

1. $\varphi' := \mathcal{T}(\varphi)$。   ▷ $\mathcal{T}$ 是一个抽象函数
2. 如果 φ' 是有效的，返回"有效"。
3. 如果 $\varphi' = \varphi$，则返回"非有效"。
4. （可选）设 α' 是 φ' 有效性的反例。如果可以推导出 φ 有效性的反例 α（可以通过对 φ 中不出现在 φ' 中的变量赋值来扩展 α'），则返回"非有效"。
5. 根据 4.4 节讨论的方式添加更多约束，或通过将未解释函数替换为它们的原始解释版本（在最坏情况下达到原始公式 φ），从而细化 φ'。
6. 返回第 2 步。

在实现这样的算法时，有很多可以发挥创新性的空间：在第 5 步中添加哪些约束？何时诉诸于原始解释函数？如何实现第 4 步？比如，对于位向量算术的情况，6.3 节就描述了一个这样的过程。

4.5 未解释函数的两个应用示例

未解释函数可以用于基于属性的验证，即证明某个属性在给定模型中成立。有时，属性的正确性与某个函数的语义无关，并且证明所需的只是功能一致性。在这种情况下，用未解释函数替换该函数可以简化证明过程。

在系统的等价性证明中，未解释函数的使用更为常见。在芯片设计行业中，证明一个硬件电路的两个版本的等价性是一项标准工作。另一个应用是**翻译验证**，即证明编译器的输入和输出在语义上是等价的。事实上，我们在本章后面详细描述了这两个问题领域。

在这两个应用中，我们一般预期方程一边的函数可以映射到另一边相似的函数。在这样的情况下，将所有函数替换为未解释版本通常足以证明等价性。

4.5.1 证明电路的等价性

流水线是一种提升电路（如微处理器）性能的技术。计算被分为不同阶段，称为流水线阶段。这使得我们可以利用并发计算来加速计算，就像工厂中的装配线一样。

电路的时钟频率受限于锁存器（即存储组件）之间的最长路径长度，而在流水线电路中，最长路径长度就是最长阶段的长度。每条路径的延迟受到路径上的门电路以及它们所带来的延迟的影响。

图 4.6a 展示了一个流水线电路。输入信号 in 先经过第一阶段的处理，之后在各级中使用未解释函数来建模组合门，分别用 C、F、G、H、K、D 表示。为简单起见，我们假设它们的每个组合门延迟相同。该电路用函数 F 计算输入信号 in，并将结果存储在锁存器 L_1 中。形式化表达如下：

$$L_1 = F(in) \tag{4.14}$$

第二阶段计算 L_2、L_3 和 L_4 的值：

$$\begin{aligned} L_2 &= L_1 \\ L_3 &= K(G(L_1)) \\ L_4 &= H(L_1) \end{aligned} \tag{4.15}$$

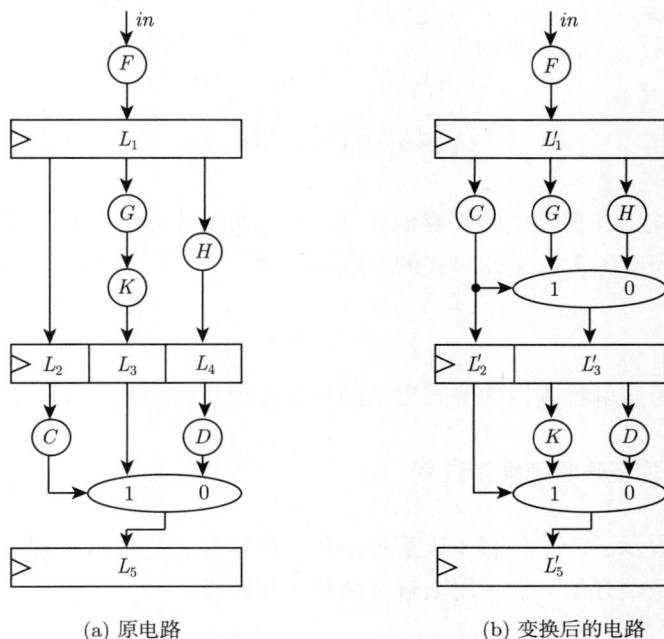

(a) 原电路   (b) 变换后的电路

图 4.6 使用未解释函数验证流水线电路变换的正确性。在变换后，电路在各级之间的最长路径变短，因而可以以更高的时钟频率运行

第三阶段包含一个**多路复用器**。多路复用器是一种根据布尔信号的值在两个输入之间进行选择的电路。在这个例子中，该选择信号是由函数 C 计算出来的。多路复用器的输出存储在锁存器 L_5 中：

$$L_5 = C(L_2) ? L_3 : D(L_4) \tag{4.16}$$

我们看到第二个阶段包含两个函数 G 和 K，其中 G 的输出是 K 的输入。假设这是电路中最长的路径。我们现在的目的是对电路进行变换，使其能够更快地工作。在这个例子中，可以通过将 K 表示的门移到第三阶段来实现。

请注意，L_3 和 L_4 中的值只有一个被使用，因为多路复用器根据 C 选择其中之一。因此，通过在第二阶段引入第二个多路复用器，我们可以删除一个锁存器。经过这些更改后的电路如图 4.6b 所示，可以形式化表达为：

$$L'_1 = F(in)$$

$$L_2' = C(L_1')$$

$$L_3' = C(L_1') \,?\, G(L_1') \,:\, H(L_1')$$

$$L_5' = L_2' \,?\, K(L_3') \,:\, D(L_3') \tag{4.17}$$

计算的最终结果在原始电路中存储在 L_5 中，在修改后的电路中存储在 L_5' 中。我们可以证明，对于所有输入，上述等式的合取都蕴含

$$L_5 = L_5' \tag{4.18}$$

该证明可以使用带未解释函数的等式理论的判定过程来自动化完成。

4.5.2　通过翻译验证来验证编译过程

下一个例子展示了一个依赖于未解释函数的翻译验证过程。与硬件验证的示例不同的是，我们从解释函数开始，然后用未解释函数进行替换。

假设一份代码包含下面的语句：

$$z = (x_1 + y_1) * (x_2 + y_2) \tag{4.19}$$

编译器将其编译成以下三个赋值操作的序列：

$$u_1 = x_1 + y_1; \; u_2 = x_2 + y_2; \; z = u_1 * u_2 \tag{4.20}$$

编译器新增了两个辅助变量 u_1 和 u_2。为了验证这个翻译，我们构造了如下验证条件：

$$u_1 = x_1 + y_1 \wedge u_2 = x_2 + y_2 \wedge z = u_1 * u_2 \implies z = (x_1 + y_1) * (x_2 + y_2) \tag{4.21}$$

我们希望验证这个公式的有效性。[①]

现在，我们通过抽象符号 F 和 G 来抽象公式中出现的具体函数，即加法和乘法，得到以上蕴含式的抽象版本

$$(u_1 = F(x_1, y_1) \wedge u_2 = F(x_2, y_2) \wedge z = G(u_1, u_2))$$

---

① 这个验证条件是一个蕴含关系而非等价关系，因为我们试图证明在目标代码中被允许的值也在源代码中被允许，但反过来未必成立。当源代码被解释为允许多种行为的规约且其中只有一种行为被实际实现时，这种不对称性会产生影响。不过，为了演示未解释函数的用法，无论使用蕴含关系还是等价关系，都是无关紧要的。

$$\implies \quad z = G(F(x_1, y_1), F(x_2, y_2)) \tag{4.22}$$

显然，如果这个抽象版本的公式是有效的，那么原公式也是有效的（参见公式 (4.3)）。

以上验证方案的成功取决于两侧的差异程度。对于不做比较重的算术优化的编译器，用上述方案进行翻译验证可能成功。然而，如果我们要比较两份**任意的**源代码，即使它们是等价的，这个方案也不足以证明。例如，一侧使用函数 $2 * x$，而另一侧使用 $x + x$。当我们采用这个方案时，由于加法和乘法用两个不同的未解释函数表示（满足函数一致性的要求），它们之间没有任何联系。因此，等价性证明不能依赖于这两个表达式在语义上相等这个事实。

4.6 习   题

问题 4.1（消除常数） 证明：给定一个等式逻辑公式，算法 4.1.1 返回一个不含常数却与原始公式等可满足的公式。

问题 4.2（消除常数的更好方法？） 下面的定理正确吗？

定理 4.5 当且仅当通过算法 4.6.1（**消除常数–优化版**）生成的公式 $\varphi^{E'}$ 是可满足的，等式逻辑公式 φ^E 才是可满足的。

证明该定理或者给出反例。你可以使用问题 4.1 的结果。

算法 4.6.1: 消除常数–优化版

输入：一个等式逻辑公式 φ^E
输出：一个不含常数的等式逻辑公式 $\varphi^{E'}$，使得当且仅当 φ^E 是可满足的，$\varphi^{E'}$ 才是可满足的

1. $\varphi^{E'} := \varphi^E$。
2. 把 $\varphi^{E'}$ 中的每个常数 c 替换为一个新变量 C_c。
3. 对于每对常量 c_i 和 c_j，如果它们之间存在一条**不经过任何其他常量**的等式路径（$c_i =^* c_j$），则将约束 $C_{c_i} \neq C_{c_j}$ 添加到 $\varphi^{E'}$ 中。（回顾一下，等式路径是在 $G^E(\varphi^E)$ 上定义的，其中 φ^E 是 NNF 公式。）

问题 4.3（通过图分析方法判定等式谓词合取公式） 设计一个基于图的算法，用于判断一个给定等式谓词的合取式是否可满足。算法依赖于矛盾循环的概念。该算法的复杂度

是多少？

问题 4.4（通过等价类方法判定等式合取式）

1. 考虑算法 4.6.2。给出算法的实现细节，包括数据结构。该算法的复杂度是多少？

> **算法 4.6.2：** 基于等价类方法判定等式合取公式
>
> **输入：** 一个等式谓词合取公式 φ^E
> **输出：** 如果 φ^E 可满足，返回"可满足"，否则返回"不可满足"
>
> 1. 对每个变量定义一个等价类。对于 φ^E 中的每个等式 $x = y$，合并 x 和 y 的等价类。
> 2. 对于 φ^E 的每个不等式 $u \neq v$，如果 u 和 v 在同一个等价类中，返回"不可满足"。
> 3. 返回"可满足"。

2. 使用你的算法判定以下公式是否可满足：

$$x = f(f(f(f(f(x))))) \land x = f(f(f(x))) \land x \neq f(x)$$

问题 4.5（等价闭包算法的泛化）　将等价闭包算法泛化到包含多个参数的未解释函数的情况。

问题 4.6（等式逻辑判定问题的复杂性）　证明等式逻辑判定问题是 NP 完全问题。

注意，为了证明它属于 NP 问题，仅仅说每个解都能在多项式时间内进行检验是不够的，因为解本身可能非常大，甚至读取它都不一定是一个多项式时间的操作。

问题 4.7（使用未解释函数编码递归数据结构的域）　回忆一下 4.2.2 节中关于指针的示例。如果数据结构也有写入操作，则所提出的方法不起作用。例如，下面左侧的代码会导致右侧的 SSA 等式产生矛盾。

`a -> data = 1;`	$data(a) = 1 \quad \land$
`x = a -> data;`	$x = data(a) \quad \land$
`a -> data = 2;`	$data(a) = 2 \quad \land$
`x = a -> data.`	$x_1 = data(a);$

泛化以上方法，使得它对上述更新也适用。

4.7 文献注释

对等式和未解释函数的求解方法的研究可以分为几个时代。求解合取片段的算法（如 4.3 节所描述的）与前一章描述的 DPLL(T) 框架相结合，是最新的方法。

第一个时代是在 20 世纪 70 年代有效定理证明器出现之前。在这个时代，只从数理逻辑的角度来看待这种逻辑，最著名的是 Ackermann 的著作 [1]。他还提出了我们现在称之为 Ackermann 归约的方法，我们将在 11.2.1 节描述该过程。通常使用重写规则来处理等式，例如，如果 $x = y$，则将 x 替换为 y。

第二个时代始于 20 世纪 70 年代中期 Downey、Sethi 和 Tarjan 的工作 [106]。他们证明该判定问题是公共子表达式问题的一个变种。Nelson 和 Oppen 应用并查算法计算等价闭包 [205]，并在斯坦福 Pascal 验证器中实现了它。然后，Shostak 在文献 [258] 中提出了 4.3 节描述的等价闭包算法。所有这些工作都基于计算等价闭包，表明了方向上的转变，它们提供了完备且相对高效的方法来判定等式和未解释函数的理论。Shostak 的原始方法依赖于语法上的分情况求解（参见 1.3 节），这是该算法低效的原因。Shostak 的原话是，"发现大多数长度为四到五行的例子只需几秒钟就可以处理完毕"。即使考虑到这是在 1978 年的 DEC-10 计算机上完成的，这一表述仍旧突显了自那时以来取得的巨大进步，因为如今许多包含数万个变量的公式也能在几秒钟内求解。不过，Shostak 的方法及其变种仍然被定理证明器使用。Shostak 的方法有几个变种，并且在一个称为**抽象等价闭包**的单一理论框架中进行了比较和描述 [10]。后来，有一些方法对"分情况求解"技术进行了改进，降低了实际复杂度，比如"惰性的分情况求解"，即只有在证明需要时才对公式进行分割，还有其他类似的技术。

第三个时代的工作将在第 11 章中描述（另请参阅 11.9 节中的文献注释）。这些方法主要基于**小模型属性**，即将问题归约为只需检查一组有限的值就可以判定可满足性的问题（如果原始变量的域是无限的，这个方法是很重要的）。正如上面提到的，第四个时代也即当前时代，基于 DPLL(T) 框架，求解合取片段是 DPLL(T) 方法的一部分。

4.8　符　号　表

本章用到的符号如下。

符号	含义	首次使用的页码
φ^{E}	等式逻辑公式	74
C_c	在消除等式逻辑公式的常数的过程中，用于替换常数 c 的变量	74
φ^{UF}	等式逻辑公式 + 未解释函数	75

第 5 章 线 性 算 术

5.1 引　言

本章介绍线性约束合取式的判定过程。注意，基于第 3 章所述的 DPLL(T) 算法，这些方法已足以应对任意包含布尔结构的更一般情形。

定义 5.1（线性算术）　线性算术公式的语法由下列规则定义。

$$公式：公式 \wedge 公式 \mid (公式) \mid 原子公式$$
$$原子公式：和\ 关系运算符\ 和$$
$$关系运算符：= \mid \leqslant \mid <$$
$$和：项 \mid 和 + 项$$
$$项：标识符 \mid 常数 \mid 常数\ 标识符$$

减法运算符 $a - b$ 可以被当作 $a + (-1b)$ 的"语法糖"。运算符 $\geqslant$ 和 $>$ 可以通过对系数取反来替换为 $\leqslant$ 和 $<$。我们考虑有理数和整数作为域。对于前者，线性约束合取式判定这个问题是多项式时间的，而对于后者，这个问题是 NP 完全的。

比如，下面是一个线性算术公式：

$$3x_1 + 2x_2 \leqslant 5x_3 \quad \wedge \quad 2x_1 - 2x_2 = 0 \tag{5.1}$$

注意，正如第 4 章中所讨论的，等式逻辑是线性算术的一个片段。以下例子演示了编译器如何使用算术判定过程来优化代码。

示例 5.2　考虑下面的 C 语言代码片段：

```
for(i=1; i<=10; i++)
    a[j+i]=a[j];
```

这个片段的目的是将 a[j] 的值复制到从 a[j+1] 到 a[j+10] 的位置。假设编译器可能会为循环体生成如下汇编代码。假设变量 i 存储在寄存器 R1 中，变量 j 存储在寄存器 R2 中：

```
R4  ←  mem[a+R2]      /* 将 R4 的值设为 a[j] */
R5  ←  R2+R1          /* 将 R5 的值设为 j+i */
mem[a+R5]  ←  R4      /* 将 a[j+i] 的值设为 a[j] */
R1  ←  R1+1           /* i++ */
```

与只操作 CPU 内部寄存器的代码相比，需要访问内存的代码通常慢得多。因此，最好避免使用加载指令和存储指令。上述代码的一个潜在优化是将对 a[j] 的加载指令（即第一条语句）从循环体中移出。经过此转换，加载指令只在循环开始时执行一次，而不是 10 次。但是，此转换的正确性依赖于 a[j] 的值在循环体内不变这一事实。我们可以通过比较 a[j+i] 的索引与 a[j] 的索引，并结合 i 在 1 和 10 之间的约束来检查这一条件：

$$i \geqslant 1 \wedge i \leqslant 10 \wedge j+i=j \tag{5.2}$$

这个公式没有满足赋值，因此，内存访问不会重叠。编译器可以安全地对 a[j] 只进行一次读取访问。

线性算术求解器

单纯形法是求解数值优化问题最古老的算法之一。给定实数变量上的线性约束合取式和一个目标函数，单纯形法用于找出满足约束下目标函数的最优值。目标函数和线性约束的组合被称为**线性规划**（LP）。然而，由于我们更关注判定问题而不是优化问题，因此本章将介绍一种称为**一般单纯形法**的方法，它以实数上线性约束的合取式为输入，**没有**目标函数，并判定该合取式是否可满足。

整数线性规划（ILP）是该问题在整数约束下的版本。5.3 节将介绍分支限界方法，一种判定此问题的算法。

这两个算法可以高效求解包含大量约束的线性约束合取式。我们还将描述另外两个被认为效率较低的方法，不过它们在解决小规模问题时仍然有竞争力，在实践中仍然有用，而且它们的基础版本相对容易实现。第一个方法称为 **Fourier-Motzkin** 消元法，用于判定实数域上线性约束合取式的可满足性；第二个方法称为 **Omega 测试**，用于判定整数上线性约束合取式的可满足性。

5.2 单 纯 形 法

单纯形法最早由 Dantzig 于 1947 年提出,用于判定弱线性不等式合取式的可满足性。约束集合通常伴随着关于公式中变量的线性**目标函数**。如果约束集合可满足,单纯形法则提供一个最优化目标函数值的满足赋值。单纯形法的最坏情况时间复杂度是指数级的。尽管有多项式时间算法可以解决这个问题(第一个多项式时间算法是 Khachiyan 在 1979 年提出的,称为椭球法),但单纯形法仍然被认为是实践中非常有效的方法,也是使用最广泛的方法,这显然是因为在真实问题中单纯形法需要指数步的情况很少见。

5.2.1 范式

由于我们关注的是判定问题而非优化问题,因此我们将介绍单纯形法的一个变种,称为**一般单纯形法**该算法处理的是不带目标函数的线性规划问题。一般单纯形法接收两种类型的约束作为输入。

1. 具备如下形式的等式:

$$a_1 x_1 + \cdots + a_n x_n = 0 \tag{5.3}$$

2. 变量的上界和下界:[①]

$$l_i \leqslant x_i \leqslant u_i \tag{5.4}$$

其中 l_i 和 u_i 都是常数,分别表示变量 x_i 的下界和上界。这些上下界不是必需的,算法也支持无界的变量。 $\boxed{l_i}$ $\boxed{u_i}$

这种输入公式的表示方法称为**通用形式**。它是一种范式,不会限制弱线性约束的建模能力,因为我们可以把任意的弱线性约束 $L \bowtie R$,其中 $\bowtie \in \{=, \leqslant, \geqslant\}$,转换为上面的形式。令 m 为约束的数量。对于第 i 个约束,$1 \leqslant i \leqslant m$: $\boxed{m}$

1. 将 R 中所有加数移到左侧,得到 $L' \bowtie b$,其中 b 是一个常数;
2. 引入新变量 s_i,添加约束

$$L' - s_i = 0 \quad 和 \quad s_i \bowtie b \tag{5.5}$$

如果 $\bowtie$ 是等号,把 $s_i = b$ 重写为 $s_i \geqslant b$ 和 $s_i \leqslant b$。

---

① 这是和单纯形法有区别的地方,在单纯形法中所有变量都是非负的。

原约束集合和转换后得到的约束集合很明显是等可满足的。

示例 5.3　考虑下面的约束合取式：

$$
\begin{aligned}
x &+ y \geqslant 2 \ \wedge \\
2x &- y \geqslant 0 \ \wedge \\
-x &+ 2y \geqslant 1
\end{aligned} \tag{5.6}
$$

该问题可以重写为如下通用形式：

$$
\begin{aligned}
x &+ y - s_1 = 0 \ \wedge \\
2x &- y - s_2 = 0 \ \wedge \\
-x &+ 2y - s_3 = 0 \ \wedge \\
& s_1 \geqslant 2 \ \wedge \\
& s_2 \geqslant 0 \ \wedge \\
& s_3 \geqslant 1
\end{aligned} \tag{5.7}
$$

新变量 $s_1, \cdots, s_m$ 被称为**附加变量**。原始约束中的变量 $x_1, \cdots, x_n$ 被称为**问题变量**。

⊡n　因此，我们有 n 个问题变量和 m 个附加变量。我们可以对上述过程进行优化，当 L' 是问题变量或之前就针对它分配过附加变量时，就不再引入一个附加变量来表示它。

5.2.2　单纯形法基础

一种看待线性 CSP 的常见而方便的视角是将其视为几何问题。从几何角度来看，每个变量对应一个维度，每个约束定义了一个凸的子空间：不等式定义了**半空间**，等式定义了**超平面**。①由满足赋值构成的（闭）子空间是一些半空间和超平面的交集，形成的是一个凸多面体，因为凸子空间的交集也是凸的。图 5.1 展示了示例 5.3 中问题的几何表示。

在线性规划中，一种常见的表示方法是将输入问题中的系数表示为 m 行 $(n+m)$ 列

⊡A　的矩阵 A，将变量 $x_1, \cdots, x_n, s_1, \cdots, s_m$ 写成一个向量 x。按照这种记号，我们的问题等

⊡x　价于判断是否存在向量 x，使得

---

① 在 d 维空间中，超平面是一个 $d-1$ 维的子空间。例如，在二维空间中，超平面是一条直线，在一维空间中，它是一个点。

$$\boldsymbol{Ax} = 0 \quad \text{并且} \quad \bigwedge_{i=1}^{m} l_i \leqslant s_i \leqslant u_i \tag{5.8}$$

其中 $l_i \in \{-\infty\} \cup \mathbb{Q}$ 是 x_i 的下界，$u_i \in \{+\infty\} \cup \mathbb{Q}$ 是 x_i 的上界。无穷大值表示没有界的情况。

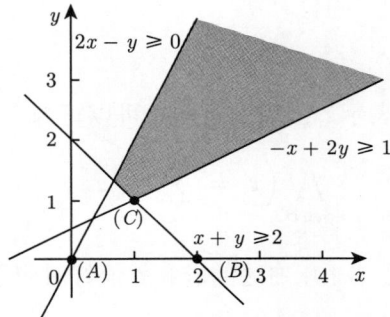

图 5.1 示例 5.3 中的问题投影到 x 轴和 y 轴上的图形表示。阴影区域对应于满足赋值集合。标记点 (A)、(B) 和 (C) 说明单纯形法所取得的进展，如本节接下来所述

示例 5.4 我们继续示例 5.3。采用变量顺序 x, y, s_1, s_2, s_3，公式 (5.7) 中等式约束的矩阵表示为

$$\begin{pmatrix} 1 & 1 & -1 & 0 & 0 \\ 2 & -1 & 0 & -1 & 0 \\ -1 & 2 & 0 & 0 & -1 \end{pmatrix} \tag{5.9}$$

注意，示例 5.4 中矩阵的大部分元素非常规律：为附加变量 $s_1, \cdots, s_m$ 增加的列对应了一个 $m \times m$ 的对角矩阵，其对角线上的系数都为 -1。这是使用通用形式的直接结果。

虽然随着算法的进行，矩阵 $\boldsymbol{A}$ 会发生变化，但其列的数量不会减少。与这些列对应的那 m 个变量称为**基变量**，它们的集合记为 $\mathcal{B}$。它们也称为**因变量**，因为它们的值是由非基变量定的。非基变量记为 $\mathcal{N}$。一个方便的做法是把 $\boldsymbol{A}$ 以**表**的形式进行存储和操作，其中 "表" 指的是 $\boldsymbol{A}$ 去掉了对角子矩阵后的矩阵。因此，这个表是一个 m 行 n 列的矩阵，其中每一列对应非基变量，并且每一行关联一个基变量——对角子矩阵中，该行上具有 "-1" 条目的那个基变量。因此，最初存储在对角矩阵中的信息现在由标记行的变量来表示。

$\mathcal{B}, \mathcal{N}$

示例 5.5　　继续我们的例子。示例 5.3 中的表和界如下：

	x	y
s_1	1	1
s_2	2	−1
s_3	−1	2

$2 \leqslant s_1$

$0 \leqslant s_2$

$1 \leqslant s_3$

这个表就是 A 的另一种表示，因为 $Ax = 0$ 可以写为

$$\bigwedge_{x_i \in \mathcal{B}} \left(x_i = \sum_{x_j \in \mathcal{N}} a_{ij} x_j \right) \tag{5.10}$$

当表示为矩阵的形式时，公式 (5.10) 右边的求和就恰好对应了其表。

5.2.3　带上下界的单纯形法

$\boxed{\alpha}$　　除了表，一般单纯形法还维护一个赋值 $\alpha : \mathcal{B} \cup \mathcal{N} \longrightarrow \mathbb{Q}$。算法对其数据结构进行如下初始化。

- 基变量集合 $\mathcal{B}$ 是附加变量的集合。
- 非基变量集合 $\mathcal{N}$ 是问题变量的集合。
- 对于任一 x_i，$i \in \{1, \cdots, n + m\}$，$\alpha(x_i) = 0$。

如果将所有变量都赋值为零的初始赋值（即原点），就满足了所有基变量的上下界，则可以宣布该公式为可满足的（注意，最初的时候非基变量没有显式的界）；否则，算法将开始一个修改这个赋值的过程。

算法 5.2.1 总结了一般单纯形法的步骤。该算法保持两个不变式。

- **In-1**，$Ax = 0$。
- **In-2**，非基变量的值是在它们的界内：

$$\forall x_j \in \mathcal{N}. \ l_j \leqslant \alpha(x_j) \leqslant u_j \tag{5.11}$$

显然，这些不变式最初是成立的，因为向量 x 中的所有变量都被设置为 0，而非基变量没有界。

算法 5.2.1: 一般单纯形法

输入: 一个线性约束系统 S

输出: 如果系统是可满足的,返回"可满足",否则返回"不可满足"

1. 把系统转换为通用形式

$$\boldsymbol{Ax} = \boldsymbol{0}, \quad \bigwedge_{i=1}^{m} l_i \leqslant s_i \leqslant u_i$$

2. 把 $\mathcal{B}$ 设置为附加变量 $s_1, \cdots, s_m$ 构成的集合。

3. 对 $\boldsymbol{A}$ 构造表。

4. 决定变量的一个固定顺序。

5. 如果没有基变量违反它的界,返回"可满足",否则令 x_i 为按顺序第一个违反界的基变量。

6. 搜索按顺序第一个可以对 x_i 进行转轴(pivoting)变换的非基变量 x_j。如果不存在这样的变量,返回"不可满足"。

7. 对 x_i 和 x_j 执行转轴操作。

8. 跳到第 5 步。

  算法的主循环检查是否存在基变量违反其界。如果不存在这样的变量,则基变量和非基变量都满足其界。由于不变式 **In-1** 成立,这就意味着当前赋值 α 满足公式 (5.8),算法返回"可满足"。

  假如存在违反其界的基变量,比如记为 x_i,不失一般性,假设 $\alpha(x_i) > u_i$,也即 x_i 违反了其上界。我们怎么改变 x_i 的赋值使得它满足其界呢?需要找到一个方法减小 x_i 的取值。我们看看这个值是如何确定的:

$$x_i = \sum_{x_j \in \mathcal{N}} a_{ij} x_j \tag{5.12}$$

有两个途径可以减小变量 x_i 的值:一个是在 $a_{ij} > 0$ 且当前 x_j 的赋值高于其下界 l_j 时,减小非基变量 x_j 的值;另一个是在 $a_{ij} < 0$ 且其当前 x_j 的赋值低于其上界 u_j 时,增加变量 x_j 的值。满足这些条件中任何一个的变量 x_j 被称为**合适的**。如果不存在合适的变量,则问题是不可满足的,算法终止。

  令 θ 表示为了满足 x_i 的上界,需要增大(或减小)$\alpha(x_j)$ 的量: $\boxed{\theta}$

$$\theta \doteq \frac{u_i - \alpha(x_i)}{a_{ij}} \tag{5.13}$$

将 x_j 增大（或减小）θ 可以使 x_i 保持在其界内。另一方面，这样一来 x_j 可能不再满足其自身的界，因此可能会违反不变式 **In-2**。于是我们交换表中的 x_i 和 x_j，也即使得 x_i 变为非基变量，而 x_j 变为基变量。这就对应了表的一个变换，称为**转轴**操作。这样的转轴操作重复执行，直到找到一个满足赋值或者证明线性系统是不可满足的。

转轴操作

假设我们想交换 x_i 和 x_j，这需要下面的定义。

定义 5.6（主元、主列、主行） 给定两个变量 x_i 和 x_j，系数 a_{ij} 称为**主元**。x_j 的列称为**主列**，第 i 行称为**主行**。

两个变量 x_i 和 x_j 可以进行交换的前提是它们的主元非零，即 $a_{ij} \neq 0$。转轴操作描述如下。

1. 对变量 x_j 求解第 i 行。
2. 对于所有的行 $l \neq i$，通过代入从第 i 行获得的关于 x_j 的等式消除 x_j。

读者可能观察到了，转轴操作也是众所周知的**高斯消元**过程的基本操作。

示例 5.7 我们继续前面的例子。如上所述，我们初始化 $\alpha(x_i) = 0$。这对应于图 5.1 中的点 (A)。回忆一下表和界：

	x	y
s_1	1	1
s_2	2	-1
s_3	-1	2

$$2 \leqslant s_1$$
$$0 \leqslant s_2$$
$$1 \leqslant s_3$$

s_1 的下界是 2，这已经被违反了。根据变量顺序，非基变量 x 是排序最低的。变量 x 的系数为正，但没有上界，因此适合进行转轴操作。我们需要给 s_1 的值增加 2，以满足其下界，这意味着 x 也必须增加 2（$\theta = 2$）。转轴操作的第一步是对 s_1 行求解 x 的表达式：

$$s_1 = x + y \iff x = s_1 - y \tag{5.14}$$

现在，使用这个等式来替换另外两行中的 x：

$$s_2 = 2(s_1 - y) - y \iff s_2 = 2s_1 - 3y \tag{5.15}$$

$$s_3 = -(s_1 - y) + 2y \iff s_3 = -s_1 + 3y \tag{5.16}$$

将其写成表的形式，转轴操作后的结果为：

	s_1	y
x	1	−1
s_2	2	−3
s_3	−1	3

$$
\begin{aligned}
\alpha(x) &= 2 \\
\alpha(y) &= 0 \\
\alpha(s_1) &= 2 \\
\alpha(s_2) &= 4 \\
\alpha(s_3) &= -2
\end{aligned}
$$

这个新状态对应了图 5.1 中的点 (B)。

s_3 的下界被违反了，这是下一个被选的基变量。唯一适合进行转轴操作的变量是 y。我们需要给 s_3 增加 3 才能满足下界，也即

$$\theta = \frac{1 - (-2)}{3} = 1 \tag{5.17}$$

在使用 s_3 和 y 进行转轴操作后，最终的表为：

	s_1	s_3
x	2/3	−1/3
s_2	1	−1
y	1/3	1/3

$$
\begin{aligned}
\alpha(x) &= 1 \\
\alpha(y) &= 1 \\
\alpha(s_1) &= 2 \\
\alpha(s_2) &= 1 \\
\alpha(s_3) &= 1
\end{aligned}
$$

赋值 α 满足所有界，因此 $\{x \mapsto 1, y \mapsto 1\}$ 是一个满足赋值。它对应于图 5.1 中的点 (C)。 ◾

按照基变量和非基变量的固定顺序选择主元可以确保没有任何基变量集合被重复选取，从而保证算法的终止性（不会出现循环）。详细证明请参见文献 [109]。这种选择主元的方法称为 **Bland 规则**。

5.2.4 增量式问题

判定问题常常是以**增量**方式构建的，也即通过不断添加约束来加强公式。这可能导致原来可满足的公式不再可满足。在 DPLL(T) 框架下，增量式判定过程非常有用，我们在第 3 章了解过。

一般单纯形法很适合处理增量式问题。首先，注意到任何一个约束都可以通过移除相应的上界和下界来禁用。此时单纯形表中的等式变得冗余，但不会导致一个可满足的公式变得不可满足。其次，对表执行的转轴操作是一种等价变换，即它保留解集。因此，我们可以从由前一组界得到的表开始执行判定过程。

上下界的添加可以按如下方式实现。

- 如果添加了非基变量的上下界，根据单纯形表更新非基变量的值，以恢复 **In-2**。
- 调用算法 5.2.1 判定新问题是否可满足。从第 5 步开始。

此外，通常在添加约束之后，后面会希望**移除**它们。这与DPLL(T)算法也是相关的，因为该算法会激活和停用约束。通常，当前的约束集合不可满足时，算法会移除约束（或上下界）。移除约束后，必须将赋值恢复到满足一般单纯形法的两个不变式。这可以通过将赋值 α 恢复到最后已知的满足赋值来实现，无须修改单纯形表。

5.3   分支限界方法

分支限界是一种广泛用于解决整数线性规划问题的方法。与单纯形法类似，分支限界是专门用于解决优化问题的，但是这里的描述重点是将该算法适配到判定问题的版本。

这里考虑的整数线性系统形式与 5.2 节中描述的形式相同，但额外要求满足赋值中变量的值必须是整数。我们可以通过对右侧常数加 1 或减 1 来支持严格不等式。

定义 5.8（松弛问题）   给定一个整数线性系统 S，它的**松弛版本**是没有整数限制的 S（即变量不需要是整数）。

我们将 S 的松弛问题记作 relaxed(S)。假设存在一个名为 LP_{feasible} 的过程，它接收一个线性系统 S 作为输入，如果 S 不可满足则返回"不可满足"，否则返回一个满足赋值。LP_{feasible} 可以使用一般单纯形法的变种实现，如果 S 是可满足的，则输出一个满足赋值。使用这些概念，算法 5.3.1 可以判定一个整数线性约束系统（这里仅考虑约束的合取）。

算法 5.3.1: FEASIBILITY-BRANCH-AND-BOUND

输入：一个整数线性约束系统 S

输出：如果 S 是可满足的，返回"可满足"，否则返回"不可满足"

1. **procedure** SEARCH-INTEGRAL-SOLUTION(S)
2. $res = LP_{\text{feasible}}(\text{relaxed}(S))$;
3.   **if** $res =$ "不可满足" **then return** ;   ▷ 剪枝
4.   **else**
5.   **if** res 是整数解 **then**   ▷ 找到整数解
            abort("可满足");
6.   **else**
7.   选择一个被赋予了非整数值 r 的变量 v;
8.   SEARCH-INTEGRAL-SOLUTION $(S \cup (v \leqslant \lfloor r \rfloor))$;
9.   SEARCH-INTEGRAL-SOLUTION $(S \cup (v \geqslant \lceil r \rceil))$;
10.   ▷ 这个分支没有整数解

11. **procedure** FEASIBILITY-BRANCH-AND-BOUND(S)
12.   SEARCH-INTEGRAL-SOLUTION(S);
13.   **return**("不可满足");

    算法的思想很简单：使用 LP_{feasible} 解决松弛问题。如果松弛问题没有解，那么该分支自然也就没有整数解，则回溯。如果松弛问题是可满足的，并且 LP_{feasible} 返回的解刚好是整数解，则算法终止——已经找到了一个满足的整数解；否则，将问题分成两个子问题，然后通过递归调用处理。这种分割的本质最好通过一个例子来说明。

    示例 5.9   令 $x_1, \cdots, x_4$ 为 S 的变量。假设 LP_{feasible} 在第 2 行返回解

$$(1, 0.7, 2.5, 3) \tag{5.18}$$

在第 7 行，SEARCH-INTEGRAL-SOLUTION在被赋予了非整数值的变量 x_2 和 x_3 之间选择一个。假设选择了 x_2。在第 8 行，S（当前递归层求解的线性系统）被附加约束

$$x_2 \leqslant 0 \tag{5.19}$$

然后交由更深递归层求解。如果在这个分支中找不到解，则搜索 x_2 的另一个分支，也即 S 附加约束

$$x_2 \geqslant 1 \tag{5.20}$$

然后再一次交由更深递归层求解。如果这两个调用都返回，则意味着 S 没有可满足的解，因此该过程会返回（回溯）。请注意，从初始递归层返回会导致调用函数 FEASIBILITY-BRANCH-AND-BOUND 返回 "不可满足"。◢

算法 5.3.1 是不完备的：它存在一些会一直分支下去的情况。正如文献 [109] 中指出的，例如系统 $1 \leqslant 3x - 3y \leqslant 2$ 没有整数解，但有无界的实数解，这会导致基本分支限界算法永远循环下去。为了使算法完备，需要公式具有小模型性质（我们在 11.6 节中详细讨论了这个性质）。这意味着，如果存在一个满足解，则在一个有限的界内也存在这样一个解，而且对于这个理论而言，这个界也是可计算的。因此，一旦我们计算出每个变量域的界，就可以在超过它时停止搜索解。在优化问题中，关于这个界的详细研究可以在文献 [208] 中找到。同样的界也适用于可行性问题。简单来说，文献 [208] 中已经证明，对于一个带有 $M \times N$ 系数矩阵 A 的整数线性系统 S，如果 S 有解，则凸包极端点之一也是一个解，任何这样的解 x^0 被限制如下：

$$x_j^0 \leqslant ((M + N) \cdot N \cdot \theta)^N \quad \text{对于} j = 1, \cdots, N \tag{5.21}$$

其中 θ 是问题的最大元。因此，公式 (5.21) 给出了每个变量的界，通过将其作为显式约束加入，便能保证算法终止。

最后，我们想提一下，分支限界算法可以直接扩展以处理某些变量为整数而其他变量为实数的情况。在优化问题的背景下，这个问题被称为**混合整数规划**。

> **附注：整数线性规划的分支限界算法**
>
> 当使用分支限界算法求解最优化问题时，在找到第一个可行解后，搜索会继续，直到找不到更小的解（假设它是一个最小化问题）。如果松弛问题的解的目标函数值比迄今为止找到的最优解大，则剪去相应分支。目标函数也可以用来引导分支启发式（下一步要拆分的变量以及要首先探索哪一侧）。例如，找到目标函数值较小的解，以便未来更多的分支被早点剪掉。

割平面

割平面指的是添加到线性系统的只会移除非整数解的约束。也就是说，所有整数解（如果存在）仍然满足，如图 5.2 所示。这些新的约束可以提高整数线性系统松弛的紧密程度，从而加快分支限界算法的求解速度（这种组合被称为**分支割平面法**）。此外，如果满足特定条件（细节详见文献 [252] 的 23.8 节），下面描述的单纯形法和割平面法结合的方法形成了整数线性算术的判定过程。

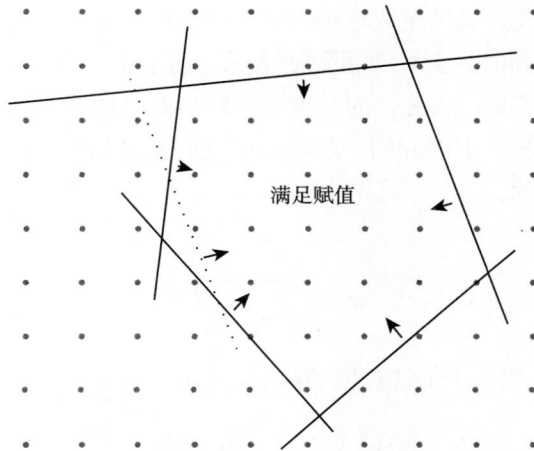

图 5.2　这些点代表整数解，细虚线代表一个割平面——一个不会移除任何整数解的约束

这里我们介绍一类称为 **Gomory 割**的割平面。我们先用一个例子来阐述这种技术，然后泛化该例子。

假设我们的问题包括整数变量 $x_1, \cdots, x_3$，以及下界 $1 \leqslant x_1$ 和 $0.5 \leqslant x_2$。此外，假设一般单纯形法的最终表中包括约束

$$x_3 = 0.5x_1 + 2.5x_2 \tag{5.22}$$

此外，解 α 为 $\{x_3 \mapsto 1.75, x_1 \mapsto 1, x_2 \mapsto 0.5\}$，当然，这个解满足了公式 (5.22)。从公式 (5.22) 中减去这些值得到

$$x_3 - 1.75 = 0.5(x_1 - 1) + 2.5(x_2 - 0.5) \tag{5.23}$$

我们现在希望重写这个等式，使左边是一个整数：

$$x_3 - 1 = 0.75 + 0.5(x_1 - 1) + 2.5(x_2 - 0.5) \tag{5.24}$$

最右边的两项肯定为正，因为 x_1 和 x_2 的下界分别为 1 和 0.5。由于右侧的和必须为整数，这意味着

$$0.75 + 0.5(x_1 - 1) + 2.5(x_2 - 0.5) \geqslant 1 \tag{5.25}$$

请注意,在上面构造的这个约束的左边,除了 0.75 外的所有元素在 α 下都等于 0,因此 α 不满足此约束。这意味着将此约束添加到松弛系统中将排除此解。另外,由于它被整数约束系统所蕴含,因此它不会移除任何**整数解**。

我们从这个例子出发,概括生成这种割平面的方法。这个方法也适用于那些对变量赋予了上界的情况,以及同时具有正负系数的情况。为了从一个约束中推导出 Gomory 割,这个约束必须满足两个条件:首先,对基变量的赋值是分数的;其次,对所有非基变量的赋值对应于它们的一个界。下面介绍一种依赖于这些条件的步骤,是基于 Dutertre 和 de Moura [109] 的报告总结的。

考虑第 i 个约束:

$$x_i = \sum_{x_j \in \mathcal{N}} a_{ij} x_j \tag{5.26}$$

其中 $x_i \in \mathcal{B}$。设 α 为一般单纯形法返回的赋值,则

$$\alpha(x_i) = \sum_{x_j \in \mathcal{N}} a_{ij} \alpha(x_j) \tag{5.27}$$

我们现在将非基变量分为当前被赋予下界的变量和当前被赋予上界的变量:

$$
\begin{aligned}
J &= \{j \mid x_j \in \mathcal{N} \wedge \alpha(x_j) = l_j\} \\
K &= \{j \mid x_j \in \mathcal{N} \wedge \alpha(x_j) = u_j\}
\end{aligned}
\tag{5.28}
$$

将公式 (5.26) 减去公式 (5.27),并考虑上面的分类,得到:

$$x_i - \alpha(x_i) = \sum_{j \in J} a_{ij}(x_j - l_j) - \sum_{j \in K} a_{ij}(u_j - x_j) \tag{5.29}$$

令 $f_0 = \alpha(x_i) - \lfloor \alpha(x_i) \rfloor$。由于我们假设 $\alpha(x_i)$ 不是整数,因此 $0 < f_0 < 1$。现在我们可以将公式 (5.29) 重写为:

$$x_i - \lfloor \alpha(x_i) \rfloor = f_0 + \sum_{j \in J} a_{ij}(x_j - l_j) - \sum_{j \in K} a_{ij}(u_j - x_j) \tag{5.30}$$

注意,左边是一个整数。我们现在考虑两种情况。

- 如果 $\sum_{j \in J} a_{ij}(x_j - l_j) - \sum_{j \in K} a_{ij}(u_j - x_j) > 0$,那么,因为右边必须是整数,则

$$f_0 + \sum_{j \in J} a_{ij}(x_j - l_j) - \sum_{j \in K} a_{ij}(u_j - x_j) \geqslant 1 \tag{5.31}$$

我们现在对 J 和 K 分情况考虑：

$$
\begin{aligned}
J^+ &= \{j \mid j \in J \wedge a_{ij} > 0\} \\
J^- &= \{j \mid j \in J \wedge a_{ij} < 0\} \\
K^+ &= \{j \mid j \in K \wedge a_{ij} > 0\} \\
K^- &= \{j \mid j \in K \wedge a_{ij} < 0\}
\end{aligned}
\tag{5.32}
$$

收集方程 (5.31) 左侧的正元素，得到：

$$
\sum_{j \in J^+} a_{ij}(x_j - l_j) - \sum_{j \in K^-} a_{ij}(u_j - x_j) \geqslant 1 - f_0
\tag{5.33}
$$

等价地，

$$
\sum_{j \in J^+} \frac{a_{ij}}{1 - f_0}(x_j - l_j) - \sum_{j \in K^-} \frac{a_{ij}}{1 - f_0}(u_j - x_j) \geqslant 1
\tag{5.34}
$$

- 如果 $\sum\limits_{j \in J} a_{ij}(x_j - l_j) - \sum\limits_{j \in K} a_{ij}(u_j - x_j) \leqslant 0$，同样，因为右边必须是整数，则

$$
f_0 + \sum_{j \in J} a_{ij}(x_j - l_j) - \sum_{j \in K} a_{ij}(u_j - x_j) \leqslant 0
\tag{5.35}
$$

方程 (5.35) 意味着

$$
\sum_{j \in J^-} a_{ij}(x_j - l_j) - \sum_{j \in K^+} a_{ij}(u_j - x_j) \leqslant -f_0
\tag{5.36}
$$

除以 $-f_0$，得到

$$
-\sum_{j \in J^-} \frac{a_{ij}}{f_0}(x_j - l_j) + \sum_{j \in K^+} \frac{a_{ij}}{f_0}(u_j - x_j) \geqslant 1
\tag{5.37}
$$

请注意，方程 (5.34) 和方程 (5.37) 的左侧均大于零。因此，这两个方程意味着

$$
\begin{aligned}
&\sum_{j \in J^+} \frac{a_{ij}}{1 - f_0}(x_j - l_j) - \sum_{j \in J^-} \frac{a_{ij}}{f_0}(x_j - l_j) \\
&+ \sum_{j \in K^+} \frac{a_{ij}}{f_0}(u_j - x_j) - \sum_{j \in K^-} \frac{a_{ij}}{1 - f_0}(u_j - x_j) \geqslant 1
\end{aligned}
\tag{5.38}
$$

由于在当前赋值 α 下，左侧的每个元素都等于零，所以这个新约束将排除赋值 α。换句话说，增加这个约束，可以保证线性问题的解与之前的解不同。

5.4   Fourier-Motzkin 消元法

与单纯形法类似（参见 5.2 节），Fourier-Motzkin 消元法对给定的实变量线性约束合取式判定可满足性。它的效率不如单纯形法，但对于小的公式仍然可能有竞争力。在实践中，它主要用作消去存在量词的方法，9.2.4 节将讨论该主题。

令 m 表示约束的数量，$x_1, \cdots, x_n$ 表示这些约束中的变量。我们先通过消除等式来开始求解。

5.4.1   等式约束

算法的第一步是消除如下形式的等式约束：

$$\sum_{j=1}^{n} a_{ij} \cdot x_j = b_i \tag{5.39}$$

我们选择一个等式约束 i 中系数 a_{ij} 非零的变量 x_j。不失一般性，我们假设 x_n 是需要被消除的变量。约束 (5.39) 可以重写为：

$$x_n = \frac{b_i}{a_{in}} - \sum_{j=1}^{n-1} \frac{a_{ij}}{a_{in}} \cdot x_j \tag{5.40}$$

现在我们在所有其他约束中，把 x_n 替换为公式 (5.40) 的右侧代入所有其他约束，然后删除约束 i。这个过程会重复，直到所有等式都被删除为止。我们就得到了一个以下形式的不等式系统：

$$\bigwedge_{i=1}^{m} \sum_{j=1}^{n} a_{ij} x_j \leqslant b_i \tag{5.41}$$

5.4.2   变量消除

变量消除算法的基本思想是启发式地选择一个变量，然后通过将其约束投影到系统的其余部分来消除它，同时得到新的约束。

示例 5.10   考虑图 5.3a：约束

$$0 \leqslant x \leqslant 1, \, 0 \leqslant y \leqslant 1, \, \frac{3}{4} \leqslant z \leqslant 1 \tag{5.42}$$

构成一个长方体。把这些约束投影到 x 轴和 y 轴，可以消除 z，得到由以下约束表示的正方形：

$$0 \leqslant x \leqslant 1, \ 0 \leqslant y \leqslant 1 \tag{5.43}$$

图 5.3b 表示了一个由以下约束构成的三角形：

$$x \leqslant y + 10, \ y \leqslant 15, \ y \geqslant -x + 20 \tag{5.44}$$

三角形在 x 轴上的投影是一条线，由以下约束给出：

$$5 \leqslant x \leqslant 25 \tag{5.45}$$

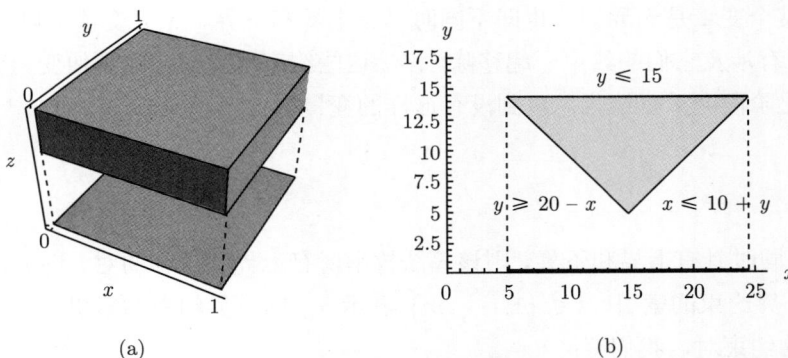

图 5.3 约束的投影：(a) 一个长方体投影到 x 轴和 y 轴；(b) 一个三角形投影到 x 轴

因此，对原问题投影将产生一个新问题，其变量数量减少一个，但可能增加了约束。这个过程是迭代的，直到仅剩下一个变量未被消除，而这时的问题是可以轻松解决的。

变量消除的顺序可以事先确定，也可以根据当前约束条件进行动态调整。有各种决定消除顺序的启发式。标准的贪心策略首选产生更少新约束的变量进行消除。

再次假设 x_n 是要被消除的变量。根据 x_n 的系数，约束被分成几部分。考虑第 i 个约束：

$$\sum_{j=1}^{n} a_{ij} \cdot x_j \leqslant b_i \tag{5.46}$$

通过分离求和式，可以将公式 (5.46) 重写为：

$$a_{in} \cdot x_n \leqslant b_i - \sum_{j=1}^{n-1} a_{ij} \cdot x_j \tag{5.47}$$

如果 a_{in} 为 0，我们消除 x_n 时就可以忽略该约束；否则，我们将其除以 a_{in}。如果 a_{in} 是正数，我们将获得：

$$x_n \leqslant \frac{b_i}{a_{in}} - \sum_{j=1}^{n-1} \frac{a_{ij}}{a_{in}} \cdot x_j \tag{5.48}$$

因此，如果 $a_{in} > 0$，则约束是 x_n 的一个上界；如果 $a_{in} < 0$，则约束是 x_n 的一个下界。

$\boxed{\beta_i}$ 我们用 β_i 来表示公式 (5.48) 的右边。

无界变量

有可能某个变量是无界的，也即不同时具备上界和下界。无界变量可以直接从系统中移除，连同所有涉及它们的约束一起移除。移除这些约束可能会导致其他变量变得无界。因此，这个简化阶段会重复迭代，直到没有这样的变量为止。

有界变量

如果 x_n 同时具有上界和下界，则该算法枚举所有上界和下界的对。设 $u \in \{1, \cdots, m\}$ 表示 x_n 的上界约束的索引，$l \in \{1, \cdots, m\}$ 表示 x_n 的下界约束的索引，其中 $l \neq u$。对于每个这样的约束对，我们有：

$$\beta_l \leqslant x_n \leqslant \beta_u \tag{5.49}$$

向系统加入以下新约束：

$$\beta_l \leqslant \beta_u \tag{5.50}$$

公式 (5.50) 可能简化为 $0 \leqslant b_k$，其中 b_k 是小于 0 的某个常数。在这种情况下，算法发现了一个**冲突**的约束对，并得出问题不可满足的结论；否则，涉及 x_n 的所有约束将被移除，新问题将像之前一样进行递归求解。

示例 5.11　考虑下面的约束集合：

$$\begin{array}{rrrcr}
x_1 & -x_2 & & \leqslant & 0 \\
x_1 & & -x_3 & \leqslant & 0 \\
-x_1 & +x_2 & +2x_3 & \leqslant & 0 \\
& & -x_3 & \leqslant & -1
\end{array} \tag{5.51}$$

假设我们决定首先消除变量 x_1。x_1 有两个上界，即 $x_1 \leqslant x_2$ 和 $x_1 \leqslant x_3$，以及一个下界 $x_2 + 2x_3 \leqslant x_1$。

使用 $x_1 \leqslant x_2$ 作为上界，我们得到一个新约束 $2x_3 \leqslant 0$；使用 $x_1 \leqslant x_3$ 作为上界，我们得到一个新约束 $x_2 + x_3 \leqslant 0$。涉及 x_1 的约束被从问题中删除，产生了以下新的约束集合：

$$
\begin{aligned}
2x_3 &\leqslant 0 \\
x_2 + x_3 &\leqslant 0 \\
-x_3 &\leqslant -1
\end{aligned}
\tag{5.52}
$$

接着，观察到 x_2 没有下界，因此第二个约束可以被消除，从而简化公式。因此，我们消除 x_2 和包含它的所有约束，然后进行下一步计算：

$$
\begin{aligned}
2x_3 &\leqslant 0 \\
-x_3 &\leqslant -1
\end{aligned}
\tag{5.53}
$$

现在只剩下变量 x_3，它有一个下界和一个上界。将这两个约束组成一个新的约束，得到 $1 \leqslant 0$，这显然是矛盾的。因此，该系统是不可满足的。

基本形式的单纯形法，如 5.2 节所述，只能处理非严格的（$\leqslant$）不等式。[①] 而 Fourier-Motzkin 方法很容易扩展来处理严格不等式（$<$）和非严格不等式的组合：如果下界或上界是严格不等式，则得到的约束也是严格不等式。

5.4.3 复杂度

最坏情况下，在每次迭代中，约束的数量可以从 m 增加到 $m^2/4$，总共有 $m^{2^n}/4^n$ 个约束。因此，作为判定过程，Fourier-Motzkin 消元法仅适用于少量约束和少量变量的情况。

5.5 Omega 测试

5.5.1 问题描述

Omega 测试是一个判定整数线性约束合取式的可满足性的算法，可以看作 Fourier-Motzkin 算法（参见 5.4 节）的一个变种。虽然它们都不是最快的判定过程，但会被用于存在量词消去，这个主题我们将在第 9 章中进一步探讨。

① 扩展的单纯形法可以处理严格不等式，参见文献 [108]。

假设每个合取项是等式形式：

$$\sum_{i=1}^{n} a_i x_i = b \tag{5.54}$$

或者非严格不等式形式：

$$\sum_{i=1}^{n} a_i x_i \leqslant b \tag{5.55}$$

假设所有系数 a_i 为整数；如果不是整数，可以利用系数是有理数的假设，通过将约束乘以所有系数分母的最小公倍数将原问题转换为具有整数系数的问题。在 5.6 节中，我们展示了如何将严格不等式转换为非严格不等式。

Omega 测试的运行时间取决于系数 a_i 的大小。因此，我们希望将约束转换从而得到更小的系数。这可以通过将每个约束条件的系数 $a_1, \cdots, a_n$ 除以它们的最大公约数 g 来完成。得到的约束称为**标准化**的。如果约束是等式约束，则得到

$$\sum_{i=1}^{n} \frac{a_i}{g} x_i = \frac{b}{g} \tag{5.56}$$

如果 g 不能整除 b，则该系统是不可满足的。如果约束是不等式，可以通过将常数向下取整来加强约束：

$$\sum_{i=1}^{n} \frac{a_i}{g} x_i \leqslant \left\lfloor \frac{b}{g} \right\rfloor \tag{5.57}$$

5.6 节描述了更多简化方法。

示例 5.12   等式 $3x + 3y = 2$ 可以标准化为 $x + y = \dfrac{2}{3}$，但这是不可满足的。约束 $8x + 6y \leqslant 0$ 可以标准化为 $4x + 3y \leqslant 0$。约束 $1 \leqslant 4y$ 可以被加强为 $1 \leqslant y$。◢

与 Fourier-Motzkin 方法类似，等式约束和不等式约束是分别处理的，需要先将所有等式约束移除，然后才考虑不等式约束。

5.5.2   等式约束

为了消除形如等式 (5.54) 的等式，我们首先检查是否存在一个系数为 1 或 −1 的变量 x_j，即 $|a_j| = 1$。如果存在，我们进行以下转换。不失一般性，假设 $j = n$。我们隔离出 x_n：

$$x_n = \frac{b}{a_n} - \sum_{i=1}^{n-1} \frac{a_i}{a_n} x_i \tag{5.58}$$

现在，对所有约束条件，将变量 x_n 替换为公式 (5.58) 的右侧。

如果不存在系数为 1 或 −1 的变量，我们不能简单地除以该系数，因为这会导致非整数系数。在这种情况下，算法按如下步骤进行：确定具有最小绝对值非零系数的变量。再次假设选择 x_n 且 $a_n > 0$。Omega 测试会迭代地转换约束，直到某个系数变为 1 或 −1。系数为该值的变量可以像上面那样被消除。

为了进行这种转换，我们定义一个新的二元运算符 $\widehat{\mathrm{mod}}$，叫作**对称模运算**，定义如下： $\boxed{\widehat{\mathrm{mod}}}$

$$a \mathbin{\widehat{\mathrm{mod}}} b \doteq a - b \cdot \left\lfloor \frac{a}{b} + \frac{1}{2} \right\rfloor \tag{5.59}$$

对称模运算与通常的模运算非常相似。如果 $a \bmod b < b/2$，那么 $a \mathbin{\widehat{\mathrm{mod}}} b = a \bmod b$；如果 $a \bmod b$ 大于或等于 $b/2$，则减去 b，因此有以下公式：

$$a \mathbin{\widehat{\mathrm{mod}}} b = \begin{cases} a \bmod b, & a \bmod b < b/2 \\ (a \bmod b) - b, & \text{其他} \end{cases} \tag{5.60}$$

我们将其证明留作练习（见问题 5.12）。

我们的目标是得出一个能代替 x_n 的式子。为此，我们定义 $m \doteq a_n + 1$，引入一个新变量 σ，并添加以下新约束条件：

$$\sum_{i=1}^{n} (a_i \mathbin{\widehat{\mathrm{mod}}} m)\, x_i = m\sigma + b \mathbin{\widehat{\mathrm{mod}}} m \tag{5.61}$$

我们对左侧的求和式进行分割，得到

$$(a_n \mathbin{\widehat{\mathrm{mod}}} m)x_n = m\sigma + b \mathbin{\widehat{\mathrm{mod}}} m - \sum_{i=1}^{n-1} (a_i \mathbin{\widehat{\mathrm{mod}}} m)\, x_i \tag{5.62}$$

因为 $a_n \mathbin{\widehat{\mathrm{mod}}} m = -1$（见问题 5.14），所以这可以化简为

$$x_n = -m\sigma - b \mathbin{\widehat{\mathrm{mod}}} m + \sum_{i=1}^{n-1} (a_i \mathbin{\widehat{\mathrm{mod}}} m)\, x_i \tag{5.63}$$

我们用公式 (5.63) 的右侧来替换所有约束中的 x_n。原问题 (5.54) 中的任何等式将会被更改如下：

$$\sum_{i=1}^{n-1} a_i x_i + a_n \left(-m\sigma - b \mathbin{\widehat{\mathrm{mod}}} m + \sum_{i=1}^{n-1} (a_i \mathbin{\widehat{\mathrm{mod}}} m)\, x_i \right) = b \tag{5.64}$$

可以重写为

$$-a_n m\sigma + \sum_{i=1}^{n-1}(a_i + a_n(a_i \widehat{\bmod} m)) x_i = b + a_n(b \widehat{\bmod} m) \tag{5.65}$$

因为 $a_n = m - 1$，所以可以推导出

$$-a_n m\sigma + \sum_{i=1}^{n-1}((a_i - (a_i \widehat{\bmod} m)) + m(a_i \widehat{\bmod} m)) x_i = \\ b - (b \widehat{\bmod} m) + m(b \widehat{\bmod} m) \tag{5.66}$$

注意到 $a_i - (a_i \widehat{\bmod} m)$ 等于 $m\lfloor a_i/m + 1/2 \rfloor$，因此所有的项都可以被 m 整除。将公式 (5.66) 除以 m，得到

$$-a_n\sigma + \sum_{i=1}^{n-1}(\lfloor a_i/m + 1/2 \rfloor + (a_i \widehat{\bmod} m)) x_i = \lfloor b/m + 1/2 \rfloor + (b \widehat{\bmod} m) \tag{5.67}$$

σ 的系数的绝对值与原始系数 a_n 的绝对值相同，这个替换似乎没有带来任何好处。但是，我们可以使用以下不等式来限制 x_i 的系数（参见问题 5.13）：

$$|\lfloor a_i/m + 1/2 \rfloor + (a_i \widehat{\bmod} m)| \leqslant \frac{5}{6}|a_i| \tag{5.68}$$

因此，等式中系数的绝对值严格小于它们之前的值。由于系数始终是整数，因此重复应用等式消除最终会使得某个变量的系数变为 1 或 −1。然后可以直接消除这个变量，如之前所述（见公式 (5.58)）。

示例 5.13　考虑以下公式：

$$\begin{aligned} -3x_1 &+2x_2 = 0 \\ 3x_1 &+4x_2 = 3 \end{aligned} \tag{5.69}$$

变量 x_2 的系数具有最小绝对值（$a_2 = 2$）。因此，$m = a_2 + 1 = 3$，我们添加以下约束（参见公式 (5.61)）：

$$(-3 \widehat{\bmod} 3)x_1 + (2 \widehat{\bmod} 3)x_2 = 3\sigma \tag{5.70}$$

这可以化简为 $x_2 = -3\sigma$。用 -3σ 替换 x_2，得到以下问题：

$$\begin{aligned} -3x_1 &-6\sigma = 0 \\ 3x_1 &-12\sigma = 3 \end{aligned} \tag{5.71}$$

除以 m 得到

$$\begin{aligned} -x_1 &-2\sigma = 0 \\ x_1 &-4\sigma = 1 \end{aligned} \tag{5.72}$$

如预期的那样，x_1 的系数已经变小。现在我们可以用 $x_1 = 4\sigma + 1$ 进行替换，得到 $-6\sigma = 1$，这是不可满足的。

5.5.3 不等式约束

一旦所有等式被消除，算法尝试为剩余的不等式找到解。算法 5.5.1 的控制流如图 5.4 所示。与 Fourier-Motzkin 过程类似，第一步是选择要消除的变量。随后，三个子过程，包括检查实影（real-shadow）、检查暗影（dark-shadow）和检查灰影（gray-shadow），会产生新的约束集合，这些约束集合将被递归地求解。

算法 5.5.1: OMEGA-TEST

输入：约束合取式 C

输出：如果 C 是可满足的，返回"可满足"，否则返回"不可满足"

1. **if** C 只包含一个变量 **then**
2.   求解并返回结果;　　　　　　　　　　　　　　　▷（求解这个问题是很容易的）
3.
4. 否则，选择 C 中的一个变量 v;
5. $C_R := $ *Real-Shadow*(C, v);
6. **if** OMEGA-TEST$(C_R) = $ "不可满足" **then**　　　　　　　　　▷ 递归调用
7.   **return** "不可满足";
8.
9. $C_D := $ *Dark-Shadow*(C, v);
10. **if** OMEGA-TEST$(C_D) = $ "可满足" **then**　　　　　　　　　　▷ 递归调用
11.   **return** "可满足";
12.
13. **if** $C_R = C_D$ **then**　　　　　　　　　　　　　　　　　　　▷ 精确投影?
14.   **return** "不可满足";
15.
16. $C_G^1, \cdots, C_G^n := $ *Gray-Shadow*(C, v);
17. **for all** $i \in \{1, \cdots, n\}$ **do**
18.   **if** OMEGA-TEST$(C_G^i) = $ "可满足" **then**　　　　　　　▷ 递归调用
19.   **return** "可满足";
20.
21. **return** "不可满足";

递归生成的许多子问题实际上是相同的。一个高效的实现方式是使用哈希表来存储之前已求解过的问题的解。

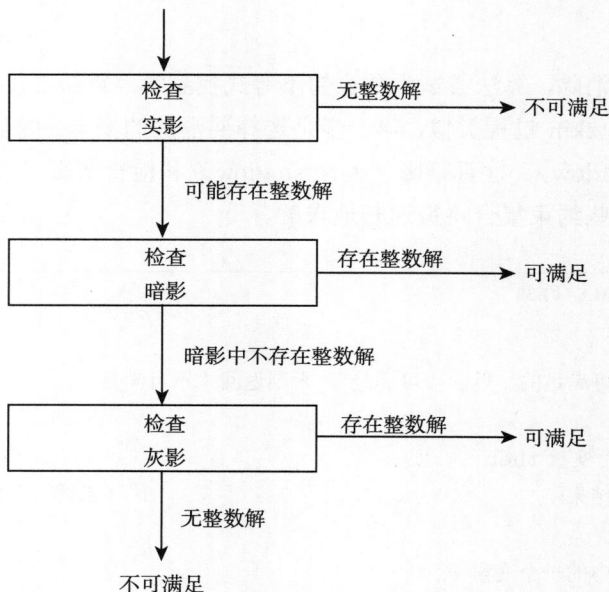

图 5.4　Omega 测试总体流程

检查实影

　　尽管 Omega 测试关注的是整数约束，但首先检查松弛问题（松弛到实数域上的版本）是否存在整数解，这种松弛问题称为**实影**。实影也就是 Fourier-Motzkin 过程使用的投影。然后，递归地调用 Omega 测试检查该投影是否包含整数。如果没有这样的整数，则原始系统没有整数解，算法得出结论：该系统是不可满足的。

　　假设将被消除的变量为 z。与 Fourier-Motzkin 过程类似，所有下界和上界的对都需要考虑。没有上界或下界的变量可以被消除，连同它们的所有约束也一起被消除。

　　令 $\beta \leqslant bz$ 和 $cz \leqslant \gamma$ 为约束，其中 c 和 b 是正整数常数，γ 和 β 表示剩余的线性表达式。因此，β/b 是 z 的下界，γ/c 是 z 的上界。通过将下界乘以 c，上界乘以 b，可以得到新的约束：

$$
\begin{array}{ll}
\underline{\quad\text{下界}\quad} & \underline{\quad\text{上界}\quad} \\
\beta \leqslant bz & cz \leqslant \gamma \\
c\beta \leqslant cbz & cbz \leqslant b\gamma
\end{array}
\tag{5.73}
$$

存在一个这样的变量 z 意味着

$$c\beta \leqslant b\gamma \tag{5.74}$$

示例 5.14 考虑以下约束集合：

$$
\begin{aligned}
2y &\leqslant & x \\
8y &\geqslant & 2 + x \\
2y &\leqslant & 3 - x
\end{aligned}
\tag{5.75}
$$

图 5.5 展示了这些约束构成的三角形。假设我们决定消除 x。在这种情况下，约束 $2y \leqslant x$ 和 $8y \geqslant 2 + x$ 的组合结果为 $8y - 2 \geqslant 2y$，化简后得到 $y \geqslant 1/3$。约束 $2y \leqslant x$ 和 $2y \leqslant 3 - x$ 的组合结果为 $2y \leqslant 3 - 2y$，化简后得到 $y \leqslant 3/4$。因此，我们必须满足 $1/3 \leqslant y \leqslant 3/4$，但是这个约束没有整数解。因此，这组约束是不可满足的。

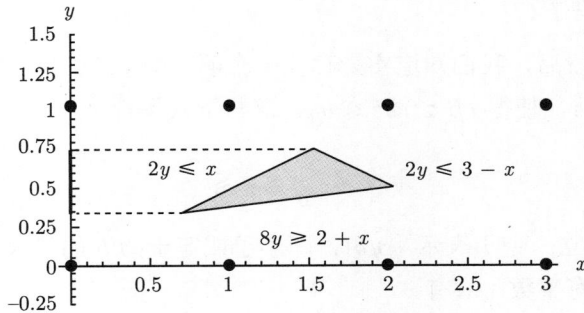

图 5.5 计算实影：消除 x

这个观察的逆命题不成立，也即，如果我们在实影中找到一个整数解，并不能保证原始的约束集合有一个整数解。这可以通过以下示例来说明。

示例 5.15 考虑示例 5.14 中的约束集合。这一次，我们消除的是 y 变量而不是 x 变量。其投影如图 5.6 所示。我们得到 $2/3 \leqslant x \leqslant 2$，该不等式有两个整数解，但是三角形不包含任何整数解。

实影是上近似的投影，因为它比原问题包含更多的解。Omega 测试的下一步是计算一个下近似投影，即如果该投影包含一个整数解，则原问题也存在整数解。这个投影被称为"暗影"。

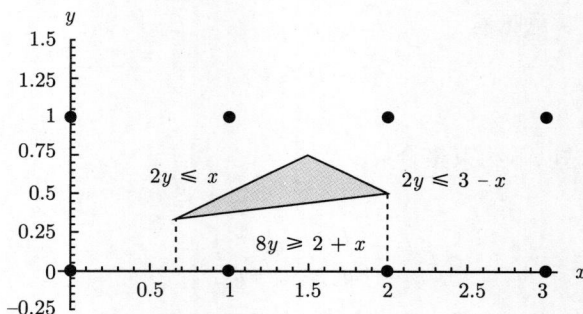

图 5.6 计算实影：消除 y

检查暗影

暗影这个名称受到光学的启示。假设我们投射的物体部分半透明。比较"厚"的地方会投射出较暗的阴影。特别地，在暗影中，如果物体比 1 更厚，则会产生一个黑暗区域，该区域上方至少有一个整数。

在算法的第一阶段后，我们知道实影存在一个解，即 $c\beta \leqslant b\gamma$。现在我们的目标是确定是否存在一个整数 z，使得 $c\beta \leqslant cbz \leqslant b\gamma$，这与下式等价：

$$\exists z \in \mathbb{Z}. \ \frac{\beta}{b} \leqslant z \leqslant \frac{\gamma}{c} \tag{5.76}$$

假设公式 (5.76) 不成立。令 i 表示 $\lfloor \beta/b \rfloor$，即小于或等于 β/b 的最大整数。因为我们已假设 β/b 和 γ/c 之间没有整数，故有

$$i < \frac{\beta}{b} \leqslant \frac{\gamma}{c} < i+1 \tag{5.77}$$

图 5.7 阐释了这种情况。

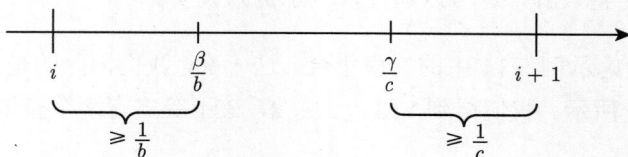

图 5.7 计算暗影

由于 β/b 和 γ/c 本身不是整数，因此它们到最近整数的距离分别大于或等于分数 $1/b$ 和 $1/c$：

$$\frac{\beta}{b} - i \geqslant \frac{1}{b} \tag{5.78}$$

$$i + 1 - \frac{\gamma}{c} \geqslant \frac{1}{c} \tag{5.79}$$

证明留作练习（参见问题 5.11）。通过对公式 (5.78) 和公式 (5.79) 求和，我们得到：

$$\frac{\beta}{b} + 1 - \frac{\gamma}{c} \geqslant \frac{1}{c} + \frac{1}{b} \tag{5.80}$$

它等价于

$$c\beta - b\gamma \geqslant -cb + c + b \tag{5.81}$$

将这个不等式两边乘以 -1，得到

$$b\gamma - c\beta \leqslant cb - c - b \tag{5.82}$$

为了证明我们的假设会导出矛盾，需要证明公式 (5.82) 的否定。利用 c 和 b 是整数这一事实，公式 (5.82) 的否定是：

$$b\gamma - c\beta \geqslant cb - c - b + 1 \tag{5.83}$$

也即

$$b\gamma - c\beta \geqslant (c-1)(b-1) \tag{5.84}$$

因此，如果公式 (5.84) 成立，则我们的假设是错误的，这意味着肯定存在一个整数解。

请注意，如果 $c = 1$ 或 $b = 1$，那么公式 (5.84) 等同于实影 (5.74)，也就是说，暗影和实影是相同的。在这种情况下，投影是精确的，只需要检查**实影**就足够了。在选择要消除的变量时，应该优先选择会得到精确投影的变量，也就是系数为 1 的变量。

检查灰影

我们知道任何整数解肯定在实影中。用 R 表示这个区域。现在假设我们在暗影中没有找到整数。用 D 表示暗影区域。

因此，如果 R 和 D 不重合，那么只有一个剩余区域可以找到整数解：在黑影周围的一个区域，继续采用光学类比，这个区域可以称为**灰影**。

任何解肯定满足

$$c\beta \leqslant cbz \leqslant b\gamma \tag{5.85}$$

此外，我们已经知道暗影中不包含整数，于是可以将此区域从搜索中排除。因此，除了公式 (5.85)，任何解还必须满足公式 (5.82)：

$$c\beta \leqslant cbz \leqslant b\gamma \quad \wedge \quad b\gamma - c\beta \leqslant cb - c - b \tag{5.86}$$

这等价于

$$c\beta \leqslant cbz \leqslant b\gamma \quad \wedge \quad b\gamma \leqslant cb - c - b + c\beta \tag{5.87}$$

可以得到

$$c\beta \leqslant cbz \leqslant cb - c - b + c\beta \tag{5.88}$$

将上式除以 c，可得

$$\beta \leqslant bz \leqslant \beta + \frac{cb - c - b}{c} \tag{5.89}$$

Omega 测试接下来会尝试 bz 在这两个界之间的可能值。因此，对于 $0, \cdots, (cb - c - b)/c$ 范围中的每个整数 i，都构造一个新约束

$$bz = \beta + i \tag{5.90}$$

并与原问题合并，得到新问题。如果这些新问题中有一个问题有解，那么原问题也有解。

可以通过确定 z 的任意上界中最大系数 c 来减少子问题的数量。其他上界生成的新约束已经被具有最大 c 的上界生成的约束覆盖。

5.6 预 处 理

在本节中，我们将研究几种针对没有目标函数的线性系统和整数线性系统的简单预处理技术。无论选择哪种判定过程，都可以对约束集合进行预处理。

5.6.1 线性系统的预处理

线性系统的两个简单的预处理步骤如下。

1. 考虑约束集合

$$x_1 + x_2 \leqslant 2, \ x_1 \leqslant 1, \ x_2 \leqslant 1 \tag{5.91}$$

第一个约束是冗余的。一般地，对于一个集合

$$S = \left\{ a_0 x_0 + \sum_{j=1}^{n} a_j x_j \leqslant b, \ l_j \leqslant x_j \leqslant u_j \text{对于} j = 0, \cdots, n \right\} \tag{5.92}$$

约束

$$a_0 x_0 + \sum_{j=1}^{n} a_j x_j \leqslant b \tag{5.93}$$

是冗余的，前提是

$$\sum_{j|a_j>0} a_j u_j + \sum_{j|a_j<0} a_j l_j \leqslant b \tag{5.94}$$

简单地说，如果所有系数为正的变量都赋值为它们的上界，所有系数为负的变量赋值为它们的下界，结果小于或等于不等式右侧的常数 b，则上述形式的"$\leqslant$"约束是冗余的。

2. 考虑约束集合

$$2x_1 + x_2 \leqslant 2, \ x_2 \geqslant 4, \ x_1 \leqslant 3 \tag{5.95}$$

从第一个约束和第二个约束可以推导出 $x_1 \leqslant -1$，这意味着界 $x_1 \leqslant 3$ 可以被收紧。一般而言，如果 $a_0 > 0$，则

$$x_0 \leqslant \left(b - \sum_{j|j>0, a_j>0} a_j l_j - \sum_{j|a_j<0} a_j u_j \right) / a_0 \tag{5.96}$$

而如果 $a_0 < 0$，则

$$x_0 \geqslant \left(b - \sum_{j|a_j>0} a_j l_j - \sum_{j|j>0, a_j<0} a_j u_j \right) / a_0 \tag{5.97}$$

5.6.2 整数线性系统的预处理

以下预处理步骤适用于整数线性系统。

1. 将每个约束乘以其系数和常数的最小公倍数，以得到一个整数系数的方程组。[①]

---

① 这里假设系统的系数和常数是有理数。无理数系数的情况很少被考虑，因为实际价值很小。

2. 经过以上预处理之后，可以将严格不等式转换为非严格不等式，具体如下：

$$\sum_{1 \leqslant i \leqslant n} a_i x_i < b \tag{5.98}$$

替换为

$$\sum_{1 \leqslant i \leqslant n} a_i x_i \leqslant b - 1 \tag{5.99}$$

b 为分数的情况已经在前面的预处理步骤中处理过了。

针对 **0-1 整数线性系统**（即所有变量都被限制为 0 或 1 的整数线性系统），以下示例展示了一些预处理步骤。

1. 考虑约束

$$5x_1 \ - \ 3x_2 \leqslant 4 \tag{5.100}$$

我们可以得出

$$x_1 = 1 \implies x_2 = 1 \tag{5.101}$$

因此，可以加入约束

$$x_1 \leqslant x_2 \tag{5.102}$$

2. 从

$$x_1 + x_2 \leqslant 1, \ x_2 \geqslant 1 \tag{5.103}$$

我们知道 $x_1 = 0$。

这些例子的推广留作习题，见问题 5.8。

5.7 差 分 逻 辑

5.7.1 引言

差分逻辑是线性算术的一个常见片段。

定义 5.16（差分逻辑） 差分逻辑公式的语法由下面的规则定义。

公式：公式 ∧ 公式 | 原子公式

$$\text{原子公式：标识符 − 标识符 关系运算符 常数}$$

$$\text{关系运算符：} \leqslant \mid <$$

在这里，我们考虑变量定义在有理数 $\mathbb{Q}$ 上的情况。变量定义在整数集合 $\mathbb{Z}$ 上的情况有一个类似的定义（参见问题 5.18）。这两个问题都是多项式时间内可解的，但是请记住，整数集合 $\mathbb{Z}$ 上的线性算术问题是 NP 完全的。

上述语法可以用于建模其他关系。

- $x - y = c$ 等价于 $x - y \leqslant c \wedge y - x \leqslant -c$。
- $x - y \geqslant c$ 等价于 $y - x \leqslant -c$。
- $x - y > c$ 等价于 $y - x < -c$。
- 一个只包含一个变量的约束，如 $x < 5$，可以被重写为 $x - x_0 < 5$，其中 x_0 是一个特殊的变量，我们还没有在公式中使用过，被称为 "零变量"。在任何满足约束的赋值中，零变量的值都必须为 0。

作为一个例子，

$$x < y + 5 \wedge y \leqslant 4 \wedge x = z - 1 \tag{5.104}$$

可以被重写为差分逻辑公式

$$x - y < 5 \wedge y - x_0 \leqslant 4 \wedge x - z \leqslant -1 \wedge z - x \leqslant 1 \tag{5.105}$$

然而，一个更重要的变种问题是允许任意布尔结构的情况。我们通过以下示例描述了这种问题的一种应用。

示例 5.17 给定一个包含 n 个任务的有限集合，每个任务由一系列操作组成。有 m 台机器，每台机器最多可以同时处理一个操作。每个操作需要在一台给定机器上的一个给定时间段内连续执行。**车间作业调度**问题就是要找到一个调度方案，即将操作分配到机器上的时间区间，使得总调度长度最短。

更形式化的描述如下，给定一个机器集合

$$M = \{m_1, \cdots, m_m\} \tag{5.106}$$

作业 $J^i (i \in \{1, \cdots, n\})$ 是由 n_i 个二元组 (机器, 持续时间) 组成的序列：

$$J^i = (m_1^i, d_1^i), \cdots, (m_{n_i}^i, d_{n_i}^i) \tag{5.107}$$

其中 $m_1^i, \cdots, m_{n_i}^i$ 是 M 的元素。可以假定操作的持续时间都为有理数。我们用 O 表示所有作业的所有操作的多重集。对于一个操作 $v \in O$，我们用 $M(v)$ 表示它所在的机器，用 $\tau(v)$ 表示它的持续时间。

一个调度是一个函数，对于每个操作 v，确定了它在指定机器 $M(v)$ 上的开始时间 $S(v)$。如果下列三个约束满足，则调度 S 是**可行的**。

1. 首先，所有操作的开始时间大于或等于 0：

$$\forall v \in O.\ S(v) \geqslant 0 \tag{5.108}$$

2. 其次，对于同一个作业中连续的操作 $v_i, v_j \in O$，第二个操作不会在第一个操作结束之前开始：

$$S(v_i) + \tau(v_i) \leqslant S(v_j) \tag{5.109}$$

3. 最后，对于所有不同的操作 $v_i, v_j \in O$，如果它们被安排在相同的机器上（$M(v_i) = M(v_j)$），则它们是相互排斥的：

$$S(v_i) + \tau(v_i) \leqslant S(v_j) \vee S(v_j) + \tau(v_j) \leqslant S(v_i) \tag{5.110}$$

调度 S 的长度定义为

$$\max_{v \in O} S(v) + \tau(v) \tag{5.111}$$

目标是找到一个可行的调度 S，使调度长度最短。通常，我们可以通过移除目标函数并添加一个约束来定义与此优化问题关联的判定问题，该约束强制目标函数的值小于某个常数。

很明显，车间作业调度问题可以用差分逻辑进行描述。请注意公式 (5.110) 中的析取。　◾

5.7.2　一个差分逻辑判定过程

在本章中，我们仅介绍了合取片段的判定过程。布尔结构由 DPLL(T) 处理，如第 3 章所述。

定义 5.18（非严格不等式的不等式图）　假设 S 是差分谓词集合，则**不等式图** $G(V, E)$ 是由 S 中形如 $x - y \leqslant c$ 的每个约束对应的边 (x, y) 组成的，每条边的权重为对应约束的常数 c。

给定一个只包含非严格不等式的差分逻辑公式 φ，基于以下定理，可以用 φ 的差分谓词集合对应的不等式图来判定 φ。

定理 5.19　　假设 φ 是差分约束的合取，G 是相应的不等式图。当且仅当 G 中不存在负环时，φ 才是可满足的。

这个定理的证明留作练习（参见问题 5.15）。对于一般的差分逻辑（包括严格不等式和非严格不等式），定义 5.18 和定理 5.19 的扩展也留给读者作为练习（参见问题 5.16）。

根据定理 5.19，判定差分逻辑公式等价于在图中搜索负环。可以使用 **Bellman-Ford 算法**[82] 在有向加权图中找到单源最短路径来完成此操作，时间复杂度为 $O(|V| \cdot |E|)$（为了使图成为单源图，我们引入一个新节点，并从此节点向原始图的每个根节点添加权重为 0 的边）。虽然我们的目标不是找最短路径，但可以利用该算法的副作用：如果图中存在负环，该算法会发现并中止。

5.8　习　　题

5.8.1　热身练习

问题 5.1（线性系统）　考虑以下线性系统，记为 S：

$$
\begin{aligned}
x_1 &\geqslant -x_2 + \frac{11}{5} \\
x_1 &\leqslant x_2 + \frac{1}{2} \\
x_1 &\geqslant 3x_2 -3
\end{aligned}
\tag{5.112}
$$

(a) 用单纯形法检查 S 是否可满足，参考 5.2 节。

(b) 使用 Fourier-Motzkin 过程，计算 x_2 在满足赋值中必须落在什么范围内。

(c) 考虑一个问题 S'，它与 S 相似，但是它的变量为整数。通过分支限界算法检查 S' 是否可满足。为了解决松弛后的问题，可以使用单纯形法实现（网上有很多这样的实现）。

5.8.2　单纯形法

问题 5.2（单纯形法）　使用一般单纯形法为以下问题计算一个满足赋值：

$$
\begin{aligned}
2x_1 + 2x_2 + 2x_3 + 2x_4 &\leqslant 2 \\
4x_1 + x_2 + x_3 - 4x_4 &\leqslant -2 \\
x_1 + 2x_2 + 4x_3 + 2x_4 &= 4
\end{aligned}
\tag{5.113}
$$

问题 5.3（复杂度） 构造一个有 n 个变量的实数线性约束的合取式，使得一般单纯形法的迭代次数关于 n 指数增长。

问题 5.4（单纯形法判定差分逻辑） 一般单纯形法应用于差分逻辑约束合取式的最坏情况运行时间是多少？

问题 5.5（应用于严格不等式的单纯形法） 将一般单纯形法扩展至严格不等式。

问题 5.6（可靠性） 假设一般单纯形法返回"不可满足"，请描述一个推导不可满足性证明的方法。

5.8.3 整数线性系统

问题 5.7（ILP 可行性问题的复杂度） 证明整数线性规划可行性问题是 NP 难的。[①]

问题 5.8（0–1 ILP） 0–1 整数线性系统是这样的整数线性系统：其中所有的变量被限制为 0 或 1。请说明如何将 0–1 整数线性系统转换为布尔公式。这个转换的复杂度是多少？

问题 5.9（0–1 ILP 的化简） 对公式 (5.100) ~ 公式 (5.103) 中所示的化简进行推广。

问题 5.10（Gomory 割） 下列结果是通过一般单纯形法得到的，请寻找与之相应的 Gomory 割。

1. $x_4 = x_1 - 2.5x_2 + 2x_3$，其中 $\alpha := \{x_4 \mapsto 3.25, x_1 \mapsto 1, x_2 \mapsto -0.5, x_3 \mapsto 0.5\}$，$x_2$ 和 x_3 取它们上界的值，x_1 取它下界的值。
2. $x_4 = -0.5x_1 - 2x_2 + 3.5x_3$，其中 $\alpha := \{x_4 \mapsto 0.25, x_1 \mapsto 1, x_2 \mapsto 0.5, x_3 \mapsto 0.5\}$，$x_1$ 和 x_3 取它们下界的值，x_2 取它上界的值。

5.8.4 Omega 测试

问题 5.11（分数） 回忆 5.5.3 节中，$i = \left\lfloor \dfrac{\beta}{b} \right\rfloor$。证明

- $\dfrac{\beta}{b} - i \geqslant \dfrac{1}{b}$，

---

① 实际上，这个问题是 NP 完全问题，但是证明它属于 NP 问题更加困难。该证明使用了小模型性质进行论证。

- $i + 1 - \dfrac{\gamma}{c} \geqslant \dfrac{1}{c}$。

假设所有系数都是整数。

问题 5.12（消除等式）　证明

$$a \widehat{\bmod} b = \begin{cases} a \bmod b, & a \bmod b < b/2 \\ (a \bmod b) - b, & \text{其他} \end{cases} \tag{5.114}$$

可以使用以下事实：

$$a/b = \lfloor a/b \rfloor + \frac{a \bmod b}{b}$$

问题 5.13（消除等式）

证明在对 σ 进行替换之后，变量 x_i 的系数的绝对值减小到最大为原来的 $\dfrac{5}{6}$：

$$|\lfloor a_i/m + 1/2 \rfloor + (a_i \widehat{\bmod} m)| \leqslant 5/6|a_i| \tag{5.115}$$

问题 5.14（消除等式）　消除 x_n 的关键在于新添加的约束中 x_n 的系数为 -1。设 a_n 表示原约束中 x_n 的系数。令 $m = a_n + 1$，假设 $a_n \geqslant 2$。证明 $a_n \widehat{\bmod} m = -1$。

5.8.5　差分逻辑

问题 5.15（差分逻辑）　证明定理 5.19。

问题 5.16（差分逻辑的不等式图）　把定义 5.18 和定理 5.19 扩展到一般差分逻辑公式（强不等式和弱不等式都允许的情况）。

问题 5.17（差分逻辑）　将差分逻辑归约为 SAT。这个归约的复杂度是多少？

问题 5.18（整数差分逻辑）　描述一个从整数差分逻辑问题到差分逻辑问题的归约。

问题 5.19（差分逻辑的理论传播）　回顾在 3.4.2 节中学习的遍历理论传播的概念。为差分逻辑（参见 5.7 节）提出一种执行遍历理论传播的高效过程。

5.9 文 献 注 释

Fourier–Motzkin 消元法是有记录的求解线性不等式的最早方法。它是由 Fourier 于 1826 年提出的，然后于 1936 年被 Motzkin 重新提出。一种某种程度上更有效的变量消除方法是**虚拟替换**，由 Loos 和 Weispfenning 提出[183]。

单纯形法是由 Dantzig 于 1947 年提出的 [84]。它有几个变种和改进版本，其中最著名的是**修正单纯形法**，大多数工业应用采用了这个版本。它在大规模稀疏线性规划问题上具有明显优势，实践中大部分线性规划问题有这样的特征。我们在 5.2 节中介绍的一般单纯形法是由 Dutertre 和 de Moura 在 DPLL(T) 框架下提出的 [108]。我们在第 3 章中介绍了 DPLL(T)，它的主要优点是能够有效地处理增量操作，即可以方便地添加和删除约束。

线性规划是解决科学和工程、金融、物流等问题的一种非常流行的数学模型。例如，线性规划可用于计算集成电路中门的最佳放置位置 [152]。线性规划的普及也催生了线性规划求解器产业，其中有一些售价高达数万美元。Schrijver 的著作 [252] 是一部经典的线性规划和整数线性规划参考书。我们发现 Wolsey 的著作 [288]、Hillier 和 Lieberman 的著作 [142] 以及 Vanderbei 的著作 [278] 也是对这个问题有用的资源。

Gomory 割平面是由 Ralph Gomory 在 1963 年发表的一篇论文中提出的[134]。多年来，运筹学界认为 Gomory 割方法在处理大规模问题时不实用。对该技术有多次改进和不断深入的实验研究，尤其是以相关的优化问题为背景的研究，例如 Balas 等人的研究[11]。我们描述的版本适用于一般单纯形法，其描述基于文献 [109]。

Omega 测试是由 Pugh 提出的，当时是作为一种判定编译器优化中整数线性算术的方法 [233]。它是 Fourier-Motzkin 消元法的扩展。关于在 Fortran 编译器中应用 Omega 测试的例子，可以参考文献 [2]。与 Omega 测试类似的一个更早的工作[283] 是 Paul Williams 的工作，而 Williams 则受到了 Presburger 1929 年的论文的启发[232]。

Pratt 认为差分逻辑是线性算术的一个有趣片段[231]。他考虑了"分离理论"，这是差分逻辑的合取片段。他观察到验证条件中的大多数不等式是这种形式的。M. Mahfoudh 的博士论文[185] 和其他文献（比如文献 [186]）中研究了析取的差分逻辑。文献 [267] 研究了差分逻辑到 SAT 的归约（这篇论文和一些后续论文沿用了 Pratt 的"分离理论"的叫法，把这个理论片段称为"分离逻辑"，不要与第 8 章中讨论的分离逻辑混淆）。人们重新关注这个片段的主要原因是对**时间自动机**感兴趣：在此问题域中出现的验证条件是差分逻辑公式。

总的来说，关于线性系统有大量的研究和著作。事实上，大多数大学设置了针对这一主题的课程。大部分研究曾经而且目前仍然是以运筹学社区为主进行的。

5.10　符　号　表

本章用到的符号如下。

符号	含义	首次使用的页码
l_i, u_i	限制第 i 个变量下界和上界的常数	93
m	原问题的线性约束数量	93
n	原问题的变量数量	94
A	系数矩阵	94
x	原问题表述中变量的向量	94
$\mathcal{B}, \mathcal{N}$	基变量和非基变量	95
α	一个（对基变量和非基变量的）完整赋值	96
θ	参见公式 (5.13)	97
β_i	上界或下界	108
$\widehat{\mathrm{mod}}$	对称模	111
R	实影区域	117
D	暗影区域	117

第 6 章 位 向 量

6.1 位向量算术

设计计算机系统很容易出错，所以，我们非常需要对此类系统进行推理的判定过程。计算机系统使用**位向量**来编码信息，例如数字。由于位向量是有限域的，因此诸如加法之类的运算的语义不再符合我们在推理无界类型（比如自然数）时习惯的语义。

6.1.1 语法

本章中我们所考虑的是位向量算术的一个子集，由以下语法定义。

$$公式 : 公式 \wedge 公式 \mid \neg 公式 \mid (公式) \mid 原子公式$$
$$原子公式 : 项\ 关系运算符\ 项 \mid 布尔标识符 \mid 项[常数]$$
$$关系运算符 : < \ \mid \ =$$
$$项 : 项\ 运算符\ 项 \mid 标识符 \mid \sim 项 \mid 常数 \mid 原子公式?项:项 \mid$$
$$项[常数 : 常数] \mid \text{ext}(项)$$
$$运算符 : + \mid - \mid \cdot \mid / \mid << \mid >> \mid \& \mid \mathbf{I} \mid \oplus \mid \circ$$

像往常一样，其他有用的运算符，如"$\vee$""$\neq$"和"$\geqslant$"，可以使用以上语法中的运算符进行布尔组合得到。大部分运算符的含义很直白，但有些运算符是位向量算术独有的。一元运算符"$\sim$"表示按位取反。函数 ext 表示扩展、符号扩展或者 0 扩展（这些运算符的含义将在 6.1.3 节解释）。三元运算 $c?a:b$ 是条件分支运算：如果 c 成立，该运算取值 a，否

$\boxed{c?a:b}$

则取值 b。运算符"$<<$"和"$>>$"分别表示左移和右移。运算符"$\oplus$"表示按位异或。二元运算符"$\circ$"表示位向量的拼接。

动机

作为描述我们动机的例子，下面的公式显然在整数上成立：

$$(x - y > 0) \iff (x > y) \tag{6.1}$$

然而，如果 x 和 y 是有限宽度的位向量，这个等式就不成立了，因为其减法运算可能发生**溢出**。接下来是另一个例子，考虑以下 C 语言程序片段：

```
unsigned char number = 200;
number = number + 100;
printf("Sum: %d\n", number);
```

该程序可能会返回出乎意料的结果，因为大多数体系结构使用 8 比特（8 位）来表示**无符号字符**（unsigned char）变量：

$$
\begin{aligned}
11001000 &= 200 \\
+\,01100100 &= 100 \\
\hline
=\,00101100 &= 44
\end{aligned}
$$

在计算机中用 8 位表示时，200 被存储为 11001000。加上 100 后会导致溢出，因为结果的第 9 位会被丢弃。

诸如 "+" 这样的运算符，是定义在模算术上的。然而，关于位向量的推理问题不仅是关于溢出和模算术的问题。出于效率的考虑，程序员会使用位级别运算来编码尽可能多的信息。

例如，考虑一个命题 SAT 求解器的实现。回忆一下**文字**的定义（参见定义 1.11）：一个文字是一个变量或其否定。命题 SAT 求解器在求解 CNF 公式时，必须存储大量文字。假设我们对公式中的变量进行了编码，记为 $x_1, x_2, \cdots$。

CNF 的 DIMACS 标准采用有符号数来表示一个文字，比如，文字 $\neg x_3$ 被表示为 -3。我们采用有符号数来编码，可以避免专门用一个位向量来记录符号。另一方面，这样做使得我们可以表示的变量数量减少为 $2^{31} - 1$（第 0 位不再能用），不过这个数量对于任何实际场景都够用了。

为了抽取变量序号，我们需要对位向量的符号做以下判断：

```
unsigned variable_index(int literal) {
    if(literal < 0)
        return -literal;
    else
        return literal;
}
```

在上面的程序中，为了实现 if 语句需要做分支，这样做会降低程序的执行速度，因为对于现代处理器的分支预测机制来说，这个分支很难预测。因此，大部分 SAT 求解器会采用另一种编码方式：位向量的最低位用来表示文字的符号，其余的位用于编码变量。那么，变量的序号就可以通过对位向量进行右移运算获得：

```
unsigned variable_index(unsigned literal) {
    return literal >> 1;
}
```

类似地，文字的符号可以通过一个按位与运算获得：

```
bool literal_sign(unsigned literal) {
    return literal & 1;
}
```

大部分微处理器实现了按位右移运算和按位与运算，二者都可以高效地执行。这些按位运算在硬件设计中更常发生。关于此类对象的推理需要**位向量算术**。

6.1.2 符号

λ

为方便起见，我们对向量的定义采用丘奇的 **λ-记号**。一个 l 位的位向量的 λ 表达式形式如下：

$$\lambda i \in \{0, \cdots, l-1\}.\, f(i) \tag{6.2}$$

其中 $f(i)$ 是一个表达式，表示第 i 位的值。

位向量上的 λ 运算可以通过一个例子来解释。

示例 6.1   考虑以下表达式:

- 表达式

$$\lambda i \in \{0, \cdots, l-1\}.0 \tag{6.3}$$

表示一个所有位都为 0 的 l 位的位向量。

- λ 表达式是定义函数的另一种方法,只是没有函数名。所以,对于函数 z,

$$z(i) \doteq 0 \tag{6.4}$$

我们可以简单地写为 $\lambda i \in \{0, \cdots, l-1\}.0$。

- 表达式

$$\lambda i \in \{0, \cdots, 7\}. \begin{cases} 0, \ i \ 是偶数 \\ 1, \ 其他 \end{cases} \tag{6.5}$$

表示位向量 10101010。

- 表达式

$$\lambda i \in \{0, \cdots, l-1\}.\neg x_i \tag{6.6}$$

表示向量 x 的按位取反。   ◣

如果位数可以从上下文清楚得知,我们就忽略 λ 表达式中 i 的域。

6.1.3 语义

现在我们对位向量算术公式表达的意思进行正式定义。首先,我们明确什么是位向量。

定义 6.2(位向量)   位向量(bit vector)b 是一个给定长度(或维度)为 l 的比特向量:

$$b : \{0, \cdots, l-1\} \longrightarrow \{0,1\} \tag{6.7}$$

2^l 个长度为 l 的位向量构成的集合表示为 bvec_l。位向量 b 的第 i 位表示为 b_i(参见图 6.1)。 $\boxed{\mathrm{bvec}_l}$

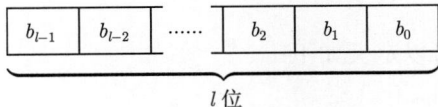

图 6.1 一个 l 位的位向量 b。第 i 位记为 b_i

一个位向量公式的含义很明显依赖于其中位向量变量的宽度，即使不涉及算术也是如此。举个例子，

$$x \neq y \wedge x \neq z \wedge y \neq z \tag{6.8}$$

如果位向量 x、y 和 z 都是一位宽度的，这个公式是不可满足的，但是如果它们的宽度更大，公式则是可满足的。

我们有时候使用仅编码正数的位向量（无符号位向量），有时候使用同时编码正负数的位向量（有符号位向量）。因此，每个表达式都关联了一个**类型**。一个位向量表达式的类型是

1. 表达式的位宽；
2. 它是无符号的还是有符号的。

我们限制位向量为（给定的）固定宽度，因为如果允许任意宽度的位向量，位向量算术就变为不可判定了。在很多实际问题中，宽度是已知的。

为了清楚表明表达式的类型，我们在运算符和操作数中添加方括号中的索引，以表示位宽（不要和 b_l 混淆，b_l 表示位向量 b 的第 l 位）。例如，$a_{[32]} \cdot_{[32]} b_{[32]}$ 表示 a 和 b 之间的乘法。结果和操作数均为 32 位宽，结果的其余 32 位将被丢弃。表达式 $a_{[8]} \circ_{[24]} b_{[16]}$ 表示 a 和 b 的拼接，结果共 24 位。在大多数情况下，位宽可以从上下文清楚得知的，因此我们经常省略下标。

按位运算符

按位运算符的含义可以通过它们产生的位向量来定义。二元按位运算符采用两个 l 位的位向量作为参数，并返回一个 l 位的位向量。例如，按位或运算的格式是

$$|_{[l]} : (\text{bvec}_l \times \text{bvec}_l) \longrightarrow \text{bvec}_l \tag{6.9}$$

采用 λ-记号，按位或运算可以定义如下：

$$a \mid b \doteq \lambda i. (a_i \vee b_i) \tag{6.10}$$

所有其他的按位运算都以类似的方式定义。在介绍位向量运算时，我们通常同时给出运算的格式和定义。

算术运算符

包含算术运算符的位向量公式的含义取决于对其中位向量的**解释**。用位向量来编码数字有多种方法。对整数进行编码，最常见的方法是对无符号整数使用**二进制编码**，对有符号整数使用**补码**。

定义 6.3（二进制编码） 令 x 是一个自然数，$\boldsymbol{b} \in \mathrm{bvec}_l$ 是一个位向量。当且仅当

$$x = \langle \boldsymbol{b} \rangle_U \tag{6.11}$$

我们说 $\boldsymbol{b}$ 是 x 的**二进制编码**，其中 $\langle \boldsymbol{b} \rangle_U$ 定义如下： $\boxed{\langle \cdot \rangle_U}$

$$\langle \cdot \rangle_U : \mathrm{bvec}_l \longrightarrow \{0, \cdots, 2^l - 1\}$$
$$\langle \boldsymbol{b} \rangle_U \doteq \sum_{i=0}^{l-1} b_i \cdot 2^i \tag{6.12}$$

位 b_0 称为**最低位**，b_{l-1} 称为**最高位**。

二进制编码只能用来表示非负整数。编码负数的一种方法是使用其中一个位作为**符号位**。

使用符号位的一种朴素方法是，如果设置了指定位（例如最高位），则对数字取负。例如，1001 解释为 -1 而不是 1。不过这种编码方法在实践中几乎没用到。[①] 大部分微处理器架构采取**补码**方式进行编码。

定义 6.4（补码） 令 x 为一个自然数，$\boldsymbol{b} \in \mathrm{bvec}_l$ 为一个位向量。当且仅当

$$x = \langle \boldsymbol{b} \rangle_S \tag{6.13}$$

我们们说 $\boldsymbol{b}$ 是 x 的**补码**，其中 $\langle \boldsymbol{b} \rangle_S$ 定义如下： $\boxed{\langle \cdot \rangle_S}$

$$\langle \cdot \rangle_S : \mathrm{bvec}_l \longrightarrow \{-2^{l-1}, \cdots, 2^{l-1} - 1\}$$
$$\langle \boldsymbol{b} \rangle_S \doteq -2^{l-1} \cdot b_{l-1} + \sum_{i=0}^{l-2} b_i \cdot 2^i \tag{6.14}$$

下标为 $l-1$ 的位（也就是最高位）称为 $\boldsymbol{b}$ 的**符号位**。

示例 6.5 以下为一些二进制表示的整数和它们的补码：

---

① 主要原因是它使得算术运算（比如加法）的实现变复杂了。另外，这个方法对 0 有两种编码：0 和 -0。

$$\langle 11001000 \rangle_U = 200$$
$$\langle 11001000 \rangle_S = -128 + 64 + 8 = -56$$
$$\langle 01100100 \rangle_S = 100$$

关系运算符如 ">""<""⩽" 和 "⩾"，乘除法运算符 "·" 和 "/"，以及右移运算符 ">>" 的含义依赖于操作数是采用二进制编码还是补码编码，这就是为什么位向量的编码也是其数据类型的一部分。我们使用下标 U 表示（无符号）二进制编码，使用下标 S 表示（有符号）补码编码。如果从上下文可以清楚地知道编码方式，或者运算符的含义不依赖于编码方式（大部分运算属于这种情况），我们可以省略下标。

正如本章开头的例子所展示的，位向量上的算术具有截断效应：如果表示结果所需的位数超过可用位数，则多出来的位会被丢弃，也即结果被截断。这对应了一个基为 2^l 的**模**运算。我们用

$$x = y \quad \mathrm{mod}\ b \tag{6.15}$$

表示 x 和 y 是模 b 相等的。使用模算术，我们可以直接定义所有算术运算符的解释。

- 加法与减法运算：

$$a_{[l]} +_U b_{[l]} = c_{[l]} \iff \langle a \rangle_U + \langle b \rangle_U = \langle c \rangle_U \quad \mathrm{mod}\ 2^l \tag{6.16}$$

$$a_{[l]} -_U b_{[l]} = c_{[l]} \iff \langle a \rangle_U - \langle b \rangle_U = \langle c \rangle_U \quad \mathrm{mod}\ 2^l \tag{6.17}$$

$$a_{[l]} +_S b_{[l]} = c_{[l]} \iff \langle a \rangle_S + \langle b \rangle_S = \langle c \rangle_S \quad \mathrm{mod}\ 2^l \tag{6.18}$$

$$a_{[l]} -_S b_{[l]} = c_{[l]} \iff \langle a \rangle_S - \langle b \rangle_S = \langle c \rangle_S \quad \mathrm{mod}\ 2^l \tag{6.19}$$

  注意到 $a +_U b = a +_S b$，$a -_U b = a -_S b$（见问题 6.7），我们可以省略加减法的操作数的下标 U/S。混合类型表达式的语义也很容易定义，如以下例子所示：

$$a_{[l]U} +_U b_{[l]S} = c_{[l]U} \iff \langle a \rangle + \langle b \rangle_S = \langle c \rangle \quad \mathrm{mod}\ 2^l \tag{6.20}$$

- 相反数运算：

$$-a_{[l]} = b_{[l]} \iff -\langle a \rangle_S = \langle b \rangle_S \quad \mathrm{mod}\ 2^l \tag{6.21}$$

- 关系运算：

$$a_{[l]U} < b_{[l]U} \iff \langle a \rangle_U < \langle b \rangle_U \tag{6.22}$$

$$a_{[l]S} < b_{[l]S} \iff \langle a \rangle_S < \langle b \rangle_S \tag{6.23}$$

$$a_{[l]U} < b_{[l]S} \iff \langle a \rangle_U < \langle b \rangle_S \tag{6.24}$$

$$a_{[l]S} < b_{[l]U} \iff \langle a \rangle_S < \langle b \rangle_U \tag{6.25}$$

其他的关系运算符（例如"$\geqslant$"）的语义也遵循类似的定义。对于混合编码的操作数上的关系运算，ANSI-C 编译器不会以上面形式化的方式实现（参见问题 6.6），而是将有符号操作数转换为无符号操作数，因此不会保留许多程序员所期望的语义。

- 乘法与除法运算：

$$a_{[l]} \cdot_U b_{[l]} = c_{[l]} \iff \langle a \rangle_U \cdot \langle b \rangle_U = \langle c \rangle_U \mod 2^l \tag{6.26}$$

$$a_{[l]} /_U b_{[l]} = c_{[l]} \iff \langle a \rangle_U / \langle b \rangle_U = \langle c \rangle_U \mod 2^l \tag{6.27}$$

$$a_{[l]} \cdot_S b_{[l]} = c_{[l]} \iff \langle a \rangle_S \cdot \langle b \rangle_S = \langle c \rangle_S \mod 2^l \tag{6.28}$$

$$a_{[l]} /_S b_{[l]} = c_{[l]} \iff \langle a \rangle_S / \langle b \rangle_S = \langle c \rangle_S \mod 2^l \tag{6.29}$$

乘法的语义与其操作数解释为无符号数还是补码没有关系（参见问题 6.8），所以下标 U/S 可以省略。不过这对于除法则不成立。

- 扩展运算： 把一个无符号位向量转换为一个更多位的无符号位向量，称为**零扩展**；把一个有符号位向量转换为一个更多位的有符号位向量，称为**符号扩展**。令 $l \leqslant m$，转换后它表示的值不会改变：

$$\text{ext}_{[m]U}(a_{[l]}) = b_{[m]U} \iff \langle a \rangle_U = \langle b \rangle_U \tag{6.30}$$

$$\text{ext}_{[m]S}(a_{[l]}) = b_{[m]S} \iff \langle a \rangle_S = \langle b \rangle_S \tag{6.31}$$

- 移位运算： 左移运算符"$<<$"接收两个操作数，将第一个操作数向左移动，移动的位数就是第二个操作数的值。左操作数的宽度称为**移位宽度**，右操作数的宽度称为**移位距离宽度**。向量左移后，从右边用 0 填充空出的位：

$$a_{[l]} << b_U = \lambda i \in \{0, \cdots, l-1\}. \begin{cases} a_{i-\langle b \rangle_U}, & i \geqslant \langle b \rangle_U \\ 0, & \text{其他} \end{cases} \tag{6.32}$$

见问题 6.5。右移运算符"$>>$"的含义取决于第一个操作数的编码：如果用的是二进制编码（回忆一下，这是对无符号数的编码），则在左边填充 0。这叫作**逻辑右移**：

$$a_{[l]U} >> b_U = \lambda i \in \{0, \cdots, l-1\}. \begin{cases} a_{i+\langle b \rangle_U}, & i < l - \langle b \rangle_U \\ 0, & \text{其他} \end{cases} \tag{6.33}$$

如果第一个操作数采用补码表示，则复制 a 的符号位用于填充。这叫作**算术右移**：

$$a_{[l]S} >> b_U = \lambda i \in \{0, \cdots, l-1\}. \begin{cases} a_{i+\langle b \rangle_U}, & i < l - \langle b \rangle_U \\ a_{l-1}, & \text{其他} \end{cases} \tag{6.34}$$

移位运算的移位距离带符号是很罕见的。对于 b 是负数的情况，一种方案是改变移位的方向，比如，左移 -1 位相当于右移 1 位。

6.2 位向量算术的平展判定方法

6.2.1 转换骨架

位向量算术最常用的判定过程是**平展**[①]。算法 6.2.1 实现了该技术。给定一个位向量公式 $\boxed{\mathcal{B}}$ φ，算法 6.2.1 计算一个等可满足的命题逻辑公式 $\mathcal{B}$，这个公式再交给 SAT 求解器进行求解。

算法 6.2.1：位向量平展

输入：一个位向量算术公式 φ

输出：一个等可满足的布尔公式 $\mathcal{B}$

1. **function** BV-FLATTENING
2. $\mathcal{B} := e(\varphi);$ ▷ φ 的命题骨架
3.   **for** each $t_{[l]} \in T(\varphi)$ **do**
4.   **for** each $i \in \{0, \cdots, l-1\}$ **do**
5.   设置一个新的布尔变量 $e(t)_i$;
6.   **for** each $a \in At(\varphi)$ **do**
7. $\mathcal{B} := \mathcal{B} \wedge$ BV-CONSTRAINT$(e, a);$
8.   **for** each $t_{[l]} \in T(\varphi)$ **do**
9. $\mathcal{B} := \mathcal{B} \wedge$ BV-CONSTRAINT$(e, t);$
10.   **return** $\mathcal{B};$

令 $\boxed{At(\varphi)}$ $At(\varphi)$ 表示 φ 的原子公式集合。算法首先把 φ 的原子公式都替换为新的布尔变量。对于一个原子公式 $a \in At(\varphi)$，我们把替换它的变量记为 $e(a)$，称为 a 的**命题编码器**。由 $\boxed{e(\varphi)}$ 此获得的公式记为 $e(\varphi)$，称为公式 φ 的**命题骨架**。$\mathcal{B}$ 被初始化为这个命题骨架。

[①] 通俗地说，这种技术有时称为"**位爆破**"。

令 $T(\varphi)$ 表示公式 φ 中包含的项的集合。算法接着给 $T(\varphi)$ 中的每个位向量项分配一个布尔变量向量。对于一个项 $t \in T(\varphi)$，我们用 $e(t)$ 表示这个向量，并用 $e(t)_i$ 表示项 t 的第 i 位对应的变量。$e(t)$ 的宽度等于项 t 的宽度。这里要提醒大家，到目前为止，我们用 e 表示了三种不一样但有联系的概念：一个原子公式的命题编码器，将一个公式的所有原子公式替换为其命题编码器而得到的命题公式，以及一个项的命题编码器。

$\boxed{T(\varphi)}$

$\boxed{e(t)}$

接着，算法会对 φ 的每个项和每个原子公式，计算其相应的约束，由函数 BV-CONSTRAINT 完成。这些约束会以合取的方式加到 $\mathcal{B}$ 中。

对于原子公式 a 或者项 t，需要添加的约束取决于具体的原子公式或项。如果原子公式或项是一个位向量或一个布尔变量，不需要额外添加约束，也即 BV-CONSTRAINT 返回 TRUE。如果 t 是一个位向量常数 $C_{[l]}$，则对应地产生如下约束：

$$\bigwedge_{i=0}^{l-1}(C_i \iff e(t)_i) \tag{6.35}$$

否则，t 必定包含了位向量运算，那么需要产生的约束就依赖于这个运算。按位运算对应的约束十分明了。比如，考虑按位或运算，令 $t = a \,|_{[l]}\, b$，BV-CONSTRAINT 产生的约束为

$$\bigwedge_{i=0}^{l-1}((a_i \vee b_i) \iff e(t)_i) \tag{6.36}$$

对于其他按位运算，需要产生的约束也遵循类似的规则。

6.2.2 算术运算

算术运算所需要的约束一般遵循运算的**电路**实现。有许多文献讨论各种算术运算的高效电路实现。不过，在各种电路上的实验表明，最简单的实现方法往往给 SAT 求解器带来的负担最小。我们对算术运算的电路实现从定义一位加法器开始。加法器也称为**全加器**。

定义 6.6（全加器） 一个**全加器**由两个函数定义，分别记为 carry 和 sum。这两个函数都接收三位输入，包括 a、b 和 cin。函数 carry 计算加法器的进位，函数 sum 计算其和：

$$\mathrm{sum}(a, b, cin) \doteq (a \oplus b) \oplus cin \tag{6.37}$$

$$\mathrm{carry}(a, b, cin) \doteq (a \wedge b) \vee ((a \oplus b) \wedge cin) \tag{6.38}$$

我们可以把以上定义扩展到任意长度位向量的加法。

定义 6.7（进位）   设 x 和 y 为两个 l 位的位向量，cin 为一个单独的位。进位 c_0 到 c_l 的递归定义如下：

$$c_i \doteq \begin{cases} cin, & i = 0 \\ \text{carry}(x_{i-1}, y_{i-1}, c_{i-1}), & \text{其他} \end{cases} \tag{6.39}$$

定义 6.8（加法器）   一个 l 位**加法器**把两个 l 位的位向量 x、y 和一个输入进位 cin 映射到它们的和以及一个输出进位。令 c_i 表示定义 6.7 中的第 i 位进位，则函数 add 定义如下：

$$\text{add}(x, y, cin) \doteq \langle \text{result}, \text{cout} \rangle \tag{6.40}$$

$$\text{result}_i \doteq \text{sum}(x_i, y_i, c_i) \quad \text{对于 } i \in \{0, \cdots, l-1\} \tag{6.41}$$

$$\text{cout} \doteq c_n \tag{6.42}$$

对应于这种构造的电路称为**行波进位加法器**。基于一个 $cin = 0$ 的加法器实现 $t = a + b$ 不难：

$$\bigwedge_{i=0}^{l-1} (\text{add}(a, b, 0).\text{result}_i \iff e(t)_i) \tag{6.43}$$

可以对 l 进行归纳证明，公式 (6.43) 成立，当且仅当 $\langle a \rangle_U + \langle b \rangle_U = \langle e(t) \rangle_U \bmod 2^l$，这表明加法器的约束实现了其语义。

减法 $t = a - b$ 可以通过同样的电路实现，其约束如下（$\sim b$ 是 b 的按位取反）：

$$\bigwedge_{i=0}^{l-1} (\text{add}(a, \sim b, 1).\text{result}_i \iff e(t)_i) \tag{6.44}$$

这个实现利用了 $\langle (\sim b) + 1 \rangle_S = -\langle b \rangle_S \bmod 2^l$ 这个事实（参见问题 6.9）。

关系运算符

等式 $a =_{[l]} b$ 可以简单地通过一个合取式实现：

$$\bigwedge_{i=0}^{l-1} a_i = b_i \iff e(t) \tag{6.45}$$

关系 $a < b$ 转换为 $a - b < 0$，然后用一个加法器实现减法，如前面所述。b 会被取反，而输入进位设为 TRUE。关系式 $a < b$ 的结果取决于其编码。对于操作数是无符号数的情况，当且仅当加法器的输出进位 cout 是 FALSE，$a < b$ 成立：

$$\langle a \rangle_S < \langle b \rangle_S \iff (a_{l-1} \iff b_{l-1}) \oplus \mathrm{add}(a, \sim b, 1).\mathrm{cout} \tag{6.46}$$

对于操作数是有符号数的情况，当且仅当 $(a_{l-1} = b_{l-1}) \neq \mathrm{cout}$，$a < b$ 成立：

$$\langle a \rangle_S < \langle b \rangle_S \iff (a_{l-1} \iff b_{l-1}) \oplus \mathrm{add}(a, \sim b, 1).\mathrm{cout} \tag{6.47}$$

如果涉及混合编码，则通过将两个操作数都扩展一位，随后按照有符号的情况进行比较。

移位

回忆一下，对于移位运算，我们称左操作数（即将被移位的位向量）的宽度为**移位宽度**，称右操作数的宽度为**移位距离宽度**。

我们对两个操作数做如下约束：移位宽度 l 必须是 2 的幂，移位距离宽度 n 必须是 $\log_2 l$。

在这种限制下，可以使用下面的构造来实现左右移位，这称为**桶式移位器**（barrel shifter）。移位器分为 n 个阶段。阶段 s 可以将操作数移动 2^s 位或者保持不变。我们对 $s \in \{-1, \cdots, n-1\}$ 递归定义函数 ls 如下：

$$ls(a_{[l]}, b_{[n]U}, -1) \doteq a \tag{6.48}$$

$$ls(a_{[l]}, b_{[n]U}, s) \doteq$$

$$\lambda i \in \{0, \cdots, l-1\}. \begin{cases} (ls(a, b, s-1))_{i-2^s}, & i \geqslant 2^s \wedge b_s \\ (ls(a, b, s-1))_i, & \neg b_s \\ 0, & \text{其他} \end{cases} \tag{6.49}$$

桶式移位器构建只需要 $O(n \log n)$ 个逻辑运算，而普通实现需要 $O(n^2)$ 个逻辑运算。

乘法和除法

采用**移位–加法**思想，简单电路设计可以实现乘法器。我们对 $s \in \{-1, \cdots, n-1\}$ 递归定义函数 mul，其中 n 表示第二个操作数的宽度：

$$\mathrm{mul}(a, b, -1) \doteq 0 \tag{6.50}$$

$$\text{mul}(a, b, s) \doteq \text{mul}(a, b, s - 1) + (b_s ? (a \ll s) : 0) \tag{6.51}$$

通过加入两个约束来实现除法运算 $a /_U b$：

$$b \neq 0 \implies e(t) \cdot b + r = a \tag{6.52}$$

$$b \neq 0 \implies r < b \tag{6.53}$$

r 是和 b 宽度一样的新位向量，用于存储余数。有符号除法和取模运算的过程也类似。

6.3　增量位平展

6.3.1　有些运算很难

对于某些运算符，BV-CONSTRAINT 生成的公式可能会很大。例如，考虑一个 n 位乘法器的公式。表 6.1 显示了使用 Tseitin 编码从该公式中生成的变量和 CNF 子句的数量（参见 1.3 节）。

表 6.1　由 n 位乘法器通过 Tseitin 编码得到的 CNF 公式的规模

n	变量数量	子句数量
8	313	1001
16	1265	4177
24	2857	9529
32	5089	17 057
64	20 417	68 929

除了这些公式的规模，它们的对称性和连通性也会给先进命题 SAT 求解器的决策启发式带来负担。因此，涉及乘法器的公式通常很难求解。对于其他算术运算符，如除法和模运算，也有类似的现象。

例如，考虑以下位向量公式：

$$a \cdot b = c \ \wedge \ b \cdot a \neq c \ \wedge \ x < y \ \wedge \ x > y \tag{6.54}$$

如果公式中的位向量宽度为 32 位，则当此公式被编码为 CNF 时，会产生一个大约有 11 000 个变量的 SAT 实例。显然，这个公式是不可满足的。有两个原因：前两个合取项是互相矛盾的，同样，后两个合取项也是矛盾的。大多数 SAT 求解器的决策启发式（参见第 2 章）偏向于首先对经常使用的变量进行分支，因此优先对 a、b 和 c 进行决策。这样一来，它们其实选择了优先证明公式的困难部分的不可满足性，其中包括两个乘法器。这个公式的"简单"部分，只含有两个关系运算符，却被忽略了。大多数 SAT 求解器无法在合理的时间内求解这个公式。

因此，在许多情况下，**增量式**地展开公式 $\mathcal{B}$ 会更好。算法 6.3.1 实现了这个想法：与之前一样，我们从 φ 的命题骨架开始，接着添加"便宜"运算对应的约束，忽略"昂贵"运算的约束。按位运算通常容易，而算术运算则比较难。缺少约束的编码可以被视为 φ 的一种抽象，因此该算法是 4.4 节介绍的抽象–细化过程的一个例子。

算法 6.3.1: 增量位向量平展

输入：一个位向量逻辑公式 φ

输出： 如果公式是可满足的，输出"可满足"，否则输出"不可满足"

1. **function** INCREMENTAL-BV-FLATTENING(φ)
2. $\mathcal{B} := e(\varphi)$;   ▷ φ 的命题骨架
3.   **for** 每个 $t_{[l]} \in T(\varphi)$ **do**
4.   **for** 每个 $i \in \{0, \cdots, l-1\}$ **do**
5.   设置一个新的布尔变量 $e(t)_i$;
6.   **while** (TRUE) **do**
7. $\alpha :=$ SAT-SOLVER($\mathcal{B}$);
8.   **if** $\alpha =$ "不可满足" **then**
9.   **return** "不可满足";
10.   **else**
11.   令 $I \subseteq T(\varphi)$ 表示与满足赋值不一致的项构成的集合;
12.   **if** $I = \varnothing$ **then**
13.   **return** "可满足";
14.   **else**
15.   选择"容易的" $F' \subseteq I$;
16.   **for** each $t_{[l]} \in F'$ **do**
17. $\mathcal{B} := \mathcal{B} \wedge$ BV-CONSTRAINT(e, t);

当前的展开公式 $\mathcal{B}$ 被传递给一个 SAT 求解器。如果 $\mathcal{B}$ 是不可满足的，那么原始公式 φ 也是不可满足的。回想一下公式 (6.54)：只要将后半部分的约束添加到 $\mathcal{B}$ 中，展开的公

式就会变得不可满足，我们就可以在不考虑乘法的情况下，得出公式 (6.54) 是不可满足的。

如果 $\mathcal{B}$ 是可满足的，则有两种情况。

1. 原始公式 φ 是不可满足的，但是为了证明它是不可满足的，还需要展开一个或多个被省略的约束。
2. 原始公式 φ 是可满足的。

为了区分这两种情况，我们可以检查 SAT 求解器产生的满足赋值是否满足我们所省略的约束条件。由于我们可能删除了某些变量，因此可能需要给这些删除的变量设置一个常数（例如零）来扩展满足赋值。如果这个赋值满足所有约束，则第二种情况就适用，算法终止。

如果不是这样，说明某些出现在被省略的约束中的项与 SAT 求解器提供的赋值不一致。我们用 I 表示这些项的集合。算法选择其中一些项，将它们的约束添加到 $\mathcal{B}$ 中，并重复此过程。该算法最终会终止，因为我们每次迭代都会严格添加更多的约束。在最坏情况下，所有来自 $T(\varphi)$ 的约束都会添加到编码中。

6.3.2　基于未解释函数进行抽象

在很多情况下，省略特定运算的约束可能会导致展开的公式太弱，从而被太多的虚假模型满足。而完整的约束可能给 SAT 求解器带来太大的负担。在完全省略约束和完全展开约束之间，有一个折中的方法，就是用未解释函数替换位向量上的函数（参见 4.2 节）。尤其是当我们做模型等价性检查（检查两个模型是否等价）时，这种技术特别有效。

例如，设 $a_1 \, op \, b_1$ 和 $a_2 \, op \, b_2$ 是两个项，其中 op 是某个二元运算符（为简单起见，假设这是输入公式中唯一使用 op 的项）。用一个新的未解释函数符号 G 替换 op，得到 $G(a_1, b_1)$ 和 $G(a_2, b_2)$。这样获得的公式是抽象的，即不包含 op 展开对应的约束。

6.4　定　点　算　术

6.4.1　语义

许多应用，例如科学计算，需要对带有小数的数进行算术运算。高端微处理器通过提供**浮点算术**来实现这一目的。然而，对于如汽车控制软件和计算机图形学等许多应用来说，完整功能的浮点算术太繁重了。在这些领域，**定点算术**是一个在准确性和复杂性之间的合理折中方案。数据库系统也常常支持定点算术，例如用来表示货币金额。

在定点算术中，数的表示被划分为两部分，即**整数部分**（也称为**大小**，magnitude）和**小数部分**（参见图 6.2）。小数部分的位数是固定的，因此称为"定点算术"。例如，1.980 是一个小数部分具有三位的定点数。

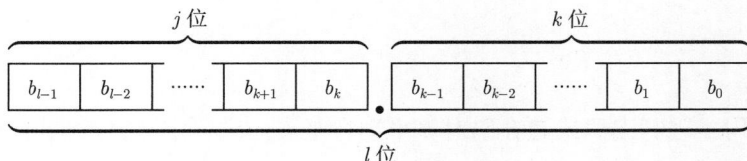

图 6.2　一个定点位向量 $\boldsymbol{b}$，共有 $j+k=l$ 位。这里的点叫作小数点。小数点之前的 j 位表示大小（整数部分），小数点后的 k 位表示小数部分

同样的原理也可以应用到二进制算术中，如下面的定义所示。先回顾 6.1.3 节定义的 $\langle\cdot\rangle_S$（二进制补码）。

定义 6.9　给定两个位向量 $\boldsymbol{M}$ 和 $\boldsymbol{F}$，分别有 m 和 f 位，我们将由 $\boldsymbol{M.F}$ 表示的有理数定义如下，记作 $\langle\boldsymbol{M.F}\rangle$：

$$\langle\cdot\rangle : \{0,1\}^{m+f} \longrightarrow \mathbb{Q}$$
$$\langle\boldsymbol{M.F}\rangle := \frac{\langle\boldsymbol{M}\circ\boldsymbol{F}\rangle_S}{2^f}$$

示例 6.10　下面是一些二进制定点数编码的有理数：

$$\langle0.10\rangle = 0.5$$
$$\langle0.01\rangle = 0.25$$
$$\langle01.1\rangle = 1.5$$
$$\langle11111111.1\rangle = -0.5$$

一些有理数无法使用基数为 2 的定点算术精确表示，只能被近似表示。例如，对于 $m = f = 4$，最接近 1/3 的两个数为

$$\langle0000.0101\rangle = 0.3125$$
$$\langle0000.0110\rangle = 0.375$$

定义 6.9 给出了定点算术的语义。例如，编码定点数的位向量的加法可以定义如下：

$$a_M.a_F + b_M.b_F = c_M.c_F \iff$$
$$\langle a_M.a_F \rangle \cdot 2^f + \langle b_M.b_F \rangle \cdot 2^f = \langle c_M.c_F \rangle \cdot 2^f \quad \mod 2^{m+f}$$

有些定点算术的变种实现了**饱和**而不是溢出语义，也就是说，结果不会像模运算一样绕回，而是保持在给定精度下的最高或最低数字。对于这种情况，其语义和平展过程都很简单。

6.4.2 平展

如同之前用二进制编码或者补码对算术进行平展一样，定点算术也可以用这两个编码方法进行平展。我们假设二元运算符左右两边的数在小数点前后有相同的位数。如果不是这样，小数点后缺少的位可以从右边用零进行填充，小数点前缺少的位可以从左边使用符号扩展来填充。

运算符按照下列方式编码。

- 按位运算的编码与二进制数的情况完全相同。加法、减法和关系运算也可以像二进制数一样进行编码。
- 乘法需要对齐。分别具有 f_1 和 f_2 位小数的两个数相乘，结果具有 $f_1 + f_2$ 位小数。注意，通常我们需要更少的位数，因此，必须执行一个**舍入**（rounding）步骤对结果的额外位进行舍入。

示例 6.11　加法和减法很简单，注意第二个求和需要做符号扩展：

$$\langle 00.1 \rangle + \langle 00.1 \rangle = \langle 01.0 \rangle$$
$$\langle 000.0 \rangle + \langle 1.0 \rangle = \langle 111.0 \rangle$$

以下例子说明了没有后续舍入的乘法：

$$\langle 0.1 \rangle \cdot \langle 1.1 \rangle = \langle 0.11 \rangle$$
$$\langle 1.10 \rangle \cdot \langle 1.1 \rangle = \langle 10.010 \rangle$$

如果需要，可以采取向零舍入、向下一个偶数舍入或向 $\pm\infty$ 舍入的方式来缩短小数部分的长度，参见问题 6.11。

还有很多其他的数字编码，例如二进制编码的十进制数（BCD）或者带符号位的定点格式，这里我们没有介绍。

6.5　习　　题

6.5.1　语义

问题 6.1（依赖于编码方式的运算符）　为运算符 ">"、"/" 和 ">>" 各提供一个例子（含操作数的具体值）来说明其语义取决于编码（有符号和无符号）。

问题 6.2（λ-记号）　使用 λ-记号定义 $a_l \circ b_l$。

问题 6.3（负号）　如果一元负号的操作数是位向量常量，-10000000_S 是什么？

问题 6.4（λ-记号）

使用模算术定义 $a_{[l]U} >_{[l]U} b_{[m]S}$ 和 $a_{[l]S} >_{[l]S} b_{[m]S}$。证明这些定义与 6.1.3 节给出的定义是等价的。

问题 6.5（硬件中的移位）　在计算机的处理器中，左移的语义是什么？你可以运行一个程序来测试这一点，或者参考 CPU 的规格。请给出形式化的语义。

问题 6.6（硬件中的关系运算）　在计算机的处理器中，如果对一个有符号整数与一个无符号整数进行比较，那么 "$<$" 运算符的语义是什么？尝试使用 ANSI-C 类型 `int`、`unsigned`、`char` 和 `unsigned char` 进行实验。形式化其语义，并说明 CPU 的供应商和型号。

问题 6.7（补码加法）　证明

$$a_{[l]} +_U b_{[l]} = a_{[l]} +_S b_{[l]} \tag{6.55}$$

问题 6.8（补码乘法）　证明

$$a_{[l]} \cdot_U b_{[l]} = a_{[l]} \cdot_S b_{[l]} \tag{6.56}$$

6.5.2　位向量算术的位级别编码

问题 6.9（取反）　证明 $\langle (\sim b) + 1 \rangle_S = -\langle b \rangle_S \mod 2^l$。

问题 6.10（关系运算）　对于以下情况，证明 6.2 节中给出的 "$<$" 的平展是正确的：

(a) 无符号操作数

(b) 有符号操作数

(c) 一个是无符号操作数，一个是有符号操作数

问题 6.11（定点算术的舍入） 对于以下情况，形式化地写明将一个小数部分长度为 f_1 的定点数舍入到 $f_2 < f_1$ 长度的舍入运算符：

(a) 舍入到零

(b) 舍入到 $-\infty$

(c) 舍入到最近的偶数

问题 6.12（定点算术的平展） 对以上三个舍入运算，分别提供其平展方案。

6.5.3 使用线性算术求解器

$\boxed{\llbracket b \rrbracket}$

我们在第 5 章中介绍了线性算术的判定过程。位向量算术的一个限定子集可以转换为整数线性算术。作为准备工作，我们对 a 中包含的项进行了一系列变换。我们用 $\llbracket b \rrbracket$ 来表示任何位向量算术项 b 经过变换得到的结果。

- 令 $b \gg d$ 表示包含在 a 中的项进行按位右移运算之后得到的项，其中 b 是一个项，d 是一个常数。它可以替换为 $\llbracket b \rrbracket / 2^{\langle d \rangle}$，即

$$\llbracket b \gg d \rrbracket \doteq \llbracket b \rrbracket / 2^{\langle d \rangle} \tag{6.57}$$

按位左移也可以用类似的方法处理。

- 项 b 的按位取反可以用 $-\llbracket b \rrbracket - 1$ 来替换：

$$\llbracket {\sim} b \rrbracket \doteq -\llbracket b \rrbracket - 1 \tag{6.58}$$

- 对任一项 b 进行按位与运算 $b_{[l]} \& 1$，其结果被替换为一个满足以下约束的新的整数变量 x，同时还有一个新的整数变量 σ：

$$0 \leqslant x \leqslant 1 \ \wedge \ \llbracket b \rrbracket = 2\sigma + x \ \wedge \ 0 \leqslant \sigma < 2^{l-1} \tag{6.59}$$

和其他常量的按位与运算可以用移位运算替换。这个运算可以通过将右边的常量中连续相邻的 1 位组合起来进一步优化。

- 按位或运算可以用按位取反和按位与运算替换。

现在我们剩下加法、减法、乘以常数的乘法以及除以常数的除法需要处理。

下一步我们将除法运算从约束中移除。例如，将约束 $a/_{[32]}3 = b$ 变成 $a = b \cdot_{[34]} 3$。注意，考虑到移除的情况，乘法的位宽必须增加。如果操作数有符号，则扩展符号位；如果无符号，则扩展零位。在完成这些准备工作之后，不失一般性，我们可以假设原子公式的形式如下：

$$c_1 \cdot t_1 +_{[l]} c_2 \cdot t_2 \ rel \ b \tag{6.60}$$

其中 rel 是 6.1 节定义的关系运算符，c_1、c_2 和 b 是常数，t_1 和 t_2 是 l 位的位向量标识符。将三个及以上数相加的求和可以采用类似的方法处理。

由于我们可以高效地处理加法，因此所有带有小常数 c 的标量乘法 $c \cdot_{[l]} a$ 都被替换为 c 次加法。例如，$3 \cdot a$ 可以变成 $a + a + a$。

此时，我们剩下以下形式的谓词：

$$t_1 +_{[l]} t_2 \ rel \ b \tag{6.61}$$

给定 l 位的无符号位向量 t_1 和 t_2，我们有 $t_1 \in \{0, \cdots, 2^l - 1\}$ 且 $t_2 \in \{0, \cdots, 2^l - 1\}$，因此，$t_1 + t_2 \in \{0, \cdots, 2^{l+1} - 2\}$。回顾公式 (6.61)，如果 $t_1 + t_2$ 比 $2^l - 1$ 大，位向量加法就会溢出。在溢出的情况下，我们通过分情况处理来调整求和值，将公式 (6.61) 转换为

$$((t_1 + t_2 \leqslant 2^l - 1) ? t_1 + t_2 : (t_1 + t_2 - 2^l)) \ op \ b \tag{6.62}$$

基于以上描述，回答以下问题。

问题 6.13（转换为整数算术） 把下面的位向量公式转换为整数上的公式：

$$x_{[8]} +_{[8]} 100 \leqslant 10_{[8]} \tag{6.63}$$

问题 6.14（按位与） 将

$$x_{[32]U} = y_{[32]U} \& 0\text{xffff0000} \tag{6.64}$$

转换为析取整数线性算术，比公式 (6.59) 中的方法更高效。

问题 6.15（标量乘法） 将标量乘法 $c \cdot_{[l]} a$ 重写为 c 次加法，如果 c 很大，则会由于后面的分情况处理的成本而变得低效。请提出一个新的方案，可以使用一个新变量。

问题 6.16（没有分情况的加法） 你能提出一种使用新的整数变量而不使用分情况处理的方法来转换加法吗？

问题 6.17（移除条件运算符）   我们的整数线性算术语法不允许有条件运算符。请提出一种线性时间的方法来移除条件运算符。请注意，条件运算符可能嵌套。

6.6 文 献 注 释

工具与应用

位向量算术被认为是硬件行业进行形式化验证和等价性检查的重要逻辑 [263]。我们采用文献 [50] 的记法来表示位向量表达式的类型。

位向量算术的早期判定过程可以在诸如 SVC [16] 和 ICS [113] 等工具中找到。ICS 使用二元决策图（BDD）来判定算术运算的性质，而 SVC 是基于规范器和求解器的组合实现的 [18]。后来，SVC 被 CVC 所取代，然后是 CVC-Lite [14] 和 STP，它们都使用 SAT 求解器来判定基于电路展开的位向量公式的可满足性。ICS 被 YICES 所取代，后者也使用展开技术和 SAT 求解器。

位向量算术现在用于建模编程语言的语义。COGENT [75] 可以判定 ANSI-C 表达式的有效性。ANSI-C 表达式源自一个位向量算术的片段，并使用指针逻辑进行扩展（详见第 8 章）。除了检查验证条件之外，COGENT 和相关过程还有许多应用程序。举个例子，可以参见文献 [37,38] 了解如何将 COGENT 应用于数据库测试。除了判定 ANSI-C 表达式的有效性之外，由 Brummayer 和 Biere 开发的 C32SAT [51] 还能够判定一个表达式根据 ANSI-C 标准是否定义良好。

BMC 是位向量算术判定问题的常见来源 [33]。BMC 最初是针对同步模型设计的，例如在硬件领域经常出现。随后 BMC 被用于其他涉及位向量公式的领域，例如在 ANSI-C 程序中的应用 [72]。关于位向量算术判定过程的更多应用，我们将在第 12 章中讨论。

转换为整数线性算术

如 6.5.3 节所述，在硬件验证领域，有些位向量判定问题是转换为整数线性算术问题而求解的。Brinkmann 和 Drechsler [50] 将一个位向量算术片段转换为整数线性规划（ILP），并使用 Omega 测试进行判定。然而，该工作 [50] 仅针对数据路径，不允许在原始公式中包含布尔部分。Parthasarathy 等人 [218] 使用增量编码来解决这个问题，其编码方案与第 3 章中描述的类似。

IEEE 浮点算术

IEEE 浮点算术判定过程对用到此算术的软件的测试样例生成非常有用。在 SMT-LIB 浮点理论的定义中，给出了一个基于文献 [47] 的 IEEE 二进制浮点算术公式的语义。IEEE 浮点算术可以通过实现浮点单元的电路展开为命题逻辑。除了平展之外，还有基于增量细化 [49] 和区间算术 [45] 的方法。

前沿求解器

在本书英文版写成之时（2016 年），先进的位向量算术判定过程采用了比较繁重的预处理，但最终将公式展开为 SAT 求解 [54,136,189]。对于包含大数组（例如用于建模内存 [118,188]）或昂贵的位向量运算（如乘法或除法）的公式，预处理尤其有用。文献 [46] 介绍了一种适合 BCP 的编码方法。在 2015 年的 SMT 比赛中，位向量组的冠军是 Boolector [52]，是一个结合位向量算术与数组理论的高效判定过程。

6.7 符　号　表

符号	含义	首次使用的页码
$c?a:b$	对条件 c 进行分情况处理	128
λ	lambda 表达式	130
bvec_l	l 位的位向量集合	131
$\langle\cdot\rangle_U$	采用二进制编码的数字	133
$\langle\cdot\rangle_S$	采用二进制补码编码的数字	133
$\mathcal{B}$	命题逻辑公式	136

（续）

符号	含义	首次使用的页码
$At(\varphi)$	φ 中的原子公式集合	136
$e(\varphi)$	φ 的命题骨架	136
$T(\varphi)$	φ 中的项集合	137
$e(t)$	t 的布尔变量向量	137
$[\![b]\!]$	位向量项 b 转换为线性算术的结果	146

第 7 章 数　组

7.1　引　言

数组是大多数编程语言支持的基本数据类型，在软件中广泛应用。它也被用来建模硬件的存储模块。显然，对软件和硬件的分析需要对带数组的公式进行判定。本章介绍数组理论和针对该理论的两个片段的判定过程。

我们从一个例子开始。以下例子描述了数组理论在验证循环不变式上的应用。

示例 7.1　考虑图 7.1 中的伪代码片段。正确性验证的主要步骤是证明当执行第 6 行的赋值语句时，第 5 行的断言蕴含第 7 行的断言。常见的方法是生成**验证条件**，例如使用 Hoare 公理系统。我们得到以下验证条件。

$$
\begin{aligned}
& (\forall x \in \mathbb{N}_0.\ x < i \implies a[x] = 0) \\
\wedge\quad & a' = a\{i \leftarrow 0\} \\
\implies\quad & (\forall x \in \mathbb{N}_0.\ x \leqslant i \implies a'[x] = 0)
\end{aligned}
\tag{7.1}
$$

```
1    a: array 0..99 of integer;
2    i: integer;
3
4    for i:=0 to 99 do
5        assert(∀x ∈ ℕ₀. x < i ⟹ a[x] = 0);
6        a[i]:=0;
7        assert(∀x ∈ ℕ₀. x ≤ i ⟹ a[x] = 0);
8    done;
9    assert(∀x ∈ ℕ₀. x ≤ 99 ⟹ a[x] = 0);
```

图 7.1　初始化大小为 100 并填充为 0 的数组的伪代码片段，带断言

上述公式中包含两个与数组相关的符号：**数组索引**运算符 $a[x]$ 和**数组更新**运算符 $a\{i \leftarrow 0\}$。我们稍后会解释这些运算符的含义。公式 (7.1) 的有效性意味着循环不变式得以保持。我们的目标是自动证明这种公式。本章后面将展示如何实现这一点。

数组理论可以表示与数组相关的表达式，这些表达式被形式化为从**索引类型**到**元素类型**的映射。我们用 T_I 表示索引类型，用 T_E 表示元素类型。数组本身的类型表示为 T_A，是 $T_I \longrightarrow T_E$ 的简写，即表示将 T_I 的元素映射到 T_E 的元素的函数集合。请注意，索引的集合和元素的集合都不要求是有限的。

$\boxed{T_I}$

$\boxed{T_E}$

$\boxed{T_A}$

令 $a \in T_A$ 表示一个数组。数组上有两种操作。

$\boxed{a[i]}$

1. 从 a 中读取**索引**为 $i \in T_I$ 的元素。索引为 i 的元素的值用 $a[i]$ 表示。这个操作被称为**数组索引**操作。

$\boxed{a\{i \leftarrow e\}}$

2. 对索引为 $i \in T_I$ 的元素进行写入。设 $e \in T_E$ 是要写入的值。用 $a\{i \leftarrow e\}$ 表示将数组 a 在索引 i 处的元素替换为 e 后得到的新数组。此操作为**数组更新**或**数组存储**操作。

我们把对索引和元素进行推理的理论分别称为**索引理论**和**元素理论**。数组理论是以索引理论和元素理论进行**参数化**的。我们可以通过递归定义 $T_A(n)$ 来获得多维数组，其中 n 为数组的维数。对于 $n \geqslant 2$，我们可以简单地将 $T_A(n-1)$ 添加到 $T_A(n)$ 的元素类型中。

索引理论和元素理论的选择将影响生成的数组理论的表达能力。例如，为了建模诸如"存在一个数组元素为零"或"数组的所有元素都大于零"等属性，索引理论需要允许存在量词和全称量词。Presburger 算术，即整数上的线性算术（参见第 5 章）和量化（参见第 9 章），就是一个合适的索引理论。

我们首先从一个表达能力很强的数组理论定义开始。然而，这个理论通常是不可判定的，因此我们稍后会考虑对其加以限制以获得判定过程。

7.1.1 语法

我们将数组理论的语法定义为索引理论和元素理论的扩展。我们从定义数组项开始：

数组项 ： **数组标识符** | 数组项{索引项 ← 元素项}

接着，我们扩展元素项，使其包含数组项，也即，

元素项 ： 数组项[索引项] | (前规则)

其中，**前规则**表示在此扩展之前定义**元素项**的语法规则。最后，我们通过允许数组项之间的等式来扩展公式可用的谓词：

公式 ： 数组项 ＝ 数组项 | (前规则)

这里的**前规则**指的是在此扩展之前定义公式的语法规则。如果索引理论中包括量词，那么在语法中明确定义数组之间的相等关系是多余的，因为对于数组 a_1 和 a_2，$a_1 = a_2$ 也可以写成 $\forall i.\ a_1[i] = a_2[i]$。

7.1.2　语义

数组理论中新的原子公式和项的含义由三个公理给出。

第一个公理为数组索引操作赋予了显而易见的含义。如果数组相同且索引相同，则两个元素项具有相同的值。

$$\forall a_1 \in T_A\ \forall a_2 \in T_A.\ \forall i \in T_I.\ \forall j \in T_I.\ (a_1 = a_2 \land i = j) \implies a_1[i] = a_2[j] \qquad (7.2)$$

定义数组更新操作含义的公理是**读覆写公理**：将值 e 写入数组 a 的索引为 i 的位置后，该数组在索引 i 处的值就是 e。数组在索引 $j \neq i$ 处的值与在索引 j 处进行写操作之前该位置的值相等：

$$\forall a \in T_A.\ \forall e \in T_E.\ \forall i \in T_I.\ \forall j \in T_I.\ a\{i \leftarrow e\}[j] = \begin{cases} e, & i = j \\ a[j], & \text{其他} \end{cases} \qquad (7.3)$$

这条公理是必需的，比如证明公式 (7.1) 就需要。

最后，我们通过**外延性规则**（extensionality rule）为数组上的等式赋予显而易见的含义：

$$\forall a_1 \in T_A.\ \forall a_2 \in T_A.\ (\forall i \in T_I.\ a_1[i] = a_2[i]) \implies a_1 = a_2 \qquad (7.4)$$

包含了以上规则的数组理论称为**数组外延理论**。

附注：程序中的数组边界检查

虽然数组理论可以使用无界的数组，但程序中的数组数据结构是有界的。如果程序中的索引变量超过数组的大小，返回的值可能是未定义的，或者会发生崩溃。这种情况被称为**数组越界**。在写操作的情况下，可能导致其他数据被覆盖，这经常用来从远程通过网络获取对计算机系统的控制权。因此，检查程序是否不会违反任何数组边界非常有意义。

然而，需要注意的是，检查数组边界并不需要使用数组理论；判断一个数组索引是否在有限大小的数组范围内只需跟踪数组的**大小**，而不需要考虑其内容。

作为例子，考虑以下程序片段，其目的是移动数组的元素：

```
int a[N];

for(int i=0; i<N; i++)
    a[i]=a[i+1];
```

尽管程序中包含数组，但对于数组边界属性的验证条件并不需要数组理论：

$$i < N \implies (i < N \land i+1 < N) \tag{7.5}$$

7.2 消除数组项

下面我们介绍一种将数组理论中的公式转换为索引理论和元素理论组合的公式的方法。如果这个组合理论包括未解释函数和关于索引的量词，就可以采用这个转换。

考虑公理 (7.2)，它定义了数组索引操作的语义。回想一下 4.2.1 节提到的函数一致性的定义。简而言之，函数一致性要求相同的函数在相同的输入下，必须产生相等的结果。显然，公理 (7.2) 只是函数一致性的一个特例。

因此，我们可以用一个未解释函数来替换数组索引运算符，如下例所示。

示例 7.2   考虑以下数组理论公式，其中 a 是一个元素类型为字符的数组：

$$(i = j \land a[j] = \text{'z'}) \implies a[i] = \text{'z'} \tag{7.6}$$

字符常量 **'z'** 是元素类型的成员。令 F_a 表示替换数组 a 的未解释函数：

$$(i = j \land F_a(j) = \text{'z'}) \implies F_a(i) = \text{'z'} \tag{7.7}$$

可以通过等式和未解释函数（参见第 4 章）的判定过程来证明该公式的有效性。

数组更新操作呢？对数组更新建模的一个方法是，将形式为 $a\{i \leftarrow e\}$ 的表达式替换为一个新的数组类型变量 a'。然后，添加两个约束，对应读覆写公理的两种情况：

1. 对应写入的值，$a'[i] = e$；

2. 对应没有变化的值，$\forall j \neq i.\ a'[j] = a[j]$。

这称为**写规则**，它是数组理论公式上保持等价性的转换。

示例 7.3 对于公式

$$a\{i \leftarrow e\}[i] \geqslant e \tag{7.8}$$

通过引入一个新的数组标识符 a' 替换 $a\{i \leftarrow e\}$ 进行转换。此外，我们加入约束 $a'[i] = e$，得到

$$a'[i] = e \implies a'[i] \geqslant e \tag{7.9}$$

这就说明了公式 (7.8) 的有效性。在证明公式有效性的时候，我们有时需要读覆写公理的第二部分，例如下面的公式：

$$a[0] = 10 \implies a\{1 \leftarrow 20\}[0] = 10 \tag{7.10}$$

同上，在转换公式时，我们将 $a\{1 \leftarrow 20\}$ 替换为一个新的标识符 a'，并添加上述两个约束条件：

$$(a[0] = 10 \wedge a'[1] = 20 \wedge (\forall j \neq 1.\ a'[j] = a[j])) \implies a'[0] = 10 \tag{7.11}$$

同样，我们通过把数组标识符 a 和 a' 替换为未解释函数符号 F_a 和 $F_{a'}$，对以上公式进行转换：

$$(F_a(0) = 10 \wedge F_{a'}(1) = 20 \wedge (\forall j \neq 1.\ F_{a'}(j) = F_a(j))) \implies F_{a'}(0) = 10$$

这个简单的例子展示了数组理论可以归约为索引理论和未解释函数的组合，前提是索引理论提供了量词。问题是这种组合不一定是可判定的。一个方便的带量词的索引理论是 Presburger 算术，我们知道该理论与未解释函数的组合是不可判定的。如上所述，即使索引理论和元素理论的组合是可判定的（见问题 7.2），数组理论仍然是不可判定的。因此，为了得到一个判定过程，我们需要限制考虑的公式集合。这是下一节的归约算法使用的方法。

7.3 数组理论片段的归约算法

7.3.1 数组属性

为了获得可判定性，我们定义了一类受限的数组理论公式。我们考虑的公式是**数组属性**的布尔组合。

定义 7.4（数组属性）　　当且仅当一个数组理论公式具有以下形式：

$$\forall i_1 \cdots \forall i_k \in T_I.\ \phi_I(i_1, \cdots, i_k) \implies \phi_V(i_1, \cdots, i_k) \tag{7.12}$$

$\boxed{\phi_I}$ 并满足以下条件：

$\boxed{\phi_V}$

1. 谓词 ϕ_I 称为**索引卫士**，遵循以下语法。

　　索引卫士：索引卫士 $\wedge$ 索引卫士 | 索引卫士 $\vee$ 索引卫士 | 索引项 $\leqslant$ 索引项 | 索引项
　　　　　　$=$ 索引项

　　索引项：$i_1 \mid \cdots \mid i_k \mid$ 项

　　　　项：整数常数 | 整数常数·索引标识符 | 项 + 项

"项"中的"索引标识符"不能是 $i_1, \cdots, i_k$。

2. 索引变量 $i_1, \cdots, i_k$ 只能用于数组的读表达式 $a[i_j]$。

该公式被称为**数组属性**，谓词 ϕ_V 叫作**值约束**。

示例 7.5　　回想一下，公理 (7.4) 定义了两个数组 a_1 和 a_2 的相等关系，即逐个元素的相等关系。外延性就是一个数组属性：

$$\forall i.\ a_1[i] = a_2[i] \tag{7.13}$$

这个例子中，索引卫士就是 TRUE。

回想一下数组理论公式 (7.1)，其中第一个合取项和第三个合取项明显是数组属性，但是第二个合取项

$$a' = a\{i \leftarrow 0\} \tag{7.14}$$

也是数组属性吗？如示例 7.3 所示，数组更新表达式可以通过添加两个约束来替换。在我们的例子中，第一个约束条件是 $a'[i] = 0$，这显然是一个数组属性。第二个约束条件是

$$\forall j \neq i.\ a'[j] = a[j] \tag{7.15}$$

并不符合定义 7.4 给出的索引卫士的语法约束。不过，它可以被重写为

$$\forall j.\ (j \leqslant i - 1 \vee i + 1 \leqslant j) \implies a'[j] = a[j] \tag{7.16}$$

这就满足语法约束了。

7.3.2 归约算法

下面我们描述一个算法，该算法接收数组理论的数组属性片段的公式，将其转换为元素理论和索引理论结合等式和未解释函数的等可满足公式。关于未解释函数的技术，我们在第 4 章中介绍过。

算法 7.3.1 的输入为一个数组理论公式。请注意，将数组属性转换为 NNF 可能会将索引上的全称量词转换为存在量词。由于语法限制，因此该公式不包含显式的量词替换。

算法 7.3.1：数组归约

输入：一个 NNF 的数组属性公式 ϕ_A

输出：一个带未解释函数的索引理论和元素理论公式 ϕ_{UF}

1. 应用写规则移除 ϕ_A 的所有数组更新操作。
2. 把所有形如 $\exists i \in T_I.\, P(i)$ 的存在量化替换为 $P(j)$，其中 j 是一个新变量。
3. 把所有形如 $\forall i \in T_I.\, P(i)$ 的全称量化替换为

$$\bigwedge_{i \in \mathcal{I}(\phi)} P(i)$$

4. 把数组读操作替换为未解释函数，得到 ϕ_{UF}。
5. 返回 ϕ_{UF}。

作为第 1 步，算法应用写规则（参见 7.2 节）移除所有的数组更新操作。得到的公式包含对索引、数组读取以及元素理论和索引理论子公式的量化。

由于该公式是 NNF，因此存在量词可以被一个新变量替换（这个变量隐式地存在量化）。全称量词 $\forall i \in T_I.\, P(i)$ 被替换为合取 $\bigwedge_{i \in \mathcal{I}(\phi)} P(i)$，其中集合 $\mathcal{I}(\phi)$ 表示在公式 ϕ 中　$\boxed{\mathcal{I}(\phi)}$ 可能等于 i 的索引表达式。这个集合包含以下元素。

1. 所有在公式 ϕ 中作为数组索引的且不是量化变量的表达式。
2. 所有在公式 ϕ 中索引卫士用到的且不是量化变量的表达式。
3. 如果 ϕ 不包含上述条件的表达式，则 $\mathcal{I}(\phi)$ 等于 $\{0\}$，以获得非空的索引表达式集合。

最后，数组读取操作被替换为未解释函数，如 7.2 节所述。

示例 7.6　为了阐释算法 7.3.1，我们继续本章开头的例子，证明公式 (7.1) 的有效性：

$$(\forall x \in \mathbb{N}_0.\ x < i \implies a[x] = 0)$$
$$\land\ a' = a\{i \leftarrow 0\}$$
$$\implies (\forall x \in \mathbb{N}_0.\ x \leqslant i \implies a'[x] = 0)$$

也即，我们想证明下面的公式是不可满足的：

$$(\forall x \in \mathbb{N}_0.\ x < i \implies a[x] = 0)$$
$$\land\ a' = a\{i \leftarrow 0\} \tag{7.17}$$
$$\land\ (\exists x \in \mathbb{N}_0.\ x \leqslant i \land a'[x] \neq 0)$$

应用写规则，得到

$$(\forall x \in \mathbb{N}_0.\ x < i \implies a[x] = 0)$$
$$\land\ a'[i] = 0 \land \forall j \neq i.\ a'[j] = a[j] \tag{7.18}$$
$$\land\ (\exists x \in \mathbb{N}_0.\ x \leqslant i \land a'[x] \neq 0)$$

在算法 7.3.1 的第 2 步，我们用一个新变量 $z \in \mathbb{N}_0$ 实例化存在量词：

$$(\forall x \in \mathbb{N}_0.\ x < i = -1 \to a[x] = 0)$$
$$\land\ a'[i] = 0 \land \forall j.\ ((j \leqslant i - 1 \lor i + 1 \leqslant j) \to a'[j] = a[j]) \tag{7.19}$$
$$\land\ z \leqslant i \land a'[z] \neq 0$$

在此例子中，集合 $\mathcal{I}$ 为 $\{i, z\}$。因此，我们将两个全称量化替换如下：

$$(i < i - 1 \to a[i] = 0) \land (z \leqslant i - 1 \to a[z] = 0)$$
$$\land\ a'[i] = 0 \land ((i \leqslant i - 1 \lor i + 1 \leqslant i) \to a'[i] = a[i]) \tag{7.20}$$
$$\land\ ((z \leqslant i - 1 \lor i + 1 \leqslant z) \to a'[z] = a[z]) \land z \leqslant i \land a'[z] \neq 0$$

我们移除那些显然满足的合取项，得到

$$(z < i - 1 \to a[z] = 0)$$
$$\land\ a'[i] = 0 \land ((z \leqslant i - 1 \lor i + 1 \leqslant z) \to a'[z] = a[z]) \tag{7.21}$$
$$\land\ z \leqslant i \land a'[z] \neq 0$$

现在，我们把两个数组 a 和 a' 分别替换为未解释函数 F_a 和 $F_{a'}$，得到

$$(z < i - 1 \to F_a(z) = 0)$$
$$\land\ F_{a'}(i) = 0 \land ((z \leqslant i - 1 \lor i + 1 \leqslant z) \to F_{a'}(z) = F_a(z)) \tag{7.22}$$
$$\land\ z \leqslant i \land F_{a'}(z) \neq 0$$

通过分析 $z < i$、$z = i$ 和 $z > i$ 这三种情况，很容易看出这个公式是不可满足的。◾

7.4 惰性编码过程

7.4.1 基于 DPLL(T) 的增量编码

上一节的归约过程提供了从数组理论到其索引理论和元素理论的编码。本质上，它通过添加读覆写规则和外延性规则的实例来实现这一目的。实践中，算法生成的大多数实例是不必要的，增加了判定问题的计算成本。

在本节中，我们讨论一种增量地生成读覆写规则 (7.3) 和外延性规则 (7.4) 的实例的过程，这种过程生成的约束通常少得多。本节描述的算法遵循文献 [70] 的方法，并专为集成到 DPLL(T) 过程（参见第 3 章）而设计。这个算法对数组理论公式进行了一种惰性编码，将其转换为带未解释函数的等式逻辑（参见第 4 章）。该算法假设索引理论是无量词的，但允许数组之间的相等关系。

预处理 在算法进入主要阶段之前，我们先进行预处理。预处理会详尽地实例化公理 (7.3) 的前半部分，也就是对公式中的所有 $a\{i \leftarrow e\}$ 表达式添加约束

$$a\{i \leftarrow e\}[i] = e \tag{7.23}$$

这个算法生成线性数量的约束。我们使用上一节描述的未解释函数编码来处理公理 (7.2)。公理 (7.3) 的第二种情况和外延性规则将会增量实现。

在我们讨论增量编码的细节之前，先简要回顾一下 DPLL(T) 的基本原理，如第 3 章所述。DPLL(T) 使用 SAT 求解器来获取公式中理论原子公式的（可能是部分）真值赋值。这个赋值被传递给理论求解器，该求解器确定赋值是否为 T-一致的。理论求解器可以生成新的命题约束并将其传回给 SAT 求解器，以实现理论传播和理论学习。这些约束被添加到 SAT 求解器维护的子句库中。然后，再次重复该过程，要么确定公式是不可满足的，要么生成一个新的（可能是部分）真值赋值。

7.4.2 读覆写公理的惰性实例化

算法 7.4.1 的输入是一组数组理论公式的文字（数组理论原子公式或它们的否定）。这些文字的合取式记作 $\hat{T}h$。如果 $\hat{T}h$ 在数组理论上是一致的，该算法返回 TRUE；否则，返

回一个屏蔽赋值 $\hat{T}h$ 的数组理论公式 t。公式 t 被初始化为 TRUE，然后随着算法的进行而被加强。

算法 7.4.1：数组编码过程

输入：一个数组文字合取式 $\hat{T}h$

输出：TRUE，或者一个屏蔽 $\hat{T}h$ 的数组理论公式 t

  1. $t :=$ TRUE;
  2. 计算 $\hat{T}h$ 中项的等价类；
  3. 从 $\hat{T}h$ 构造弱等价图；
  4. **for** a, b, i, j, $a[i]$ 和 $b[j]$ 为 $\hat{T}h$ 中的项 **do**
  5.   **if** $i \approx j$ **then**
  6.   **if** $a[i] \not\approx b[j]$ **then**
  7.   **for** 每条从 a 到 b 的简单路径 $p \in G$ **do**
  8.   **if** p 上的每个边标签 l 满足 $l \not\approx i$ **then**
  9. $t := t \wedge ((i = j \wedge \mathrm{Cond}_i(p)) \implies a[i] = b[j])$;
10. return t;

在第 2 行，我们计算了 $\hat{T}h$ 涉及的项的等价类。在 4.3 节中，我们描述了计算这些类 $\boxed{t_1 \approx t_2}$ 的等价闭包算法。我们用 $t_1 \approx t_2$ 表示项 t_1 和 t_2 在同一个等价类中。

在第 3 行，我们构造一个带标签的无向图 $G(V, E)$，称为**弱等价图**。顶点 V 对应于 $\hat{T}h$ 中的数组项。边上可以有标签，按以下方式添加。

1. 对于每个数组项之间的等式 $a = b$，在 a 和 b 之间添加一条无标签的边。
2. 对于每个数组项 a 以及对该项进行的更新 $a\{i \leftarrow v\}$，在它们的顶点之间添加一条标着 i 的边。

示例 7.7　考虑公式

$$\hat{T}h \doteq i \neq j \wedge i \neq k \wedge a\{j \leftarrow v\} = b \wedge a\{k \leftarrow w\} = c \wedge b[i] \neq c[i] \tag{7.24}$$

对应 $\hat{T}h$ 的弱等价图是

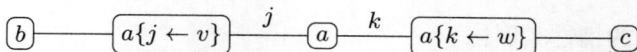

当图 G 存在从 a 到 b 的路径时，称数组 a 和 b **弱等价**。这意味着除了路径上可能更新的数组元素之外，它们的所有数组元素都相等。在上面的例子中，数组 a、b 和 c 都是弱等价的。

第 4 行到第 9 行生成了规定数组元素相等的约束。这应用于 $\hat{Th}$ 中任何满足索引项 i 和 j 相等（根据等价类）但 $a[i]$ 和 $b[j]$ 不相等的数组元素项对 $a[i]$ 和 $b[j]$，其想法是检查数组 a 和 b 是否通过一系列**没有**用到索引 i 的数组更新连接起来。如果存在这样的链，则 $a[i]$ 一定等于 $b[j]$。

我们将使用弱等价图 G 来检查这样的链是否存在，方法如下。我们将考虑从 a 到 b 的所有路径 p。如果路径上的任何一条边的索引等于 i（根据等价类），那么该路径就被丢弃；否则，我们就找到了所需的链，然后向 t 添加约束

$$(i = j \land \mathrm{Cond}_i(p)) \implies a[i] = b[j] \tag{7.25}$$

表达式 $\mathrm{Cond}_i(p)$ 是以下约束的合取。 $\boxed{\mathrm{Cond}_i(p)}$

1. 对于一条从 a 到 b 的无标签的边，添加一个约束 $a = b$。
2. 对于一条标记了 k 的边，添加一个约束 $i \neq k$。

示例 7.8 继续示例 7.7，我们有两个非平凡的等价类：$\{a\{j \leftarrow v\}, b\}$ 和 $\{a\{k \leftarrow w\}, c\}$。因此，项 $b[i]$ 和 $c[i]$ 满足 $b[i] \not\approx c[i]$，而它们的索引显然相等。在图 G 上存在一条从 b 到 c 的路径 p，且路径上的边没有与 i 属于同一个等价类的索引标签，即 $j \not\approx i$，$k \not\approx i$。对于这条路径 p，我们得到

$$\mathrm{Cond}_i(p) = i \neq j \land i \neq k \tag{7.26}$$

所以在第 9 行更新 t 为

$$t := (i = i \land i \neq j \land i \neq k) \implies b[i] = c[i] \tag{7.27}$$

现在，把 t 添加到公式 (7.24)。t 的左侧显然成立，因此，我们得到了一个与 $b[i] \neq c[i]$ 矛盾的结论，也就证明了公式 (7.24) 是不可满足的。 ◼

请注意，在找不到路径时，算法 7.4.1 返回的约束为 TRUE。在这种情况下，$\hat{Th}$ 在数组理论中是可满足的；否则，返回的 t 是一个**屏蔽子句**，确保 DPLL(T) 的命题骨架上的搜索得以继续。

7.4.3　外延性规则的惰性实例化

算法 7.4.1 生成的约束足以推理个别数组元素之间的相等关系。为了得到外延数组理论的完整判定过程，我们还需要为整个数组之间的相等关系推理添加约束。

算法 7.4.2 的执行是基于算法 7.4.1 的。它进一步生成可以蕴含数组项的相等关系的约束。

算法 7.4.2: 外延数组编码

输入：一个数组文字合取式 $\hat{Th}$

输出：TRUE，或者一个屏蔽 $\hat{Th}$ 的数组理论公式 t

1. $t := \text{TRUE}$;
2. 计算 $\hat{Th}$ 中项的等价类;
3. 从 $\hat{Th}$ 构造弱等价图;
4. **for** $\hat{Th}$ 中的数组项对 a, b **do**
5. 　　**if** $a \not\approx b$ **then**
6. 　　　　**for** 每一条从 a 到 b 的简单路径 $p \in G$ **do**
7. 　　　　　　令 S 为 p 上的边标签集合;
8. 　　　　　　$t := t \wedge (\bigwedge_{i \in S} \text{Cond}_i^u(p) \implies a = b)$;
9. return t;

两个数组项的相等关系可以按照以下步骤推导得到：考虑 $\hat{Th}$ 中所有不相等的数组项
$\boxed{S}$ 对 a 和 b，并找到 a 和 b 之间的任一条相等链。选择其中一条链，记为 p，记 S 为该链中用于数组更新的所有（不同的）索引的集合。对于所有索引 $i \in S$，执行以下操作。

1. 找到第一条标记 i 或者 j（$j \approx i$）的边**前面**的数组项。将这个数组项记为 first，将 p 中到该边为止的前缀记为 p'。
2. 找到标记为 i 或 k（$k \approx i$）的最后一次更新之后的数组项。将此项记为 last，将路径 p 中此边之后的后缀记为 p''。
3. 检查 first$[i]$ 是否等于 last$[i]$。

如果对于所有索引，检查都成立，则 a 肯定等于 b。图 G 中这样的链具有以下形式：

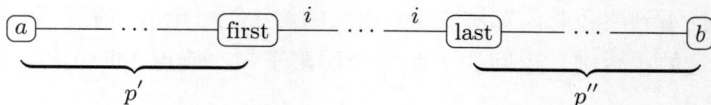

算法 7.4.2 检查是否存在这样的链：它考虑所有从 a 到 b 的路径 p。对于每条路径 p，计算集合 S。然后向 t 添加约束

$$\bigwedge_{i \in S} \text{Cond}_i^u(p) \implies a = b \tag{7.28}$$

其中，$\text{Cond}_i^u(p)$ 定义如下：如果 p 中不含索引标记等于 i 的边，则 $\boxed{\text{Cond}_i^u(p)}$

$$\text{Cond}_i^u(p) := \text{Cond}_i(p)$$

否则，这是满足上述约束的索引 i 在 p 上更新的条件，形式化如下：

$$\text{Cond}_i^u(p) := \text{Cond}_i(p') \wedge \text{first}[i] = \text{last}[i] \wedge \text{Cond}_i(p'') \tag{7.29}$$

示例 7.9 考虑算法 7.4.2 的这个输入：

$$\hat{Th} := v = w \quad \wedge \quad b = a\{i \leftarrow v\} \quad \wedge \quad b \neq a\{i \leftarrow w\} \tag{7.30}$$

该公式是不一致的。预处理（参见 7.4.1 节）做的是将公理 (7.3) 的第一部分的实例添加到公式集合中。对于 $\hat{Th}$ 中的理论文字，我们有

$$a\{i \leftarrow v\}[i] = v \quad \text{以及} \quad a\{i \leftarrow w\}[i] = w \tag{7.31}$$

接下来，我们构造弱等价图：

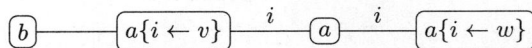

算法 7.4.2 将识别出 b 和 $a\{i \leftarrow w\}$ 为数组项。它们之间存在一条路径，而该路径的集合 S 是单一元素集合 $\{i\}$。数组项 first 是 $a\{i \leftarrow v\}$，而数组项 last 是 $a\{i \leftarrow w\}$。注意 p' 是从 b 到 $a\{i \leftarrow v\}$ 的路径，而 p'' 为空。我们得到

$$\text{Cond}_i^u(p) = (a\{i \leftarrow v\}[i] = a\{i \leftarrow w\}[i]) \tag{7.32}$$

然后向公式添加以下约束：

$$a\{i \leftarrow v\}[i] = a\{i \leftarrow w\}[i] \implies b = a\{i \leftarrow w\} \tag{7.33}$$

我们已经添加了约束 $a\{i \leftarrow v\}[i] = v$ 和 $a\{i \leftarrow w\}[i] = w$，并假设在公式的所有模型中都有 $v = w$。等式逻辑的判定过程将证明 $a\{i \leftarrow v\}[i] = a\{i \leftarrow w\}[i]$ 成立，因此，DPLL(T) 将推断出在公式的任何模型中都有 $b = a\{i \leftarrow w\}$，这与公式 (7.30) 中 $\hat{Th}$ 的第三个文字相矛盾。

7.5　习　　题

问题 7.1（数组逻辑的手工证明） 使用读覆写公理证明公式 (7.1) 的有效性。

问题 7.2（数组逻辑的不可判定性） 一个双计数器机 M 包含

- 一个有限的指令标签集合 L，其中包含两个特殊标签 start 和 halt；
- 每个标签都有一条指令，具备以下两种形式之一，其中 m 和 n 是 L 中的标签。
  - $c_i := c_i + 1;\ \textbf{goto}\ m$
  - **if** $c_i = 0$ **then**
      $c_i := c_i + 1; \textbf{goto}\ m$
    else
      $c_i := c_i - 1; \textbf{goto}\ n$
    endif

M 的一个配置是来自 $S := (L \times \mathbb{N} \times \mathbb{N})$ 的三元组 $\langle \ell, c_1, c_2 \rangle$，其中 ℓ 是下一个要执行的指令的标签，c_1 和 c_2 是两个计数器的当前值。允许的指令及其语义各不相同。我们假设 $R(s, s')$ 是一个谓词，如果 M 能够从状态 s 转换到状态 s'，则该谓词成立。R 的定义很直观。M 的初始状态是 $\langle \text{start}, 0, 0 \rangle$。如果 s 是初始状态，我们写成 $I(s)$。M 的一次计算是任何以初始状态开始的状态序列，其中相邻的两个状态由 R 关联。如果存在一个计算过程达到指令标签为 halt 的状态，我们称该机器**终止**。一个给定的双计数器机 M 是否终止的问题是不可判定的。

通过将双计数器机的终止问题归约为数组逻辑公式，证明数组逻辑公式的可满足性是不可判定的：给定一个双计数器机 M，生成一个数组逻辑公式 φ，如果 M 终止，则 φ 是有效的。

问题 7.3（量词和 NNF） 算法 7.3.1 的转换步骤中第 3 步和第 4 步依赖于公式是

NNF 的事实。请为每个步骤提供一个例子，以说明如果公式不是 NNF，这个步骤是不正确的。

7.6 文献注释

读覆写公理 (7.3) 是由 John McCarthy 提出的，他用此公理证明了一个算术表达式编译器的正确性[191]。这里的读取和写入对应于计算机内存中的加载和存储操作。Hoare 和 Wirth 使用符号 $(a, i : e)$ 来表示 $a\{i \leftarrow e\}$ 并将它用于定义 Pascal 编程语言中数组元素赋值的含义[145]。

数组理论的自动判定过程从自动定理证明器问世以来就出现了。在程序验证的背景下，数组逻辑通常与特定应用程序的谓词相结合，例如，用于指定属性（如"数组已排序"），或指定索引范围[241]。Greg Nelson 的定理证明器 Simplify[101] 内部实现了 McCarthy 的读覆写公理和适当的实例化启发式。

将数组逻辑归约为带未解释函数的 Presburger 算术的片段是很常见的[156,190,272]。虽然这种组合一般是不可判定的[105]，但有许多带未解释函数的 Presburger 算术的限制理论已经被证明是可判定的。Stump 等人[269] 提出了一种算法，首先通过识别匹配的写操作来消除公式中的数组更新表达式。通过这种方式得到的公式可以使用 EUF 判定过程（参见第 4 章）判定。Armando 等人[6] 提出了一种基于重写技术和一个实现外延性的预处理阶段的数组理论判定过程。

大多数现代的 SMT 求解器实现了 7.4 节中描述的增量编码的某个变种。具体而言，Brummayer 等人在他们的工具 Boolector 中采用了延迟添加函数一致性约束的技术，该工具用于求解数组和位向量的组合理论判定问题[53]。在过去，这样的惰性方法也用于基于量词消去的数组理论判定[97]，以及用于转化验证[229]。而**弱等价**的定义和相应图的构造则在文献 [70] 中提出过。

本章中的数组属性片段是由 Bradley、Manna 和 Sipma 确定的[44]。计算"足够大"的实例化值集合的想法也被用于一些其他的过程。比如，Ghilardi 等人对索引和数组元素分别计算了这种集合[126]。在论文 [127] 中，作者概述了如何将此判定过程集成到前沿 SMT 求解器中。此外，还有许多基于这种方法的其他量词逻辑的判定过程，其中一些将在 9.5 节中进行讨论。

7.7 符 号 表

本章用到的符号如下。

符号	含义	首次使用的页码
T_I	索引类型	152
T_E	元素类型	152
T_A	数组类型（从 T_I 到 T_E 的映射）	152
$a[i]$	数组 a 中索引为 i 的元素	152
$a\{i \leftarrow e\}$	数组 a，其中索引为 i 的元素被替换为 e	152
ϕ_I	数组属性的索引卫士	156
ϕ_V	数组属性的值约束	156
$\mathcal{I}(\phi)$	索引表达式集合	157
$t_1 \approx t_2$	项 t_1 和 t_2 在同一个等价类中	160
$\mathrm{Cond}_i(p)$	一个约束，添加为算法 7.4.1 的一部分	161
S	一条路径上的数组更新用到的索引集合	162
$\mathrm{Cond}_i^u(p)$	一个约束，添加为算法 7.4.2 的一部分	163

第 8 章 指针逻辑

8.1 引　言

8.1.1 指针及其应用

本章介绍一种对含有指针的程序进行推理的理论，并描述它的判定过程。我们假设读者熟悉指针及其在编程语言中的用法。

指针是一个程序变量，其唯一目的是指向其他程序构件。这些构件可以是变量、过程或标签，或者另一个指针。指针可以使得代码在不同的数据集上操作，从而避免了数据的低效复制。

举例来说，考虑一个程序，它维护两个整数数组 A 和 B，并且这两个数组在程序中的某个时刻都需要进行排序。如果没有指针，程序员需要维护两个排序算法的实现，一个用于 A，另一个用于 B。使用指针，只需要实现一个排序过程，该过程接收一个指向数组第一个元素的指针作为参数。该过程被调用两次，分别使用 A 和 B 的地址作为参数。

指针是编程错误的常见来源，大多数现代编程语言尽量提供其替代方案，例如引用或抽象数据容器。然而，采用指针的低级编程语言仍然经常被使用，例如用于嵌入式系统或操作系统。

指针的实现依赖于计算机的内存单元具有**地址**的事实，即每个单元都有唯一的编号。指针的值仅仅是一个这样的数字。内存单元的寻址方式由执行程序的体系结构的**内存模型**所描述。

定义 8.1（内存模型）　**内存模型**描述了对内存单元寻址方式的假设。我们假设体系结构提供了一个连续、统一的地址空间，即地址集合 A 是整数 $\{0, \cdots, N-1\}$ 的子区间。$\boxed{M, A}$

每个地址对应一个能够存储一个数据字的内存单元。数据字的集合用 D 表示。**内存赋值** $\boxed{D}$ $M : A \longrightarrow D$ 是从地址集合 A 到数据字的域 D 的映射。

$\boxed{\sigma(v)}$ 在内存中，一个变量可能需要以多个数据字存储。例如，当变量的类型是结构体、数组或双精度浮点数时，就是这种情况。令 $\sigma(v)$ 表示 $v \in V$ 的大小（以数据字为单位）。

$\boxed{V}$ 编译器为每个全局变量和静态变量分配特定的内存地址。[①]这个映射称为**内存布局**，其定义如下。设 V 表示变量的集合。

$\boxed{L}$ **定义 8.2（内存布局）** 内存布局 $L : V \longrightarrow A$ 是从 V 到 A 的映射，把每个变量 $v \in V$ 映射到一个地址 $a \in A$。变量 v 的地址也叫作 v 的**内存位置**。

通常情况下，静态分配的变量的内存位置是**不重叠**的（我们稍后解释如何建模动态分配的数据结构）。请注意，内存布局不一定是连续的，也就是说，编译器可能会生成包含"空洞"的布局。[②]

示例 8.3 图 8.1 展示了一个 ANSI-C 程序片段的内存布局。程序有 6 个对象，`var_a`、`var_b`、`var_c`、`S`、`array` 以及 `p`。前五个对象是整数变量，或者由整数变量组成。对象 `p` 是一个指针变量，我们假设它的宽度与整数变量相同。[③] 该程序将 `p` 初始化为变量 `var_c` 的地址 `&var_c`。除了变量定义外，该程序还有一个 `main()` 函数，它将 `p` 指向的变量的值设置为 100。

> **附注：面向对象编程的指针和引用**
>
> 面向对象编程（OOP）的概念促进了数据和算法的分离。在现代编程语言（如 Java 和 C++）中，显式使用指针变量已被弃用。相反，对象的过程（**方法**）会隐式地接收一个指向对象实例数据成员（**字段**）的指针作为参数。在 C++ 中，可以使用关键字 `this` 来访问指针。所有对数据成员的访问都通过 `this` 指针变量间接进行。
>
> 引用（reference）和指针（pointer）一样，都是指向变量或对象的程序变量。二者

[①] 静态分配的变量是在整个程序运行期间分配了空间的变量。相比之下，对于动态分配的数据（如局部变量或堆上的数据），其地址是在程序运行过程中对象创建时确定的。

[②] 导致这种空洞的一个可能原因是正确对齐的需要。例如，许多 64 位体系结构无法从地址不是 8 的倍数的位置读取双精度浮点值。

[③] 并不总是如此，例如，在 x86 的 16 位体系结构中，整数占用 16 位，而指针占用 32 位；而在一些 64 位体系结构中，整数占用 32 位，而指针占用 64 位。

的区别通常仅仅是在语法上。例如，引用通常隐藏了解引用（dereference）操作①。在程序分析中，引用可以被当作指针来处理。

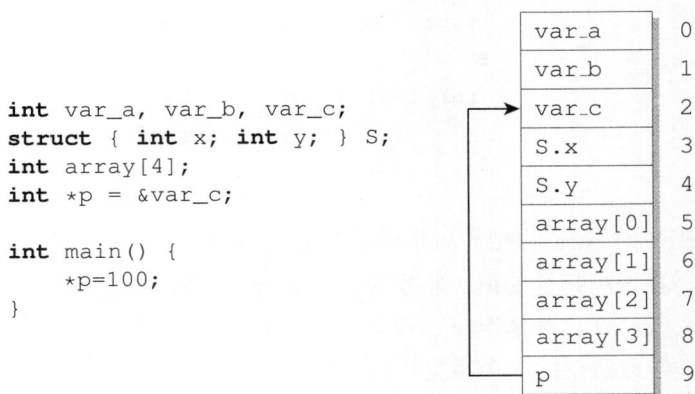

```
int var_a, var_b, var_c;
struct { int x; int y; } S;
int array[4];
int *p = &var_c;

int main() {
    *p=100;
}
```

var_a	0
var_b	1
var_c	2
S.x	3
S.y	4
array[0]	5
array[1]	6
array[2]	7
array[3]	8
p	9

图 8.1　一个 ANSI-C 程序片段及其可能的内存布局

8.1.2　动态内存分配

指针还可以用来创建**动态数据结构**。动态数据结构依赖于一个内存区域，该区域被指定供程序运行时创建的对象使用。运行时库维护一个未使用的内存区域列表。这个库中的一个函数分配一个给定大小的区域，并返回指向该区域起始位置（最低地址）的指针。因此，内存布局在程序运行时**发生变化**。内存分配可以无限次执行（只要释放足够的空间），因此程序可以生成的对象数量没有限制。

在 C 语言中，执行内存分配的函数是 `malloc()`，而在 C++、C# 和 Java 中，则由一个名为 `new` 的运算符提供此功能。无论哪种情况，请求的内存区域的大小都作为参数传递。为了复用不再需要的数据结构所占用的内存，C 程序员调用 `free`，C++ 程序员使用 `delete`，而 Java 和 C# 提供了自动垃圾回收机制。动态对象的**生命周期**是它被分配和被释放之间的时间。

8.1.3　带指针程序分析

几乎所有实用的程序都依赖指针或引用来分离数据和算法。因此，在程序分析中使用的判定过程通常需要包括有关指针的推理。

---

① 解引用是指通过指针获取指针所指向的内存地址中存储的值的操作。——译者注

作为一个简单的例子，考虑下面的程序片段，它计算了一个大小为 10 的数组的总和：

```
void f(int *sum) {
    *sum = 0;

    for(i=0; i<10; i++)
        *sum = *sum + array[i];
}
```

程序将总和存储在名为 sum 的指针所指向的整数变量中。为了验证此程序片段的正确性，任何分析方法都需要考虑指针的值。特别是，如果 sum 指向的地址与 i 的地址相等，那么程序很可能会失败。在这种情况下，我们称 *sum 是 i 的**别名**（alias）。程序员没有意识到别名的情况是导致错误的一个常见原因。

指针的使用引发了一些非常重要的程序属性。众所周知，许多程序错误是由于对指针变量的错误使用引起的。在程序中，一个常见的问题是对一个没有指向对象的指针变量进行解引用。值 0 通常被保留给 NULL 指针，没有任何静态或动态分配的对象会拥有这个地址。因此，这个值可以用来指示特殊情况，比如链表的结尾。然而，如果这样一个指针被错误地解引用，现代体系结构通常会产生一个异常，终止程序的运行。

提供显式内存释放功能的编程语言面临另一个问题。在下面的程序片段中，分配了一个数组类型的对象，并进行了释放：

```
int *p, *q;

p = new int[10];
q = &p[3];
delete p;
*q = 2;
```

数组中第四个元素的地址存储在 q 中。在释放数组之后，程序对该指针进行了解引用。在上面的程序中，管理动态内存分配的库可能在此时重新分配原来用于数组的空间，因此写入 *q 可能会覆盖另一个对象。这些错误很难重现，因为它们取决于体系结构的具体内存布局。尽管进行了广泛测试，它们仍然很难被检测到。因此，检测此类错误是静态程序分析工具的重要应用。

附注：别名分析

　　别名分析在对软件进行指针推理时起着重要作用，例如优化编译器所做的分析。别名分析可以在不同精确度级别上执行。例如，别名分析可能区分或不区分具体字段，可以是过程间或过程内的，可以区分或不区分具体控制流。别名分析是**静态分析**的特例，并且通常作为**可能性分析**进行，即用于确定给定指针可能指向的变量集合——这称为"指向"集合。换句话说，该指针不会指向不在这个集合中的变量。例如，给定语句

`*p=0;`

通过可能性分析，我们可以得出结论：任何不在 p 的指向集合中的变量都不会被这个赋值语句修改。对于优化编译器而言，这使我们能够确定哪些变量可以安全地缓存在处理器寄存器中。

　　别名分析为每个指针（以及如果需要的话，为每个程序位置）维护一个指向集合，并根据程序语句更新这些集合。一旦集合已经饱和（saturated），即不再发生改变，算法终止。

　　作为例子，考虑以下程序片段的控制流不敏感分析，该片段由三条语句组成：

```
p=q;
q=&i;
p=&j;
```

变量 p 和 q 的指向集合最初是空的。第一条语句不会导致任何变化。第二条语句将 i 添加到 q 的指向集合中，第三条语句将 j 添加到 p 的指向集合中。由于第一条语句，q 的指向集合中的元素被添加到 p 的指向集合中。此后，两个集合就饱和了。

8.2　一个简单的指针逻辑

8.2.1　语法

　　指针逻辑有很多变种，每个变种都有不同的语法和含义。比较复杂的变种通常是不可判定的。我们在这里定义一个简单的逻辑，目的是使得其判定问题更容易解决。

定义 8.4（指针逻辑）　**指针逻辑**公式的语法定义如下。

$$公式：公式 \wedge 公式 \mid \neg 公式 \mid (公式) \mid 原子公式$$

$$原子公式：指针 = 指针 \mid 项 = 项 \mid$$
$$指针 < 指针 \mid 项 < 项$$

$$指针：指针标识符 \mid 指针 + 项 \mid (指针) \mid$$
$$\& \, 标识符 \mid \& * 指针 \mid * 指针 \mid NULL$$

$$项：标识符 \mid * 指针 \mid 项 \, 运算符 \, 项 \mid (项) \mid$$
$$整数常数 \mid 标识符 [\, 项 \,]$$

$$运算符：+ \mid -$$

假设**指针标识符**表示的变量为指针类型，而**标识符**表示的变量为整数或整数数组。[①]请注意，此语法允许指针算术运算，但禁止直接将整数转换为指针或其反向操作。这是因为在许多体系结构下，将指针转换为整数可能失败：指针比标准整数类型宽。[②]

示例 8.5　令 p 和 q 为指针标识符，i 和 j 为整数标识符。根据上述语法，以下表达式是合法的：

- $*(p + i) = 1$
- $*(p + *p) = 0$
- $p = q \wedge *p = 5$
- $* * * * *p = 1$
- $p < q$

下面的表达式则是以上语法不允许的：

- $p + i$
- $p = i$
- $*(p + q)$
- $*1 = 1$
- $p < i$

[①] 这个语法显然受到了 ANSI-C 的启发。然而，需要注意的是，有些地方和 ANSI-C 语法不同。例如，在 ANSI-C 中，数组标识符和其他地址是等同的。

[②] 就像在 C/C++ 中一样，仍然可以通过引用操作进行间接转换。

请注意，上述语法涵盖了整个整数线性算术（参见第 5 章）以及一个数组逻辑（参见第 7 章）片段。在实践中，指针逻辑通常与程序表达式的逻辑相结合，如位向量算术。

8.2.2 语义

有多种方法可以为上述方法定义的表达式赋予含义。我们通过指明具体的内存布局 L（参见定义 8.2）和具体的内存赋值 M（参见定义 8.1）来定义语义，即指针逻辑公式是关于 M, L 对的谓词。该定义使用了到整数算术和数组逻辑的归约，因此我们将 M 和 L 视为数组类型。我们还假设 D（数据字的集合）包含在整数集合中。

定义 8.6（指针逻辑的语义） 假设 L 表示一个内存布局，M 为一个内存赋值。令 $\mathcal{L}_P$ 表示指针逻辑表达式的集合，$\mathcal{L}_D$ 表示数据字逻辑所允许的表达式集合。我们使用函数 $[\![\cdot]\!]:\mathcal{L}_P \longrightarrow \mathcal{L}_D$ 来定义 $e \in \mathcal{L}_P$。函数 $[\![e]\!]$ 按照图 8.2 递归定义。当且仅当 $[\![e]\!]$ 有效时，表达式 $e \in \mathcal{L}_P$ 才有效。

$$
\begin{array}{rcll}
[\![f_1 \wedge f_2]\!] & \doteq & [\![f_1]\!] \wedge [\![f_2]\!] & \\
[\![\neg f]\!] & \doteq & \neg[\![f]\!] & \\
[\![p_1 = p_2]\!] & \doteq & [\![p_1]\!] = [\![p_2]\!] & \text{其中 } p_1 \text{ 和 } p_2 \text{ 为指针表达式} \\
[\![p_1 < p_2]\!] & \doteq & [\![p_1]\!] < [\![p_2]\!] & \text{其中 } p_1 \text{ 和 } p_2 \text{ 为指针表达式} \\
[\![t_1 = t_2]\!] & \doteq & [\![t_1]\!] = [\![t_2]\!] & \text{其中 } t_1 \text{ 和 } t_2 \text{ 为项} \\
[\![t_1 < t_2]\!] & \doteq & [\![t_1]\!] < [\![t_2]\!] & \text{其中 } t_1 \text{ 和 } t_2 \text{ 为项} \\
[\![p]\!] & \doteq & M[L[p]] & \text{其中 } p \text{ 为指针表达式} \\
[\![p + t]\!] & \doteq & [\![p]\!] + [\![t]\!] & \text{其中 } p \text{ 为指针表达式，} t \text{ 为项} \\
[\![\&v]\!] & \doteq & L[v] & \text{其中 } v \in V \text{ 为变量} \\
[\![\& * p]\!] & \doteq & [\![p]\!] & \text{其中 } p \text{ 为指针表达式} \\
[\![\text{NULL}]\!] & \doteq & 0 & \\
[\![v]\!] & \doteq & M[L[v]] & \text{其中 } v \in V \text{ 为变量} \\
[\![*p]\!] & \doteq & M[[\![p]\!]] & \text{其中 } p \text{ 为指针表达式} \\
[\![t_1 \ op \ t_2]\!] & \doteq & [\![t_1]\!] \ op \ [\![t_2]\!] & \text{其中 } t_1 \text{ 和 } t_2 \text{ 为项} \\
[\![c]\!] & \doteq & c & \text{其中 } c \text{ 为整数常数} \\
[\![v[t]]\!] & \doteq & M[L[v] + [\![t]\!]] & \text{其中 } v \text{ 为数组标识符，} t \text{ 为项}
\end{array}
$$

图 8.2 指针表达式的语义

观察到如果 $M[L[p]] = L[x]$，即 p 的值等于 x 的地址，那么指针 p 指向变量 x。我们以 $p \hookrightarrow z$ 表示 p 指向某个内存单元，使得 $*p = z$。同时要注意指针运算的含义并不取决于 p 指向的对象的类型，比如 $p + i$。[①]

$\boxed{p \hookrightarrow z}$

示例 8.7　考虑以下表达式，其中 a 是数组标识符：

$$*((\&a) + 1) = a[1] \tag{8.1}$$

扩展定义 (8.1) 的语义如下：

$$\llbracket *((\&a) + 1) = a[1] \rrbracket \iff \llbracket *((\&a) + 1) \rrbracket = \llbracket a[1] \rrbracket \tag{8.2}$$
$$\iff M[\llbracket (\&a) + 1 \rrbracket] = M[L[a] + \llbracket 1 \rrbracket] \tag{8.3}$$
$$\iff M[\llbracket \&a \rrbracket + \llbracket 1 \rrbracket] = M[L[a] + 1] \tag{8.4}$$
$$\iff M[L[a] + 1] = M[L[a] + 1] \tag{8.5}$$

等式 (8.5) 明显成立，因此等式 (8.1) 也成立。请注意，转换后的公式必须对任意的 L 和 M 都为 TRUE。因此，以下公式不是有效的：

$$*p = 1 \implies x = 1 \tag{8.6}$$

如果 $p \neq \&x$，该公式为 FALSE。

8.2.3　内存模型的公理化

指针逻辑公式可能依赖于对内存模型的假设。内存模型假设的集合高度依赖于体系结构。在这里，我们对大多数体系结构符合的属性进行了形式化，许多程序依赖于这些属性。

对于大部分体系结构，以下两个公式是有效的，因此程序员可以放心地假设它们成立：

$$\&x \neq \text{NULL} \tag{8.7}$$
$$\&x \neq \&y \tag{8.8}$$

公式 (8.7) 依赖于没有任何对象的地址为 0 的事实，可转换为 $L[x] \neq 0$。公式 (8.8) 依赖于内存布局分配给不同对象的地址不重叠的事实。为了形式化这些属性，我们定义了一系列**内存模型公理**。

---

① 与此不同，ANSI-C 的语义要求，将一个整数与指针 p 相加时，需将该整数乘以 p 所指类型的大小。

内存模型公理 1（没有任何对象的地址为 0） "没有任何对象的地址为 0"这个事实很容易形式化：[①]

$$\forall v \in V.\ L[v] \neq 0 \tag{8.9}$$

确保公式 (8.8) 成立的最简单方法是假设 $\forall v_1, v_2 \in V,\ v_1 \neq v_2 \implies L[v_1] \neq L[v_2]$。然而，这个假设通常不够强，因为大于或等于 2 的对象仍可能重叠[②]。因此，我们假设以下两个条件，这两个条件结合起来更强。

内存模型公理 2（对象大小至少为 1） "对象大小至少为 1"这个事实很容易用以下公式刻画：

$$\forall v \in V.\ \sigma(v) \geqslant 1 \tag{8.10}$$

内存模型公理 3（对象不重叠） 不同对象不共享地址：

$$\forall v_1, v_2 \in V.\ v_1 \neq v_2 \implies \begin{aligned} &\{L[v_1], \cdots, L[v_1] + \sigma(v_1) - 1\} \cap \\ &\{L[v_2], \cdots, L[v_2] + \sigma(v_2) - 1\} = \varnothing \end{aligned} \tag{8.11}$$

有些代码依赖于额外的特定体系结构假设，对这样的代码进行分析的程序分析工具，可能需要一组更大的内存模型公理，比如**字节顺序**、端序以及具体的**对齐假设**。

8.2.4　增加结构类型

结构类型是一种方便的实现数据结构的方式。结构类型可以作为纯语法扩展添加到指针逻辑中，我们很快就会看到这一点。我们假设结构类型的字段是命名的，并用 $s.f$ 表示结构 s 中字段 f 的值。

我们可以将结构类型视为数组类型的"语法糖"，并记录以下简写形式。结构的每个字段都被分配了唯一的**偏移量**。令 $o(f)$ 表示字段 f 的偏移量。我们定义 $s.f$ 如下： $\boxed{o(f)}$

$$s.f \ \doteq \ *((\&s) + o(f)) \tag{8.12} \qquad \boxed{s.f}$$

为方便起见，我们引入两种简写形式。采用 PASCAL 和 ANSI-C 的语法，我们用 $p\text{->}f$ 来　$\boxed{p\text{->}f}$

[①] 注意，ANSI-C 标准并不保证符号常量 NULL 由零组成的位向量表示；然而，它保证了 NULL 指针可以与整数零进行比较，并且可以通过将整数零转换为指针类型来获取 NULL 指针。

[②] 一个对象的大小指的是该对象所占的内存单元数量。——译者注

表示 $(*p).f$（请注意，不要将此简写与逻辑蕴含或 $p \hookrightarrow a$ 混淆）。我们还从分离逻辑（见后面的附注）中借用一些记号来扩展 $p \hookrightarrow a$ 记号，引入 $p \hookrightarrow a, b, c, \cdots$ 作为以下公式的简写：

$$
\begin{aligned}
&*(p+0) = a \quad \wedge \\
&*(p+1) = b \quad \wedge \\
&*(p+2) = c \quad \cdots
\end{aligned}
\tag{8.13}
$$

8.3 堆分配的数据结构建模

8.3.1 链表

堆分配的数据结构在程序中起着重要作用，并且容易出现指针相关的错误。我们将展示如何使用指针逻辑来建模一些常用的数据结构。

除了数组，最简单的动态分配的数据结构是**链表**。链表通常由结构类型实现，该结构包含了 $next$ **指针**字段和需要存储在链表中的数据字段。

例如，考虑以下链表：第一个字段命名为 a，是一个 ASCII 字符，作为"有效载荷"；第二个字段命名为 n，是指向链表下一个元素的指针。按照 ANSI-C 的语法，我们用 'x' 来表示代表 ASCII 字符 "x" 的整数，如图 8.3 所示。

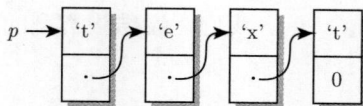

图 8.3 一个链表

链表以一个 NULL 指针结尾，在图 8.3 中用"0"表示。建模链表的一种方式是使用以下公式：

$$
\begin{aligned}
&p \hookrightarrow \text{'t'}, p_1 \\
\wedge\ &p_1 \hookrightarrow \text{'e'}, p_2 \\
\wedge\ &p_2 \hookrightarrow \text{'x'}, p_3 \\
\wedge\ &p_3 \hookrightarrow \text{'t'}, \text{NULL}
\end{aligned}
\tag{8.14}
$$

然而，这种描述链表的方式很烦琐。因此，我们引入一个递归的简写形式[1]来指定链表的第 i 个成员，忽略负载字段：

$$\text{list-elem}(p,0) \doteq p$$
$$\text{list-elem}(p,i) \doteq \text{list-elem}(p,i-1)\text{->}n \quad \text{对于 } i \geqslant 1 \tag{8.15}$$

我们现在定义一个简写形式 $\text{list}(p,l)$ 来表示一个这样的谓词，当 p 指向一个长度为 l 的以 $\boxed{\text{list}(p,l)}$ NULL 结尾的非循环链表时，该谓词为真：

$$\text{list}(p,l) \doteq \text{list-elem}(p,l) = \text{NULL} \tag{8.16}$$

如果一个链表的最后一个元素指向第一个元素，我们说该链表是**循环的**，如图 8.4 所示。

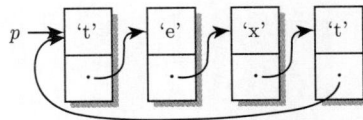

图 8.4　循环链表

考虑下面的变种 $\text{my-list}(p,l)$，表示 p 指向一个长度为 $l \geqslant 1$ 的循环链表：

$$\text{my-list}(p,l) \doteq \text{list-elem}(p,l) = p \tag{8.17}$$

这个定义能准确地捕捉到这个概念吗？图 8.4 中的链表满足 $\text{my-list}(p,4)$。不过，图 8.5 中的链表同样满足 $\text{my-list}(p,4)$。

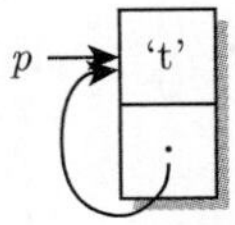

图 8.5　一个特例

这是因为我们的定义并没有排除元素之间的**共享**，尽管我们当初想的肯定是链表中有 l 个不相交的元素，但是没有把它表达出来。这种属性通常被称为**分离属性**。一种确保链表元素不相交的方法是定义一个缩写记号 overlap，如下：

$$\text{overlap}(p,q) \doteq p = q \lor p+1 = q \lor p = q+1 \tag{8.18}$$

---

[1] 请注意，这种形式的递归定义通常只有当第二个参数是一个常量时才可以嵌入我们的指针逻辑中。

我们用这个记号来表达链表元素两两不相交：

$$\text{list-disjoint}(p, 0) \doteq \text{TRUE}$$
$$\text{list-disjoint}(p, l) \doteq \text{list-disjoint}(p, l-1) \wedge$$
$$\forall 0 \leqslant i < l-1.\ \neg\text{overlap}(\text{list-elem}(p, i), \text{list-elem}(p, l-1)) \tag{8.19}$$

注意，这个公式的规模随着 l 呈二次方增长。由于经常需要分离属性，因此学者们提出了更简洁的记法，例如**分离逻辑**（参见下面的附注）。分离逻辑可以用线性大小的公式来表示这些性质。

附注：分离逻辑

　　动态数据结构的理论经常用来证明内存单元**不发生别名关系**。虽然可以使用两两比较的方式建模给定对象与其他对象之间是否发生别名关系，但是这种方法的推理效果不佳。这需要枚举所有堆分配的对象，因此难以对一个程序用局部方式进行推理分析。

　　John Reynolds 提出的**分离逻辑**[242] 通过引入一个新的二元运算符 "$*$" 解决了这个问题，如 "$P * Q$"，该运算称为**分离合取**。"$*$" 的意义类似于标准的布尔逻辑合取 $P \wedge Q$，但它还断言 P 和 Q 分别对堆的不重叠的部分进行推理。举个例子，考虑以下 list 谓词变种：

$$\text{list}(p, 0) \doteq p = \text{NULL}$$
$$\text{list}(p, l) \doteq \exists q.\ p \hookrightarrow z, q \wedge \text{list}(q, l-1) \quad \text{对于 } l \geqslant 1 \tag{8.20}$$

与我们之前的定义一样，上述定义的问题在于链表元素的某些存储单元可能重叠。可以通过将上述定义中的标准合取替换为分离合取来解决这个问题：

$$\text{list}(p, l) \doteq \exists q.\ p \hookrightarrow z, q * \text{list}(q, l-1) \tag{8.21}$$

这个新的 list 谓词还断言所有链表元素的内存单元两两不相交。一般形式的分离逻辑是不可判定的，但是存在各种可判定的片段。

8.3.2　树

　　我们可以通过在数据结构的每个元素中添加另一个指针字段来实现**二叉树**（参见图 8.6）。我们用 l 表示指向左子节点的指针，用 r 表示指向右子节点的指针。

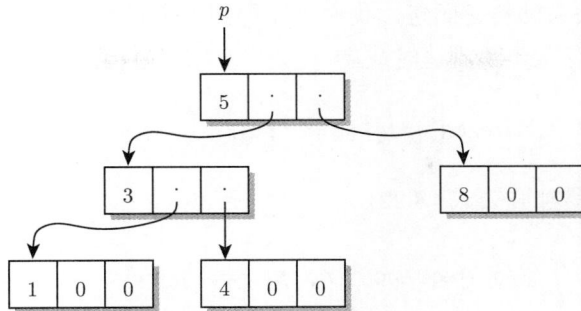

图 8.6　表示一个整数集合的二叉树

为了阐释树的指针逻辑公式，考虑图 8.6 中的树，它有一个整数 x 作为有效载荷。这些整数按照特定的方式排列：任何节点 n 的左子节点的整数总是小于节点 n 本身的整数，而其右子节点的整数总是大于节点 n 的整数。这种属性使得我们可以在 $O(h)$ 时间内根据给定的整数值查找元素，其中 h 是树的高度。这个属性可以形式化如下：

$$(n.l \neq \text{NULL} \implies n.l\text{->}x < n.x)$$
$$\wedge \; (n.r \neq \text{NULL} \implies n.r\text{->}x > n.x) \tag{8.22}$$

不过，公式 (8.22) 不够强大，无法保证在 $O(h)$ 时间内查找完毕。为了做到这一点，我们需要建立整棵子树上整数的顺序。我们定义一个谓词 tree-reach(p, q)，当且仅当 p 可以在一步之内到达 q 时，该谓词成立。

$$\text{tree-reach}(p, q) \doteq p \neq \text{NULL} \wedge q \neq \text{NULL} \wedge$$
$$(p = q \vee p\text{->}l = q \vee p\text{->}r = q) \tag{8.23}$$

为了获得一个当且仅当 p 能通过任意步数到达 q 时成立的谓词，我们对给定的二元关系 R 定义**传递闭包**。

定义 8.8（传递闭包）　给定一个二元关系 R，它的**传递闭包** TC_R 关联 x 和 y，如果存在 $z_1, z_2, \cdots, z_n$ 使得

$$xRz_1 \wedge z_1Rz_2 \wedge \cdots \wedge z_nRy$$

形式上，传递闭包可以归纳定义如下：

$$\text{TC}_R^1(p, q) \doteq R(p, q)$$
$$\text{TC}_R^i(p, q) \doteq \exists p'. \; \text{TC}_R^{i-1}(p, p') \wedge R(p', q) \tag{8.24}$$
$$\text{TC}(p, q) \doteq \exists i. \; \text{TC}_R^i(p, q)$$

使用 tree-reach 关系的传递闭包，我们可以得到一个新的关系 tree-reach*(p, q)，当且仅当 q 可以从 p 通过任意步数到达时成立：

$$\text{tree-reach*}(p, q) \iff \mathsf{TC}_{\text{tree-reach}}(p, q) \tag{8.25}$$

使用 tree-reach* 很容易加强公式 (8.22)：

$$
\begin{aligned}
&(\forall p.\ \text{tree-reach*}(n.l, p) \implies p{\rightarrow}x < n.x) \\
\wedge\ &(\forall p.\ \text{tree-reach*}(n.r, p) \implies p{\rightarrow}x > n.x)
\end{aligned}
\tag{8.26}
$$

然而，添加传递闭包运算可能使得简单的逻辑都变得不可判定。虽然这对于建模来说很方便，但对于自动推理来说是一种负担。我们可以只考虑一些可判定的特殊情况。

8.4 一个判定过程

8.4.1 应用语义转换

8.2.2 节介绍的语义转换不仅给指针公式赋予了意义，还产生了一个简单的判定过程。这个语义转换生成的公式包含数组读取操作和索引类型上的线性算术，其索引类型可以是整数集合（参见第 5 章）或位向量集合（参见第 6 章）。它还包含用于建模内存单元内容的类型的等式。我们假设这个类型与索引类型相同。正如我们在第 7 章中看到的，这样的逻辑是可判定的。当用量词对指针逻辑进行扩展时，需要谨慎处理，因为带有任意量词的数组逻辑是不可判定的。

对指针逻辑的一个直接判定过程是这样的：首先对指针公式 φ 进行语义转换，得到一个整数和整数数组上的线性算术组合逻辑公式 φ'；然后将公式 φ' 传递给组合逻辑的判定过程。由于公式 φ 和 φ' 是等可满足的（根据定义），所以对 φ' 的判定结果也是对 φ 的正确判定结果。

示例 8.9 考虑以下指针逻辑公式，其中 x 是变量，p 是指针：

$$p = \&x \wedge x = 1 \implies *p = 1 \tag{8.27}$$

该公式的语义定义展开如下：

$$
\begin{aligned}
&\llbracket p = \&x \wedge x = 1 \implies *p = 1 \rrbracket \\
&\iff \llbracket p = \&x \rrbracket \wedge \llbracket x = 1 \rrbracket \implies \llbracket *p = 1 \rrbracket \\
&\iff \llbracket p \rrbracket = \llbracket \&x \rrbracket \wedge \llbracket x \rrbracket = 1 \implies \llbracket *p \rrbracket = 1 \\
&\iff M[L[p]] = L[x] \wedge M[L[x]] = 1 \implies M[M[L[p]]] = 1
\end{aligned}
\tag{8.28}
$$

数组和等式理论的判定过程可以判定该公式是有效的，因此公式 (8.27) 也是有效的。

作为一个否定的例子（并非有效的公式），我们考虑

$$
p \hookrightarrow x \implies p = \&x \tag{8.29}
$$

该公式的语义定义展开如下：

$$
\begin{aligned}
&\llbracket p \hookrightarrow x \implies p = \&x \rrbracket \\
&\iff \llbracket p \hookrightarrow x \rrbracket \implies \llbracket p = \&x \rrbracket \\
&\iff \llbracket *p = x \rrbracket \implies \llbracket p \rrbracket = \llbracket \&x \rrbracket \\
&\iff \llbracket *p \rrbracket = \llbracket x \rrbracket \implies M[L[p]] = L[x] \\
&\iff M[M[L[p]]] = M[L[x]] \implies M[L[p]] = L[x]
\end{aligned}
\tag{8.30}
$$

以上公式的一个反例是：

$$
L[p] = 1,\ L[x] = 2,\ M[1] = 3,\ M[2] = 10,\ M[3] = 10 \tag{8.31}
$$

反例中 M 和 L 的值可以通过图 8.7 来说明。

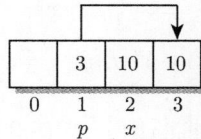

图 8.7 M 和 L 的值

应用内存模型公理

有些公式可能依赖于 8.2.3 节定义的内存模型公理。比如，考虑以下公式：

$$
\sigma(x) = 2 \implies \&y \neq \&x + 1 \tag{8.32}
$$

语义转换后，得到

$$\sigma(x) = 2 \implies L[y] \neq L[x] + 1 \tag{8.33}$$

通过实例化内存模型公理 3，我们可以证明这个公式是成立的。将 v_1 实例化为 x，v_2 实例化为 y，我们得到

$$\{L[x], \cdots, L[x] + \sigma(x) - 1\} \cap \{L[y], \cdots, L[y] + \sigma(y) - 1\} = \varnothing \tag{8.34}$$

我们可以将公式 (8.34) 中的集合表达式转换为整数的线性算术表达式，如下所示：

$$(L[x] + \sigma(x) - 1 < L[y]) \vee (L[x] > L[y] + \sigma(y) - 1) \tag{8.35}$$

利用 $\sigma(x) = 2$ 和 $\sigma(y) \geqslant 1$（内存模型公理 2），我们可以证明

$$(L[x] + 1 < L[y]) \vee (L[x] > L[y]) \tag{8.36}$$

公式 (8.36) 可以蕴含 $L[y] \neq L[x] + 1$，从而证明了等式 (8.32) 成立。

8.4.2 纯变量

对指针公式做语义转换，会得到一个可以使用本书描述的判定过程进行判定的公式。然而，对内存取值进行语义转换会给底层的判定过程带来不必要的负担，如下面的例子所示（等式的对称性）：

$$\llbracket x = y \implies y = x \rrbracket \tag{8.37}$$

$$\iff \llbracket x = y \rrbracket \implies \llbracket y = x \rrbracket \tag{8.38}$$

$$\iff M[L[x]] = M[L[y]] \implies M[L[y]] = M[L[x]] \tag{8.39}$$

数组逻辑和等式逻辑的判定过程能够推断出公式 (8.39) 是有效的。然而，求解公式 (8.39) 需要的步骤显然超出了判定下式所需的努力：

$$x = y \implies y = x \tag{8.40}$$

语义转换没有利用 x 和 y 实际上没有与任何指针交互这一事实。其实，一个直接的优化是：如果变量 x 的地址没有被引用，我们可以将其转换为一个新变量 Υ_x，而非 $M[L[x]]$。将这个想法形式化需要以下定义。

定义 8.10（纯变量） 给定公式 φ 和变量集合 V，令 $\mathcal{P}(\varphi) \subseteq V$ 表示 φ 中没在 "$\&$" 运算的参数中使用过的变量的子集。这些变量被称为**纯变量**。

例如，$\mathcal{P}(\&x = y)$ 为 $\{y\}$。我们现在定义一个新的转换函数 $[\![\cdot]\!]^{\mathcal{P}}$。如果 e 不属于 $\mathcal{P}(\varphi)$ 中的变量，$[\![e]\!]^{\mathcal{P}}$ 的定义与 $[\![e]\!]$ 的定义相同，具体如下：

$$[\![v]\!]^{\mathcal{P}} \doteq \Upsilon_v \qquad \text{对于 } v \in \mathcal{P}(\varphi)$$
$$[\![v]\!]^{\mathcal{P}} \doteq M[L[v]] \quad \text{对于 } v \in V \setminus \mathcal{P}(\varphi)$$

定理 8.11 使用纯变量的转换与语义转换是等可满足的：

$$[\![\varphi]\!]^{\mathcal{P}} \iff [\![\varphi]\!]$$

示例 8.12 现在，我们无须参考内存取值就可以对公式 (8.38) 进行如下转换，从而避免了给数组逻辑判定过程增加负担。

$$[\![x = y \implies y = x]\!]^{\mathcal{P}} \tag{8.41}$$
$$\iff [\![x = y \implies y = x]\!]^{\mathcal{P}} \tag{8.42}$$
$$\iff [\![x = y]\!]^{\mathcal{P}} \implies [\![y = x]\!]^{\mathcal{P}} \tag{8.43}$$
$$\iff \Upsilon_x = \Upsilon_y \implies \Upsilon_y = \Upsilon_x \tag{8.44}$$

8.4.3 内存划分

根据以下观察结果，转换过程可以进一步优化：数组逻辑判定过程的运行时间取决于用于索引特定数组的不同表达式的数量（参见第 7 章）。例如，考虑指针逻辑公式

$$*p = 1 \wedge *q = 1 \tag{8.45}$$

采用我们的优化转换，可以转换为

$$M[\Upsilon_p] = 1 \wedge M[\Upsilon_q] = 1 \tag{8.46}$$

指针 p 和 q 可能具有别名关系，但没有理由认为它们肯定有别名关系。不失一般性，可以安全地假设它们不具有别名关系，因此我们将 M 划分为 M_1 和 M_2：

$$M_1[\Upsilon_p] = 1 \wedge M_2[\Upsilon_q] = 1 \tag{8.47}$$

虽然这增加了数组变量的数量，但每个数组的不同索引表达式数量减少了。这通常会改善数组逻辑判定过程的性能。

这种转换不一定总是可行的，比如下面的例子：

$$p = q \implies *p = *q \tag{8.48}$$

此公式明显是有效的，但如果我们像前面一样进行内存划分，转换得到的公式则不再是有效的：

$$\Upsilon_p = \Upsilon_q \implies M_1[\Upsilon_p] = M_2[\Upsilon_q] \tag{8.49}$$

遗憾的是，判断此优化是否适用一般与判定 φ 本身一样困难。因此，我们采用基于语法测试的近似方法。这种近似方法是保守的，也即它是可靠的，不过理论上它不一定能得到最佳的划分。

定义 8.13   如果在公式 φ 中，指针表达式 p 和 q 都被用在相同的关系表达式中，我们称其**直接相关**。如果存在一个指针表达式 p' 与 p 相关联，并且与 q 相关联，则 p 和 q 为**传递相关**。我们用 $p \approx q$ 表示 p 和 q 是直接相关或传递相关。

$\boxed{p \approx q}$

关系 $\approx$ 导出 φ 中指针表达式的划分，我们将这些分类编号为 $1, \cdots, n$。令 $I(p) \in \{1, \cdots, n\}$ 表示 p 所在分类的索引。现在我们定义一个新的转换 $[\![\cdot]\!]^\approx$，其中当 p 被解引用时使用单独的内存取值 $M_{I(p)}$。$[\![e]\!]^\approx$ 的定义与 $[\![e]\!]^p$ 的定义相同，除非 e 是一个解引用表达式。在这种情况下，我们使用以下定义：

$$[\![*p]\!]^\approx \doteq M_{I(p)}([\![p]\!]^\approx)$$

定理 8.14   使用内存划分的转换得到的公式与通过语义转换得到的公式等可满足：

$$\exists \alpha_1. \, \alpha_1 \models [\![\varphi]\!]^\approx \quad \Longleftrightarrow \quad \exists \alpha_2. \, \alpha_2 \models [\![\varphi]\!]$$

注意，该定理依赖于我们的语法不对内存布局 L 进行显式限制这一事实。一旦解除了这个限制，该定理就不再成立（参见问题 8.5）。

8.5 基于规则的判定过程

对于表达能力足够强的指针逻辑（可以建模一些重要的数据结构），人们常常会采用不完备的基于规则的判定过程。这类过程的基本思想是定义一个指针逻辑的片段，支持具体数据结构类型（例如列表或树）的谓词，再加上一组足以证明实践中出现的各种验证条件的证明规则。通常，这些证明规则的正确性是相对于谓词的定义来证明的，从而也证明了判定过程的正确性。目前只有少数几个已知的证明系统被证明是完备的。

8.5.1 链接型数据结构的可达性谓词

作为这种方法的一个简单示例，我们介绍一个基于 Greg Nelson 提出的可达性谓词演算的判定过程[204]。本章末尾的文献注释中还讨论了其他基于规则的推理系统。

首先，对于用来指定链表的 list-elem 简写，通过指向"下一个"元素的字段的名称来对它进行参数化。假设 f 是一个结构的字段，用于保存指针。简写 $\mathrm{follow}_n^f(q)$ 表示从 q 出发追踪 f 字段 n 次得到的指针：

$$
\begin{aligned}
\mathrm{follow}_0^f(p) &\doteq p \\
\mathrm{follow}_n^f(p) &\doteq \mathrm{follow}_{n-1}^f(p)\text{->}f
\end{aligned}
\tag{8.50}
$$

如果 $\mathrm{follow}_n^f(p) = q$ 成立，那么 q 可以从 p 顺着 f 经过 n 步到达。如果存在这样的 n，我们说 q 可以从 p 通过追踪 f 到达。借助这个简写，我们定义一个谓词来丰富逻辑，用于处理类似于链表的数据结构，记为

$$
p \underset{x}{\overset{f}{\to}} q
\tag{8.51}
$$

这称为**可达性谓词**，读作"从 p 出发追踪 f，可以到达 q 且避开 x"。如果满足以下两个条件，该谓词为真：

1. 存在某个 n，使得 q 可以从 p 出发经过 n 次追踪 f 到达；
2. x 不能从 p 经过少于 n 次追踪 f 到达。

这可以用 follow() 进行形式化，如下：

$$p \underset{x}{\overset{f}{\to}} q \iff \exists n.(\mathsf{follow}_n^f(p) = q \land \forall m < n.\mathsf{follow}_m^f(p) \neq x) \tag{8.52}$$

如果一个公式包含了可达性谓词，我们就说它是**可达性谓词公式**。

示例 8.15   考虑以下软件验证问题。以下程序片段遍历一个非循环链表，搜索带有载荷 a 的链表元素：

```
struct S { struct S *nxt; int payload; } *list;

...
bool find(int a) {
    for(struct S *p=list; p!=0; p=p->nxt)
        if(p->payload==a) return true;
    return false;
}
```

我们可以使用以下公式来表示返回结果的正确性：

$$\mathsf{find}(a) \iff \exists p'.\left(list \underset{0}{\overset{nxt}{\to}} p' \land p'\text{->}payload = a \right) \tag{8.53}$$

因此，如果以下条件成立，则 `find(a)` 为真。

1. 有一个链表元素，可以从 $list$ 出发通过追踪 nxt 到达，而且这个过程不经过 NULL 指针。
2. 这个链表元素的载荷等于 a。

我们在上述程序的循环体开头添加以下循环不变式的注释，记为 INV：

$$\mathsf{INV} := list \underset{0}{\overset{nxt}{\to}} p \land \left(\forall q \neq p.\ list \underset{p}{\overset{nxt}{\to}} q \implies q\text{->}payload \neq a \right) \tag{8.54}$$

非正式地说，我们进行以下论证：首先，证明程序保持了循环不变式 INV；然后证明 INV 蕴含了我们的属性。

形式化地说，这是通过 4 个**验证条件**来表示的。这些验证条件的有效性蕴含了该属性。我们使用记号 $e[x/y]$ 表示将表达式 e 中的 x 替换为 y。

$$\text{IND-BASE} := p = list \implies \text{INV} \tag{8.55}$$

$$\text{IND-STEP} := (\text{INV} \wedge p\text{->}payload \neq a) \implies \text{INV}[p/p\text{->}nxt] \tag{8.56}$$

$$\text{VC-P1} := \quad (\text{INV} \wedge p\text{->}payload = a) \tag{8.57}$$
$$\implies \exists p'. \left(list \overset{nxt}{\underset{0}{\to}} p' \wedge p'\text{->}payload = a \right)$$

$$\text{VC-P2} := (\text{INV} \wedge p = 0) \implies \neg\exists p'. \left(list \overset{nxt}{\underset{0}{\to}} p' \wedge p'\text{->}payload = a \right) \tag{8.58}$$

第一个验证条件 IND-BASE 对应归纳证明的归纳基础。它指出，在进入循环时 INV 成立，因为此时 $p = list$。公式 IND-STEP 对应归纳步骤：它指出，如果再执行一个循环迭代（即 $p\text{->}payload \neq a$），循环不变式仍然保持。

公式 VC-P1 和 VC-P2 对应着离开 `find` 函数的两种情况：VC-P1 描述了返回 TRUE 时满足的属性，而 VC-P2 描述了返回 FALSE 时满足的属性。因此，证明这些验证条件就能够证明程序满足所需的属性。　∎

8.5.2 判定可达性谓词公式

跟之前一样，我们可以简单地展开上述定义并得到一个语义约简。例如，考虑在 8.5.1 节中标记为 IND-BASE 的验证条件：

$$p = list \implies \text{INV} \tag{8.59}$$

$$\iff p = list \implies list \overset{nxt}{\underset{0}{\to}} p \wedge \forall q \neq p.\ list \overset{nxt}{\underset{p}{\to}} q \implies q\text{->}payload \neq a \tag{8.60}$$

$$\iff list \overset{nxt}{\underset{0}{\to}} list \wedge \forall q \neq list. \left(list \overset{nxt}{\underset{list}{\to}} q \implies q\text{->}payload \neq a \right) \tag{8.61}$$

$$\iff (\exists n.\ \text{follow}_n^{nxt}(list) = list \wedge \forall m < n.\ \text{follow}_m^{nxt}(list) \neq list) \wedge$$

$$(\forall q \neq list. \ ((\exists n. \ \mathsf{follow}_n^{nxt}(list) = q \wedge \forall m < n. \ \mathsf{follow}_m^{nxt}(list) \neq list)$$

$$\implies \ q\text{->}payload \neq a)) \tag{8.62}$$

以下是对等式 (8.62) 之所以成立的论证：在第一个合取项中，将 n 实例化为 0。在第二个合取项中，观察到 $q \neq list$，因此任何满足 $\exists n. \ \mathsf{follow}_n^{nxt}(list) = q$ 的 n 肯定大于 0。最后，观察到对于 $m = 0$，$\mathsf{follow}_m^{nxt}(list) \neq list$ 不是有效的，因此蕴含式的左边是 FALSE。

然而，需要注意的是，上述公式涉及众多自然数和指针的存在量词和全称量词。因此，应用语义约简并不能得到符合第 7 章中定义的数组性质片段的公式。因此，在该章中展示的可判定结果在这里并不适用。那么，如何求解这样复杂的可达性谓词公式呢？

使用规则

在这种情况下，通常会采用以下技术：从谓词的语义定义中推导出**规则**，然后应用这些规则来简化公式。

文献 [204] 中给出的可达性谓词规则如图 8.8 所示。第一条规则 $(A1)$ 对应于程序片段中对字段 f 的一次追踪。如果 q 从 p 可达，并且避开了 x，则要么 $p = q$（我们已经到达），要么 $p \neq x$ 并且我们可以从 p 追踪 f 到达一个节点，从该节点可以到达 q，并且避开了 x。下面我们证明该规则的正确性。

证明　首先展开可达性谓词的定义：

$$p \underset{x}{\overset{f}{\to}} q \iff \exists n. \ (\mathsf{follow}_n^f(p) = q \wedge \forall m < n. \ \mathsf{follow}_m^f(p) \neq x) \tag{8.63}$$

观察到对于任何自然数 n，有 $n = 0 \vee n > 0$，于是我们可以加入一个合取项：

$$\iff \exists n. \ ((n = 0 \vee n > 0) \wedge$$
$$\mathsf{follow}_n^f(p) = q \wedge \forall m < n. \ \mathsf{follow}_m^f(p) \neq x) \tag{8.64}$$

这可以化简为：

$$\iff \exists n. \ p = q \vee (n > 0 \wedge \mathsf{follow}_n^f(p) = q \wedge \forall m < n. \ \mathsf{follow}_m^f(p) \neq x) \tag{8.65}$$

$$\iff p = q \vee \exists n > 0. \ (\mathsf{follow}_n^f(p) = q \wedge \forall m < n. \ \mathsf{follow}_m^f(p) \neq x) \tag{8.66}$$

$$p \xrightarrow[x]{f} q \iff \left(p = q \vee \left(p \neq x \wedge p\text{-}{>}f \xrightarrow[x]{f} q\right)\right) \tag{A1}$$

$$\left(p \xrightarrow[x]{f} q \wedge q \xrightarrow[x]{f} r\right) \implies p \xrightarrow[x]{f} r \tag{A2}$$

$$p \xrightarrow[x]{f} q \implies p \xrightarrow[q]{f} q \tag{A3}$$

$$\left(p \xrightarrow[y]{f} x \wedge p \xrightarrow[z]{f} y\right) \implies p \xrightarrow[z]{f} x \tag{A4}$$

$$\left(p \xrightarrow[x]{f} x \vee p \xrightarrow[y]{f} y\right) \implies \left(p \xrightarrow[y]{f} x \vee p \xrightarrow[x]{f} y\right) \tag{A5}$$

$$\left(p \xrightarrow[y]{f} x \wedge p \xrightarrow[z]{f} y\right) \implies x \xrightarrow[z]{f} y \tag{A6}$$

$$p\text{-}{>}f \xrightarrow[q]{f} q \iff p\text{-}{>}f \xrightarrow[p]{f} q \tag{A7}$$

图 8.8 可达性谓词规则

我们把 n 替换为 $n' + 1$, n' 为自然数:

$$\iff p = q \vee \exists n'.\ (\mathsf{follow}_{n'+1}^f(p) = q \wedge \forall m < n' + 1.\ \mathsf{follow}_m^f(p) \neq x) \tag{8.67}$$

因为 $\mathsf{follow}_{n'+1}^f(p) = \mathsf{follow}_{n'}^f(p\text{-}{>}f)$, 所以这可以化简为

$$\iff p = q \vee \exists n'.\ (\mathsf{follow}_{n'}^f(p\text{-}{>}f) = q \wedge \forall m < n' + 1.\ \mathsf{follow}_m^f(p) \neq x) \tag{8.68}$$

通过将全称量词分为 $m = 0$ 和 $m \geqslant 1$ 两个部分, 我们得到

$$\iff p = q \vee \exists n'.\ (\mathsf{follow}_{n'}^f(p\text{-}{>}f) = q \wedge \\ p \neq x \wedge \forall 1 \leqslant m < n' + 1.\ \mathsf{follow}_m^f(p) \neq x) \tag{8.69}$$

对其全称量词进行重写:

$$\iff p = q \vee \exists n'.\ (\mathsf{follow}_{n'}^f(p\text{-}{>}f) = q \wedge \\ p \neq x \wedge \forall m < n'.\ \mathsf{follow}_m^f(p\text{-}{>}f) \neq x) \tag{8.70}$$

因为第一个合取项和第三个合取项等价于 $p{\rightarrow}f \overset{f}{\underset{x}{\rightarrow}} q$ 的定义，所以得证。 ■

规则 $(A1)$ 有两个直接的推论:

$$p \overset{f}{\underset{x}{\rightarrow}} p \ \text{和} \ p \overset{f}{\underset{p}{\rightarrow}} q \iff p = q \tag{8.71}$$

在下面的例子中，我们使用这些结论来证明公式 (8.61)，即第一个验证条件的可达性谓词公式。

示例 8.16　回顾公式 (8.61):

$$list \overset{nxt}{\underset{0}{\rightarrow}} list \wedge \forall q \neq list. \left(list \overset{nxt}{\underset{list}{\rightarrow}} q \implies q{\rightarrow}payload \neq a \right) \tag{8.72}$$

第一个合取项是第一个结论的平凡例子。为了证明第二个合取项，我们为全称量词引入一个 **Skolem 变量**[①]q':

$$\left(q' \neq list \wedge list \overset{nxt}{\underset{list}{\rightarrow}} q' \right) \implies q'{\rightarrow}payload \neq a \tag{8.73}$$

应用第二个推论，以上蕴含式的左边为假。 ■

　　然而，即使使用了公理，对可达性谓词进行推理仍然是很烦琐的。对此，一个目标是设计一个能处理包含可达性谓词的逻辑公式的自动判定过程。在文献注释中，我们会提到几种可达性谓词逻辑的判定过程。

8.6　习　　题

8.6.1　指针公式

　　问题 8.1（指针公式的语义）　利用语义转换判定下面的指针公式是否有效:

---

① Skolem 变量是为了消去量词而引入的一个基础变量，即当且仅当 $P(x')$ 在一个新的变量 x' 下是有效的，$\forall x.P(x)$ 才是有效的，这是 Skolem 化的特殊情况，Skolem 化是以 Thoralf Skolem 的姓氏命名的。

1. $x = y \implies \&x = \&y$
2. $\&x \neq x$
3. $\&x \neq \&y + i$
4. $p \hookrightarrow x \implies *p = x$
5. $p \hookrightarrow x \implies p\text{-}>f = x$
6. $(p_1 \hookrightarrow p_2, x_1 \land p_2 \hookrightarrow \text{NULL}, x_2) \implies p_1 \neq p_2$

问题 8.2（建模动态分配的数据结构）

1. tt 数据结构由下面描述的 my-ds(q, l) 建模？请举例子。

$$c(q, 0) \doteq (*q).p = \text{NULL}$$
$$c(q, i) \doteq (*\text{list-elem}(q, i)).p = \text{list-elem}(q, i-1) \quad \text{对于 } i \geqslant 1$$
$$\text{my-ds}(q, l) \doteq \text{list-elem}(q, l) = \text{NULL} \land \forall 0 \leqslant i < l. \, c(q, i)$$

2. 写一个递归简写符号 DAG(p)，表示 p 指向一个有向无环图的根节点。
3. 写一个递归简写符号 tree(p)，表示 p 指向一棵树的根节点。
4. 写一个简写符号 hashtbl(p)，表示 p 指向一个链表数组。

问题 8.3（指针逻辑的扩展） 考虑一个指针逻辑，它只允许以下形式的谓词的合取，其中 p 是一个指针，f_i 和 g_i 是字段标识符：

$$\forall p. \, p\text{-}>f_1\text{-}>f_2\text{-}>f_3 \cdots = p\text{-}>g_1\text{-}>g_2\text{-}>g_3 \cdots$$

证明该逻辑是图灵完备的。

问题 8.4（内存模型的公理化） 为使用 32 位整数和小端字节顺序（即最低有效字节在字中的最低地址）的体系结构定义一组内存模型公理。

问题 8.5（内存划分） 假设指针逻辑允许对内存布局 L 施加限制，请给出定理 8.14 的一个反例。

8.6.2　可达性谓词

问题 8.6（可达性谓词的语义） 判定下面可达性谓词公式的可满足性：

1. $p \underset{p}{\overset{f}{\to}} q \land p \neq q$

2. $p \underset{x}{\overset{f}{\to}} q \land p \underset{q}{\overset{f}{\to}} x$

3. $p \underset{q}{\overset{f}{\to}} q \land q \underset{p}{\overset{f}{\to}} p$

4. $\neg \left(p \underset{q}{\overset{f}{\to}} q \right) \land \neg \left(q \underset{p}{\overset{f}{\to}} p \right)$

问题 8.7（建模） 为以下场景写出可达性谓词公式。

1. p 指向一个循环链表，其中"下一个"字段为 nxt。
2. p 指向一个以 NULL 结尾的双向链表。
3. p 指向一棵二叉树的根，其左右子树的字段分别命名为 l 和 r。
4. p 指向一棵二叉树的根，其叶节点连接成循环链表。
5. p 和 q 指向以 NULL 结尾的单向链表，并且两个链表之间没有共享元素。

问题 8.8（判定过程） 为原子公式为 $p \underset{q}{\overset{f}{\to}} q$（或其否定）形式的合取公式构建一个判定过程。

问题 8.9（程序验证） 编写一个代码片段，从一个单向链表中移除一个元素，并使用可达性谓词公式提供验证条件。

8.7 文 献 注 释

将指针视为全局数组的索引这种观点很常见，类似地，将结构组件与数组进行对应也很常见。Leino 的博士论文是应用这种方法的一个近期的例子[181]，与本书 8.3 节类似。Burstall 提出了另一种观点：每个组件引入一个数组，其中数组的索引是结构的地址[60]。

传递闭包经常被用来建模递归数据结构。Immerman 等人探讨了在给定逻辑中添加传递闭包的影响。他们证明了一个非常弱的逻辑一旦添加了传递闭包，就变得不可判定[153]。

Anders Møller 实现的 PALE（Pointer Assertion Logic Engine）工具包使用图表示各种动态分配的数据结构。这些图被转换成单调二阶逻辑，并传递给一个叫作 MONA 的判定过程[198] 进行处理。Michael Rabin 在 1969 年证明了树的单调二阶理论是可判定的[236]。

8.5 节中讨论的可达性谓词是 Greg Nelson 在他的论文[204] 中提出的。这篇 1983 年的论文提到，所给出的八个公理的集合是否完备仍然是一个未决问题。技术报告 [207] 给出了可达性谓词合取式的一个判定过程，这意味着存在一个完备的公理化方法。这个过程的时间复杂度是线性的。

许多现代逻辑是基于这个思想的。例如，Lahiri 和 Qadeer 提出了两种基于可达性谓词的逻辑，并提供了高效的判定过程[175,176]。文献 [176] 中的判定过程基于近期的 SMT 求解器。

Alain Deutsch[102] 提出了一个使用**符号访问路径**的别名分析算法。符号访问路径是描述追踪哪个字段多少次的符号表达式，是我们在 8.5 节中描述的技术的一种推广。当符号访问路径与对访问路径进行表达的逻辑结合起来时，具有非常强的表达能力，但是这种结合通常会导致不可判定性。

Benedikt 等人定义了一种适用于链式数据结构的逻辑[24]。该逻辑使用路径上的约束（称为**路由表达式**）来定义内存区域，并允许我们推理这些区域内的共享和可达性。该文献的作者使用小模型性质论证了该逻辑是可判定的，但没有提供高效的判定过程。

Sagiv、Reps 和 Wilhelm[240,251,282] 提出的**参数形状分析**是分析动态分配的数据结构的一种主要技术。在该技术中，一个重要概念是使用 Kleene 的三值逻辑来区分在特定抽象状态下为真、为假或**未知**的谓词。所得到的结果比使用传统的二值逻辑的抽象更精确。

分离逻辑（关于此主题的说明请参见前面的附注）是由 John Reynolds 提出的一种用来推理动态分配的数据结构的直观途径[242]。Calcagno 等人[64] 证明，即使去除了分离合取运算，判定分离逻辑公式的有效性也不能递归枚举。另外，他们证明，一旦禁止量词，该逻辑就变得可判定。Berdine 等人研究了分离逻辑的可判定片段，例如文献 [25, 26, 27]；这些片段通常限制在链表谓词上。Parkinson 和 Bierman 解决了使用分离逻辑进行程序模块化推理的问题[217]。

Kuncak 和 Rinard 提出了**正则图约束**作为堆的一种表达形式。他们证明了这种堆摘要图的可满足性是可判定的，而其蕴含推理则不可判定[172]。

别名分析技术已直接集成到验证算法中。Manevich 等人描述了针对单向链表的谓词抽象技术[187]。Beyer 等人描述了如何将实现了延迟抽象的谓词抽象工具与形状分析相结合[28]。Podelski 和 Wies 提出了**布尔堆**作为堆操作程序的抽象模型[230]。在这里，抽象域包含刻画堆的任意一阶谓词的向量。Bingham 和 Rakamarić[36] 提出用描述堆的谓词来扩展谓词抽象。Distefano 等人[103] 定义了一个基于分离逻辑谓词的抽象域。Berdine 等人在微软的 SLAM 设备驱动验证器的附加组件 TERMINATOR 中使用分离逻辑谓词，以证明对动态分配的数据结构进行迭代的循环终止。文献 [85] 中提出了一种基于图的对堆的判定过程，该过程依赖于一个小模型属性。该过程能够对链表片段的长度进行推理。

大多数用于推理动态分配内存的框架将堆视为由不相交的内存片段组成，并不使用指针算术对这些片段之外的访问进行建模。Calcagno 等人介绍了一个分离逻辑变种，允许对包括指针算术在内的低层程序进行推理[63]。这种逻辑允许分析程序中的基础功能部分（通常假定在更高层抽象中存在），例如实现 malloc 函数的代码。

8.8 符 号 表

本章用到的符号如下。

符号	含义	首次使用的页码
A	地址集合	167
M	从地址到数据字的映射	167
D	数据字的集合	168
$\sigma(v)$	v 的大小	168
V	变量集合	168
L	内存布局	168
$p \hookrightarrow z$	p 指向一个值为 z 的变量	174

（续）

符号	含义	首次使用的页码
$o(f)$	字段 f 的偏移量	175
$s.f$	结构 s 中字段 f 的值	175
$p\text{->}f$	$(*p).f$ 的简写	175
$\text{list}(p, l)$	p 指向一个长度为 l 的链表	177
$p \approx q$	p 和 q 直接相关或传递相关	184

第 9 章 量 化 公 式

9.1 引 言

量化使我们能够指定谓词的有效范围，即谓词应该成立的**域**（取值范围）。逻辑中用于指定量化的语法元素称为**量词**。最常用的量词是**全称量词**，用 "$\forall$" 表示，以及**存在量词**，用 "$\exists$" 表示。这两个量词可以通过以下等价关系进行互换：

$$\forall x. \, \varphi \iff \neg\exists x. \, \neg\varphi \tag{9.1}$$

以下是一些量化语句的例子。

- 对于任意整数 x，存在一个整数 y 比 x 小：

$$\forall x \in \mathbb{Z}. \, \exists y \in \mathbb{Z}. \, y < x \tag{9.2}$$

- 存在一个整数 y，使得任意整数 x 都比 y 大：

$$\exists y \in \mathbb{Z}. \, \forall x \in \mathbb{Z}. \, x > y \tag{9.3}$$

- （Bertrand 猜想）对于任意大于 1 的自然数 n，存在一个素数 p，满足 $n < p < 2n$：

$$\forall n \in \mathbb{N}. \, \exists p \in \mathbb{N}. \, n > 1 \implies (\text{isprime}(p) \wedge n < p < 2n) \tag{9.4}$$

在这三个例子中，全称量词和存在量词之间存在**量词交替**。实际上，我们之前考虑的可满足性问题和有效性问题，可以转换为使用无量词交替的公式的判定问题。当我们问命题公式

$$x \vee y \tag{9.5}$$

是否可满足时，可以等价地问是否**存在**一个对 x, y 的真值赋值满足该公式。[①]而当我们问公式

$$x > y \lor x < y \tag{9.6}$$

是否对于 $x, y \in \mathbb{N}$ 有效时，可以等价地问该公式是否对于**所有**自然数 x 和 y 成立。这两个判定问题分别形式化为

$$\exists x \in \mathbb{B}.\ \exists y \in \mathbb{B}.\ (x \lor y) \tag{9.7}$$

和

$$\forall x \in \mathbb{N}.\ \forall y \in \mathbb{N}.\ x > y \lor x < y \tag{9.8}$$

从现在开始，在不影响讨论的情况下，我们会忽略量化变量的值域。

量词的一个重要特征是它们所适用的范围，称为**辖域**。例如，在下面的公式中，对 x 的存在量化覆盖了外层的对 x 的全称量化：

$$\forall x.\ ((x < 0) \land \exists y.\ \overbrace{(y > x \land (y \geqslant 0 \lor \exists x.\ \underbrace{(y = x + 1)}_{\exists x \text{ 的辖域}})))}^{\exists y \text{ 的辖域}} \tag{9.9}$$

$\underbrace{\phantom{\forall x.\ ((x < 0) \land \exists y.\ (y > x \land (y \geqslant 0 \lor \exists x.\ (y = x + 1))))}}_{\forall x \text{ 的辖域}}$

在第二个存在量词的辖域内，x 的所有出现都是指该存在量词所绑定的那个变量。无法在该辖域内直接引用由全称量词绑定的变量 x。一个可能的解决方案是在内部辖域中重命名 x：显然，这不会改变公式的有效性。重命名后，我们可以假设每个变量的每次出现最多只被绑定一次。

定义 9.1（自由变量）　在一个公式中，如果一个变量的至少一次出现未被任何量词绑定，则称其为**自由变量**。

定义 9.2（句子）　如果一个公式 Q 不含自由变量，则称其为**句子**（或者**闭合公式**）。

在本章，我们只关注句子。

带量词的一阶逻辑理论是不可判定的。除 9.5 节外，本章中我们仅讨论可判定的理论，我们以两个例子开始。

[①] 正如在 1.4.1 节解释的，两种表述方式（前者没有量词，后者含量词但无量词交替）的区别在于，对于前者，所有变量都是自由的（即未量化的），因此一个满足某个公式的结构（即一个**模型**）包含对公式中这些变量的赋值。由于在许多应用中这种赋值是必要的，因此本书使用的是前一种表述方式。

9.1.1　例子：量化布尔公式

量化命题逻辑是用量词增强的命题逻辑。量化命题逻辑的句子更为人所熟知的名字为**量化布尔公式**（quantified Boolean formula，QBF）。该逻辑所允许的句子集合由以下语法定义：

$$公式 : 公式 \land 公式 \mid \neg公式 \mid (公式) \mid$$

$$标识符 \mid \exists 标识符. \, 公式$$

其他符号，如“$\lor$”“$\forall$”和“$\Longleftrightarrow$”，可以使用上述语法的元素来构建。下面是一些 QBF 的示例：

- $\forall x. \, (x \lor \exists y. \, (y \lor \neg x))$
- $\forall x. \, (\exists y. \, ((x \lor \neg y) \land (\neg x \lor y)) \land \exists y. \, ((\neg y \lor \neg x) \land (x \lor y)))$

复杂度

QBF 的有效性问题是 PSPACE 完全的，这意味着从理论上讲，它比 SAT 问题更难解决，SAT 问题“仅仅”是 NP 完全的。[①]这两个问题（SAT 问题和 QBF 问题）经常被视为各自复杂度类的典型问题。这两个问题中已知算法的复杂度都是指数级的。

使用例子：国际象棋

下面是一个使用 QBF 的例子。

示例 9.3　　QBF 可以方便地建模许多有限的双人游戏。比如，考虑判断一个国际象棋玩家在 k 步内是否存在获胜策略的问题，即给定一个棋局状态，并假设白方先手，白方是否存在一种走棋方式，无论黑方如何走棋，白方都可以在 k 步内将黑方的国王吃掉。这个问题可以很自然地建模成 QBF 问题，因为我们要询问的是，白方是否**存在**一种走棋方式，使得在黑方的所有可能走棋之后，白方存在一种走棋方式，使得在黑方的所有可能走棋之后……以此类推，共 k 轮循环，达到将黑方国王消灭的目标。步数 k 必须是一个奇数，因为白方既走第一步，也走最后一步。

这是一个经典的**规划问题**。规划是人工智能研究中的一个热门领域。为了用 QBF 表示国际象棋问题，我们使用表 9.1 中的符号表示法。[②] 每个玩家的每个棋子都有唯一的索

---

① 这两个复杂度类的区别在于，NP 问题已知存在可以在多项式时间内解决这些问题的非确定性算法。尽管尚未证明这两个类确实不同，但人们普遍猜测它们是不同的。

② 规划问题的经典形式化表达区分了动作（在这个例子中是棋步）和状态。在这里，我们选择仅基于状态的形式化表达。

引。棋盘上每个位置也有唯一的索引，棋子的位置为 0 表示它在棋盘之外。棋盘的大小为 s^2（通常 $s = 8$），因此有 $s^2 + 1$ 个位置和 $4s$ 个棋子。

表 9.1　示例 9.3 用到的符号

符号	含义
$x_{\{m,n,i\}}$	在第 i 步，棋子 m 处于位置 n，$1 \leqslant m \leqslant 4s, 0 \leqslant n \leqslant s^2, 0 \leqslant i \leqslant k$
I_0	$x_{\{m,n,0\}}$ 变量上的一组子句，表示棋盘的初始状态
T_i^w	$x_{\{m,n,i\}}, x_{\{m,n,i+1\}}$ 变量上的一组子句，表示在第 i 步时白方的合法步
T_i^b	$x_{\{m,n,i\}}, x_{\{m,n,i+1\}}$ 变量上的一组子句，表示在第 i 步时黑方的合法步
G_k	$x_{\{m,n,k\}}$ 变量上的一组子句，表示目标，即在第 k 步时黑方国王被消灭而白方国王还在棋盘上

我们使用以下约定：用 $\{x_{\{m,n,i\}}\}$ 表示变量集合 $\{x_{\{m,n,i\}} \mid m, n, i$ 在各自的取值范围内$\}$。我们开始尝试对问题进行形式化表达：

$$\exists\{x_{\{m,n,0\}}\}\exists\{x_{\{m,n,1\}}\}\forall\{x_{\{m,n,2\}}\}\exists\{x_{\{m,n,3\}}\}\cdots\forall\{x_{\{m,n,k-1\}}\}\exists\{x_{\{m,n,k\}}\}$$
$$I_0 \wedge (T_0^w \wedge T_2^w \wedge \cdots \wedge T_{k-1}^w) \wedge (T_1^b \wedge T_3^b \wedge \cdots \wedge T_{k-2}^b) \wedge G_k \tag{9.10}$$

这个形式化表达包含了对初始状态和目标状态以及合法的走棋方式的限制。问题在于，即使白方存在获胜策略，该公式也不是有效的，因为黑方可以采用非法走法，例如同时移动两个棋子，这会使公式不成立（它与某个奇数 i 的子公式 T_i 相矛盾）。

我们需要弱化该公式，因为只需针对黑方的**合法**走法找到白方的走法：

$$\exists\{x_{\{m,n,0\}}\}\exists\{x_{\{m,n,1\}}\}\forall\{x_{\{m,n,2\}}\}\exists\{x_{\{m,n,3\}}\}\cdots\forall\{x_{\{m,n,k-1\}}\}\exists\{x_{\{m,n,k\}}\}$$
$$I_0 \wedge ((T_1^b \wedge T_3^b \wedge \cdots \wedge T_{k-2}^b) \implies (T_0^w \wedge T_2^w \wedge \cdots \wedge T_{k-1}^w \wedge G_k)) \tag{9.11}$$

这个公式有没有如实地表达出这个国际象棋问题？很不幸，还没有，这是因为可能出现僵局：黑方可能无法进行合法移动，导致平局。在这种情况下，公式 (9.11) 是有效的，但实际上不应该是这样的。解决这个问题的一个可能方法是适当修改 T^w 来禁止白方进行导致这种状态的移动。

9.1.2　例子：量化析取线性算术

量化析取线性算术（quantified disjunctive linear arithmetic，QDLA）的语法定义如下：

公式：公式 ∧ 公式 | ¬公式 | (公式) |
　　　谓词 | ∀标识符. 公式

谓词：$\Sigma_i a_i x_i \leqslant c$

其中，c 和 a_i 是常量，所有 x_i 都是实数变量。和之前一样，其他符号（比如 "$\vee$" "$\exists$" 和 "$=$"）可以通过上述语法的元素构建。

> **附注：Presburger 算术**
>
>   Presburger 算术和量化析取线性算术有相同的语法，不过是定义在自然数上而非实数上。Presburger 算术是可判定的，Fischer 和 Rabin 在其论文[114] 中证明了该理论的判定过程的最坏情况时间复杂度下界为 $2^{2^{c \cdot n}}$，其中 n 是输入公式的长度，c 是一个正常数。这个理论是以 Mojzesz Presburger 的姓氏命名的，他于 1929 年提出这个理论并证明了它的可判定性。对于本节描述的判定过程，如果用 Omega 测试（参见 5.5 节）替换 Fourier-Motzkin 过程，就可以得到一个对 Presburger 算术理论的判定过程。本章末尾的文献注释讨论了 Presburger 算术的其他判定过程。

下面的公式就是一个 QDLA 公式：

$$\forall x.\, \exists y.\, \exists z.\, ((y+1 \leqslant x \quad \vee \quad z+1 \leqslant y) \quad \wedge \quad 2x+1 \leqslant z) \tag{9.12}$$

9.2 量 词 消 去

9.2.1 前束范式

我们从量化公式的一种范式开始。

定义 9.4（前束范式） 如果一个公式是以下形式：

$$Q[n]V[n] \cdots Q[1]V[1].\ \langle\text{无量词公式}\rangle \tag{9.13}$$

则它是**前束范式**（prenex normal form，PNF），其中所有 $i \in \{1, \cdots, n\}$，$Q[i] \in \{\forall, \exists\}$，$V[i]$ 表示变量。

我们将公式左边的一连串量化称为**量化前缀**，将前缀右边的无量词公式称为**量化后缀**。

引理 9.5 对于每个量化公式 Q，都存在一个前束范式公式 Q'，使得 Q' 有效当且仅当 Q 有效。

算法 9.2.1 将输入的公式转换为前束范式。

算法 9.2.1：前束算法

输入：一个量化公式

输出：一个前束范式公式

1. 消去 ∨、∧ 和 ¬ 之外的布尔联结词。
2. 使用德摩根律（参见 1.3 节）和公式 (9.1) 把 ¬ 放到所有量词的右边。
3. 如果在辖域之间有名字冲突，通过重命名解决：给每个辖域内的每个变量唯一的名字。
4. 使用等价式把量词前移：

$$\phi_1 \wedge Qx.\ \phi_2(x) \iff Qx.\ (\phi_1 \wedge \phi_2(x))$$
$$\phi_1 \vee Qx.\ \phi_2(x) \iff Qx.\ (\phi_1 \vee \phi_2(x))$$
$$Q_1 y.\ \phi_1(y) \wedge Q_2 x.\ \phi_2(x) \iff Q_1 y.\ Q_2 x.\ (\phi_1(y) \wedge \phi_2(x))$$
$$Q_1 y.\ \phi_1(y) \vee Q_2 x.\ \phi_2(x) \iff Q_1 y.\ Q_2 x.\ (\phi_1(y) \vee \phi_2(x))$$

其中，$Q, Q_1, Q_2 \in \{\forall, \exists\}$ 是量词，$x \notin \mathrm{var}(\phi_1)$，$y \notin \mathrm{var}(\phi_2)$。

示例 9.6　我们用以下公式来阐释算法 9.2.1：

$$\mathcal{Q} := \neg \exists x.\ \neg(\exists y.\ ((y \implies x) \wedge (\neg x \vee y)) \wedge \neg \forall y.\ ((y \wedge x) \vee (\neg x \wedge \neg y))) \tag{9.14}$$

在第 1 步和第 2 步，消除 "$\implies$" 符，把否定符号内移：

$$\forall x.\ (\exists y.\ ((\neg y \vee x) \wedge (\neg x \vee y)) \wedge \exists y.\ ((\neg y \vee \neg x) \wedge (x \vee y))) \tag{9.15}$$

在第 3 步，重命名 y，因为这个变量出现在两个量词的辖域中：

$$\forall x.\ (\exists y_1.\ ((\neg y_1 \vee x) \wedge (\neg x \vee y_1)) \wedge \exists y_2.\ ((\neg y_2 \vee \neg x) \wedge (x \vee y_2))) \tag{9.16}$$

最后，在第 4 步，把量词前移到公式的左边：

$$\forall x.\ \exists y_1.\ \exists y_2.\ (\neg y_1 \vee x) \wedge (\neg x \vee y_1) \wedge (\neg y_2 \vee \neg x) \wedge (x \vee y_2) \tag{9.17}$$

下文中，我们假设输入的公式是以前束范式给出的。[①]

[①] 尽管下一节的方法依赖于这种形式，但也存在一些不依赖的替代方法。将量词向**内**移动的过程称为**缩小辖域化**（mini-scoping）。在文献 [9] 中可以找到使用缩小辖域来求解 QBF 的典型例子。

9.2.2 量词消去算法

量词消去算法将一个量化公式转换为一个没有量词的等价公式。并不是每个理论都有量词消去算法。事实上，量词消去算法的存在通常意味着逻辑的可判定性，然而并不是所有理论都是可判定的。

为了说明量词消去算法的存在性，只需证明存在一种消去单个存在量词的过程即可。全称量词可以通过公式 (9.1) 消去。为此，我们定义**投影**这一概念，该概念需要根据每个具体的理论进行具体化。

$\boxed{n}$ **定义 9.7（投影）**   一个带有 n 个量词的前束范式公式

$$\mathcal{Q}_1 = Q[n]V[n] \cdots Q[2]V[2]. \, \exists x. \, \phi \tag{9.18}$$

变量 x 的**投影**是公式

$$\mathcal{Q}_2 = Q[n]V[n] \cdots Q[2]V[2]. \, \phi' \tag{9.19}$$

（其中 ϕ 和 ϕ' 都无量词），$x \notin \mathrm{var}(\phi')$，而且 $\mathcal{Q}_1$ 和 $\mathcal{Q}_2$ 是逻辑等价的。

给定一个投影算法 Project，算法 9.2.2 消去所有量词。因为只涉及常量的公式很容易求解，所以我们假设从一个句子开始（参见定义 9.2）。

算法 9.2.2: 量词消去

输入：一个句子 $Q[n]V[n] \cdots Q[1]V[1]. \, \phi$，其中 ϕ 无量词
输出：一个无量词公式 ϕ' 满足：ϕ 有效当且仅当 ϕ' 有效

1. $\phi' := \phi$;
2. **for** $i := 1, \cdots, n$ **do**
3.   **if** $Q[i] = \exists$ **then**
4. $\phi' := $ Project$(\, \phi', V[i])$;
5.   **else**
6. $\phi' := \neg$Project$(\neg\phi', V[i])$;
7. return ϕ';

下面我们介绍投影算法的两个例子，以及它们在量词消去中的应用。

9.2.3 量化布尔公式的量词消去

消去布尔文字合取式上的单个存在量词是很直接的：如果 x 在合取式中出现了两个相反的相位，那么公式是不可满足的；否则，可以将 x 消除。例如，

$$\exists y.\, \exists x.\, x \wedge \neg x \wedge y \quad = \text{FALSE}$$
$$\exists y.\, \exists x.\, x \wedge y = \exists y.\, y = \text{TRUE} \tag{9.20}$$

如果我们首先将量化后缀转换为 DNF，然后分别对每个项进行投影，就可以使用以上结果。这可以通过以下等式看出：

$$\exists x.\, \bigvee_i \bigwedge_j l_{ij} \iff \bigvee_i \exists x.\, \bigwedge_j l_{ij} \tag{9.21}$$

其中，l_{ij} 为文字。但是，将公式转换为 DNF 可能导致公式规模呈指数级增长（参见 1.16 节），因此最好使用直接作用于 CNF 甚至更一般的布尔公式的投影。我们考虑两种技术：**二元归结**（参见定义 2.11）及**展开**，前者直接作用于 CNF 公式。

基于二元归结的投影

归结法可以从一对包含变量 x 相反相位的子句中消除变量 x。为了通过投影（参见定义 9.7）从一个 CNF 公式中消除 x，我们需要对**所有**包含 x 相反相位的子句对应用归结法。这样可以将 x 和它的量词一起消除。比如，给定公式

$$\exists y.\, \exists z.\, \exists x.\, (y \vee x) \wedge (z \vee \neg x) \wedge (y \vee \neg z \vee \neg x) \wedge (\neg y \vee z) \tag{9.22}$$

我们可以通过对第一个子句和第二个子句以及第一个子句和第三个子句应用归结法，消除 x 和 $\exists x$，得到

$$\exists y.\, \exists z.\, (y \vee z) \wedge (y \vee \neg z) \wedge (\neg y \vee z) \tag{9.23}$$

那么对于全称量词呢？在 CNF 公式的情况下，根据公式 (9.1)，消去全称量词的方法非常简单：直接将它们从公式中消除。比如，从下面的公式中消除 x 和 $\forall x$：

$$\exists y.\, \exists z.\, \forall x.\, (y \vee x) \wedge (z \vee \neg x) \wedge (y \vee \neg z \vee \neg x) \wedge (\neg y \vee z) \tag{9.24}$$

得到

$$\exists y.\, \exists z.\, (y) \wedge (z) \wedge (y \vee \neg z) \wedge (\neg y \vee z) \tag{9.25}$$

这一步称为**全称约简**。只有在移除了平凡子句(即其中一个文字以相反相位出现的子句)之后,才可以应用这条化简规则。我们将其正确性的证明留作习题(参见问题 9.4)。然而,直观上很容易理解为什么这是正确的:如果对于 x 的所有取值,公式的求值结果都是 TRUE,这意味着我们不能依赖于特定的 x 值来满足子句。

示例 9.8　在这个例子中,我们展示了如何对全称量词和存在量词使用归结法。考虑以下公式:

$$\forall u_1. \, \forall u_2. \, \exists e_1. \, \forall u_3. \, \exists e_3. \, \exists e_2.$$
$$(u_1 \vee \neg e_1) \wedge (\neg u_1 \vee \neg e_2 \vee e_3) \wedge (u_2 \vee \neg u_3 \vee \neg e_1) \wedge (e_1 \vee e_2) \wedge (e_1 \vee \neg e_3) \tag{9.26}$$

通过对第二个子句和第四个子句做关于 e_2 的归结,得到

$$\forall u_1. \, \forall u_2. \, \exists e_1. \, \forall u_3. \, \exists e_3.$$
$$(u_1 \vee \neg e_1) \wedge (\neg u_1 \vee e_1 \vee e_3) \wedge (u_2 \vee \neg u_3 \vee \neg e_1) \wedge (e_1 \vee \neg e_3) \tag{9.27}$$

通过对第二个子句和第四个子句做关于 e_3 的归结,得到

$$\forall u_1. \, \forall u_2. \, \exists e_1. \, \forall u_3. \, (u_1 \vee \neg e_1) \wedge (\neg u_1 \vee e_1) \wedge (u_2 \vee \neg u_3 \vee \neg e_1) \tag{9.28}$$

通过消除 u_3,得到

$$\forall u_1. \, \forall u_2. \, \exists e_1. \, (u_1 \vee \neg e_1) \wedge (\neg u_1 \vee e_1) \wedge (u_2 \vee \neg e_1) \tag{9.29}$$

通过对第一个子句和第二个子句做关于 e_1 的归结,以及对第二个子句和第三个子句做关于 e_1 的归结,得到

$$\forall u_1. \, \forall u_2. \, (u_1 \vee \neg u_1) \wedge (\neg u_1 \vee u_2) \tag{9.30}$$

第一个子句是一个重言式,因此被移除了。接下来,u_1 和 u_2 被移除了,剩下的只有空子句。因此,这个公式不是有效的。　■

这个过程的复杂度是多少?考虑到量词 $\exists x$ 的消去,用 n 和 m 分别表示量词和子句的数量。在最坏情况下,一半的子句包含 x,而另一半包含 $\neg x$。由于我们从这两种类型的每对子句创建一个新子句,这就导致 $O(m^2)$ 个新子句,同时我们删除了 m 个包含 x 的旧子句。将此过程重复 n 次,每次对应一个量词,会得到 $O(m^{2^n})$ 个子句。

这似乎表示二元归结投影法的复杂度是双指数的。事实上,只有在没有防止重复子句 $\boxed{N}$ 的情况下才是这个复杂度。注意到最多只有 3^N 个不同的子句,其中 N 是变量的总数,原

因是每个变量在子句中可以出现为正、为负或不出现。这意味着，如果每个子句最多添加一次，子句的数量相对 n 只是单指数的（假设 N 并不比 n 指数级地大）。

基于展开的量词消去

后面的量词消去技巧基于 **Shannon 展开**，可总结为以下等价关系：

$$\exists x. \, \varphi \;=\; \varphi|_{x=0} \vee \varphi|_{x=1} \tag{9.31}$$

$$\forall x. \, \varphi \;=\; \varphi|_{x=0} \wedge \varphi|_{x=1} \tag{9.32}$$

符号 $\varphi|_{x=0}$ 表示在 φ 中将 x 替换为 0（FALSE）。注意，等式 (9.32) 可以通过公式 (9.1) 从等式 (9.31) 推导出来。

展开投影会导致最坏情况下公式的子句达到 $O(m \cdot 2^n)$ 个，其中，如前所述，m 是原始公式中的子句数量。与归结法不同，这种技术可以直接应用于非 CNF 公式，下面的例子说明了这一点。

示例 9.9　考虑以下公式：

$$\exists y. \, \forall z. \, \exists x. \, (y \vee (x \wedge z)) \tag{9.33}$$

对 $\exists x$ 应用等式 (9.31)，得到

$$\exists y. \, \forall z. \, (y \vee (x \wedge z))|_{x=0} \vee (y \vee (x \wedge z))|_{x=1} \tag{9.34}$$

简化为

$$\exists y. \, \forall z. \, (y \vee z) \tag{9.35}$$

应用等式 (9.32) 可得

$$\exists y. \, (y \vee z)|_{z=0} \wedge (y \vee z)|_{z=1} \tag{9.36}$$

简化为

$$\exists y. \, (y) \tag{9.37}$$

此公式很明显是有效的，因此公式 (9.33) 是有效的。　◢

高效的 QBF 求解器做展开时，会对除了最后一个层级以外的量词进行展开。因为实践中遇到的大多数 QBF 只有一个量词交替（一个称为 **2-QBF** 的片段），这意味着只需要展

开一个层级。如果最后（最外部）层级由"∃"量词组成，它们会对剩余的公式调用 SAT 求解器，否则对公式取反然后重复相同的操作。上述朴素展开只适用于相对较小的公式。为了提高可扩展性，可以在每个展开步骤之后应用简化，以消除 FALSE 文字、含有 TRUE 文字的子句以及被其他子句包含（subsumed）的子句。

既然我们可以通过展开将 QBF 归约为 SAT，这对于 QBF 的表达能力而言意味着什么呢？它告诉我们 QBF 并不比命题逻辑表达能力更强。它只提供了一种更简洁——事实上是指数级更简洁——的表示方式，这也解释了为什么 QBF 不属于 NP 问题。

9.2.4   量化析取线性算术的量词消去

这里我们还需要一个投影方法。我们采用 5.4 节描述的 Fourier-Motzkin 消元法。这种技术类似于 9.2.3 节介绍的归结法，它的最坏情况复杂度为 $O(m^{2^n})$。它可以直接应用于线性原子公式的合取式，因此，如果输入的公式具有任意结构，首先必须将其转换为 DNF。

我们简要回顾一下 Fourier-Motzkin 消元法。为了从带有变量 $x_1, \cdots, x_n$ 的公式中消除变量 x_n，对于每对以下形式的联合约束：

$$\sum_{i=1}^{n-1} a_i' \cdot x_i < x_n < \sum_{i=1}^{n-1} a_i \cdot x_i \tag{9.38}$$

其中，$i \in \{1, \cdots, n-1\}$，a_i 和 a_i' 为常量，我们生成一个新约束

$$\sum_{i=1}^{n-1} a_i' \cdot x_i < \sum_{i=1}^{n-1} a_i \cdot x_i \tag{9.39}$$

为 x_n 生成所有这样的约束之后，我们从公式中移除涉及 x_n 的所有约束。

示例 **9.10**   考虑以下公式：

$$\forall x.\ \exists y.\ \exists z.\ (y+1 \leqslant x \quad \wedge \quad z+1 \leqslant y \quad \wedge \quad 2x+1 \leqslant z) \tag{9.40}$$

通过消除 z，得到

$$\forall x.\ \exists y.\ (y+1 \leqslant x \quad \wedge \quad 2x+1 \leqslant y-1) \tag{9.41}$$

消除 y，得到

$$\forall x.\ (2x+2 \leqslant x-1) \tag{9.42}$$

应用公式 (9.1)，得到

$$\neg\exists x.\ \neg(2x + 2 \leqslant x - 1) \tag{9.43}$$

等价地，

$$\neg\exists x.\ x > -3 \tag{9.44}$$

显然，这个公式不是有效的。　　　　　　　　　　　　　　　　　　　　◢

本章末尾的文献注释中提到了几种其他的量词消去算法。

9.3　量化布尔公式的搜索算法

大多数高效 QBF 求解器是基于 CDCL 求解器做的改进。我们在这里考虑的改进是朴素的，因为它类似于基本的 CDCL 算法，没有更高级的特性，比如学习和非时序回溯（详见第 2 章有关 CDCL 算法的详细信息）。

SAT 问题和 QBF 问题的关键区别在于，QBF 问题需要处理量词的交替。二叉搜索树现在必须区分**全称节点**和**存在节点**。如图 9.1 右图所示，全称节点用符号"∀"标记。

图 9.1　QBF 搜索树的一个存在节点（左）和一个全称节点（右）

一个 QBF 实例 $\mathcal{Q}$ 对应的 QBF 二叉搜索树定义如下。

定义 9.11（QBF 实例对应的二叉搜索树）　给定一个用前束范式表示的 QBF $\mathcal{Q}$，以及它的变量顺序（比如 $x_1, \cdots, x_n$），$\mathcal{Q}$ 对应的 **QBF 搜索树**是一棵二叉标记树，高度为 $n+1$，有两种内部节点——全称节点和存在节点，并满足下列条件。

- 根节点以 $\mathcal{Q}$ 为标签，深度为 0。
- 对于第 i 层的每个节点（$0 \leqslant i < n$），它的一个子节点标记为 x_{i+1}，另一个标记为 $\neg x_{i+1}$。
- 对于一个在第 i 层的节点（$0 \leqslant i < n$），如果在第 $i+1$ 层上的变量受到全称量化，则称该节点为**全称节点**。

- 对于一个在第 i 层的节点（$0 \leqslant i < n$），如果在第 $i+1$ 层上的变量受到存在量化，则称该节点为**存在节点**。

QBF 搜索树的有效性递归定义如下。

定义 9.12（QBF 搜索树的有效性） 一棵 QBF 搜索树在其根节点为满足时是有效的。根据以下规则，递归地确定其是否有效。

- 对于 QBF $\mathcal{Q}$ 的 QBF 二叉树的一个叶节点，如果到该节点的路径对应的赋值满足 $\mathcal{Q}$ 的量词后缀，则该叶节点被满足。
- 对于一个全称节点，如果其两个子节点都被满足，则该节点被满足。
- 对于一个存在节点，如果至少一个子节点被满足，则该节点被满足。

示例 9.13 考虑公式

$$\mathcal{Q} := \exists e. \,\forall u. \,(e \vee u) \wedge (\neg e \vee \neg u) \tag{9.45}$$

其对应的 QBF 搜索树如图 9.2 所示。

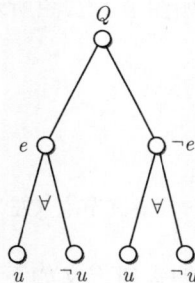

图 9.2 公式 (9.45) $\mathcal{Q}$ 对应的 QBF 搜索树

第二个节点 $\neg u$ 和第三个节点 u 是仅有的被满足的节点（因为 $(e, \neg u)$ 和 $(\neg e, u)$ 是仅有的满足后缀的赋值）。它们的父节点 e 和 $\neg e$ 不被满足，因为它们是全称节点，但只有一个子节点被满足。所以，根节点（表示 $\mathcal{Q}$）不被满足，因此 $\mathcal{Q}$ 无效。∎

算法 9.3.1 是基于这些想法的一个朴素实现。也存在更复杂的算法[296, 297]，它们应用了非时序回溯和学习等技术：和 SAT 问题一样，在 QBF 问题中，我们并不想搜索整个搜索空间，而是希望尽可能地剪枝。

算法 9.3.1: 基于搜索的 QBF 判定算法

输入: 一个前束范式的 QBF $\mathcal{Q}$: $Q[n]V[n]\cdots Q[1]V[1].\,\phi$, 其中 ϕ 是 CNF 公式

输出: 如果 $\mathcal{Q}$ 有效, 则返回"有效", 否则返回"非有效"

1. **function** MAIN (QBF $\mathcal{Q}$)
2.   **if** $\mathrm{QBF}(\mathcal{Q}, \varnothing, n)$ **return** "有效";
3.   **else return** "非有效";
4.
5. **function** QBF ($\mathcal{Q}$, 赋值集合 $\hat{v}$, $level \in \mathbb{N}_0$)
6.   **if** ($\phi|_{\hat{v}}$ 化简为 FALSE) **then return** FALSE;
7.   **if** ($level = 0$) **then return** TRUE;
8.   **if** ($Q[level] = \forall$) **then**
9.   **return** $\left(\begin{array}{c} \mathrm{QBF}(\mathcal{Q}, \hat{v} \cup \neg V[level], level - 1) \wedge \\ \mathrm{QBF}(\mathcal{Q}, \hat{v} \cup\ V[level], level - 1) \end{array} \right)$;
10.   **else**
11.   **return** $\left(\begin{array}{c} \mathrm{QBF}(\mathcal{Q}, \hat{v} \cup \neg V[level], level - 1) \vee \\ \mathrm{QBF}(\mathcal{Q}, \hat{v} \cup\ V[level], level - 1) \end{array} \right)$;

第 6 行中的记号 $\phi|_{\hat{v}}$ 指的是基于 $\hat{v}$ 的赋值对 ϕ 进行化简得到的公式。比如, 令 $\hat{v} :=$ $\boxed{\phi|_{\hat{v}}}$ $\{x \mapsto 0, y \mapsto 1\}$, 则

$$(x \vee (y \wedge z))|_{\hat{v}} = (z) \tag{9.46}$$

示例 9.14 我们再次考虑公式 (9.45):

$$\mathcal{Q} := \exists e.\, \forall u.\, (e \vee u) \wedge (\neg e \vee \neg u)$$

使用算法 9.3.1 求解这个公式, 采用变量顺序 u, e, 算法过程如表 9.2 所示。

表 9.2 算法 9.3.1 求解公式 (9.45) 的一条路径

递 归 层	行 号	注 释
0	2	调用 $\mathrm{QBF}(\mathcal{Q}, \varnothing, 2)$
0	6,7	这些行的条件不成立
0	8	$Q[2] = \exists$
0	11	调用 $\mathrm{QBF}(\mathcal{Q}, \{e = 0\}, 1)$
1	6	$\phi|_{e=0} = (u)$
1	8	$Q[1] = \forall$
1	9	调用 $\mathrm{QBF}(\mathcal{Q}, \{e = 0, u = 0\}, 0)$
2	6	$\phi|_{e=0, u=0} = $ FALSE. return FALSE

（续）

递 归 层	行 号	注 释
1	9	return FALSE
0	11	调用 QBF$(\mathcal{Q}, \{e=1\}, 1)$
1	6	$\phi\|_{e=1} = (\neg u)$
1	8	$Q[1] = \forall$
1	9	调用 QBF$(\mathcal{Q}, \{e=1, u=0\}, 0)$
2	6	$\phi|_{e=1, u=0} = $ TRUE
2	7	return TRUE
1	9	调用 QBF$(\mathcal{Q}, \{e=1, u=1\}, 0)$
2	6	$\phi|_{e=1, u=1} = $ FALSE; return FALSE
1	9	return FALSE
0	11	return FALSE
0	3	return "非有效"

9.4　有效命题化逻辑

许多问题可以用一个称为**有效命题化**（effectively propositional，EPR）的一阶逻辑片段进行建模（"R" 有时代表 "reasoning"，有时代表 "propositional" 的第二个字母）。EPR 公式的形式如下：

$$\exists \boldsymbol{x} \forall \boldsymbol{y}.\ \varphi(\boldsymbol{x}, \boldsymbol{y}) \tag{9.47}$$

其中，$\boldsymbol{x}, \boldsymbol{y}$ 为变量集合，φ 是一个不含函数符号（但允许未解释**谓词符号**）的无量词公式。为了保持简单，我们假设公式不含自由变量。

结果表明，这种公式的可满足性可以归约为命题 SAT 问题——因此得名，尽管这可能导致公式规模呈指数级增长（EPR 是一个 NEXPTIME 问题）。转换之后，我们可以调用命题 SAT 求解器（如第 2 章所讨论的）以判定原始公式的可满足性。

对这种公式的一个基础判定过程有若干步骤，我们通过一个例子来说明：

$$\exists e_1 \exists e_2 \forall a_1 \forall a_2.\ p(e_1, a_1) \vee q(e_2, a_2) \tag{9.48}$$

1. 移除存在量词。[①] 这就得到

[①] 在文献中，这一步通常叫作 Skolem 化，这个概念将在定义 9.15 中介绍。在 EPR 公式中，存在量词不在任何全称量词的辖域内。Skolem 化会得到无参数的函数，这些函数被称为**符号常量**。为避免额外的术语，我们直接将存在量化变量视为这样的常量。

$$\forall a_1 \forall a_2.\ p(e_1, a_1) \lor q(e_2, a_2) \tag{9.49}$$

2. 基化（grounding）：对原来全称量化的每个变量分别实例化后缀 φ，并对这些实例化公式做合取，从而消去每个全称量词。在我们的例子中，这样做之后就得到

$$
\begin{aligned}
&(p(e_1, e_1) \lor q(e_2, e_1))\ \land \\
&(p(e_1, e_1) \lor q(e_2, e_2))\ \land \\
&(p(e_1, e_2) \lor q(e_2, e_1))\ \land \\
&(p(e_1, e_2) \lor q(e_2, e_2))
\end{aligned}
\tag{9.50}
$$

对于给定的 n 个存在量化变量和 m 个全称量化变量，这一步骤产生了 n^m 个合取项。

3. 编码：现在，我们得到了一系列未解释谓词的布尔组合。我们需要检查是否可以为每个这样的谓词赋一个布尔值，使得对于同一个谓词的两个实例，如果它们的参数相同，那么它们被赋予的布尔值也相同。最简单的方法是使用一个命题变量来表示每个谓词，该变量与谓词的参数签名相对应。例如，谓词 $p(e_1, e_2)$ 可以用命题变量 p_{12} 表示。这样，我们就得到了命题公式

$$
\begin{aligned}
&(p_{11} \lor q_{21})\ \land \\
&(p_{11} \lor q_{22})\ \land \\
&(p_{12} \lor q_{21})\ \land \\
&(p_{12} \lor q_{22})
\end{aligned}
\tag{9.51}
$$

4. SAT：调用一个命题 SAT 求解器。通过上述转换得到的公式与原始公式具有等可满足性。我们的例子明显是可满足的。

EPR 可以很自然地建模关于关系的判定问题。特别地，集合论中的判定问题可以通过这种方式判定，因为集合可以通过一元谓词来建模。例如，假设我们想检查对于任意集合 A、B 和 C，以下命题是否可满足：

$$(A \cap B \neq \varnothing) \land (B \cap C \neq \varnothing) \land (A \cap C \neq \varnothing) \land (A \cap B \cap C = \varnothing) \tag{9.52}$$

用于建模一个集合变量的一元谓词在其参数属于原始集合时为真。对于集合 A、B、C，我们用 P_A、P_B、P_C 分别表示它们对应的一元谓词。例如，$P_A(x) = \text{TRUE} \iff x \in A$。交

集用合取运算表示。因此，以上公式可以在 EPR 中重新形式化为：

$$(\exists x_1.\ P_A(x_1) \wedge P_B(x_1)) \wedge (\exists x_2.\ P_B(x_2) \wedge P_C(x_2)) \wedge (\exists x_3.\ P_A(x_3) \wedge P_C(x_3))$$
$$\wedge (\forall x_4.\ \neg P_A(x_4) \vee \neg P_B(x_4) \vee \neg P_C(x_4)) \tag{9.53}$$

将公式 (9.53) 转换为前束范式（参见 9.2.1 节）后，发现它是一个 EPR 公式，并按照上述过程进行推导，可以得出它是可满足的。

不难看出，其他集合操作也可以用它们各自的谓词之间的布尔运算来建模，例如，并集用析取来建模，补集用否定来建模，差集则通过等式 $A \setminus B = A \cap B^c$ 用交集和补集的组合来建模。诸如 $A \subseteq B$ 这样的关系可以用全称量词来建模：$\forall x.\ P_A(x) \implies P_B(x)$。关于 EPR 的其他用途，读者可以参考文献 [224]。

9.5 一 般 量 化

到目前为止，我们已经考虑了三种特殊情况的量化公式，对于这些情况，我们可以判定其有效性问题。对于 QBF 的情况，判定过程基于分情况讨论或量词消去；对于线性算术的情况，基于量词消去；对于 EPR 的情况，基于命题逻辑归约。更一般地说，只要量化变量的域是有限的，或者存在量词消去算法，那么这个问题就是可判定的。

在本节中，我们考虑一般情况，其中枚举方法和量词消去是不可能的，或者计算成本太高。这是本书唯一考虑一般不可判定问题的一节。不可判定性意味着没有一个通用算法可以解决所有问题。我们能够期望的最好结果就是有一个能解决许多实际问题的算法。事实上，一般量化是一阶**定理证明**的关键组成部分，大量文献关注于此。自动一阶定理证明器自 20 世纪 70 年代就已经存在，并且直到今天仍然有持续的开发和支持，请参见 9.7 节的文献注释。

由于本书讨论的所有理论都是可一阶公理化的（即其符号表中的谓词，如等式谓词和不等式谓词，可以通过公理——如公理集 (1.35)——来定义），因此，如果存在通用的量词消去算法，则可以判定所有理论。换句话说，如果存在一种通用的、高效的方法来求解这些公式，则不需要到目前为止所介绍的专门判定过程。例如，对于一个等式逻辑公式，如 $x = y \wedge y = z \wedge x \neq z$，我们不再调用 4.3 节中的等价闭包算法，而是将该公式与公理集 (1.35) 一同求解。类似地，如果公式还包含未解释函数，则我们将添加等价性公理 (4.2)。这样的通用机制并不存在，但有一些启发式方法在实践中的很多情况下是有效的。

尝试求解一般量化公式的第一步是将其转换为以下范式。

定义 9.15（Skolem 范式） 如果一个公式是前束范式（参见 9.2.1 节），并且只包含全称量词，则该公式是 **Skolem 范式**公式。

任意一阶公式 φ 都可以在线性时间内转换为这个形式，同时保持可满足性不变。这需要使用一种叫作 **Skolem 化**（Skolemization）的过程。令 $\psi = \exists x.\, P$ 是 φ 中的子公式。令 $y_1, \cdots, y_n$ 为使 ψ 在其辖域的全称量化变量。为了 Skolem 化，即消除对 x 的存在量化限制：

1. 从 ψ 中移除量词 $\exists x$；
2. 将 P 中 x 的出现替换为 $f_x(y_1, \cdots, y_n)$，其中 f_x 是一个新的函数符号，只需要包括在 P 中实际使用的那些 y 变量。

当 x 不在任何全称量化变量的辖域中时，会出现一种特殊情况，即 $n = 0$。在这种情况下，用一个新的"符号"常量 c_x 替换 x。

示例 9.16 考虑公式

$$\forall y_1.\, \forall y_2.\, f(y_1, y_2) \wedge \exists x.\, (f(x, y_2) \wedge x < 0) \tag{9.54}$$

在 Skolem 化之后，我们有

$$\forall y_1.\, \forall y_2.\, f(y_1, y_2) \wedge (f(f_x(y_1, y_2), y_2) \wedge f_x(y_1, y_2) < 0) \tag{9.55}$$

假设我们从前束范式开始，对每个存在量化子公式重复 Skolem 化，这将得到一个 Skolem 范式公式，其中包含新的未解释函数符号。

实例化

一个典型场景是，我们想基于表示公理的句子来证明**基本公式**（ground formula，即无量词的公式）G 的有效性。假设这些公理是 Skolem 范式的（实际上，通常公理只由全称量词开始），为了证明 G，我们可以尝试**实例化**全称量化变量，以便引出与 $\neg G$ 矛盾的情况。实例化，也就是选择要添加的原子公式，是基于启发式方法的。例如，考虑证明 $\boxed{G}$

$$\overbrace{f(h(a), b) = f(b, h(a))}^{G} \tag{9.56}$$

由

$$\forall x. \, \forall y. \, f(x,y) = f(y,x) \tag{9.57}$$

蕴含。将这个问题表示为可满足性问题，我们需要证明以下公式是不可满足的：

$$(\forall x. \, \forall y. \, f(x,y) = f(y,x)) \wedge f(h(a),b) \neq f(b,h(a)) \tag{9.58}$$

很明显，我们需要用 $h(a)$ 实例化 x，用 b 实例化 y，以产生矛盾。这产生了一个不可满足的基本公式：

$$f(h(a),b) = f(b,h(a)) \wedge f(h(a),b) \neq f(b,h(a)) \tag{9.59}$$

在这种情况下，我们实例化 x 和 y 的项已经在 G 中出现过，而且单个的量化原子公式足够强大，可以给我们提供证明需要的谓词。实践中出现的验证条件可能包含数百个句子可供选择，而基本公式 G 的规模可能达到数兆字节。因此，我们需要选择要实例化的量化公式以及实例化它们的方式，同时牢记目标是推导出与 G 最有可能矛盾的基本项。在每次实例化之后，我们仍然需要检查基本公式。为此，我们可以使用在第 3 章介绍的 DPLL(T) 框架。因此，可以将实例化启发式算法视为 DPLL(T) 的封装，每次调用它求解不同的公式。

假设我们想证明公式 $(\forall \bar{x}. \, \psi) \wedge G$ 不可满足，其中 G 表示一个基本公式。一个朴素的方法是将 $\bar{x}$ 实例化为 G 中相同类型的所有基本项。这种方法会产生数量为 $|\bar{x}|$ 的指数级的基本项。例如，我们再次考虑公式 (9.56) 和公式 (9.57)，将 $\{x, y\}$ 中的每个变量都实例化为 a、b、$h(a)$、$f(h(a),b)$ 和 $f(b,h(a))$，就会产生 25 个新的谓词。除了最简单的公式之外，这种指数级增长使其变得不实用。下面我们将描述一种更好的启发式方法，该方法在一个名为 SIMPLIFY [101] 的工具中实现，该工具曾被认为是多年来最先进的求解器。现代求解器，例如 Z3 [92,96] 和 CVC [121]，对上述基本方法进行了各种优化。

典型的实例化启发式算法试图生成作用于 G 中已有项的谓词（语法测试），或作用于与已有项相等的项的谓词（语义测试）。大多数证明器，包括 SIMPLIFY，使用等价闭包算法（参见 4.3 节）来推理等式，并相应地维护一个表示当前已知等式的并查集数据结构。在 SIMPLIFY 中，这称为 **E-图**。如果一个基本项为图中的一个节点，则被认为是**相关**的。

我们尝试将 $\bar{x}$ 中的每个变量实例化为一个基本项 s，使得 ψ 中至少一个项变得相关。形式化地说，我们搜寻一个基本项序列 $\bar{s}$，使得 $|\bar{x}| = |\bar{s}|$ 并且 $\psi[\bar{x} \leftarrow \bar{s}]$ 至少包含 E-图中的一个项。一个更复杂的算法可以根据这样的项的数量来考虑赋予替换不同的优先级。请注意，匹配并不总会成功。例如，不存在任何替换 $\bar{s}$，可以把一个子公式，如 $g(x,y)$ 或 $f(x,2)$，变为基本项 $f(h(a),b)$。

我们从一个简单策略开始。

- 对于每个形式为 $\forall \bar{x}.\psi$ 的量化公式，识别出 ψ 中包含 $\bar{x}$ 中所有变量的子项。这些子项被称为**触发项**（trigger）。例如，在公式 (9.57) 中，$f(x,y)$ 和 $f(y,x)$ 都可以作为触发项，因为它们包含了所有的量化变量。如果没有单个子项包含所有变量，那么选择一组子项，使得它们合起来覆盖所有量化变量。这些子项称为**多触发项**（multitrigger）。

- 尝试将每个触发项 tr 与 G 中现有的基本项 gr 进行匹配。可以把触发项视为需要实例化的模式，以匹配现有的基本项。在上面的例子中，将 $f(x,y)$ 与 $f(h(a),b)$ 进行匹配，得到替换 $\bar{s} = \{x \mapsto h(a), y \mapsto b\}$。我们稍后将提供执行此类匹配的算法。 $\boxed{tr}$ $\boxed{gr}$

- 给定一个替换 $\bar{s}$，做赋值 $G := G \wedge \psi[\bar{x} \leftarrow \bar{s}]$ 并检查 G 的可满足性。

示例 9.17　考虑

$$G := (b = c \implies f(h(a), g(c)) = f(g(b), h(a))) \tag{9.60}$$

我们想证明该公式的有效性。此处假设 f 满足交换律：

$$\forall x. \forall y. f(x,y) = f(y,x) \tag{9.61}$$

用可满足性的语言表达，即我们需要证明以下公式是不可满足的：

$$(\forall x. \forall y. f(x,y) = f(y,x)) \wedge b = c \wedge f(h(a), g(c)) \neq f(g(b), h(a)) \tag{9.62}$$

第一步，我们识别触发项：$f(x,y), f(y,x)$。由于在这个例子中触发项是对称的，因此我们只关注第一个触发项。可以用替换 $\{x \mapsto h(a), y \mapsto g(c)\}$ 将 $f(x,y)$ 匹配到 $f(h(a), g(c))$，或者用替换 $\{x \mapsto g(b), y \mapsto h(a)\}$ 将 $f(x,y)$ 匹配到 $f(g(b), h(a))$。现在我们检查以下公式的可满足性：

$$\begin{aligned} & (b = c \wedge f(h(a), g(c)) \neq f(g(b), h(a))) \\ \wedge \quad & f(h(a), g(c)) = f(g(c), h(a)) \\ \wedge \quad & f(g(b), h(a)) = f(h(a), g(b)) \end{aligned} \tag{9.63}$$

这个公式是不可满足的，说明实例化成功了。实际上，在这种情况下第一个替换就足够了。这就引出一个问题：我们是应该把所有的项一起加入还是逐步加入？不同的求解器在这方面可能使用不同的策略。 ⌐

　　然而，通常情况下，用于证明不可满足性的谓词不是基于现有公式中的项。SIMPLIFY 采用更灵活的匹配算法，利用了不同项之间的等价关系，该算法称为 **E-匹配**。下面我们介绍这个算法。

E-匹配算法

一个简单的公式匹配算法基于触发项（模式）tr 和基本项 gr 的语法相似性。具体来说，tr 和 gr 除了量化变量的位置外必须等价。例如，它可以将触发项 $f(x, g(y))$ 与基本项 $f(a, g(h(b)))$ 匹配。E-匹配还更加灵活，因为在匹配过程中，它不仅考虑 gr 的给定子项，还考虑与之等价且与模式匹配的基本项。

算法 9.5.1 描述了 E-匹配算法，其输入是一个三元组 $\langle tr, gr, sub \rangle$，其中 tr 是一个触发项，gr 是我们尝试匹配 tr 的项，sub 是当前可能的替换集合（初始为空）。该算法的输出是一组替换，每个替换将 tr 变为 gr，可能会使用等价闭包。更形式化地说，如果 E 表示等式，则对于每个可能的替换 $\alpha \in sub$，有 $E \models \alpha(tr) = gr$，其中 $\alpha(tr)$ 表示将替换 α 应用于触发项 tr 的结果。例如，对于 $tr \doteq f(x)$ 和 $gr \doteq f(a)$，如果 $E \doteq \{a = b\}$，算法结束时 sub 的值将为 $\{x \mapsto a, x \mapsto b\}$。

算法 9.5.1：E-匹配

输入：触发项 tr，项 gr，当前替换集合 sub

输出：替换集合 sub，对于每个 $\alpha \in sub$，$E \models \alpha(tr) = gr$

1. **function** MATCH (tr, gr, sub)
2.   **if** tr 是一个变量 x **then**
3.   **return**
   $$\{\alpha \cup \{x \mapsto gr\} \mid \alpha \in sub, x \notin \mathrm{dom}(\alpha)\} \cup$$
   $$\{\alpha \mid \alpha \in sub, \mathrm{find}(\alpha(x)) = \mathrm{find}(gr)\}$$
4.   **if** tr 是一个常量 c **then**
5.   **if** $c \in \mathrm{class}(gr)$ **then return** sub
6.   **else return** $\varnothing$
7.   **if** tr 是 $f(p_1, \cdots, p_n)$ 形式 **then return**

$$\bigcup_{f(gr_1, \cdots, gr_n) \in \mathrm{class}(gr)} \begin{aligned} &\mathrm{MATCH}(p_n, gr_n, \\ &\quad \mathrm{MATCH}(p_{n-1}, gr_{n-1}, \\ &\qquad \ddots \\ &\qquad\quad \mathrm{MATCH}(p_1, gr_1, sub) \cdots)) \end{aligned}$$

在理解算法时，请记住 sub 是一组替换，其中替换是量化变量到项的映射。算法在执行中会添加新的替换或使用额外变量的映射来增强现有替换。算法调用了三个辅助函数。

- $\mathrm{dom}(\alpha)$ 是替换 α 的域。例如，$\mathrm{dom}(\{x \mapsto a, y \mapsto b\}) = \{x, y\}$。

另外两个函数 find 和 class 是基于并查集实现的等价闭包算法的标准接口的一部分。

- $\mathrm{find}(gr)$ 返回 gr 所属等价类的代表元素。如果两个项 gr_1 和 gr_2 满足 $\mathrm{find}(gr_1) = \mathrm{find}(gr_2)$，则意味着它们是等价的。
- $\mathrm{class}(gr)$ 返回 gr 的等价类。

下面我们逐行解释算法。在第 3 行，我们处理 tr 是一个变量 x 的情况。我们检查替换集合 sub 中的每个元素。返回的集合是两个集合的并集，取决于我们检查的元素 $\alpha \in sub$。为了理解这些集合，考虑下面的两个示例。

- 设 $\alpha \doteq \{y \mapsto c, z \mapsto d\}$ 是 sub 中的一个替换。我们将替换 $\{y \mapsto c, z \mapsto d, x \mapsto c\}$ 添加到返回的集合中。换句话说，我们通过添加对 x 的映射扩展了 α。只有在 $x \notin \mathrm{dom}(\alpha)$ 的情况下，我们才执行这个扩展操作，这种情况下 $\mathrm{dom}(\alpha) = \{y, z\}$。
- 设 $\alpha \doteq \{y \mapsto c, x \mapsto d\}$ 是在 sub 中的替换，gr 是一个项。返回的集合是相同的替换 α，但前提是 $E \models d = gr$，即 d 是一个（根据 E 逻辑等价于 gr 的表达式；否则，α 会被丢弃，因为我们不希望 x 被映射到两个不相等的项。

在第 4 行，我们处理 tr 是常量 c 的情况。这种情况很简单：要么我们要匹配的项与 c 等价，要么不存在匹配而返回空集。

在第 7 行，我们处理 tr 是一个具有 n 项的函数 $f(p_1, \cdots, p_n)$ 的情况。首先考虑一个简单情况，即 gr 是一个具有相同模式的项，例如 $f(gr_1, \cdots, gr_n)$。在这种情况下，返回的集合是通过对每对参数 p_i, gr_i $(i \in [1, \cdots, n])$ 应用 MATCH 进行递归构建的。由于我们进行的是 E-匹配而不仅仅是匹配，所以需要考虑那些已知等价于 gr 且具有该模式的项，不管 gr 自身是否具有该模式。这是算法最后一行做并集运算的原因。虽然算法中没有明确提到，但如果匹配一个或多个参数失败（MATCH 对于该参数返回空集），那么 MATCH 对于其他参数返回的内容将从结果中被舍弃。

示例 9.18 考虑公式

$$(\forall x.\, f(x) = x) \wedge (\forall y_1.\, \forall y_2.\, g(g(y_1, y_2), y_2) = y_2) \wedge g(f(g(a, b)), b) \neq b \tag{9.64}$$

触发项为 $f(x)$ 和 $g(g(y_1, y_2), y_2)$。为了匹配第一个触发项，我们执行

$$\textsc{match}(f(x), g(f(g(a, b)), b) \neq b, \varnothing)$$

因为 $f(x)$ 是一个函数应用，所以我们调用第 7 行。gr 中唯一的相关子项为 $f(g(a,b))$，执行计算

$$\text{MATCH}(x, g(a,b), \varnothing) \qquad \text{第 7 行}$$
$$= \{x \mapsto g(a,b)\} \qquad\qquad \text{第 3 行}$$

此时，将等价关系 $f(g(a,b)) = g(a,b)$ 添加到 E 中。我们现在对第二个触发项 $g(g(y_1,y_2),y_2)$ 调用 E-匹配。在第 7 行，我们发现匹配的候选基本项为 $g(a,b)$ 和 $g(f(g(a,b)),b)$，因为它们都是 g 函数的应用并且是 gr 中的项。我们运行算法处理第一个候选项，可以得出失败的结论（请读者尝试）。对于第二个候选项，执行计算

$$= \text{MATCH}(y_2, b, \text{MATCH}(g(y_1,y_2), f(g(a,b)), \varnothing)) \qquad \text{第 7 行}$$
$$= \text{MATCH}(y_2, b, \text{MATCH}(g(y_1,y_2), g(a,b), \varnothing)) \qquad \text{第 7 行}$$
$$= \text{MATCH}(y_2, b, \text{MATCH}(y_2, b, \text{MATCH}(y_1, a, \varnothing))) \qquad \text{第 7 行}$$
$$= \text{MATCH}(y_2, b, \text{MATCH}(y_2, b, \{y_1 \mapsto a\})) \qquad \text{第 3 行}$$
$$= \text{MATCH}(y_2, b, \{y_1 \mapsto a, y_2 \mapsto b\}) \qquad \text{第 3 行}$$
$$= \{y_1 \mapsto a, y_2 \mapsto b\} \qquad \text{第 3 行}$$

请注意，在第 7 行发生了 $f(g(a,b))$ 和 $g(a,b)$ 的切换：这是因为根据 E-图，这两个表达式属于同一个等价类。

示例 9.19   考虑触发项 $tr \doteq f(x,y,x)$。令 $gr \doteq g(a)$ 为一个项（根据 E 等价于 $f(a, b, a)$ 和 $f(c,d,e)$）。我们调用 MATCH，输入为 $(tr, gr, \varnothing)$。算法 MATCH 的递归计算如下：

$$\text{MATCH}(tr, gr, \varnothing)$$
$$= \text{MATCH}(x, a, \text{MATCH}(y, b, \text{MATCH}(x, a, \varnothing))) \cup$$
$$\quad \text{MATCH}(x, e, \text{MATCH}(y, d, \text{MATCH}(x, c, \varnothing)))$$
$$= \text{MATCH}(x, a, \text{MATCH}(y, b, \{x \mapsto a\})) \cup \text{MATCH}(x, e, \text{MATCH}(y, d, \{x \mapsto c\}))$$
$$= \text{MATCH}(x, a, \{x \mapsto a, y \mapsto b\}) \cup \text{MATCH}(x, e, \{x \mapsto c, y \mapsto d\})$$
$$= \{x \mapsto a, y \mapsto b\} \cup \varnothing$$
$$= \{x \mapsto a, y \mapsto b\}$$

正如我们预期的，项 $f(c,d,e)$ 不会导致替换，因为 x 要映射到的项 c 和 e 在 E 中并不等价。

等价闭包之外

　　E-匹配算法在项的等价闭包中搜索项，但显然这并不总是足以完成证明。例如，考虑以下公式：

$$(\forall x.\ f(2x - x) < x) \land (f(a) \geqslant a) \tag{9.65}$$

即使我们在运行匹配算法时将减号当作普通函数符号处理，如果不知道 $2x - x = x$，仍会陷入困境，找不到可以匹配的基本项。出于复杂性考虑，大多数处理量词的定理证明器在匹配时避免考虑等价闭包之外的任何内容。在等价闭包中进行匹配是相对容易的，因为大部分证明器使用等价闭包算法（参见 4.3 节），相应地用并查集维护了已知的等式。因此，它们可以求解公式 (9.64)，但不能求解公式 (9.65)。前面提到的 Z3 求解器实际上可以求解上述公式，因为它对表达式进行了简化。因此，$2x - x$ 会在匹配开始之前被简化为 x。更复杂的情况仍然超出了它的能力范围。

　　虽然本章即将结束，但故事到这里并没有结束。还有其他的复杂情况，我们在这里不进行详细描述。例如，实例化可能陷入无限循环：匹配会添加谓词，而这些新谓词中的项会产生更多匹配的机会，无法保证收敛。问题 9.12 展示了一个会引发这种现象的公式。像 SIMPLIFY 这样的定理证明器采用循环检测技术来防止这种情况发生，以及各种启发式规则通过对触发器排序来降低循环发生的频率。另外值得一提的是用户辅助技术。许多定理证明器可以读取用户插入的项上的标记，这可以指导证明器选择正确的触发项。当没有这个辅助时，求解器可能会发散，不能找到正确的触发项。

9.6　习　　题

9.6.1　热身练习

　　问题 9.1（全称约简的例子）　证明等价式

$$\exists e.\ \exists f.\ \forall u.(e \lor f \lor u) \equiv \exists e.\ \exists f.\ (e \lor f) \tag{9.66}$$

成立。

　　问题 9.2（基于展开的量词消去）　以下公式是有效的吗？通过展开的方法消去所有量词来确定，尽可能化简。

$$\mathcal{Q} := \forall x_1. \, \forall x_2. \, \forall x_3. \, \exists x_4.$$
$$(x_1 \implies (x_2 \implies x_3)) \implies ((x_1 \land x_2 \implies x_3) \land (x_4 \lor x_1)) \tag{9.67}$$

问题 9.3（EPR）　基于 9.4 节的过程，

1. 证明 $\exists x \forall y. \, p(x) \nleftrightarrow p(y)$ 是不可满足的；
2. 完成对公式 (9.52) 的判定；
3. 证明对于任意集合 A、B 和 C，$A \cup B \subseteq C \land B \setminus A \neq \varnothing \implies A \subset C$ 是有效的。

9.6.2　QBF

问题 9.4（从 CNF 中消去全称量词）　令

$$\mathcal{Q} := Q[n]V[n] \cdots Q[2]V[2]. \, \forall x. \, \phi , \tag{9.68}$$

其中，ϕ 是一个 CNF 公式。令

$$\mathcal{Q}' := Q[n]V[n] \cdots Q[2]V[2]. \, \phi' \tag{9.69}$$

其中，ϕ' 和 ϕ 一样，除了从所有子句中擦除了 x 和 $\neg x$。

1. 证明如果 ϕ 不含重言式，$\mathcal{Q}$ 和 $\mathcal{Q}'$ 逻辑等价。
2. 给出一个例子，说明如果 ϕ 含重言式，$\mathcal{Q}$ 和 $\mathcal{Q}'$ 不是逻辑等价的。

问题 9.5（建模：直径问题）　QBF 可以用于找到有限状态机中初始状态到任意状态的最长最短路径。更形式化地说，我们想找到的对象定义如下。

定义 9.20（有限状态机的初始直径）　一个有限状态机的**初始直径**是最小的 $k \in \mathbb{N}$，使得每个经 $k+1$ 步可以到达的节点，也可以在 k 步或更少的步数内到达。

我们假设有限状态机太大，无法显式表示和访问，而以迁移系统的形式隐式表示，类似于 9.1.1 节描述国际象棋问题的方法。

对于这个问题，有限迁移系统被定义为一个元组 $\langle S, I, T \rangle$，其中 S 是一个有限状态集合，每个状态是变量集合 $(V \cup V' \cup In)$ 的一个取值。V 是状态变量的集合，V' 是下一个状态变量的集合，In 是输入变量的集合。I 是 V 上的谓词，定义了初始状态，而 T 是一个将变量 $v \in V'$ 映射到 $V \cup I$ 上的谓词的转移函数。

一类通常用这种方法表示的状态机是数字电路。在形式化验证的背景下，电路的初始直径很重要：它表示搜到一个错误状态需要达到的最大深度。

考虑一个系统 M 和一个自然数 k，用 QBF 来表达这个问题：k 是否为 M 所表示的图的直径。按照 9.1.1 节描述国际象棋问题的方法，引入适当的符号。

问题 9.6（基于搜索的 QBF）　调用算法 9.3.1 求解公式

$$Q := \forall u. \exists e. (e \lor u)(\neg e \lor \neg u) \tag{9.70}$$

以表 9.2 的方式写出算法的一条执行路径。

问题 9.7（QBF 和归结法）　使用归结法，检查公式

$$Q := \forall u. \exists e. (e \lor u)(\neg e \lor \neg u) \tag{9.71}$$

是否为有效的。

问题 9.8（归结法投影）　证明 9.2.3 节介绍的逐对归结法会产生如定义 9.7 所定义的投影。

问题 9.9（QBF 反证）　令

$$Q = Q[n]V[n] \cdots Q[1]V[1].\ \phi \tag{9.72}$$

其中，ϕ 是 CNF 公式，Q 是 FALSE，即 Q 不是有效的。请提出一个针对此类 QBF 的通用**证明格式**，以便我们给出任何非有效 QBF 的证明（类似于二元归结证明为命题逻辑提供证明格式的方式）。

问题 9.10（QBF 模型）　令

$$Q = Q[n]V[n] \cdots Q[1]V[1].\ \phi \tag{9.73}$$

其中，ϕ 为 CNF 公式，Q 为 TRUE，即 Q 是有效的。与 SAT 问题不同，我们不能提供所有变量的满足赋值，以使我们确信 Q 的有效性。

(a) 为有效 QBF 提出一种**证明格式**。

(b) 使用你的证明格式，为问题 9.7 的公式提供一个证明。

(c) 为以下公式提供一个证明：

$$\forall u. \exists e. (u \lor \neg e)(\neg u \lor e)$$

9.6.3 EPR

问题 9.11（到命题逻辑的直接归约） 之前我们看到了如何通过 EPR 来判定集合逻辑。展示一个可以通过将集合变量（$A, B, \cdots$）直接映射到命题变量来判定的逻辑片段不需要通过实例化的方法。

9.6.4 一般量化

问题 9.12（量化循环） 考虑公式

$$(\forall x.\ f(x) = f(g(x))) \wedge f(g(a)) = a \tag{9.74}$$

假设我们选择 $f(x)$ 为触发项。说明这可能导致一个无限添加新项的循环。

问题 9.13（实例化一致性公理） 在符合公理 (4.2) 的情况下，通过量词实例化证明公式 (11.3) 的有效性。注意，公理 (4.2) 引入了一个蕴含式，这意味着可能需要分情况求解或用到命题逻辑的其他推理规则。

问题 9.14（简单匹配） 通过简单匹配（而非 E-匹配）证明公式 (9.64) 是不可满足的。

9.7 文 献 注 释

本章介绍的基于 Fourier-Motzkin 的量词消去过程不是已知最高效的方法，不过它可能是最简单的方法。我们建议读者参考 Ferrante 和 Rackoff 的工作[112]、Loos 和 Weispfenning 的工作[183] 以及 Bjørner 的工作[39]，了解更多方法。

Stockmeyer 和他在 MIT 的博士生导师 Meyer 在他们的多项式层次结构研究中，将 QBF 问题确定为 PSPACE 完全问题[264,265]。Büning、Karpinski 和 Flögel 提出了一种在归结和从 CNF 公式的子句中消除全称量化变量两种操作之间交替来求解 QBF 问题的方法[59]。归结部分被称为 **Q-归结**（回想一下，Davis 和 Putnam 最初提出的 SAT 求解技术也是基于归结的[88]）。

SAT 和 QBF 的研究方向有很多相似之处，实际上有许多研究人员在这两个领域都很活跃。年度竞赛和基准库对 SAT 求解器发展的积极影响，也促使人们针对 QBF 问题实施类似举措（例如 QBFLIB[128]，其中包括数千个实例和 50 多个 QBF 求解器）。此外，类似于命题 SAT 求解器提供的证据（即满足赋值或归结证明），许多 QBF 求解器现在也提供了一个证明 QBF 实例的有效性或无效性的**证书**[160]（也可参见问题 9.9 和问题 9.10）这并不奇怪，最好的 QBF 求解器在合理时间内可以解决的问题规模（数千个或几万个变量）与最好的 SAT 求解器可以解决的问题规模（几十万个甚至几百万个变量）之间存在巨大差距。实际上，问题的编码方式对解决问题的能力有非常重要的影响，例如，可以参考 Sabharwal 等人的工作[250]。本章关于国际象棋问题的表述受到了那篇文章的启发。

有一些将命题 SAT 技术应用于 QBF 的研究，例如添加学习子句和屏蔽子句以及搜索方法，这些主要基于 Zhang 和 Malik 的工作[296,297]。量词展开是比较广为熟知的知识，可以被用于高效求解 QBF，比如 Biere 做过这方面的工作[29]。类似的展开方法——Shannon 展开，被用于在基于 BDD 的符号**模型检测**中求解单交替 QBF，可以参考 McMillan 的工作[192]。BDD 变种也被用于求解 QBF[125]。

Presburger 算术是由 Mojzesz Presburger 在他 1929 年以德语发表的著作中定义的[232]。当时，Hilbert 认为 Presburger 的可判定性结果是数学完全机械化向前迈出的重要一步（早在此之前，许多数学家，如 Leibniz 和 Peano，就把数学完全机械化作为最终目标），而后来 Gödel 的不完全性定理证明了这一目标是不可能实现的。Gödel 的结论涉及 **Peano 算术**，它在 Presburger 算术的基础上加入了乘法。1954 年在 Johnniac 真空管计算机上的 Presburger 算法实现是最早的一个机械化推理系统。该程序能够证明两个偶数的和仍然是一个偶数，在当时被视为一项重大成就。

在求解 Presburger 公式方面，除了本章提到的基于 Omega 测试外，还有两种较为著名的方法。一种是由 Cooper 提出的方法[78]，另一种是基于有限自动机和模型检测的方法，可以参考 Wolper 和 Boigelot 的工作[287] 以及与 LASH 系统相关的文献。Ganesh、Berezin 和 Dill 对这些方法用在求解无量词 Presburger 公式上做过综述和实验比较[117]。

非线性实数算术上的量化公式判定问题是可判定的，然而该问题的判定过程不在本书的讨论范围内。该理论的一个著名判定过程是柱形代数分解（cylindrical algebraic decomposition，CAD）。关于 CAD 与其他技术的比较可以参考文献 [104]。在网络上可以找到一些关于 CAD 的教程。

一般量化是一阶定理证明的一个关键要素。一阶定理证明是多本专著（例如，自动推理的两卷手册[244]）的主题，也经常出现在学术会议、大学课程中。与 SAT 和 SMT 工具类似，有很多**定理证明器**每年参加名为 CASC 的竞赛[271]。本书写作时，最优秀的一阶定理证明器是主要由 Andrei Voronkov 研发的 VAMPIRE [169]。Konstantin Korovin 研发的工具 IPROVER 是最优秀的 EPR 求解器。E-匹配最初在 SIMPLIFY 定理证明器中被提出[101]。关于这种技术的现代版本、各种优化和实现细节的讨论可以在文献 [96] 和文献 [121] 中找到。

9.8　符　号　表

本章用到的符号如下。

符号	含义	首次使用的页码
$\forall, \exists$	全称量词符号，存在量词符号	196
n	量词的数量	202
N	变量的总数（不仅仅是那些包含量化的）	204
$\phi\|_{\hat{v}}$	基于 $\hat{v}$ 的赋值对 ϕ 进行化简得到的公式	209
G	我们想证明其有效性的基本公式	213
tr	触发项：一个包含全称量化变量的子公式	215
gr	试图匹配一个触发项的基本项	215
E	求解器所假设的一组等价条件	216

第 10 章　判定理论组合公式

10.1　引　　言

我们目前所学的判定过程都聚焦在一个特定的理论上。然而，在实际中出现的验证条件经常会混合多个理论的表达式。考虑以下例子。

- 线性算术和未解释函数理论的组合：

$$(x_2 \geqslant x_1) \wedge (x_1 - x_3 \geqslant x_2) \wedge (x_3 \geqslant 0) \wedge f(f(x_1) - f(x_2)) \neq f(x_3) \quad (10.1)$$

- 位向量理论和未解释函数理论的组合：

$$f(a[32], b[1]) = f(b[32], a[1]) \wedge a[32] = b[32] \quad (10.2)$$

- 数组理论和线性算术理论的组合：

$$x = v\{i \longleftarrow e\}[j] \wedge y = v[j] \wedge x > e \wedge x > y \quad (10.3)$$

在本章中，我们介绍流行的 **Nelson-Oppen** 方法。这种方法假设我们对每个涉及的理论都有一个判定过程。Nelson-Oppen 方法允许这些判定过程以保证组合理论判定过程的完备性和正确性的方式相互传递信息。

10.2　预 备 知 识

让我们回顾一些基本的定义和约定，任何一门数理逻辑基础课程应该都涵盖这些内容（参见 1.4 节）。在此我们假设读者对一阶逻辑有基本的了解。

一阶逻辑是定义各种限制的基础，这些限制被称为**理论**。一阶逻辑包括：

- 变量
- 所有理论共有的**逻辑符号**，比如布尔运算符（∧、∨……）、量词（∀、∃）以及括号
- **非逻辑符号**，也即每个理论本身的函数符号和谓词符号
- 语法

通常将等号视为逻辑符号而不是理论的谓词，因为很少有不含此符号的一阶理论。我们在本章中遵循这一约定。

一个一阶理论由一组句子（所有变量都是量化变量的一阶公式）定义。通常用一组公理来表示这样的集合，其含义是该理论是可以从这些公理推导出来的句子的集合。在这种情况下，我们能够讨论"理论的公理"。定义了一个理论的公理被称为**非逻辑公理**，定义了逻辑符号的公理相应地被称为**逻辑公理**。

$\boxed{\Sigma}$　　一个理论定义在一个签名 Σ 上，它是非逻辑符号（即函数符号和谓词符号）的集合。如果 T 是这样的理论，我们称它为一个 Σ-理论。设 T 是一个 Σ-理论。对于一个 Σ-公式 φ，如果存在一个解释同时满足 φ 和 T，则 φ 是 T-可满足的。对于一个 Σ-公式 φ，如果 $\boxed{T \models \varphi}$ 满足 T 的所有解释也满足 φ，则 φ 是 T-**有效**的，记作 $T \models \varphi$。换句话说，如果一个公式可以从 T 的公理和逻辑公理推导出来，则它是 T-有效的。

定义 10.1（理论组合）　给定两个理论 T_1 和 T_2，签名分别为 Σ_1 和 Σ_2，**理论组合** $T_1 \oplus$ $\boxed{T_1 \oplus T_2}$ T_2 是一个由 $T_1 \cup T_2$ 定义的 $(\Sigma_1 \cup \Sigma_2)$-理论。

显然我们可以把这个定义从两个理论推广到 n 个理论。

定义 10.2（理论组合问题）　设 φ 是一个 $\Sigma_1 \cup \Sigma_2$ 公式。**理论组合**问题要求判定 φ 是否是 $T_1 \oplus T_2$-有效的。换句话说，就是判定下式是否成立：

$$T_1 \oplus T_2 \models \varphi \tag{10.4}$$

对于任意的理论 T_1 和 T_2，理论组合问题都是不可判定的，即使 T_1 和 T_2 本身是可判定的。然而，在某些限制下，该问题可以变为可判定的。我们稍后会讨论这些限制。

本章的一个重要概念是凸理论。

定义 10.3（凸理论）　如果对于每个合取 Σ-公式 φ，

$$(\varphi \implies \bigvee_{i=1}^{n} x_i = y_i) \text{ 对于某个 } n > 1 \text{是 } T\text{-有效的} \implies$$
$$(\varphi \implies x_i = y_i) \text{ 对于某个 } i \in \{1, \cdots, n\} \ T\text{-有效的} \tag{10.5}$$

其中 x_i 和 y_i $(i \in \{1, \cdots, n\})$ 是变量，则该 Σ-理论 T 是凸的。

换句话说，在凸理论 T 中，如果一个公式 T-蕴含了一个等式析取式，那么它至少蕴含其中一个等式。

示例 10.4 凸理论和非凸理论的例子如下。

- 实数上的线性算术是凸的。线性算术谓词的合取定义了一组可能的值，这个集合可以是空集或者单元素集合，如

$$x \leqslant 3 \wedge x \geqslant 3 \implies x = 3 \tag{10.6}$$

或者无限大，此时蕴含了一个无限的析取。在这三种情况下，它都符合凸性的定义。
- 整数上的线性算术不是凸的。比如，虽然

$$x_1 = 1 \wedge x_2 = 2 \wedge 1 \leqslant x_3 \wedge x_3 \leqslant 2 \implies (x_3 = x_1 \vee x_3 = x_2) \tag{10.7}$$

成立，但是

$$x_1 = 1 \wedge x_2 = 2 \wedge 1 \leqslant x_3 \wedge x_3 \leqslant 2 \implies x_3 = x_1 \tag{10.8}$$

和

$$x_1 = 1 \wedge x_2 = 2 \wedge 1 \leqslant x_3 \wedge x_3 \leqslant 2 \implies x_3 = x_2 \tag{10.9}$$

都不成立。
- 等式逻辑的合取片段是凸的。等式和不等式的合取定义了相等的变量集合（等式集）和不等的变量集合。因此，它蕴含了同一等式集中的变量之间的任何等式。凸性成立。◾

实际应用中的许多理论是非凸的。接下来我们将看到，这使得它们与其他理论的组合在计算上变得更加困难。

10.3　Nelson-Oppen 过程

10.3.1　凸理论的组合

Nelson-Oppen 过程求解符合多个限制条件的理论的理论组合问题（见定义 10.2）。

定义 10.5（Nelson-Oppen 限制）　为了使用 Nelson-Oppen 过程，理论 $T_1, \cdots, T_n$ 需要满足以下限制条件。

1. $T_1, \cdots, T_n$ 是带等式的无量词的一阶逻辑理论。
2. $T_1, \cdots, T_n$ 中每个理论都有判定过程。
3. 理论的签名是不相交的，也即，对于所有 $1 \leqslant i < j \leqslant n$，$\Sigma_i \cap \Sigma_j = \varnothing$。
4. $T_1, \cdots, T_n$ 是在无限域上解释的理论（例如，实数线性算术满足此条件，有限宽度位向量理论则不满足）。

基本 Nelson-Oppen 过程有一些扩展版本克服了上面的限制，其中一些在本章末尾的文献注释中有所提及。

算法 10.3.1 描述了判定凸理论组合的 Nelson-Oppen 过程。它接收一个公式 φ 作为输入，该公式必须是文字的合取式。一般来说，将析取添加到一个凸理论中会使其变为非凸理论。对于这种情况，我们稍后会介绍针对非凸理论的方法，或者可以使用第 3 章中描述的结合 SAT 求解器和理论求解器的方法。

算法 10.3.1: 凸理论的 Nelson-Oppen 算法

输入：一个结合了满足定义 10.5 限制的不同凸理论的凸公式 φ

输出：如果 φ 是可满足的，返回"可满足"，否则返回"不可满足"

1. **纯化**：对 φ 进行纯化，得到 $F_1, \cdots, F_n$。
2. 应用 T_i 理论判定过程求解 F_i。如果存在某个 i 对应的 F_i 是不可满足的，则返回"不可满足"。
3. **等式传播**：如果存在 i, j，使得 F_i T_i-蕴含的关于 φ 变量的等式不被 F_j T_j-蕴含，则将此等式添加到 F_j 中，并转到第 2 步。
4. 返回"可满足"。

算法 10.3.1 的第 1 步基于**纯化**的想法。纯化是对公式保持可满足性的转换。经过纯化之后，每个原子公式都来自特定的理论。在这种情况下，我们说所有的原子都是**纯净的**。更具体地说，给定一个公式 φ，纯化生成一个等价的公式 φ'，具体步骤如下。

1. $\varphi' := \varphi$。

2. 对于每个 φ' 中的"外部"子表达式 ϕ:

    (a) 将 ϕ 替换为一个新的辅助变量 a_ϕ

    (b) 对 φ' 添加约束 $a_\phi = \phi$

示例 10.6 给定一个算术理论和未解释函数理论的组合公式

$$\varphi := \ x_1 \leqslant f(x_1) \tag{10.10}$$

纯化得到以下公式:

$$\varphi' := \ x_1 \leqslant a \wedge a = f(x_1) \tag{10.11}$$

在 φ' 中,所有原子都是纯净的:$x_1 \leqslant a$ 是一个算术公式,$a = f(x_1)$ 则属于带未解释函数的等式理论。∎

经过纯化之后,得到的公式只包含纯净的表达式 $F_1, \cdots, F_n$。 $\boxed{F_i}$

1. 对于所有 i,F_i 属于理论 T_i,并且是 T_i-文字的合取式。
2. 允许存在共享变量,也即,有可能存在 i, j,$1 \leqslant i < j \leqslant n$,$\mathrm{var}(F_i) \cap \mathrm{var}(F_j) \neq \varnothing$。
3. 当且仅当 $\bigwedge_{i=1}^{n} F_i$ 在组合理论中是可满足的,公式 φ 在组合理论中才是可满足的。

示例 10.7 考虑公式

$$\begin{aligned}
&(f(x_1, 0) \geqslant x_3) \wedge (f(x_2, 0) \leqslant x_3) \wedge \\
&(x_1 \geqslant x_2) \wedge (x_2 \geqslant x_1) \wedge \\
&(x_3 - f(x_1, 0) \geqslant 1)
\end{aligned} \tag{10.12}$$

此公式结合了线性算术和未解释函数。纯化之后,得到

$$\begin{aligned}
&(a_1 \geqslant x_3) \wedge (a_2 \leqslant x_3) \wedge (x_1 \geqslant x_2) \wedge (x_2 \geqslant x_1) \wedge (x_3 - a_1 \geqslant 1) \wedge \\
&(a_0 = 0) \wedge \\
&(a_1 = f(x_1, a_0)) \wedge \\
&(a_2 = f(x_2, a_0))
\end{aligned} \tag{10.13}$$

实际上,在这里我们进行了一小步优化,将两个常量"0"都分配给了同一个辅助变量 a_0。同样,$f(x_1, 0)$ 这个项的两个实例被映射到了 a_1(正如前面所述,纯化操作将它们分配给了不同的辅助变量)。

表 10.1 的上半部分展示了公式 (10.13) 分解为两个纯公式 F_1 和 F_2。第一个是线性算术公式，第二个是含未解释函数的等式理论（EUF）公式。F_1 和 F_2 本身都不是矛盾的，因此我们继续进行步骤 3。通过实数线性算术的判定过程，我们从 F_1 推导出 $x_1 = x_2$，并将这个事实传播到另一个理论（即将等式添加到 F_2）。现在我们可以在 T_2 中推导出 $a_1 = a_2$，并将这个等式传播到 F_1。根据这个等式，我们得出在 T_1 中 $a_1 = x_3$，这与 T_1 中的 $x_3 - a_1 \geqslant 1$ 矛盾。∎

表 10.1 从纯化公式 (10.13) 开始的 Nelson-Oppen 组合过程。下方中间水平线下的等式是由算法 10.3.1 的第 3 步推导得到的。如果等式是在相应的理论内推导出来的，则标记为"⋆"

F_1（实数算术）		F_2（EUF）	
	$a_1 \geqslant x_3$		$a_1 = f(x_1, a_0)$
	$a_2 \leqslant x_3$		$a_2 = f(x_2, a_0)$
	$x_1 \geqslant x_2$		
	$x_2 \geqslant x_1$		
	$x_3 - a_1 \geqslant 1$		
	$a_0 = 0$		
⋆	$x_1 = x_2$		$x_1 = x_2$
	$a_1 = a_2$	⋆	$a_1 = a_2$
⋆	$a_1 = x_3$		
⋆	FALSE		

示例 10.8 考虑以下公式，它结合了线性算术和未解释函数：

$$(x_2 \geqslant x_1) \wedge (x_1 - x_3 \geqslant x_2) \wedge (x_3 \geqslant 0) \wedge (f(f(x_1) - f(x_2)) \neq f(x_3)) \tag{10.14}$$

纯化之后得到

$$
\begin{aligned}
&(x_2 \geqslant x_1) \wedge (x_1 - x_3 \geqslant x_2) \wedge (x_3 \geqslant 0) \wedge (f(a_1) \neq f(x_3)) \wedge \\
&(a_1 = a_2 - a_3) \wedge \\
&(a_2 = f(x_1)) \wedge \\
&(a_3 = f(x_2))
\end{aligned}
\tag{10.15}
$$

表 10.2 展示了直到发现矛盾为止的等式传播过程。

表 10.2 从纯化公式 (10.15) 开始的 Nelson-Oppen 过程

F_1（实数算术）		F_2（EUF）	
	$x_2 \geqslant x_1$		$f(a_1) \neq f(x_3)$
	$x_1 - x_3 \geqslant x_2$		$a_2 = f(x_1)$
	$x_3 \geqslant 0$		$a_3 = f(x_2)$
	$a_1 = a_2 - a_3$		
⋆	$x_3 = 0$		
⋆	$x_1 = x_2$		$x_1 = x_2$
	$a_2 = a_3$	⋆	$a_2 = a_3$
⋆	$a_1 = 0$		
⋆	$a_1 = x_3$		$a_1 = x_3$
			FALSE

10.3.2 非凸理论的组合

接下来，我们考虑非凸理论的组合（或凸理论与非凸理论的组合）。首先，考虑以下例子，它说明了如果其中一个理论不是凸的话，算法 10.3.1 可能会失败：

$$(1 \leqslant x) \wedge (x \leqslant 2) \wedge p(x) \wedge \neg p(1) \wedge \neg p(2) \tag{10.16}$$

其中 $x \in \mathbb{Z}$。

公式 (10.16) 结合了整数线性算术和带未解释谓词的等式理论。正如示例 10.4 所示，整数线性算术是非凸的。对该公式进行纯化，得到

$$\begin{aligned} & 1 \leqslant x \wedge x \leqslant 2 \wedge p(x) \wedge \neg p(a_1) \wedge \neg p(a_2) \wedge \\ & a_1 = 1 \wedge \\ & a_2 = 2 \end{aligned} \tag{10.17}$$

表 10.3 展示了将公式 (10.17) 分解为两个纯公式 F_1 和 F_2。注意，F_1 和 F_2 都是可满足的，而且它们各自的理论中都没有蕴含任何相等关系。因此，算法 10.3.1 返回"可满足"，然而原始公式在组合理论中是不可满足的。

解决这个问题的方法是不仅考虑蕴含的等式，也考虑等式的**析取**。请记住，变量的数量是有限的，因此等式和等式析取的数量也是有限的，这意味着计算这些蕴含是可行的。给

定一个这样的析取，问题将被划分成几个部分，数量和析取项数量相等，然后对各个部分进行递归处理。例如，对于公式 (10.16)，F_1 蕴含 $x = 1 \lor x = 2$。因此，我们将问题划分成两个部分，分别考虑 $x = 1$ 的情况和 $x = 2$ 的情况。算法 10.3.2 仅仅比算法 10.3.1 多了一步（第 4 步）：执行这个划分的步骤。

表 10.3　公式 (10.16) 对应的两个纯公式都是独立可满足的，而且不含任何等式。因此，算法 10.3.1 返回"可满足"

F_1 （整数算术）	F_2 （EUF）
$1 \leqslant x$	$p(x)$
$x \leqslant 2$	$\neg p(a_1)$
$a_1 = 1$	$\neg p(a_2)$
$a_2 = 2$	

算法 10.3.2: Nelson-Oppen

输入：一个满足定义 10.5 限制的理论组合公式 φ

输出：如果 φ 是可满足的，返回"可满足"，否则返回"不可满足"

1. **纯化**：对 φ 进行纯化，得到 $F_1, \cdots, F_n$。
2. 应用 T_i 理论判定过程求解 F_i。如果存在某个 i 对应的 F_i 是不可满足的，则返回"不可满足"。
3. **等式传播**：如果存在 i, j，使得 F_i T_i-蕴含的关于 φ 变量的等式不被 F_j T_j-蕴含，则将此等式添加到 F_j 中，并转到第 2 步。
4. **划分**：如果存在某个 i 使得
   - $F_i \implies (x_1 = y_1 \lor \cdots \lor x_k = y_k)$，且
   - $\forall j \in \{1, \cdots, k\}.\ F_i \not\implies x_j = y_j$

   则递归调用 Nelson-Oppen 求解

   $$\varphi' \land x_1 = y_1, \cdots, \varphi' \land x_k = y_k$$

   如果任何一个子问题是可满足的，则返回"可满足"，否则返回"不可满足"。
5. 返回"可满足"。

示例 10.9　再次考虑公式 (10.16)。算法 10.3.2 从 F_1 推导出 $(x = 1 \lor x = 2)$，把问

题划分为两个子问题，如表 10.4 至表 10.6 所示。

表 10.4 F_1 蕴含了等式析取式 $x = a_1 \vee x = a_2$。算法 10.3.2 把问题划分为两个子问题，如表 10.5 和表 10.6 所示，算法对这两个子问题都返回"不可满足"

F_1（整数算术）	F_2（EUF）
$1 \leqslant x$	$p(x)$
$x \leqslant 2$	$\neg p(a_1)$
$a_1 = 1$	$\neg p(a_2)$
$a_2 = 2$	
$\star\ x = 1 \vee x = 2$	

表 10.5 对表 10.4 的问题进行划分之后，$x = a_1$ 对应的子问题

F_1（整数算术）	F_2（EUF）
$1 \leqslant x$	$p(x)$
$x \leqslant 2$	$\neg p(a_1)$
$a_1 = 1$	$\neg p(a_2)$
$a_2 = 2$	
$x = 1$	
$\star\ x = a_1$	$x = a_1$
	FALSE

表 10.6 对表 10.4 的问题进行划分之后，$x = a_2$ 对应的子问题

F_1（整数算术）	F_2（EUF）
$1 \leqslant x$	$p(x)$
$x \leqslant 2$	$\neg p(a_1)$
$a_1 = 1$	$\neg p(a_2)$
$a_2 = 2$	
$x = 2$	
$\star\ x = a_2$	$x = a_2$
	FALSE

10.3.3 Nelson-Oppen 过程的正确性证明

下面我们证明算法 10.3.1 在凸理论文字合取式上的正确性。将之推广到算法 10.3.2 并不难。在此无须证明，我们依赖于 $\bigwedge_i F_i$ 与 φ 的等可满足性。

定理 10.10 当且仅当输入公式 φ 在组合理论中不可满足，算法 10.3.1 返回"不可满足"。

证明　不失一般性，可以将我们的证明限制在两个理论 T_1 和 T_2 的组合上。

（$\Rightarrow$，可靠性）假设在组合理论中 φ 是可满足的。我们将展示这与算法 10.3.2 返回"不可满足"的情况相矛盾。设 α 是 φ 的一个满足赋值。令 A 是在纯化步骤（第 1 步）添加的辅助变量集合。由于在组合理论中 $\bigwedge_i F_i$ 和 φ 具有等可满足性，因此我们可以将 α 扩展为包括变量 A 的赋值 α'。

引理 10.11　设 φ 是可满足的。在每次循环迭代后，$\bigwedge_i F_i$ 在组合理论中是可满足的。

证明　该引理可以通过对循环迭代次数进行归纳来证明。记 F_i^j 为第 j 次迭代后的公式 F_i。

归纳基础：对于 $j = 0$，我们有 $F_i^j = F_i$，因此可以按以上描述构造一个满足条件的赋值。

归纳步骤：假设命题从开始直到第 j 次迭代都成立。我们将证明命题在第 $j+1$ 次迭代也成立。对于在第 3 步中添加的任何等式 $x = y$，存在一个 i 使得 $F_i^j \implies x = y$ 在 T_i 中成立。根据假设可知，在 T_i 中 $\alpha' \models F_i^j$，显然 $\alpha' \models x = y$ 在 T_i 中成立。由于对于所有的 i 都有 $\alpha' \models F_i^j$，因此对于所有的 i 都有 $\alpha' \models F_i \wedge x = y$。所以，在第 2 步，该算法不会返回"不可满足"。∎

（$\Leftarrow$，完备性）首先，注意到算法 10.3.1 总会终止，因为公式只有有限个等式。接下来需要证明该算法会给出"不可满足"的答案。现在我们记录一些关于算法 10.3.1 的观察结果。下面的观察结果很容易看出。

$\boxed{F_i'}$ **引理 10.12**　令 F_i' 表示公式 F_i 在算法 10.3.1 终止时的实际公式。在答案为"可满足"的情况下，由任意公式 F_i' 蕴含的关于 φ 中变量的等式，也被所有公式 F_j' 蕴含。

我们需要证明，如果 φ 是不可满足的，算法 10.3.1 返回"不可满足"。假设算法 10.3.1 错误地返回了"可满足"。

设 $E_1, \cdots, E_m$ 是 φ 中变量的等价类集合，当且仅当在 T_1 中 F_1' 蕴含 $x = y$，x 和 y 属于同一类。根据引理 10.12，当且仅当 F_2' 在 T_2 中蕴含 $x = y$ 时，x 和 y 属于某个等价类 E_i。

对于 $i \in \{1, \cdots, m\}$，设 r_i 是 E_i 的一个元素（该集合的代表元素）。我们现在定义一

个约束 Δ，它强制所有未被蕴含的变量都是不同的：

$$\Delta \doteq \bigwedge_{i \neq j} r_i \neq r_j \tag{10.18}$$

引理 10.13 如果理论 T_1 和 T_2 均有无限域并且都是凸的，则 Δ 和 F_1' 是 T_1-一致的，并且和 F_2' 是 T_2-一致的。

非正式地说，可以通过以下方式证明这个引理是正确的：设 x 和 y 是两个在任何公式中都无法推出其相等的变量。由于凸性，它们不一定要相等才能满足 F_i'。由于值域是无限的，因此我们总是可以选择不同的值使得 x 和 y 不同。

根据引理 10.13，我们可以证明在 T_1 和 T_2 中，$F_1' \wedge \Delta$ 和 $F_2' \wedge \Delta$ 存在满足赋值，分别记为 α_1 和 α_2。这些赋值是**最大多样化**的，也就是说，α_1 或 α_2 下被赋予相等值的任意两个变量**必须**相等。

鉴于这一属性，很容易建立一个从域元素到域元素的映射 M（同构），使得对于任何变量 x，$\alpha_2(x)$ 映射到 $\alpha_1(x)$（除非赋值是最大多样化的，否则可能无法实现）。

例如，令 F_1 为 $x = y$，F_2 为 $F(x) = G(y)$。由 F_1 可以推导出的等式只有 $x = y$。这个等式会传播到 T_2，从而 F_1' 和 F_2' 都蕴含这个等式。$F_1' \wedge \Delta$ 和 $F_2' \wedge \Delta$ 可能的变量赋值是

$$\begin{aligned} \alpha_1 &= \{x \mapsto \mathcal{D}_1, y \mapsto \mathcal{D}_1\} \\ \alpha_2 &= \{x \mapsto \mathcal{D}_2, y \mapsto \mathcal{D}_2\} \end{aligned} \tag{10.19}$$

其中 $\mathcal{D}_1$ 和 $\mathcal{D}_2$ 是定义域中的某些元素。这就得到了一个同构 M，使得 $M(\mathcal{D}_1) = \mathcal{D}_2$。

通过映射 M，我们可以适当调整 F_2' 中符号的解释，在组合理论中获得 $F_1' \wedge F_2'$ 的模型 α'。这总是可行的，因为 T_1 和 T_2 不共享任何非逻辑符号。

继续我们的例子，我们为非逻辑符号 F 和 G 构建以下解释：

$$F(\mathcal{D}_1) = \mathcal{D}_3 , \quad G(\mathcal{D}_1) = \mathcal{D}_3 \tag{10.20}$$

由于 F_i' 在 T_i 中蕴含 F_i，因此 α' 也是 $F_1 \wedge F_2$ 在组合理论中的模型，这与我们假设 φ 是不可满足的相矛盾。∎

需要注意的是，如果不限制为无限域，算法 10.3.1 可能会失败。算法的原始描述没有这样的限制。后来，通过添加"理论是**稳定无限的**"的要求对算法进行了修改，这是我们

所介绍的限制的一般化。Tinelli 和 Zarba 在文献 [276] 中提供的以下示例说明了为什么这个限制很重要。

示例 10.14　令 T_1 为签名 $\Sigma_1 = \{f\}$ 下的理论，其中 f 是一个函数符号，并且其公理要求一个解最多有两个不同的值。令 T_2 为签名 $\Sigma_2 = \{g\}$ 下的理论，其中 g 是一个函数符号。

回顾一下，组合理论 $T_1 \oplus T_2$ 包含了两个理论的公理的并集。因此，任意公式 $\varphi \in T_1 \oplus T_2$ 的解至多有两个不同的值。

现在，考虑以下公式：

$$f(x_1) \neq f(x_2) \wedge g(x_1) \neq g(x_3) \wedge g(x_2) \neq g(x_3) \tag{10.21}$$

这个公式在 $T_1 \oplus T_2$ 中是不可满足的，因为任何满足它的赋值都必须使用三个不同的值来表示 x_1、x_2 和 x_3。然而，这个事实在算法 10.3.2 中没有被揭示出来，如表 10.7 所示。∎

表 10.7　当检查公式 (10.21) 时，算法 10.3.2 不会传播任何等式。这就导致了一个错误：尽管事实上 $F_1 \wedge F_2$ 是不可满足的，但 F_1 和 F_2 在各自的理论中是可满足的

F_1（Σ_1-公式）	F_2（Σ_2-公式）
$f(x_1) \neq f(x_2)$	$g(x_1) \neq g(x_3)$
	$g(x_2) \neq g(x_3)$

文献 [276] 中介绍了 Nelson-Oppen 过程的扩展版本，可以处理非稳定无限理论，不过其细节超出了本书的范围。其主要思想是，对于每个非稳定无限理论 T_i，计算一个下界 N_i，表示该理论的可满足公式肯定在某个域中可以被满足（并不总是可以计算出这个下界），而 N_i 就是这样的域的规模下界。然后，该算法将这些信息与相等关系一起在理论之间传播。当检查一个单独理论的一致性时，它会在由其他理论所定义的域的限制下进行该检查。如果 F_j 在所有下界 N_i 的限制之内没有解，则返回 F_j 不可满足。

> **附注：Nelson-Oppen 过程的抽象版本**
> 　　设 V 是 $F_1, \cdots, F_n$ 的变量的集合。一个对 V 的划分 P 对应地生成等价类，当且仅当变量在划分 P 的同一个部分，它们在同一个等价类中。（对 V 的变量的每个赋值都对应这种划分。）用 R 表示与这些类相对应的等价关系。与 P 相对应的**安排**定义为

$$ar(P) \doteq \bigwedge_{v_i \, R \, v_j, \, i<j} v_i = v_j \wedge \bigwedge_{\neg(v_i \, R \, v_j), \, i<j} v_i \neq v_j \tag{10.22}$$

$ar(P)$ 是 P 对应的所有等式和不等式的合取，并考虑反身性和对称性。例如，如果 $V = \{x_1, x_2, x_3\}$ 且 $P = \{\{x_1, x_2\}, \{x_3\}\}$，则

$$ar(P) := x_1 = x_2 \wedge x_1 \neq x_3 \wedge x_2 \neq x_3 \tag{10.23}$$

现在，考虑 Nelson-Oppen 过程的抽象版本。

1. 非确定性地选择 V 变量的一个划分 P。
2. 如果存在一个 $i \in \{1, \cdots, n\}$，使得 $F_i \wedge ar(P)$ 不可满足，则返回"不可满足"，否则返回"可满足"。

我们有：

- **终止**。该过程会终止，因为等价类的数量是有限的。
- **可靠且完备**。如果该过程返回"不可满足"，则输入的公式是不可满足的。事实上，如果有一个满足组合理论的赋值，这个赋值对应于某个安排；测试这个安排将以"可满足"结果终止。证明另一个方向更难，但也是可行的。更多细节请参阅文献 [275]。

可以通过尝试所有可能的划分方式，把非确定性步骤替换为确定性步骤。因此，我们现在认识到，在 Nelson-Oppen 过程中，对于共享蕴含等式的要求其实是一种对遍历搜索的优化，而不是正确性的必要条件。

更一般地说，像本章介绍的**抽象判定过程**这样的方法在文献中非常常见。从理论角度来看，它们非常方便，甚至可以帮助更模块化地设计具体的判定过程。通过抽象一些实现细节（通常使用非确定性操作），可以带来各种益处，比如增强清晰性和通用性、更简单地证明复杂度上界以及更简单地进行正确性论证，如上文所示。

10.4 习 题

问题 10.1（使用 Nelson-Oppen 过程） 请使用 Nelson-Oppen 过程证明以下公式是不可满足的，其中的变量是整数：

$$g(f(x_1 - 2)) = x_1 + 2 \land g(f(x_2)) = x_2 - 2 \land (x_2 + 1 = x_1 - 1)$$

问题 10.2（Nelson-Oppen 过程的改进）　对于算法 10.3.1 的一个简单改进是在第 3 步中限制等式的传播方式。我们称只在一个理论中出现的变量为**局部**变量。因此，如果等式 $v_i = v_j$ 被 F_i 蕴含，而不被 F_j 蕴含，那么只有在 v_i, v_j 不是 F_i 局部变量的情况下，我们将其传播到 F_j。证明这个改进的正确性。

问题 10.3（算法 10.3.2 的正确性证明）　通过对 10.3.3 节中算法 10.3.1 的正确性证明进行泛化，得到算法 10.3.2 的正确性证明。

10.5　文　献　注　释

理论组合问题（定义 10.2）被证明是不可判定的[40]，因此组合方法必须对理论进行限制。从 Nelson 和 Oppen 的经典论文[206] 以及 Shostak 的论文[259] 开始，关于一阶理论组合的判定过程有很丰富的文献，本章的算法是基于前者的。然而，文献 [206] 中的介绍并不完全正确，在该文中，作者面向一般理论介绍该算法，但是该算法只对稳定无限的理论是正确的。一年后，Oppen 增加了这个限制从而解决了这个问题，但没有给出修改后的证明[215]。直到 1996 年，Tinelli 和 Harandi 才提供了一个完整的模型论证明[275]，这也是 10.3.3 节中（简化的）证明的基础。自那时起就有一些工作对该基本算法进行扩展，致力于将具有更少限制的理论组合起来。在 10.3.3 节中，我们提到了 Tinelli 和 Zarba 对非稳定无限理论的扩展[276]。在文献 [238] 中，Ranise、Ringeissen 和 Zarba 确定了一类可以与非稳定无限理论相组合的理论（称为**礼貌理论**，polite theory）。Jovanovic 和 Barrett 提出了对这些方法的几个扩展[158]。

如本章所述，Nelson-Oppen 过程的原始版本有很多地方可以优化。已经有几种优化方法，包括避免纯化步骤的方法[20]。有实验证据表明，在组合算术理论时，比如基于单纯形法组合线性算术时，计算被蕴含的等式可能成为一个瓶颈[96]。

多年来，Shostak 过程[259] 被认为是 Nelson-Oppen 过程的一种替代方案。然而，Ruess 和 Shankar[246] 在 2001 年证明了它在一般情况下是有缺陷的（不完整且不一定终止），但在特定限制条件下是正确的。当时，一些知名的定理证明器正在使用它。到 2015 年，只有定理证明器 PVS 和 ALT-ERGO 在已知 Shostak 过程正确的情况下使用了 Shostak 过程的某种版本。下面是 N. Shankar 对 Shostak 过程的描述。

"Shostak 组合方法是基于泛化的高斯消元法。他阐明许多理论支持一个**规范器**和一个**求解器**。**规范器**是一个将逻辑上等价的公式转换为语法上完全相同的表示的算法。对于形如 $a = b$ 的方程（其中 a 和 b 是 Σ-项，Σ 是该理论的签名），一个**求解器**将其转换为等价的形式 $\text{solve}(a = b)$。操作 $\text{solve}(a = b)$ 返回一个与 $a = b$ 等可满足的公式 s。当方程无解时，$s = \perp$，否则 s 是形如 $x_1 = e_1, \cdots, x_n = e_n$ 的解，其中 $1 \leqslant i \leqslant n$，$x_i$ 是方程 $(a = b)$ 中的变量，e_i 是一个 Σ-项。"

"一个理论的规范器 σ 可以用于判断等式 $c = d$ 的有效性，方法是分别将 σ 应用于 c 和 d，然后比较规范形式 $\sigma(c)$ 和 $\sigma(d)$ 是否相同。如果一个理论具有这样的求解器和规范器，则称其为 Shostak **理论**。"

"Shostak 方法使用求解器和规范器来验证 $a_1 = b_1, \cdots, a_n = b_n \vdash c = d$。该方法逐步将前提方程放入解集 S 中进行验证，其中 $S_0 = \varnothing$（空替换），对于 $1 \leqslant i \leqslant n$，$S_i = \text{solve}(S(a_i = b_i))$，最后 $S = S_n$。我们可以通过验证某个 S_i（$1 \leqslant i \leqslant n$）是否为 $\perp$，或者检查 $\sigma(S(c))$ 和 $\sigma(S(d))$ 是否为相同的规范形式来验证这个断言。"

"尽管 Shostak 的想法很深刻，但他的原始算法和证明存在一些缺陷。他错误地声称，对于不相交的理论，可以将它们的求解器和规范器组合成处理这些理论的并集的求解器和规范器。文献 [246] 将单一的 Shostak 理论与含未解释函数的等式进行了**基本**组合，并证明了其正确性。Ganzinger 证明，仅使用求解器而不需要规范器[119]，就可以构造一个基本组合，使用规范器可以看作对构造组合的一种优化。Shankar 和 Ruess 提出了一种方法[257]，将基本组合扩展到 Shostak 理论的不相交并集组合，而且不需要组合求解器和规范器。"

如第 3 章所述，惰性方法为实现 Nelson-Oppen 过程提供了新的机会。Bozzano 等人[41] 提出了一种称为**延迟理论组合**的技术。每一对共享变量都用一个新的布尔变量进行编码（导致变量数量呈平方级增长）。在所有其他编码变量被赋值之后，SAT 求解器开始对这些新变量赋值（初始化为任意值），然后按照正常的方式继续进行，即在每次这样的赋值之后，将当前的部分赋值发送给理论求解器。如果其中任何一个理论求解器"反对"此赋值所蕴含的安排（即与其他文字的当前赋值发生冲突），则引起冲突并回溯；否则，该公式是可满足的。① 这样，每个理论可以单独求解，而不需要传递等式信息。这种方法在

---

① 这里，原文"否则，该公式是可满足的"写法容易引起误解。只有当布尔变量都被赋值之后（也即完整赋值，而非部分赋值），如果理论求解器对于这样的赋值判定没有冲突，才会判定原公式是可满足的。——译者注

实验中非常有效，因为单个理论求解器无须关心等式传播，而且只需共享少量信息，比起 Nelson-Oppen 过程传递的平均信息少得多。在文献 [159] 中，Jovanovic 和 Barrett 展示了当共享变量对各个理论无影响时，可以忽略共享变量对的数量。

　　de Moura 和 Bjørner 提出了一种不同的方法[91]。他们同样将等式纳入模型，但不是让 SAT 求解器决定它们的值，而是试图计算一个对理论变量的尽可能多样化的一致性赋值；然后通过理论变量的赋值来决定等式的取值。

10.6　符　号　表

本章用到的符号如下。

符号	含义	首次使用的页码
Σ	理论的签名，也即它的非逻辑谓词和函数符号及其对应的元数的集合（即那些不是所有一阶理论共有的符号）	226
$T \models \varphi$	φ 是 T-有效的	226
$T_1 \oplus T_2$	表示组合理论 T_1 和 T_2 得到的理论，也即，签名为 $\Sigma_1 \cup \Sigma_2$ 且公理集为 $T_1 \cup T_2$ 的理论	226
F_i	算法 10.3.1 中的纯化（具体理论）公式	229
F_i'	公式 F_i 在算法 10.3.1 终止时的具体公式	234
Δ	强制要求所有未蕴含相等的变量不相等的约束	235

第 11 章　命题逻辑编码

11.1　惰性编码与积极编码

第 3 章描述的 DPLL(T) 方法基于用于求解项合取式的理论求解器和 SAT 求解器的交互。这个方法通常被称为"惰性"（lazy）方法，强调理论求解器只在需要时调用，用来检查一组理论文字的一致性。

在本章中，我们考虑另一种方法，该方法不依赖于 SAT 求解器和理论求解器的交互。相反，它将 T-公式完全归约为一个等可满足的命题公式。这种方法有时被称为"**积极编码**"，因为与惰性方法相比，它可以一步到位地将公式归约为命题逻辑，然后对命题公式进行一次 SAT 求解即可判定原公式。

尽管积极方法存在一种通用策略[171]，但一般而言，需要针对每个理论 T 进行定制。在本章中，我们仅展示第 4 章介绍的带未解释函数的等式理论的情况。关于线性算术的积极编码，也有一些研究[266]，但我们还没有了解到其他理论的积极编码方法。总体而言，与惰性方法相比，积极方法的文献较少，支持它的工具也较少。①

我们首先考虑通过将问题转换为等式逻辑约束来消除未解释函数的两种方法，然后介绍一种将等式逻辑公式积极编码为命题逻辑的基于图的方法。

11.2　从未解释函数到等式逻辑

幸运的是，为了确定一个给定的 EUF 公式是否有效，我们不需要检查公式中未解释函数的所有可能解释。相反，根据所有函数共有的最强属性，即函数一致性（参见 4.2.1 节），

---

① 原书（第 2 版）于 2016 年出版，但是之后出现了其他理论，比如非线性整数理论的积极编码，Z3 求解器就实现了非线性整数算术理论的积极编码。——译者注

我们可以将 EUF 公式的判定问题归约为等式逻辑判定问题。我们将介绍两种归约方法，即 **Ackermann 归约**和 **Bryant 归约**，两者都通过添加约束来保证函数一致性。这两种方法生成的公式的规模都会随着函数实例数量的增加呈平方增长。Ackermann 归约相对更直观，但也对其判定过程提出了一定的要求。这两种方法之间的差异将在 11.7 节中解释。

在后面的讨论中，为简单起见，我们对输入的公式做出几个假设：它有一个未解释函数，该函数只有一个输入参数，并且该函数的任何两个实例的参数都不同。如后面的示例所示，对归约进行泛化是很简单的。

11.2.1　Ackermann 归约

Ackermann 归约（参见算法 11.2.1）通过添加显式约束来保证函数一致性。该算法读取待验证的 EUF 公式 φ^{UF}，将其转换为如下形式的等式逻辑公式 φ^{E}：

$$\varphi^{\mathrm{E}} := FC^{\mathrm{E}} \implies flat^{\mathrm{E}} \tag{11.1}$$

其中 FC^{E} 是函数一致性约束的合取式，$flat^{\mathrm{E}}$ 是 φ^{UF} 的平展，也即其中的每个函数实例都被一个相应的新变量替换。

算法 11.2.1：Ackermann 归约

输入：一个 EUF 公式 φ^{UF}，该公式含有一个未解释函数 F 的 m 个实例

输出：一个等式逻辑公式 φ^{E}，当且仅当 φ^{UF} 是有效的，φ^{E} 才是有效的

1. 以从内到外的顺序，为表达式中的未解释函数实例分配下标。将函数 F 的下标为 i 的实例记为 F_i，另外用 $\arg(F_i)$ 表示它的单一参数。
2. 令 $flat^{\mathrm{E}} \doteq \mathcal{T}(\varphi^{\mathrm{UF}})$，其中 $\mathcal{T}$ 是一个函数，它接收一个 EUF 公式（或项），通过把每个未解释函数实例 F_i 用一个新的项变量 f_i 替换，将 EUF 公式转换为一个等式逻辑公式（或项）（对于嵌套函数，只保留最外层实例对应的变量）。
3. 令 FC^{E} 表示如下函数一致性约束合取式：

$$FC^{\mathrm{E}} := \bigwedge_{i=1}^{m-1} \bigwedge_{j=i+1}^{m} (\mathcal{T}(\arg(F_i)) = \mathcal{T}(\arg(F_j))) \implies f_i = f_j$$

4. 令

$$\varphi^{\mathrm{E}} := FC^{\mathrm{E}} \implies flat^{\mathrm{E}}$$

返回 φ^{E}。

（左侧边注）$\boxed{m}$ $\boxed{F_i}$ $\boxed{\arg(F_i)}$ $\boxed{flat^{\mathrm{E}}}$ $\boxed{\mathcal{T}}$ $\boxed{FC^{\mathrm{E}}}$

示例 11.1 考虑公式

$$(x_1 \neq x_2) \vee (F(x_1) = F(x_2)) \vee (F(x_1) \neq F(x_3)) \tag{11.2}$$

我们希望用算法 11.2.1 将它归约为等式逻辑公式。

在给 F 的实例分配下标之后（对于这个例子，我们假设下标从左到右分配），我们相应地计算 $flat^E$ 和 FC^E：

$$flat^E := (x_1 \neq x_2) \vee (f_1 = f_2) \vee (f_1 \neq f_3) \tag{11.3}$$

$$\begin{aligned}
FC^E := &(x_1 = x_2 \implies f_1 = f_2) \wedge \\
&(x_1 = x_3 \implies f_1 = f_3) \wedge \\
&(x_2 = x_3 \implies f_2 = f_3)
\end{aligned} \tag{11.4}$$

当且仅当对应的等式逻辑公式 φ^E 是有效的，公式 (11.2) 才是有效的。

附注：检查 φ^{UF} 的可满足性

Ackermann 归约给出了检查 φ^{UF} 的**有效性**（validity）的方法。它告诉我们，需要检查 $\varphi^E := FC^E \implies flat^E$ 的有效性，或者等价地，检查 $\neg\varphi^E := FC^E \wedge \neg flat^E$ 是否不可满足。这很重要，因为之后我们要看到的所有算法都是用来检查公式的**可满足性**，而不是它们的有效性。因此，作为第一步，我们需要对 φ^E 取否。

如果想检查 φ^{UF} 的可满足性呢？一个简短的回答是，我们需要检查以下公式的可满足性：

$$\varphi^E := FC^E \wedge flat^E$$

这很有意思。正常情况下，检查一个公式的可满足性或有效性，分别相当于检查该公式或其否定的可满足性。因此，我们可以期望检查 φ^{UF} 的可满足性等价于检查 $FC^E \implies flat^E$ 的可满足性。然而，这与上面的等式不同。这是怎么回事呢？出现差异的原因是我们在归约之前检查 φ^{UF} 的可满足性。这意味着我们可以使用 Ackermann 归约来检查 $\neg\varphi^{UF}$ 的有效性。在检查 φ^{UF} 或其否定 $\neg\varphi^{UF}$ 时，函数一致性约束 FC^E 保持不变。因此，我们需要检查 $FC^E \implies \neg flat^E$ 的有效性，这就等价于检查 $FC^E \wedge flat^E$ 的可满足性。

接下来，我们回到之前见过的未解释函数例子，将其转换为等式逻辑公式。

示例 11.2　　现在我们用 Ackermann 归约来求解 4.2.2 节介绍的问题，读者可以先复习一下该问题。图 11.1 是从 4.2.2 节的图 4.3 直接复制过来的。

$$
\begin{aligned}
out0\_a &= in & \wedge \\
out1\_a &= G(out0\_a, in) & \wedge \\
out2\_a &= G(out1\_a, in)
\end{aligned}
\qquad\qquad
out0\_b = G(G(in, in), in)
$$

$$
(\varphi_a^{\mathrm{UF}}) \qquad\qquad\qquad\qquad\qquad (\varphi_b^{\mathrm{UF}})
$$

图 11.1　把 "$*$" 替换为未解释函数 G

在这个例子中，未解释函数 G 有 4 个实例：

$$
G(out0\_a, in),\ G(out1\_a, in),\ G(in, in),\ G(G(in, in), in)\ ,
$$

我们按以上顺序列出它们。根据公式 (4.5)，我们计算 $flat^{\mathrm{E}}$，将每个未解释函数符号替换为相应的变量：

$$
flat^{\mathrm{E}} := \left(\left(\begin{array}{ll} out0\_a = in & \wedge \\ out1\_a = g_1 & \wedge \\ out2\_a = g_2 \end{array} \right) \wedge out0\_b = g_4 \right) \implies out2\_a = out0\_b \tag{11.5}
$$

其函数一致性约束如下：

$$
\begin{aligned}
FC^{\mathrm{E}} := \quad &((out0\_a = out1\_a & \wedge \quad in = in) & \implies & g_1 = g_2) & \wedge \\
&((out0\_a = in & \wedge \quad in = in) & \implies & g_1 = g_3) & \wedge \\
&((out0\_a = g_3 & \wedge \quad in = in) & \implies & g_1 = g_4) & \wedge \\
&((out1\_a = in & \wedge \quad in = in) & \implies & g_2 = g_3) & \wedge \\
&((out1\_a = g_3 & \wedge \quad in = in) & \implies & g_2 = g_4) & \wedge \\
&((in = g_3 & \wedge \quad in = in) & \implies & g_3 = g_4)
\end{aligned}
\tag{11.6}
$$

得到的等式逻辑公式为 $FC^{\mathrm{E}} \implies flat^{\mathrm{E}}$，也就是我们需要判定有效性的公式。

这个例子展示了如何将归约推广到具有多个参数的函数：仅当一对函数实例的所有参数（逐对）相同时，函数的返回值才被强制为相同。

读者可以观察到，实际上这些约束大多数是冗余的。公式的有效性取决于 $G(out0_a, in)$ 是否等于 $G(in, in)$，以及 $G(out1_a, in)$ 是否等于 $G(G(in, in), in)$。因此，在公式 (11.6) 中只有第二个约束和第五个约束是必要的。在实践中，这样的观察很重要，因为函数一致性约束数量的平方增长可能成为瓶颈。在比较两个系统时，通常可以在多项式时间内检测到大量可以被删除而不影响公式有效性的约束。关于这类技术的详细信息，可以参考文献 [229]。

最后，我们考虑有多个函数符号的情况。

示例 11.3　考虑以下公式，我们想判定其有效性：

$$x_1 = x_2 \implies F(\underbrace{F(\overbrace{G(x_1)}^{g_1})}_{\underbrace{f_1}_{f_2}}) = F(\underbrace{F(\overbrace{G(x_2)}^{g_2})}_{\underbrace{f_3}_{f_4}}) \tag{11.7}$$

我们按照表达式从内到外的顺序给函数实例分配下标，计算得到：

$$flat^{\mathrm{E}} := x_1 = x_2 \implies f_2 = f_4 \tag{11.8}$$

$$
\begin{aligned}
FC^{\mathrm{E}} := \;& x_1 = x_2 \implies g_1 = g_2 \;\wedge \\
& g_1 = f_1 \implies f_1 = f_2 \;\wedge \\
& g_1 = g_2 \implies f_1 = f_3 \;\wedge \\
& g_1 = f_3 \implies f_1 = f_4 \;\wedge \\
& f_1 = g_2 \implies f_2 = f_3 \;\wedge \\
& f_1 = f_3 \implies f_2 = f_4 \;\wedge \\
& g_2 = f_3 \implies f_3 = f_4
\end{aligned}
\tag{11.9}
$$

再一次，

$$\varphi^{\mathrm{E}} := FC^{\mathrm{E}} \implies flat^{\mathrm{E}} \tag{11.10}$$

从这些例子可以看出如何将算法 11.2.1 泛化到含多个未解释函数的公式。我们将这个问题和其他扩展留作习题（参见问题 11.2）。

11.2.2　Bryant 归约

Bryant 归约（参见算法 11.2.2）和 Ackermann 归约的目的一样：将 EUF 公式转换为等可满足性的等式逻辑公式。为了检查 φ^{UF} 的可满足性而不是有效性，在最后一步返回

$FC^{\mathrm{E}} \wedge \mathit{flat}^{\mathrm{E}}$。

算法 11.2.2：Bryant 归约

输入：一个 EUF 公式 φ^{UF}，该公式含有一个未解释函数 F 的 m 个实例

输出：一个等式逻辑公式 φ^{E}，当且仅当 φ^{UF} 是有效的，φ^{E} 才是有效的

1. 对未解释函数实例，按照表达式从内到外的顺序分配下标，函数 F 的下标为 i 的实例记为 F_i，另外用 $\arg(F_i)$ 表示它的单一参数。

2. 令 $\mathit{flat}^{\mathrm{E}} = \mathcal{T}^*(\varphi^{\mathrm{UF}})$，其中 $\mathcal{T}^*$ 是一个函数，它接收一个 EUF 公式（或项），通过把每个未解释函数实例 F_i 用一个新的项变量 F_i^* 替换，将 EUF 公式转换为一个等式逻辑公式（或项）（对于嵌套函数，只保留最外层实例对应的变量）。

3. 令 $i \in \{1, \cdots, m\}$，令 f_i 为一个新变量，而 F_i^* 定义如下：

$$
F_i^* := \left(
\begin{array}{llll}
\text{case} & \mathcal{T}^*(\arg(F_1^*)) & = \mathcal{T}^*(\arg(F_i^*)) & : f_1 \\
& \vdots & \vdots & \\
& \mathcal{T}^*(\arg(F_{i-1}^*)) = \mathcal{T}^*(\arg(F_i^*)) & & : f_{i-1} \\
& \text{TRUE} & & : f_i
\end{array}
\right)
\tag{11.11}
$$

令

$$
FC^{\mathrm{E}} := \bigwedge_{i=1}^{m} F_i^*
\tag{11.12}
$$

4. 令

$$
\varphi^{\mathrm{E}} := FC^{\mathrm{E}} \implies \mathit{flat}^{\mathrm{E}}
\tag{11.13}
$$

返回 φ^{E}。

第 3 步使用的 case 表达式的语义是，其值由首个评估为真的条件确定。假设每个 F_i 的参数都是一个变量 x_i，则该表达式会转换为如下等式逻辑公式：

$$
\bigvee_{j=1}^{i} \left(F_i^* = f_j \wedge (x_j = x_i) \wedge \bigwedge_{k=1}^{j-1} (x_k \neq x_i) \right)
\tag{11.14}
$$

示例 11.4　给定如下 case 表达式：

$$
F_3^* = \left(
\begin{array}{lll}
\text{case} & x_1 = x_3 & : f_1 \\
& x_2 = x_3 & : f_2 \\
& \text{TRUE} & : f_3
\end{array}
\right)
\tag{11.15}
$$

它等价于以下等式逻辑公式：

$$(F_3^* = f_1 \wedge x_1 = x_3) \qquad\qquad \vee$$
$$(F_3^* = f_2 \wedge x_2 = x_3 \wedge x_1 \neq x_3) \quad \vee \qquad\qquad\qquad (11.16)$$
$$(F_3^* = f_3 \wedge x_1 \neq x_3 \wedge x_2 \neq x_3)$$

两种归约方法的区别如下。

1. 在 Bryant 归约中，第 1 步中为函数实例分配索引时需要一个特定的顺序，而 Ackermann 归约没有这个要求。

2. 在 Bryant 归约中，第 2 步将函数实例替换为 F^* 变量而非 f 变量。F^* 变量其实是宏，也可理解为**占位符**，它们仅用于简化公式的写法。如果我们从公式中完全去掉 FC^{E}，并把 $flat^{\mathrm{E}}$ 中的 F^* 变量用它们的定义替换，就可以不用这些变量了。我们保留它们是为了方便阅读，并保持类似 Ackermann 归约的结构。

3. FC^{E} 的定义是通过 case 表达式而不是逐对一致性来实现函数一致性的。

在下面的例子中，我们会看到，将算法 11.2.2 推广到具有多个参数的函数是很自然的。

示例 11.5 我们回到本章的主要例子，证明图 4.1 中程序 (a) 和程序 (b) 的等价性问题。图 4.3 给出了这些程序对应的逻辑公式，使用了未解释函数 G，我们从这个图继续。根据公式 (4.5)，我们计算 $flat^{\mathrm{E}}$，将每个未解释函数符号替换为相应的变量：

$$flat^{\mathrm{E}} := \left(\begin{pmatrix} out0\_a = in & \wedge \\ out1\_a = G_1^\star & \wedge \\ out2\_a = G_2^\star \end{pmatrix} \wedge (out0\_b = G_4^\star) \right) \qquad (11.17)$$
$$\implies out2\_a = out0\_b$$

不出所料，这与公式 (11.5) 非常相似。唯一的区别是，我们现在用 $G_i^\star$ 宏而非 g_i 变量（$1 \leqslant i \leqslant 4$）。回想一下它们是怎么产生的：函数实例有 $G(out0\_a, in)$、$G(out1\_a, in)$、$G(in, in)$ 和 $G(G(in, in), in)$，我们按照这个顺序进行编号。相应的函数一致性约束为：

$$FC^{\mathrm{E}} := \quad \begin{aligned} G_1^{\star} &= g_1 & \wedge \\[4pt] G_2^{\star} &= \left(\begin{array}{lll} \text{case} & out0\_a = out1\_a \quad \wedge \quad in = in & : g_1 \\ & \text{TRUE} & : g_2 \end{array} \right) & \wedge \\[4pt] G_3^{\star} &= \left(\begin{array}{lll} \text{case} & out0\_a = in \quad\quad \wedge \quad in = in & : g_1 \\ & out1\_a = in \quad\quad \wedge \quad in = in & : g_2 \\ & \text{TRUE} & : g_3 \end{array} \right) & \wedge \\[4pt] G_4^{\star} &= \left(\begin{array}{lll} \text{case} & out0\_a = G_3^{\star} \quad \wedge \quad in = in & : g_1 \\ & out1\_a = G_3^{\star} \quad \wedge \quad in = in & : g_2 \\ & in = G_3^{\star} \quad\quad \wedge \quad in = in & : g_3 \\ & \text{TRUE} & : g_4 \end{array} \right) & \end{aligned}$$
(11.18)

因为我们是要检查有效性，所以要检查的公式为

$$\varphi^{\mathrm{E}} := \ FC^{\mathrm{E}} \implies flat^{\mathrm{E}}$$
(11.19)

示例 11.6　如果存在多个未解释函数符号，那么将分别对每个符号做归约。再次考虑如下公式：

$$x_1 = x_2 \implies F(\underbrace{F(\overbrace{G(x_1)}^{G_1^{\star}})}_{\underbrace{F_2^{\star}}})= F(\underbrace{F(\overbrace{G(x_2)}^{G_2^{\star}})}_{\underbrace{F_4^{\star}}})$$
(11.20)

和之前一样，我们按照从内到外的顺序对未解释函数 F 和 G 的实例进行编号（这个顺序在 Bryant 归约过程中是必需的）。应用 Bryant 归约方法，可得

$$flat^{\mathrm{E}} := (x_1 = x_2 \implies F_2^{*} = F_4^{*})$$
(11.21)

$$FC^{\mathrm{E}} := \quad \begin{aligned} F_1^{*} &= f_1 & \wedge \\[4pt] F_2^{*} &= \left(\begin{array}{ll} \text{case} & G_1^{\star} = F_1^{*} \quad : f_1 \\ & \text{TRUE} \quad\quad : f_2 \end{array} \right) & \wedge \\[4pt] F_3^{*} &= \left(\begin{array}{ll} \text{case} & G_1^{\star} = G_2^{\star} \quad : f_1 \\ & F_1^{*} = G_2^{\star} \quad : f_2 \\ & \text{TRUE} \quad\quad : f_3 \end{array} \right) & \wedge \end{aligned}$$

$$F_4^* = \begin{pmatrix} \text{case} & G_1^\star = F_3^* & : f_1 \\ & F_1^* = F_3^* & : f_2 \\ & G_2^\star = F_3^* & : f_3 \\ & \text{TRUE} & : f_4 \end{pmatrix} \wedge \tag{11.22}$$

$$G_1^\star = g_1 \hspace{5cm} \wedge$$

$$G_2^\star = \begin{pmatrix} \text{case} & x_1 = x_2 & : g_1 \\ & \text{TRUE} & : g_2 \end{pmatrix}$$

以及

$$\varphi^{\mathrm{E}} := FC^{\mathrm{E}} \implies flat^{\mathrm{E}} \tag{11.23}$$

在 $x_1 = x_2$（即公式 (11.20) 的前提）的任何满足赋值中，F_1^* 和 F_3^* 等于 f_1，而 F_2^* 和 F_4^* 等于 f_2。　　　　　　　　　　　　　　　　　　　　　　　　　　　　　　　　　　　◾

Ackermann 归约和 Bryant 归约之间的差异并不仅仅是语法上的。这会影响我们在求解归约公式时所能使用的判定过程。我们将在 11.7 节中进一步讨论这一点。

11.3　等　式　图

在本节中，我们介绍后面章节中将使用的一些基本术语。从现在开始，我们假设未解释函数已经被 11.2 节中的归约方法消除，也就是说，我们正在解决不包含未解释函数的等式逻辑可满足性问题。回想一下，我们还假设给定的公式是 NNF 且没有常量。在这样的公式中，一个原子是一个等式谓词，而一个文字是一个原子或其否定（参见定义 1.11）。给定一个等式逻辑公式 φ^{E}，我们用 $At(\varphi^{\mathrm{E}})$ 表示 φ^{E} 的原子集合。　　　　　　　　　　　$\boxed{At(\varphi^{\mathrm{E}})}$

定义 11.7（等式和不等式文字集合）　等式逻辑公式 φ^{E} 的**等式文字集合** $E_=$ 是公式　$\boxed{E_=}$ φ^{E} 中正文字的集合。等式逻辑公式 φ^{E} 的**不等式文字集合** $E_{\neq}$ 是公式 φ^{E} 中负文字的集合。$\boxed{E_{\neq}}$

当然，可能出现这样的情况：一个等式出现在等式文字集合中，而其否定形式出现在不等式文字集合中。

示例 11.8　考虑公式

$$\begin{aligned}
&(u_1 = F(x_1, y_1) \wedge u_2 = F(x_2, y_2) \wedge z = G(u_1, u_2)) \\
&\quad \implies\ z = G(F(x_1, y_1), F(x_2, y_2))
\end{aligned} \tag{11.24}$$

（这是和公式 (4.22) 一样的公式）。

接下来，我们应用 Ackermann 归约（参见算法 11.2.1）：

$$\varphi^{\mathrm{E}} := \left\{ \begin{aligned}
(x_1 = x_2 \wedge y_1 = y_2 &\implies f_1 = f_2)\ \wedge \\
(u_1 = f_1 \wedge u_2 = f_2 &\implies g_1 = g_2)
\end{aligned} \right\} \implies \\
((u_1 = f_1\ \wedge\ u_2 = f_2\ \wedge\ z = g_1)\ \implies\ z = g_2) \tag{11.25}$$

可以写为

$$\varphi^{\mathrm{E}} := \left\{ \begin{aligned}
(x_1 = x_2 \wedge y_1 = y_2 &\implies f_1 = f_2)\ \wedge \\
(u_1 = f_1 \wedge u_2 = f_2 &\implies g_1 = g_2)\ \wedge \\
u_1 = f_1\ \wedge\ u_2 = f_2\ &\wedge\ z = g_1
\end{aligned} \right\} \implies z = g_2 \tag{11.26}$$

$\neg\varphi^{\mathrm{E}}$ 的 NNF 为

$$\neg\varphi^{\mathrm{E}} := \left\{ \begin{aligned}
(x_1 \neq x_2\ &\vee\ y_1 \neq y_2\ \vee\ f_1 = f_2)\ \wedge \\
(u_1 \neq f_1\ &\vee\ u_2 \neq f_2\ \vee\ g_1 = g_2)\ \wedge \\
(u_1 = f_1\ &\wedge\ u_2 = f_2\ \wedge\ z = g_1)
\end{aligned} \right\} \wedge z \neq g_2 \tag{11.27}$$

所以我们得到

$$\begin{aligned}
E_= &:= \{(f_1 = f_2),\ (g_1 = g_2),\ (u_1 = f_1),\ (u_2 = f_2),\ (z = g_1)\} \\
E_{\neq} &:= \{(x_1 \neq x_2),\ (y_1 \neq y_2),\ (u_1 \neq f_1),\ (u_2 \neq f_2),\ (z \neq g_2)\}
\end{aligned} \tag{11.28}$$

定义 11.9（等式图）　给定一个等式逻辑 NNF 公式 φ^{E}，对应于 φ^{E} 的**等式图**（equality graph）记为 $G^{\mathrm{E}}(\varphi^{\mathrm{E}})$，是一个无向图 $(V, E_=, E_{\neq})$，其中 V 中的节点对应于 φ^{E} 中的变量，$E_=$ 中的边对应于 φ^{E} 的等式文字集合中的谓词，$E_{\neq}$ 中的边对应于 φ^{E} 的不等式文字集合中的谓词。

$\boxed{G^{\mathrm{E}}}$

请注意，我们对符号 $E_=$ 和 $E_{\neq}$ 进行了重载，使其既表示文字集合，又表示等式图中代表它们的边。类似地，当我们说一个赋值"满足一条边"时，指的是它满足这条边所表示的文字。

对于一个等式图，如果从上下文可以明确其对应的公式，我们可以简单地将其写为 G^E。在图上，等式文字以虚线边表示，不等式文字以实线边表示，如图 11.2 所示。

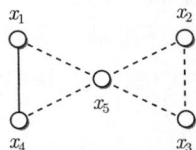

图 11.2 一个等式图。虚线边表示 $E_=$ 文字（即等式），实线边表示 $E_{\neq}$ 文字（即不等式）

需要注意的是，等式图 $G^E(\varphi^E)$ 是 φ^E 的一个**抽象**。更具体地说，它表示所有和 φ^E 具有相同文字集合的等式逻辑公式。由于它忽略了布尔联结词，因此它可以同时表示可满足的公式和不可满足的公式。例如，尽管 $x_1 = x_2 \wedge x_1 \neq x_2$ 是不可满足的，而 $x_1 = x_2 \vee x_1 \neq x_2$ 是可满足的，但这两个公式由同一个等式图表示。

定义 11.10（等式路径） 在等式图 G^E 中，**等式路径**（equality path）是由 $E_=$ 边组成的路径。我们用 $x =^* y$ 表示在 G^E 中存在一条从 x 到 y 的等式路径，其中 $x, y \in V$。 $\boxed{x =^* y}$

定义 11.11（不等式路径） 在一个等式图 G^E 中，**不等式路径**（disequality path）是由 $E_=$ 边和一条 $E_{\neq}$ 边组成的路径。我们用 $x \neq^* y$ 表示在 G^E 中存在一条从 x 到 y 的不等式路径，其中 $x, y \in V$。 $\boxed{x \neq^* y}$

类似地，当路径要求无环时，我们使用术语**简单等式路径**和**简单不等式路径**。

考虑图 11.2，我们注意到，$x_2 =^* x_4$ 是因为存在路径 x_2, x_5, x_4，而 $x_2 \neq^* x_4$ 是因为存在路径 x_2, x_5, x_1, x_4。在这种情况下，两条路径都是简单路径。直观上看，如果在 $G^E(\varphi^E)$ 中 $x =^* y$，则为了满足 φ^E，可能需要给这两个变量赋予相等的值。我们说"可能"，是因为等式图掩盖了 φ^E 的细节，它忽略了 φ^E 的布尔结构。我们从 $x =^* y$ 所知道的唯一事实是，存在这样的公式，其等式图是 $G^E(\varphi^E)$ 并且在满足它们的任何赋值中，$x = y$。然而，我们并不知道 φ^E 是否为其中之一。在 $G^E(\varphi^E)$ 中，不等式路径 $x \neq^* y$ 则蕴含相反的事情：为了满足 φ^E，可能需要为 x 和 y 赋予不同的值。

我们需要特别注意 $G^E(\varphi^E)$ 同时满足 $x =^* y$ 和 $x \neq^* y$ 的情况。我们称这种图包含了一个**矛盾环**（contradictory cycle）。

定义 11.12（矛盾环）　在一个等式图中，一个**矛盾环**是一个恰好有一条不等式边的环。

对于矛盾环中的每一对节点 x, y，$x =^* y$ 且 $x \neq^* y$。

我们特别关注矛盾环的原因是，矛盾环的边所对应的文字的合取是不可满足的。此外，由于我们假设公式没有常量，因此矛盾环是唯一具有这种属性的拓扑结构。例如，考虑一个具有节点 $x_1, \cdots, x_k$ 的矛盾环，其中 (x_1, x_k) 是不等式边。合取式

$$x_1 = x_2 \wedge \cdots \wedge x_{k-1} = x_k \wedge x_k \neq x_1 \tag{11.29}$$

明显是不可满足的。

我们所考虑的所有判定过程，无论是显式还是隐式，都会涉及矛盾环。对于大多数算法来说，我们可以仅考虑**简单矛盾环**来进一步简化这个定义。如果一个环由一条路径表示，除了起点和终点之外没有重复的顶点，那么它就是简单环。

11.4　化　简　公　式

无论采用何种算法来判定等式逻辑公式 φ^E 的可满足性，几乎总可以在调用算法之前大大化简 φ^E。算法 11.4.1 提供了这样一种化简方法。

算法 11.4.1：等式逻辑公式化简

输入：一个等式逻辑公式 φ^E

输出：一个和 φ^E 等可满足且长度小于等于 φ^E 的公式 $\varphi^{E'}$

1. 令 $\varphi^{E'} := \varphi^E$。
2. 构造等式图 $G^E(\varphi^{E'})$。
3. 将 $\varphi^{E'}$ 中对应边不属于简单矛盾环的纯文字替换为 TRUE。
4. 根据公式中的布尔常量 TRUE 和 FALSE 化简 $\varphi^{E'}$（例如，将 TRUE $\vee \phi$ 替换为 TRUE，将 FALSE $\wedge \phi$ 替换为 FALSE）。
5. 如果前两步发生了重写，回到第 2 步。
6. 返回 $\varphi^{E'}$。

下面的例子阐释了算法 11.4.1 的流程。

示例 11.13 考虑公式 (11.27)。图 11.3 描述了 φ^{E} 对应的等式图 $G^{\mathrm{E}}(\varphi^{\mathrm{E}})$。

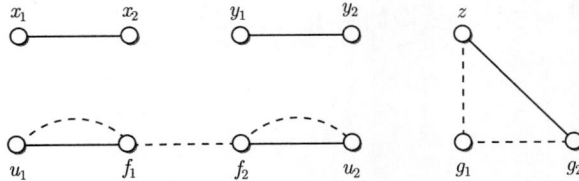

图 11.3 对应于示例 11.13 的等式图。边 $f_1 = f_2$、$x_1 \neq x_2$ 和边 $y_1 \neq y_2$ 都不是简单矛盾环的一部分，所以这些谓词被替换为 TRUE

在这种情况下，边 $f_1 = f_2$、$x_1 \neq x_2$ 和 $y_1 \neq y_2$ 都不是任何简单矛盾环的一部分，因此可以被 TRUE 替换。化简得到

$$\varphi^{\mathrm{E}'} := \left\{ \begin{array}{l} (\text{TRUE} \quad \vee \quad \text{TRUE} \quad \vee \quad \text{TRUE}) \quad \wedge \\ (u_1 \neq f_1 \quad \vee \quad u_2 \neq f_2 \quad \vee \quad g_1 = g_2) \quad \wedge \\ (u_1 = f_1 \quad \wedge \quad u_2 = f_2 \quad \wedge \quad z = g_1 \quad \wedge \quad z \neq g_2) \end{array} \right\} \tag{11.30}$$

以上公式经过第 4 步的化简后，得到

$$\varphi^{\mathrm{E}'} := \left\{ \begin{array}{l} (u_1 \neq f_1 \quad \vee \quad u_2 \neq f_2 \quad \vee \quad g_1 = g_2) \quad \wedge \\ (u_1 = f_1 \quad \wedge \quad u_2 = f_2 \quad \wedge \quad z = g_1 \quad \wedge \quad z \neq g_2) \end{array} \right\} \tag{11.31}$$

在此化简之后，重构等式图不会再带来更多化简，算法终止。

现在我们考虑一个类似的公式，把谓词 $x_1 \neq x_2$ 和 $u_1 \neq f_1$ 交换一下得到的公式

$$\varphi^{\mathrm{E}} := \left\{ \begin{array}{l} (u_1 \neq f_1 \quad \vee \quad y_1 \neq y_2 \quad \vee \quad f_1 = f_2) \quad \wedge \\ (x_1 \neq x_2 \quad \vee \quad u_2 \neq f_2 \quad \vee \quad g_1 = g_2) \quad \wedge \\ (u_1 = f_1 \quad \wedge \quad u_2 = f_2 \quad \wedge \quad z = g_1 \quad \wedge \quad z \neq g_2) \end{array} \right\} \tag{11.32}$$

虽然我们是从完全一样的等式图开始的，但是化简算法会变得高效得多。在第 3 步之后，我们得到

$$\varphi^{\mathrm{E}'} := \left\{ \begin{array}{l} (u_1 \neq f_1 \quad \vee \quad \text{TRUE} \quad \vee \quad \text{TRUE}) \quad \wedge \\ (\text{TRUE} \quad \vee \quad u_2 \neq f_2 \quad \vee \quad g_1 = g_2) \quad \wedge \\ (u_1 = f_1 \quad \wedge \quad u_2 = f_2 \quad \wedge \quad z = g_1 \quad \wedge \quad z \neq g_2) \end{array} \right\} \tag{11.33}$$

经过第 4 步，化简为

$$\varphi^{E'} := \left(\quad (u_1 = f_1 \quad \wedge \quad u_2 = f_2 \quad \wedge \quad z = g_1 \quad \wedge \quad z \neq g_2) \quad \right) \tag{11.34}$$

这一步之后得到的 $\varphi^{E'}$ 对应的等式图如图 11.4 所示。

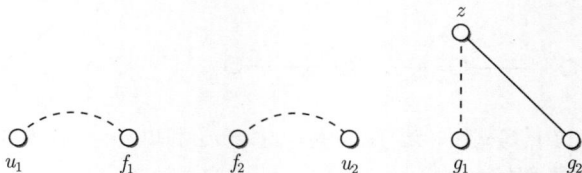

图 11.4　对应于公式 (11.34) 的等式图，展示了第 4 步第一次迭代的效果

　　显然，在这一步之后，$\varphi^{E'}$ 中没有属于矛盾环的边了。这意味着我们可以将剩余的所有谓词替换为 TRUE。因此，在这种情况下，只通过化简而不需要调用判定过程，就能证明公式是可满足的。

　　我们将算法 11.4.1 正确性的证明留作习题（参见问题 11.6），现在我们考虑一下这样一个证明可能是什么样子。可以通过证明第 3 步和第 4 步维持可满足性来证明正确性（因为只有这些步骤修改公式）。第 4 步中的化简显然维持可满足性，所以主要问题在于第 3 步。

　　设 φ_1^E 和 φ_2^E 分别为第 3 步之前和之后的等式逻辑公式。我们需要证明它们是等可满足的。

　　($\Rightarrow$) 如果 φ_1^E 是可满足的，则 φ_2^E 也是可满足的。这是由 NNF 公式的单调性（参见定理 1.14）和只有纯文字被 TRUE 替换的事实所蕴含的。

　　($\Leftarrow$) 如果 φ_2^E 是可满足的，则 φ_1^E 也是可满足的。这里只给出证明概要和一个例子。思路是根据 φ_2^E 存在一个满足赋值 α_2 的事实，构造一个满足 φ_1^E 的赋值 α_1。具体而言，α_1 应该与 α_2 满足相同的谓词，并且满足所有被替换为 TRUE 的谓词。在这个构造中，以下简单观察可能会有所帮助：给定一个满足等式逻辑公式的赋值，对赋值中的值做统一的偏移可以保持满足性（因为等式谓词的值保持不变）。相同的观察也适用于**部分**赋值，只要新的赋值不会使得其中某个谓词变为 FALSE。

　　比如，考虑公式 (11.32) 和公式 (11.33) 分别对应证明中的 φ_1^E 和 φ_2^E。一个满足后者赋值的例子为

$$\alpha_2 := \{u_1 \mapsto 0,\ f_1 \mapsto 0,\ f_2 \mapsto 1,\ u_2 \mapsto 1, z \mapsto 0,\ g_1 \mapsto 0,\ g_2 \mapsto 1\} \tag{11.35}$$

首先，将 α_1 设置为与 α_2 相等。其次，我们需要扩展 α_1，对那些 α_2 没有赋值的变量进行赋值。这些变量包括 x_1、x_2、y_1 和 y_2，因为它们不在任何等式谓词中，所以很容易满足，给每个变量赋唯一的值就可以了。比如，我们现在有

$$\alpha_1 := \alpha_1 \cup \{x_1 \mapsto 2,\ x_2 \mapsto 3,\ y_1 \mapsto 4,\ y_2 \mapsto 5\} \tag{11.36}$$

然后，我们需要考虑在第 3 步中被 TRUE 替换但不被 α_1 满足的谓词。在我们的例子中，$f_1 = f_2$ 就是这样的谓词。为了解决这个问题，我们只需要调整 f_2 和 u_2 的赋值，使得谓词 $f_1 = f_2$ 得到满足（在这种情况下是减 1 的偏移量）。这显然保持了谓词 $u_2 = f_2$ 的满足性。所以，满足 φ_1^{E} 的赋值就是

$$\begin{aligned}\alpha_1 := \{&u_1 \mapsto 0,\ f_1 \mapsto 0,\ f_2 \mapsto 0,\ u_2 \mapsto 0, z \mapsto 0,\ g_1 \mapsto 0,\ g_2 \mapsto 1,\\ &x_1 \mapsto 2,\ x_2 \mapsto 3,\ y_1 \mapsto 4,\ y_2 \mapsto 5\}\end{aligned} \tag{11.37}$$

基于以上想法的证明需要对这些转换进行准确的定义，即它们适用于哪些顶点，并且证明为什么不会发生循环。循环可能会影响构造 α_1 的过程的终止性。

11.5　基于图的命题逻辑归约

我们现在考虑等式逻辑的一个判定过程，该过程基于将等式逻辑归约为命题逻辑。这个过程最初由 Bryant 和 Velev 在文献 [57] 中提出（被称为**稀疏方法**）。我们先介绍几个定义和观察。

定义 11.14（非极化等式图）　给定一个等式逻辑公式 φ^{E}，与 φ^{E} 对应的非极化等式图（nonpolar equality graph）记作 $G_{\mathrm{NP}}^{\mathrm{E}}(\varphi^{\mathrm{E}})$，是一个无向图 (V, E)，其中 V 中的节点对应 φ^{E} 中的变量，E 中的边对应 φ^{E} 中的等式谓词 $At(\varphi^{\mathrm{E}})$。　$\boxed{G_{\mathrm{NP}}^{\mathrm{E}}}$

一个非极化等式图表示的是一个退化版本的等式图（参见定义 11.9），因为它忽略了等式谓词的极性。

给定一个等式逻辑公式 φ^{E}，该过程生成两个命题公式 $e(\varphi^{\mathrm{E}})$ 和 $\mathcal{B}_{\mathrm{trans}}$，使得　$\boxed{e(\varphi^{\mathrm{E}})}$

$$\varphi^{\mathrm{E}}\ 是可满足的 \iff e(\varphi^{\mathrm{E}}) \wedge \mathcal{B}_{\mathrm{trans}}\ 是可满足的 \tag{11.38}$$　$\boxed{\mathcal{B}_{\mathrm{trans}}}$

公式 $e(\varphi^{\mathrm{E}})$ 和 $\mathcal{B}_{\mathrm{trans}}$ 定义如下。

- $e(\varphi^{\mathrm{E}})$ 是 φ^{E} 的**命题骨架**，这意味着 φ^{E} 中形为 $x_i = x_j$ 的每个等式谓词都会被替换为一个新的布尔变量 $e_{i,j}$。[①] 比如，设

$$\varphi^{\mathrm{E}} := x_1 = x_2 \wedge (((x_2 = x_3) \wedge (x_1 \neq x_3)) \vee (x_1 \neq x_2)) \tag{11.39}$$

则

$$e(\varphi^{\mathrm{E}}) := e_{1,2} \wedge ((e_{2,3} \wedge \neg e_{1,3}) \vee \neg e_{1,2}) \tag{11.40}$$

很容易看出，如果 φ^{E} 是可满足的，那么 $e(\varphi^{\mathrm{E}})$ 也是可满足的。然而，反过来却不成立。例如，尽管公式 (11.39) 是不可满足的，但其在公式 (11.40) 中的编码是可满足的。为了保持一个等可满足关系，我们需要添加约束来强制等式的传递性，这在编码中丢失了。这就是 $\mathcal{B}_{\mathrm{trans}}$ 的作用。

- 公式 $\mathcal{B}_{\mathrm{trans}}$ 是一组称为**传递性约束**的蕴含式的合取。每个蕴含式与非极化等式图中的一个环相对应。对于一个有 n 条边的环，当其他所有边都被赋值为 TRUE 时，$\mathcal{B}_{\mathrm{trans}}$ 禁止将剩下的那条边赋值为 FALSE。对每个环的每条边都施加这个约束就可以表示公式 (11.38) 的条件。

示例 11.15　原子 $x_1 = x_2$、$x_2 = x_3$、$x_1 = x_3$ 在非极化等式图中形成了一个大小为 3 的环。以下约束可以表示公式 (11.38) 的条件：

$$\mathcal{B}_{\mathrm{trans}} = \begin{pmatrix} (e_{1,2} \wedge e_{2,3} & \implies & e_{1,3}) \wedge \\ (e_{1,2} \wedge e_{1,3} & \implies & e_{2,3}) \wedge \\ (e_{2,3} \wedge e_{1,3} & \implies & e_{1,2}) \end{pmatrix} \tag{11.41}$$

在给定的无向图中可能存在指数数量的环，所以对每个环添加 n 个约束不是很现实。

定义 11.16（弦）　一个环的**弦**（chord）是指连接环中两个非相邻节点的边。对于给定的图，没有弦的环被称为**无弦环**。

Bryant 和 Velev 证明了以下定理。

定理 11.17　我们只需要在**简单的无弦环**上添加传递性约束，就可以维护公式 (11.38)。

严格证明请参见文献 [57]。以下示例可能有助于理解该定理的正确性。

---

① 为了避免引入诸如 $e_{i,j}$ 和 $e_{j,i}$ 这样的对偶变量，我们可以假设 φ^{E} 中的所有等式谓词都按照某个预定义的顺序排列，其中左变量先于右变量出现。

示例 11.18 考虑图 11.5 ，(x_3, x_4, x_8, x_7) 是其中一个图的环。它包含弦 (x_3, x_8)，因此不是无弦的。现在假设我们希望将此环中除了 (x_3, x_4) 之外的所有边都赋值为 TRUE。如果给 (x_3, x_8) 赋值 TRUE，那么对简单无弦环 (x_3, x_4, x_8) 的赋值会与传递性相矛盾。如果给 (x_3, x_8) 赋值 FALSE，则对简单无弦环 (x_3, x_7, x_8) 的赋值会与传递性相矛盾。因此，对无弦环的约束足以防止对包含弦的环进行违反传递性的赋值。◼

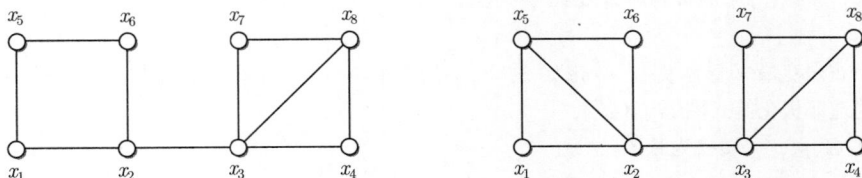

图 11.5 一个与 φ^{E} 对应的无弦的非极化等式图（左），以及它的一个弦图版本（右）

图中简单无弦环的数量仍然可以与顶点数量呈指数关系。因此，构建直接约束每个这样的环的 $\mathcal{B}_{\mathrm{trans}}$ 会导致公式的规模与变量数量呈指数关系。

定义 11.19（弦图） **弦图**（chordal graph）是无向图，其中大小至少为 4 的环都是有弦的。

每个图都可以在多项式时间内转换为弦图。[①] 弦图中的无弦环都是三角形，这意味着，将定理 11.17 应用于这样的图，会得到一个规模不超过变量数量的立方的公式（图中每个三角形有三个约束）。新添加的弦用出现在 $\mathcal{B}_{\mathrm{trans}}$ 中但不在 $e(\varphi^{\mathrm{E}})$ 中的新变量表示。算法 11.5.1 总结了这个方法的过程。

示例 11.20 图 11.5 描述了非极化等式图变为弦图之前和之后的情况。我们这里使用实线边，但请注意，这些实线边与（极化）等式图中的实线边不同，后者表示不等式。该图变为弦图之后，包含四个三角形，因此，$\mathcal{B}_{\mathrm{trans}}$ 连接了 12 个约束。例如，三角形 (x_1, x_2, x_5) 对应的约束为

$$
\begin{aligned}
e_{1,2} \wedge e_{2,5} &\implies e_{1,5} \\
e_{1,5} \wedge e_{2,5} &\implies e_{1,2} \\
e_{1,2} \wedge e_{1,5} &\implies e_{2,5}
\end{aligned}
\tag{11.42}
$$

新增的边 $e_{2,5}$ 对应一个新的辅助变量 $e_{2,5}$，它出现在 $\mathcal{B}_{\mathrm{trans}}$ 中但不出现在 $e(\varphi^{\mathrm{E}})$ 中。◼

[①] 我们只需逐个删除图中的顶点，如果被删除顶点的邻居还没有连接，则将它们连接起来。原始图加上此过程添加的边就构成了一个弦图。

这个算法存在一个基于极化等式图的版本，它生成的传递性约束更少。更多细节请参见问题 11.7。

算法 11.5.1：等式逻辑到命题逻辑的归约算法

输入：一个等式逻辑公式 φ^{E}
输出：一个与 φ^{E} 等可满足的命题逻辑公式

1. 用布尔变量 $e_{i,j}$ 替换 φ^{E} 中形如 $x_i = x_j$ 的原子，构造一个布尔公式 $e(\varphi^{\mathrm{E}})$。
2. 构造非极化等式图 $G_{\mathrm{NP}}^{\mathrm{E}}(\varphi^{\mathrm{E}})$。
3. 把 $G_{\mathrm{NP}}^{\mathrm{E}}(\varphi^{\mathrm{E}})$ 转换为弦图。
4. $\mathcal{B}_{\mathrm{trans}} := \mathrm{TRUE}$。
5. 对于 $G_{\mathrm{NP}}^{\mathrm{E}}(\varphi^{\mathrm{E}})$ 中的每个三角形 $(e_{i,j}, e_{j,k}, e_{i,k})$，

$$
\begin{aligned}
\mathcal{B}_{\mathrm{trans}} := \mathcal{B}_{\mathrm{trans}} \wedge & \\
& (e_{i,j} \wedge e_{j,k} \implies e_{i,k}) \wedge \\
& (e_{i,j} \wedge e_{i,k} \implies e_{j,k}) \wedge \\
& (e_{i,k} \wedge e_{j,k} \implies e_{i,j})
\end{aligned}
\tag{11.43}
$$

6. 返回 $e(\varphi^{\mathrm{E}}) \wedge \mathcal{B}_{\mathrm{trans}}$。

11.6　等式和小值域实例化

在本节中，我们介绍一种根据等式逻辑的**小模型属性**对其进行判定的方法。这意味着在这种逻辑中，每个可满足的公式都有一个有限大小的模型（即满足解释）。此外，对于等式逻辑，这样的模型的大小存在可计算上界。在接下来的讨论中，我们使用以下定义。

定义 11.21（公式的充备域）　给定一个公式，如果它是不可满足的或者在一个域中有模型，我们说该域是**充备的**（adequate）。

定义 11.22（公式集合的充备域）　如果一个域对一个公式集合中的每个公式都是充备的，则它是该公式集合的充备域。

我们很快就会看到，对于等式逻辑，每个由具有相同变量数量的公式构成的公式集合都具有易于计算的充备有限域。于是，我们马上可以想到一个判定过程：只需枚举在此域内的

所有赋值，检查其中是否有一个满足公式的赋值。因此，这个用于检查给定的等式逻辑公式 φ^E 是否可满足的策略可以总结如下。

1. 在多项式时间内确定一个**域分配**方案

$$D : \mathrm{var}(\varphi^E) \mapsto 2^{\mathbb{N}} \tag{11.44}$$

（其中，$\mathrm{var}(\varphi^E)$ 表示 φ^E 的变量集合）。具体做法是将每个 $x_i \in \mathrm{var}(\varphi^E)$ 映射到一个有限整数集合 $D(x_i)$，使得当且仅当 φ^E 在 D 中是可满足的（也即，存在一个满足赋值，每个变量 x_i 都被赋值为 $D(x_i)$ 中的一个整数），φ^E 才可满足。

$\boxed{\mathrm{var}(\varphi^E)}$
$\boxed{D}$
$\boxed{D(x_i)}$

2. 将每个变量 x_i 编码为其有限域 $D(x_i)$ 上的枚举类型。在这个有限域内构建一个表示 φ^E 的命题公式，并使用 SAT 求解器来检查该公式是否可满足。

这个策略叫作**小值域实例化**，因为我们用一个有限集合的值对变量进行实例化，每次都检查它是否满足公式。最坏情况下，实例化的次数就是通过一个域展开的**状态空间**的大小。一个值域 D 的状态空间大小表示为 $|D|$，它等于每个变量值域的元素数量的乘积。显然，这种方法成功与否取决于它能否找到状态空间较小的域分配。

$\boxed{|D|}$

11.6.1 一些简单的界

下面我们介绍几个关于充备域中元素数量的界。设 Φ_n 是由不含常数的 n 个变量的所有等式逻辑公式构成的（无限）集合。

$\boxed{\Phi_n}$

定理 11.23（民间定理, folk theorem） 对于所有 n 个变量，统一的域分配 $\{1, \cdots, n\}$ 对于 Φ_n 是充备的。

证明 设 $\varphi^E \in \Phi_n$ 是一个可满足的等式逻辑公式。α 对 φ^E 的满足赋值都反映了变量的一个等价类划分。也就是说，如果两个变量被 α 赋予了相同的值，则它们属于同一个等价类。由于 φ^E 中只有等式和不等式，因此与 α 反映相同等价类的赋值会满足与 α 完全相同的谓词。由于 n 个变量的所有等价类划分都可以定义在域 $1, \cdots, n$ 中，所以这个域是 φ^E 的充备域。∎

尽管这个界不是很紧，但它意味着我们可以用不超过 $\lceil \log n \rceil$ 位对 Φ_n 公式中的每个变量进行编码，并且在最坏情况下，整个公式所需的总位数为 $n\lceil \log n \rceil$。这非常令人鼓舞，因为它已经优于算法 11.5.1 的最坏情况复杂度，后者在最坏情况下需要 $n \cdot (n-1)/2$ 位（每对变量一个位）。

附注：复杂度差距

为什么本节描述的域分配方法和我们在 11.5 节介绍的编码方法之间存在复杂度差距？在等式逻辑到命题逻辑的归约算法中，哪些工作是浪费的？这两个算法都是将变量分成相等变量的等价类，但是采取的方式不同。域分配技术不是问"每个变量等于 $\{v_1, \cdots, v_n\}$ 的哪个**子集**"，而是问"每个变量等于 $\{1, \cdots, n\}$ 范围内的哪个**值**"。对于每个变量，我们不是探索它可能等于的子集 $\{v_1, \cdots, v_n\}$ 的范围，而是探索值 $\{1, \cdots, n\}$ 的范围。前者需要每个元素一位，或者总共 n 位，而后者只需要 $\log n$ 位。

如上所述，域 $1, \cdots, n$ 会导致大小为 n^n 的状态空间。如果不坚持使用统一的域分配（即为所有变量分配相同的域），我们可以做得更好。

定理 11.24　假设对于每个公式 $\varphi^{\mathrm{E}} \in \Phi_n$，$\mathrm{var}(\varphi^{\mathrm{E}}) = \{x_1, \cdots, x_n\}$。域分配 $D := \{x_i \mapsto \{1, \cdots, i\} \mid 1 \leqslant i \leqslant n\}$ 对于 Φ_n 是充备的。

证明　如定理 11.23 的证明所述，$\varphi^{\mathrm{E}} \in \Phi_n$ 的每个满足赋值 α 都反映了变量的一个等价类划分。我们按照以下方式构造一个赋值 α'。

对每个等价类 C：

- 设 x_i 为 C 中下标最小的变量；
- 将 C 的所有变量赋值为 i。

由于 C 中所有其他变量的下标都比 i 大，因此 i 在它们的域中，这个赋值是可行的。由于每个变量仅出现在一个等价类中，因此每个类被赋予不同的值，这意味着 α' 与 α 满足相同的等式谓词。这也意味着 α' 满足 φ^{E}。∎

定理 11.24 建议的充备域具有较小的状态空间，大小为 $n!$。实际上，有一种猜想认为 $n!$ 也是适用于这类公式的域分配大小的下界。

现在我们来考虑公式中包含常数的情况。

定理 11.25　设 $\Phi_{n,k}$ 是具有 n 个变量和 k 个常数的等价逻辑公式的集合。不失一般性，假设常数为 $c_1 < \cdots < c_k$。域分配

$$D := \{x_i \mapsto \{c_1, \cdots, c_k, c_k + 1, \cdots, c_k + i\} \mid 1 \leqslant i \leqslant n\} \tag{11.45}$$

对于 $\Phi_{n,k}$ 是充备的。

此定理的证明留作习题（参见问题 11.8）。

定理 11.25 建议的充备域对应了大小为 $(k+n)!/k!$ 的状态空间。如 4.1.3 节所述，可以通过增加变量和约束（在这种情况下是 k 个变量）来消除常数，但要注意这会导致更大的状态空间。

接下来的几节专注于一种算法，该算法根据对输入公式的等式图的分析，进一步将分配的域变小。

11.6.2 节、11.6.3 节和 11.6.4 节将介绍一些高级技术。

11.6.2　基于图的域分配

公式集合 Φ_n 和 $\Phi_{n,k}$ 仅利用了所有成员共有的一个简单的结构特征，即变量和常数的数量。因此，它们将许多本质上不同的公式分在一起。所以也就不奇怪，整个公式集合的最佳充备域分配如此大。根据公式的其他结构相似性，我们可以形成较小的公式集合，从而获得更小的充备域分配。

和之前一样，我们假设 φ^{E} 以 NNF 给出。令 e 表示一个等式文字集合，$\Phi(e)$ 表示所有以 e 为文字集合的等式逻辑公式的集合。令 $E(\varphi^{\mathrm{E}})$ 表示 φ^{E} 的文字集合。因此，$\Phi(E(\varphi^{\mathrm{E}}))$ 是所有与 φ^{E} 具有相同文字集合的等式逻辑公式的集合。显然，$\varphi^{\mathrm{E}} \in \Phi(E(\varphi^{\mathrm{E}}))$。注意，$\Phi(e)$ 可能包含可满足和不可满足的公式。例如，令 e 为集合

$\boxed{\Phi(e)}$

$\boxed{E(\varphi^{\mathrm{E}})}$

$$\{x_1 = x_2, x_1 \neq x_2\} \tag{11.46}$$

则 $\Phi(e)$ 包含了可满足公式

$$x_1 = x_2 \lor x_1 \neq x_2 \tag{11.47}$$

和不可满足公式

$$x_1 = x_2 \land x_1 \neq x_2 \tag{11.48}$$

一个充备域仅考虑从集合中的文字构建的可满足公式。因此，我们不需要考虑公式 (11.48)。不过，我们应该要满足公式 (11.47) 以及诸如 $x_1 = x_2 \land (\mathrm{TRUE} \lor x_1 \neq x_2)$ 和 $x_1 \neq x_2 \land (\mathrm{TRUE} \lor x_1 = x_2)$ 这样的公式。集合 $\Phi(e)$ 的一个充备域为

$$D := \{x_1 \mapsto \{0\}, \ x_2 \mapsto \{0, 1\}\} \tag{11.49}$$

不难看出，这个域是极小的，也即对于 $\Phi(e)$，不存在一个状态空间小于 2 的充备域。

我们怎么知道为了使得域 D 成为 $\Phi(E(\varphi^E))$ 的充备域，$E(\varphi^E)$ 的哪些文字子集需要在域 D 中被满足呢？答案是，我们只需要满足**一致**的文字子集，也即，对于每个这样的子集，其文字的合取是可满足的。

当且仅当满足以下两个模式之一，一个等式文字集合 e 是一致的：

1. 一个形为 $x_1 = x_2, x_2 = x_3, \cdots, x_{r-1} = x_r$ 的链，加上 $x_1 \neq x_r$；
2. 一个形为 $c_1 = x_2, x_2 = x_3, \cdots, x_{r-1} = c_r$ 的链，其中 c_1 和 c_r 为不同的常数。

在 e 对应的等式图中，我们发现第一个模式为一个矛盾环（参见定义 11.12），而第二个模式为两个常数的一条等式路径（参见定义 11.10）。

综上所述，对于 $\Phi(E(\varphi^E))$ 来说，如果每个一致子集 $e \subseteq E(\varphi^E)$ 都可以在 D 中找到可满足的解，则 D 是 $\Phi(E(\varphi^E))$ 的一个充备域分配。因此，寻找 $\Phi(E(\varphi^E))$ 充备域的问题可以转换为以下问题：

> 对于每个变量 x_i，关联一个整数集合 $D(x_i)$，使得每个一致子集 $e \in E(\varphi^E)$ 都能从这些集合中选择赋值来满足。

我们希望在多项式时间内找到尽可能小的这种类型的集合。

11.6.3 域分配算法

$\boxed{G^E_=}$
$\boxed{G^E_{\neq}}$
设 $G^E(\varphi^E)$ 是对应于 φ^E 的等式图（参见定义 11.9），由 $(V, E_=, E_{\neq})$ 定义。设 $G^E_=$ 和 $G^E_{\neq}$ 是 $G^E(\varphi^E)$ 的两个子图，分别由 $(V, E_=)$ 和 $(V, E_{\neq})$ 定义。和之前一样，我们使用虚线表示 $G^E_=$ 边，实线表示 $G^E_{\neq}$ 边。如果一个顶点既与 $G^E_=$ 边相邻又与 $G^E_{\neq}$ 边相邻，则称它为**混合**顶点。

根据上面的定义，算法 11.6.1 为给定等式逻辑公式 φ^E 中的变量计算优化的域分配 D。该算法的输入是等式图 $G^E(\varphi^E)$，输出是集合 $\Phi(E(\varphi^E))$ 的一个充备域。由于 $\varphi^E \in \Phi(E(\varphi^E))$，所以这个域对于 φ^E 来说是充备的。

算法 11.6.1：等式逻辑公式的域分配

输入：一个等式图 G^E

输出：由 G^E 边所表示的文字所构成的公式集合的一个充备域（每个变量顶点有一个对应的整数集合）

I. 消除常数以及预处理

对于所有顶点 $x_i \in G^E$，初始化 $D(x_i) = \varnothing$。

A. 对 G^E 的每个常数顶点 c_i，执行如下操作。

    1.（此处为空，只是为了保持和 II.A. 对称)。

    2. 对于每个顶点 x_j，如果从 c_i 到 x_j 存在不经过其他常数顶点的等式路径，分配 $D(x_j) := D(x_j) \cup \{c_i\}$。

    3. 从图中移除 c_i 及其关联的边。

B. 移除所有不在矛盾环上的 $G^E_{\neq}$ 边。

C. 对于每个独立顶点（只包含自身的连通分量）x_i，我们将一个新值 u_i 加到 $D(x_i)$。从图中移除 x_i 及其关联的边。

II. 值分配

A. 执行以下操作，直到 G^E 中没有混合顶点。

    1. 选择一个混合顶点 x_i，向 $D(x_i)$ 中加入一个新的值 u_i。

    2. 对于每个满足 x_i 到 x_j 存在一条等式路径的顶点 x_j，分配 $D(x_j) := D(x_j) \cup \{u_i\}$。

    3. 从图中移除 x_i 及其关联的边。

B. 对每个（剩下的）$G^E_{=}$ 连通分支 $C_{=}$，向每个 $x_k \in C_{=}$ 的 $D(x_k)$ 加入一个共同的新值 $u_{C_{=}}$。

返回 D。

我们将在步骤 I.A.2、I.C、II.A.1 和 II.B 中添加的值称为这些顶点的**特征值**，写作 $\mathrm{char}(x_i) = u_i$ 和 $\mathrm{char}(x_k) = u_{C_{=}}$。请注意，每个顶点都被赋予一个单独的特征值。在步骤 I.C 和 II.A.1 中被赋特征值的顶点被称为**单独赋值**（individually assigned）**的顶点**，而在步骤 II.B 中被赋特征值的顶点被称为**共同赋值**（communally assigned）**的顶点**。我们假设新的值按升序用于赋值，即 $\mathrm{char}(x_i) < \mathrm{char}(x_j)$ 表示 x_i 在 x_j 之前被赋予特征值。因此，我们要求所有新的值都大于最大常数 $C_{\max}$。这个假设只是为了简化后面章节中的证明。 char

上述算法的描述没有具体说明在步骤 II.A.1 中选择顶点的顺序。这个顺序对状态空间的大小有重要影响。由于在步骤 II.A.2 中，这些数值分布在图 $G^E_{=}$ 上，所以我们希望保持这个集合尽可能小。此外，我们希望快速划分图，以限制这种分布。为了实现此目的，一种很简单却有效的启发式是根据贪心准则选择顶点，根据在 $G_{\neq}^{\mathrm{E}}$ 中的度按降序选择混合顶点。我们用 MV 表示在步骤 II.A.1 中选择的顶点集合，以提醒自己它们是混合顶点。

$\boxed{MV}$

示例 11.26　我们想检查公式 (11.27) 是否可满足，将该公式复制如下：

$$\neg\varphi^{\mathrm{E}} := \left\{ \begin{array}{l} (x_1 \neq x_2 \quad \vee \quad y_1 \neq y_2 \quad \vee \quad f_1 = f_2) \quad \wedge \\ (u_1 \neq f_1 \quad \vee \quad u_2 \neq f_2 \quad \vee \quad g_1 = g_2) \quad \wedge \\ (u_1 = f_1 \quad \wedge \quad u_2 = f_2 \quad \wedge \quad z = g_1) \quad , \end{array} \right\} \wedge z \neq g_2 \tag{11.50}$$

集合 $E_=$ 和 $E_{\neq}$ 为

$$\begin{aligned} E_= &:= \{(f_1 = f_2), \quad (g_1 = g_2), \quad (u_1 = f_1), \quad (u_2 = f_2), \quad (z = g_1)\} \\ E_{\neq} &:= \{(x_1 \neq x_2), \quad (y_1 \neq y_2), \quad (u_1 \neq f_1), \quad (u_2 \neq f_2), \quad (z \neq g_2)\} \end{aligned} \tag{11.51}$$

对应的等式图 $G^{\mathrm{E}}(\neg\varphi^{\mathrm{E}})$ 如图 11.6 所示。

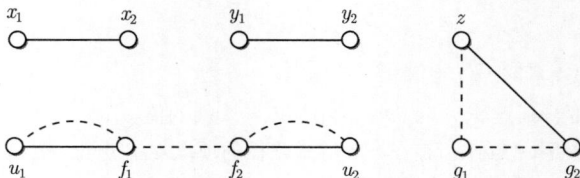

图 11.6　等式图 $G^{\mathrm{E}}(\neg\varphi^{\mathrm{E}})$

为了使算法的演示更具信息量和趣味性，这里我们不做处理。如果我们使用定理 11.23 建议的域 $1, \cdots, n$，会得到一个大小为 11^{11} 的状态空间；如果使用定理 11.24 建议的域，状态空间的大小将为 11!（约为 4000 万）。然而，使用算法 11.6.1，得到的充备域只生成大小为 48 的状态空间，见图 11.7。

通过对步骤 II.A.1 分配的新值进行一点小的改进，可以进一步将分配范围缩小到大小为 16 的域。见问题 11.12。

为了演示，考虑一个公式 φ^{E}，其中 g_1 替换为常数 "3"。在这种情况下，对连通分支 (z, g_1, g_2) 的处理如下：在步骤 I.A 中，将 "3" 添加到 $D(g_2)$ 和 $D(z)$ 中。然后，在步骤 I.B 中移除不再属于矛盾环的边 (z, g_2)，并在步骤 I.C 中为每个变量添加一个单独的新值。

算法 11.6.1 的时间复杂度为输入图规模的多项式：步骤 I.A 和 II.A 的执行次数不超过图的顶点数；步骤 I.B 的执行次数不超过 $G^E_{\neq}$ 中的边数；步骤 I.A.2、I.B、II.A.2 和 II.B 可以使用深度优先搜索实现。

步骤	x_1	x_2	y_1	y_2	u_1	f_1	f_2	u_2	g_2	z	g_1	移除
I.B												边 $(x_1 - x_2)$, $(y_1 - y_2)$
I.C	0	1	2	3								x_1, x_2, y_1, y_2
II.A					4	4	4	4				f_1
II.A						5	5					f_2
II.A								6	6	6		g_2
II.B					7							
II.B								8				
II.B										9	9	
最终 D-集合	0	1	2	3	4, 7	4	4, 5	4, 5, 8	6	6, 9	6, 9	状态空间 =48

图 11.7　对公式 (11.50) 应用算法 11.6.1

11.6.4　可靠性证明

在本节中，我们论证算法 11.6.1的**可靠性**。我们首先描述一个过程，该过程根据该算法产生的分配 D 和一致子集 e，为 G^E 中的每个变量 x_i 赋一个整数值 $a_e(x_i) \in D(x_i)$，然后证明这个赋值满足 e 中的文字。　$\boxed{a_e}$

一个赋值过程

给定一个一致的文字子集 e 及其对应的等式图 $G^E(e)$，根据以下规则，为每个变量顶点 $x_i \in G^E(e)$ 赋一个值 $a_e(x_i) \in D(x_i)$。

R1　如果 x_i 通过一条（可能为空的）$G^E_{\equiv}(e)$-路径与一个单独赋值的顶点 x_j 相连，那么将这样的（可能多个）x_j 的 char(x_j) 的最小值赋给 x_i。

R2　否则，给 x_i 赋予它的共同值 char(x_i)。

为了理解为什么此过程将为所有顶点赋一个值，需要注意到每个顶点在被移除之前都被赋予了一个特征值。这可以是通过步骤 I.C 和 II.A.1 分配的单独特征值，或者在步骤 II.B 中分配的共同值。每个具有单独特征值的顶点 x_i 可以通过 **R1** 被赋予一个值 $a_e(x_i)$，因为它至少有一条空的等式路径，指向一个单独赋值的顶点，即它自己。所有其他顶点都被分配了一个使它们可以通过 **R2** 进行赋值的共同值。

示例 11.27　考虑图 11.7 中的 D-集合。考虑一个一致子集 e，除了 u_1 和 f_1 之间的两条边，g_1 和 g_2 之间的虚线边以及 f_2 和 u_2 之间的实线边，它包含了其余所有边（参见图 11.8），我们对 e 执行上述赋值过程。

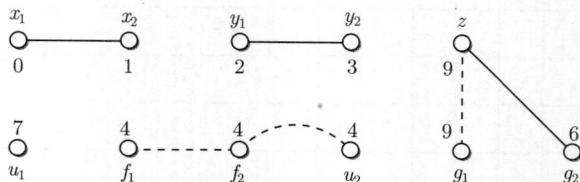

图 11.8　示例 11.27 中考虑的一致的边集 e 以及赋值过程中所赋的值

赋值如下。

- 根据 **R1**，在步骤 I.C 中，x_1、x_2、y_1 和 y_2 分别被赋予了特征值 "0" "1" "2" 和 "3"。
- 根据 **R1**，f_1、f_2 和 u_2 被赋予了值 char$(f_1)=$ "4"，因为 f_1 是在步骤 II.A 中从子图 $\{f_1\,f_2\,u_2\}$ 中移除的第一个混合顶点，所以它具有最小的特征值。
- 根据 **R1**，在步骤 II.A 中，g_2 被赋予了值 char$(g_2)=$ "6"。
- 根据 **R2**，在步骤 II.B 中，z 和 g_1 被赋予了值 "9"。
- 根据 **R2**，在步骤 II.B 中，u_1 被赋予了值 "7"。

定理 11.28　以上赋值过程是可行的（也即，此过程赋予一个顶点的值属于该顶点的 D-集合）。

证明　首先考虑由 **R1** 赋值的两类顶点。第一类包括在步骤 I.C 中被移除的顶点。这些顶点只有一条（空的）$G_{\underline{\underline{=}}}^{E}(e)$- 路径指向自己，因此被赋予了它们在该步骤获得的特征值。第二类包括那些有一条（可能为空）$G_{\underline{\underline{=}}}^{E}(e)$- 路径指向 MV 中某个顶点的顶点。设 x_i 为一个这样的顶点，而 x_j 为 x_i 在 $G_{\underline{\underline{=}}}^{E}(e)$ 上特征值最小的可达顶点。当 x_j 在步骤 II.A 中被移除时，x_i 和这条路径上的所有顶点仍然是图的一部分，因此，根据步骤 II.A.2，$\text{char}(x_j)$ 被添加到 $D(x_i)$ 中。所以，将 $\text{char}(x_j)$ 赋给 x_i 是可行的。

接下来，考虑由 **R2** 赋值的顶点。每个在步骤 I.C 或 II.A 中移除的顶点显然由 **R1** 赋予了一个值。其他所有顶点在步骤 II.B 中被赋了一个共同值。特别地，那些没有路径可以到达一个单独赋值顶点的顶点就是被这样赋值的。因此，赋值过程的两个步骤都是可行的。

定理 11.29   如果 e 是一个一致集合，则赋值 a_e 满足 e 中的所有文字。

证明   首先，考虑两个变量 x_i 和 x_j 由一条 $G^{\mathrm{E}}_{=}(e)$-边连接的情况。我们需要证明 $a_e(x_i) = a_e(x_j)$。由于 x_i 和 x_j 是通过 $G^{\mathrm{E}}_{=}(e)$-边连接的，因此它们属于同一个 $G^{\mathrm{E}}_{=}(e)$-边连通分量。如果它们都由规则 **R1** 赋值，那么它们的赋值是和它们都通过 $G^{\mathrm{E}}_{=}(e)$-边连接的单独赋值顶点中的最小值。如果它们都由规则 **R2** 赋值，那么它们的赋值是它们所属的 $G^{\mathrm{E}}_{=}$ 连通分量的共同值。因此，在这两种情况下，它们被赋予相同的值。

接下来，考虑两个变量 x_i 和 x_j 是由一条 $G^{\mathrm{E}}_{\neq}(e)$-边连接的情况。为了证明 $a_e(x_i) \neq a_e(x_j)$，我们区分三种情况。

- 如果 x_i 和 x_j 都由 **R1** 赋值，那么它们一定分别继承自两个不同的单独赋值顶点，否则它们都通过一条 $G^{\mathrm{E}}_{=}(e)$-路径与同一个顶点相连，这与 (x_i, x_j) $G^{\mathrm{E}}_{\neq}(e)$-边组成一个矛盾环，但是 e 是一致的假设已经排除了这种情况。

- 如果 x_i 和 x_j 中一个由 **R1** 赋值，另一个由 **R2** 赋值，那么由于任何共同值都与任何单独赋的值不同，因此 $a_e(x_i)$ 肯定与 $a_e(x_j)$ 不同。

- 剩下的情况就是 x_i 和 x_j 都由 **R2** 赋值。事实上，它们没有由 R1 赋值意味着它们的特征值是共同赋的，而不是单独赋的。为了进行反证，假设 $a_e(x_i) = a_e(x_j)$。这意味着 x_i 和 x_j 在赋值算法的相同步骤 II.B 中被分配了它们的共同值，说明它们之间有一条等式路径（而且，步骤 II.B 开始时，这条路径仍然是图的一部分）。因此，x_i 和 x_j 在一个矛盾环中，在步骤 II.A 的开始时，实线边 (x_i, x_j) 仍然是 $G^{\mathrm{E}}_{=}(e)$ 的一部分。根据这一步的循环条件，到这一步结束时，不会剩下任何混合顶点，这就排除了 (x_i, x_j) 仍然是图的一部分的可能性。因此，至少其中一个顶点在步骤 II.A.1 中被单独赋了一个值，则它所属的连通分量通过 **R1** 被赋值，与我们的假设相矛盾。

定理 11.30   当且仅当公式 φ^{E} 在 D 上是可满足的，φ^{E} 才是可满足的。

证明   根据定理 11.28 和定理 11.29，D 对于 $E_= \cup E_{\neq}$ 是充备的。因此，D 对于 $\Phi(At(\varphi^{\mathrm{E}}))$ 也是充备的。特别地，D 对于 φ^{E} 是充备的。因此，根据充备性的定义，当且仅当 φ^{E} 在 D 上是可满足的，φ^{E} 才是可满足的。◾

11.6.5 总结

总结一下 11.6 节，域分配方法可以作为等式逻辑判定过程的第一阶段。在第二阶段中，分配的域可以由标准的 BDD 或基于 SAT 的工具进行枚举。域分配的优点是它不会改变原始公式（特别是不会导致规模增长），这与我们在 11.5 节中研究的算法不同。此外，实践中，算法 11.6.1 可以有效地分配很小的域。

11.7 Ackermann 归约与 Bryant 归约

在本章的最后，我们来看看两种归约方法如何导致不同的等式图，从而影响了本章介绍的任何基于等式图的算法的结果。

示例 11.31   假设我们想检查以下（可满足）公式的可满足性：

$$\varphi^{\mathrm{UF}} := \ x_1 = x_2 \vee (F(x_1) \neq F(x_2) \wedge \mathrm{FALSE}) \tag{11.52}$$

使用 Ackermann 归约，我们得到

$$\varphi^{\mathrm{E}} := \ (x_1 = x_2 \implies f_1 = f_2) \wedge (x_1 = x_2 \vee (f_1 \neq f_2 \wedge \mathrm{FALSE})) \tag{11.53}$$

使用 Bryant 归约，我们得到

$$flat^{\mathrm{E}} := \ x_1 = x_2 \vee (F_1^* \neq F_2^* \wedge \mathrm{FALSE}) \tag{11.54}$$

$$FC^{\mathrm{E}} := \ \begin{aligned} F_1^* \ &= \ f_1 & \wedge \\ F_2^* \ &= \ \begin{pmatrix} \mathrm{case} & x_1 = x_2 & : f_1 \\ \mathrm{TRUE} & & : f_2 \end{pmatrix} \end{aligned} \tag{11.55}$$

当然，我们还知道

$$\varphi^{\mathrm{E}} := FC^{\mathrm{E}} \wedge flat^{\mathrm{E}} \tag{11.56}$$

两个归约对应的等式图如图 11.9 所示。显然，Bryant 归约生成的图（参见图 11.9 右图）的分配更小。

图 11.9 示例 11.31 中使用 Ackermann 规约得到的等式图（左图）和使用 Bryant 规约得到的等式图（右图）

实际上，右图的一个充备域为

$$D := \{x_1 \mapsto \{0\},\ x_2 \mapsto \{0,1\},\ f_1 \mapsto \{2\},\ f_2 \mapsto \{3\}\} \tag{11.57}$$

这些域对公式 (11.56) 是充备的，我们可以选择满足赋值

$$\{x_1 \mapsto 0,\ x_2 \mapsto 0,\ f_1 \mapsto 2,\ f_2 \mapsto 3\} \tag{11.58}$$

然而，这个域对于公式 (11.53) 不是充备的。

为了满足公式 (11.53)，必须满足 $x_1 = x_2$，这意味着 $f_1 = f_2$ 也必须成立。但是在公式 (11.57) 中分配的域不允许 f_1 等于 f_2，这意味着图 11.9 右图不适用于公式 (11.53)。 ◢

发生了什么呢？为什么 Ackermann 归约需要更大的域？

原因是在 Ackermann 归约中，当两个函数实例 $F(x_1)$ 和 $F(x_2)$ 具有相同的参数时，表示这两个函数实例的两个变量 f_1 和 f_2 被约束为相等。但是如果我们强制要求 f_1 和 f_2 不同（通过将它们的定义域设为一个包含唯一常量的单例集），这将导致 FC^{E} 为 FALSE，进而导致 φ^{E} 为 FALSE。而在 Bryant 归约中，如果参数 x_1 和 x_2 相等，表示两个函数的项 F_1^* 和 F_2^* 都被赋予 f_1 的值。因此，即使 $f_2 \neq f_1$，这并不一定会使 FC^{E} 为 FALSE。

在本章的文献注释中，我们提到了几篇利用 Bryant 归约的这个属性来缩小分配范围甚至构建更小等式图的文献。事实证明，并非所有与函数一致性约束相关的边都是必要的，这可以缩小分配域。

11.8 习 题

问题 11.1（Ackermann 归约和 Bryant 归约的实践） 给定公式

$$
\begin{aligned}
&F(F(x_1)) \neq F(x_1) \wedge \\
&F(F(x_1)) \neq F(x_2) \wedge \\
&x_2 = F(x_1)
\end{aligned}
\tag{11.59}
$$

使用 Ackermann 归约和 Bryant 归约，将它的有效性问题归约为等式逻辑公式的有效性问题。

问题 11.2（Ackermann 归约） 把算法 11.2.1 扩展到多个函数符号和带多个参数的函数的情况。

问题 11.3（Bryant 归约） 假设在算法 11.2.2 中，将 F_i^* 的定义替换为

$$
F_i^* =
\begin{pmatrix}
\text{case} & \mathcal{T}^*(\arg(F_1^*)) = \mathcal{T}^*(\arg(F_i^*)) & : F_1^* \\
& \vdots & \\
& \mathcal{T}^*(\arg(F_{i-1}^*)) = \mathcal{T}^*(\arg(F_i^*)) & : F_{i-1}^* \\
& \text{TRUE} & : f_i
\end{pmatrix}
\tag{11.60}
$$

区别在于右侧的项包含的是 F_j^* 变量（其中 $1 \leqslant j < i$），而不是 f_j 变量。这会改变 F_i^* 的值吗？证明不会改变或者给出一个会改变的例子。

问题 11.4（抽象/细化） 函数一致性约束经常成为验证过程中的瓶颈，因为它们的数量与函数实例的数量呈平方关系。在这种情况下，甚至连算法 4.4.1 的第一次迭代都非常困难。

设计一个从 $flat^E$ 开始，逐渐增加函数一致性约束的抽象/细化算法。

提示：考虑一个只包含部分函数一致性约束的公式，给定一个满足该公式的赋值 α'，检查 α' 是否满足函数一致性并不容易。这是因为 α' 不一定涉及所有变量（如果公式包含嵌套函数，则在抽象过程中一些变量可能会消失）。因此，不能直接在包含所有函数一致性约束的公式版本上测试 α'。

问题 11.5（线性算术的积极编码）　（基于文献 [266]）在 11.5 节中，我们看到了一个等式逻辑积极编码方法，该方法基于命题框架和强制等式传递性的额外约束。可以基于 Fourier-Motzkin 消元法（在 5.4 节中有描述）将此原则扩展到线性算术。想法如下，给定一个线性约束的命题组合 φ：

- 计算命题框架 $e(\varphi)$；
- 对 φ 的谓词集合应用 Fourier-Motzkin 消元法，直到所有变量都被消除（即遇到矛盾也不停止）。每当从一对谓词 p_i, p_j 推导出一个谓词 p 时，添加约束 $e(p_i) \wedge e(p_j) \implies e(p)$。在特殊情况下，如果 p_i, p_j 是矛盾的，则 $e(p)$ 为常量 FALSE。

当且仅当这样生成的公式是可满足的，φ 才是可满足的。

1. 对以下公式应用该算法：

$$
\begin{aligned}
\varphi := \quad & (2x_1 - x_2 \leqslant 0) \wedge \\
& ((2x_2 - 4x_3 \leqslant 0) \vee (x_3 - x_1 \leqslant -1) \vee ((0 \leqslant x_3) \wedge (x_2 \leqslant 1)))
\end{aligned}
\tag{11.61}
$$

   检查其生成的公式实际上和 φ 是等可满足的。
2. 假设输入公式有 n 个变量和 m 个线性谓词，这种判定（析取）线性算术问题的方法的复杂度是多少？

11.8.1　归约

问题 11.6（化简步骤的正确性）　证明算法 11.4.1 的正确性。可以采用 11.4 节建议的证明策略。

问题 11.7（简化传递性约束）　（基于文献 [194] 和文献 [247]）考虑图 11.10 中的等式图。稀疏方法生成了 $\mathcal{B}_{\text{trans}}$，包含三个传递性约束（注意，它为图中的每个三角形生成三个约束，无论边的极性如何）。现在考虑以下说法：单个的传递性约束 $\mathcal{B}_{\text{rtc}} = (e_{0,2} \wedge e_{1,2} \implies e_{0,1})$ 就足够了（下标 rtc 代表"缩减的传递性约束"）。

为了证明这个说法是对的，只需要证明对于每个满足 $e(\varphi^{\text{E}}) \wedge \mathcal{B}_{\text{rtc}}$ 的赋值 α_{rtc}，存在一个满足 $e(\varphi^{\text{E}}) \wedge \mathcal{B}_{\text{trans}}$ 的赋值 α_{trans}。由此推导可知，φ^{E} 也是可满足的，因此我们得到了一个结果：当且仅当 $e(\varphi^{\text{E}}) \wedge \mathcal{B}_{\text{rtc}}$ 是可满足的，φ^{E} 才是可满足的。

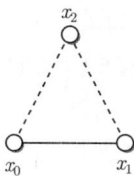

	α_{rtc}	α_{trans}
$e_{0,1}$	TRUE	TRUE
$e_{1,2}$	TRUE	TRUE
$e_{0,2}$	FALSE	TRUE

图 11.10　对极性的考虑使我们可以构建一个约束更少的公式。对于这个图，约束 $\mathcal{B}_{\text{rtc}} = (e_{0,2} \wedge e_{1,2} \implies e_{0,1})$ 就足够了。满足约束 $\mathcal{B}_{\text{rtc}}$ 但打破传递性的赋值 α_{rtc} 总是可以被"修复"，使其满足传递性，同时仍满足命题骨架 $e(\varphi^{\text{E}})$。赋值 α_{trans} 就是这样一个"修复"版本的满足赋值

我们能够构造这样的赋值 α_{trans}，是因为 NNF 的单调性（参见定理 1.14，并且注意，在等式图中，边的极性按照它们在 φ^{E} 的 NNF 表示中的极性来定义）。在 $\mathcal{B}_{\text{rtc}}$ 的满足赋值中，只有两个不满足 $\mathcal{B}_{\text{trans}}$。其中一个赋值在图 11.10 右侧表格的 α_{rtc} 列中显示，第二列显示了对应的赋值 α_{trans}，很明显满足 $\mathcal{B}_{\text{trans}}$。

然而，我们仍然需要证明，对于图 11.10 对应的每个公式 $e(\varphi^{\text{E}})$，如果 α_{rtc} 满足该公式，则 α_{trans} 仍然满足它。例如，对于 $e(\varphi^{\text{E}}) = (\neg e_{0,1} \vee e_{1,2} \vee e_{0,2})$，既有 $\alpha_{\text{rtc}} \models e(\varphi^{\text{E}}) \wedge \mathcal{B}_{\text{rtc}}$，又有 $\alpha_{\text{trans}} \models e(\varphi^{\text{E}}) \wedge \mathcal{B}_{\text{trans}}$。直观地说，这是因为 α_{trans} 是从 α_{rtc} 通过将一个正（非否定）谓词（$e_{0,2}$）的赋值从 FALSE 翻转为 TRUE 而获得的。我们也可以等价地把一个否定谓词（在这种情况下为 $e_{0,1}$）的赋值从 TRUE 翻转为 FALSE。

1. 对这个例子进行归纳：给定一个（极化）等式图，哪些传递性约束是充分必要的？
2. 对于上个问题回答的约束，设计一个算法进行计算。你的算法的复杂度是多少？（提示：存在一个多项式算法，但很难想到。指数时间复杂度的算法也可以作为这个问题的答案。）

11.8.2　域分配

问题 11.8（$\Phi_{n,k}$ 的充备域）　证明定理 11.25。

问题 11.9（小值域分配）　证明以下引理：

引理 11.32　如果一个值域 D 对 $\Phi(e)$ 是充备的，且 $e' \subseteq e$，则 D 对 $\phi(e')$ 是充备的。

问题 11.10（小值域分配：充备域）　证明以下定理：

定理 11.33　如果 $E(\varphi^{\text{E}})$ 的所有子集都是一致的，那么存在一个分配 R 使得 $|R| = 1$。

问题 11.11（图论问题的形式化） 对下面的判定问题给出一个独立的形式化定义：给定一个等式图 G 和一个域分配 D，D 对 G 是不是充备的？

问题 11.12（小值域分配：分配启发式的一个改进） 算法 11.6.1 的第 II.A.1 步要求将不同的特征值分配给混合顶点。以下例子证明这不是必需的。

考虑图 11.3 中的子图 $\{u_1, f_1, f_2, u_2\}$。对这个子图应用基本算法可能会得到以下分配，其中赋的特征值已用下划线表示：$R_1 : u_1 \mapsto \{0, \underline{2}\}, f_1 \mapsto \{\underline{0}\}, f_2 \mapsto \{0, \underline{1}\}, u_2 \mapsto \{0, 1, \underline{3}\}$。这个分配对应的状态空间复杂度为 12。通过放宽所有单独赋值的特征值必须互不相同的要求，我们可以得到分配 $R_2 : u_1 \mapsto \{0, \underline{2}\}, f_1 \mapsto \{\underline{0}\}, f_2 \mapsto \{\underline{0}\}, u_2 \mapsto \{0, \underline{1}\}$，其状态空间复杂度为 4。这使得整个图的状态空间大小从 48 缩小到 16。

很容易看出 R_2 对所考虑的子图是充备的。

在哪些情况下可以为混合变量赋相等的值？对基本算法进行修改以实现此优化。

11.9 文献注释

以下是关于积极编码框架（eager encoding framework）发展的一些文献信息。惰性编码框架，包括 DPLL(T)，在 3.6 节中有相应的文献信息。

前几章介绍的一些算法实际上就是积极类型的判定过程，比如 11.5 节介绍的等式逻辑的归约方法[57,194]。Ofer Strichman、Sanjit Seshia 和 Randal Bryant 在文献 [267] 中针对差分逻辑提出了类似的判定过程。基于小值域实例化的方法（见 11.6 节以及文献 [273] 中针对差分逻辑的类似方法），虽然与积极方法的联系不太明显，但也可以看作积极方法：该表示法基于对有限范围变量上的谓词（等式谓词、不等式谓词）的编码，而不是基于骨架和附加约束的编码。文献 [227] 中的原始算法使用多终端 BDD 而不是 SAT 来求解编码得到的命题逻辑公式。此外，还有混合方法，将基于小值域实例化的编码与显式约束结合起来，如 Seshia 等人在差分逻辑上的工作[256]。

文献 [266] 首次提出了对应积极编码的（从整数和实数线性算术到命题逻辑的）基于证明的归约方法。该过程并不是作为更一般的基于推理规则的框架的一部分。证明是以积极方法生成的，对实数使用了 Fourier-Motzkin 消元法，对整数使用了 Omega 测试。

在本书写作之时（2016 年），只有少数公开可用的基于积极编码的判定过程，其中最著名的是由 Randal Bryant、Shuvendu Lahiri 和 Sanjit Seshia 开发的 UCLID [58]。这个领域的研究相对较少，因而很难知道积极方法是否本质上劣于惰性方法，还是仅仅因为没有得到足够的推动。

我们现在纵览一些关于带未解释函数的等式逻辑判定的重要研究，也请参考我们在 4.7 节中的综述。

我们未能找到关于"在具有 n 个变量的公式中，范围 $\{1, \cdots, n\}$ 是充备的"这个事实的原始出处。在文献中，这通常被称为"民间定理"。据我们所知，Hojati、Kuehlmann、German 和 Brayton 在文献 [147] 中的工作，以及 Hojati、Isles、Kirkpatrick 和 Brayton 在文献 [146] 中的工作，是最先尝试使用有限实例化来判定等式逻辑，并通过分析等式图来推导出一个充备的值 k（$k \leqslant n$）。在 11.6 节中介绍的方法是首个考虑到给每个变量分配不同范围的方法，也因此更有效。该方法是基于 Pnueli、Rodeh、Siegel 和 Strichman 在文献 [227, 228] 中的工作发展出来的。这些论文建议使用 Ackermann 归约法，这会产生规模较大的公式，从而产生较大的等式图和较大的域（但远小于范围 $\{1, \cdots, n\}$）。

在文献 [245, 246] 中，Rodeh 和 Strichman 提出了一种正等式的推广，它结合了两个领域的优势：一方面，它不会添加与函数一致性约束相关的所有边（只会根据公式的分析添加其中的一个小子集）；另一方面，它像文献 [228] 中那样为**所有**变量分配了较小的范围，特别地，对于那些在文献 [56] 中会被赋予单一值的项，该方法也为它们赋予了单一值。该方法可以减小带未解释函数的公式的等式图的大小，从而缩小分配的范围（例如，在 11.6.3 节中，它为运行示例分配了一个状态空间大小为 2 的域）。Rodeh 在他的博士论文中[245]（也参见文献 [226]）介绍了**动态**范围分配的扩展版本。这意味着每个变量并非赋值为几个常数中的一个值，而是赋值为其在 $G^{\mathbb{E}}$ 中某个近邻（直接相邻）对应的变量，或者唯一的常数。因此，状态空间的大小与 $\log n$ 成比例，其中 n 是邻居的数量。

Bryant、German 和 Velev 在文献 [56] 中提出了我们在 11.2.2 节中提到的 Bryant 归约法。这种技术使他们能够利用**正等式**结构，为一些变量赋值唯一常数，并为其他变量分配完整的范围。用本章的术语来说，这些变量只与原始公式的等式图中的实线边相关联（构建该图时**不考虑**函数一致性约束的问题，因此不会有 Ackermann 约束带来的大图问题）。之后，Lahiri、Bryant、Goel 和 Talupur 提出了这项技术的更强版本，可以用常数替换更多变量[174]。

Goel、Sajid、Zhou、Aziz 和 Singhal 是最早使用新的布尔变量来编码等式的[132]。他们构建了一个对应于编码公式的 BDD（二元决策图），然后寻找保持传递性的路径。在文献 [57] 中，Bryant 和 Velev 建议使用相同的编码，但还添加显式的传递性约束。他们考虑了几种转换方法，本章只介绍了其中最佳的方法（稀疏方法）。另一种方法是为每三个变量添加这样的约束（无论等式图如何）。Zantema 和 Groote 考虑过一种类似的方法[294]。后来，Meir 和 Strichman 提出了一种代替稀疏方法的方法[194]，然后又被 Rozanov 和 Strichman 的方法所取代[247]，这种方法考虑极化等式图而不是非极化等式图，因此生成的传递性约束更少。问题 11.7 和这个方向相关。

11.10　符　号　表

符号	含义	首次使用的页码
m	实例的个数	242
F_i	下标为 i 的实例	242
$\arg(F_i)$	F_i 的单一参数	242
$flat^E$	在 Ackermann 归约中等于 $\mathcal{T}(\varphi^{UF})$，在 Bryant 归约中等于 $\mathcal{T}^*(\varphi^{UF})$	242
$\mathcal{T}$	一个函数，对输入的公式或项用一个新变量 f_i 替换其中每个未解释函数 F_i	242
FC^E	函数一致性约束	242
$\mathcal{T}^*$	类似于 $\mathcal{T}$ 的函数，把每个未解释函数 F_i 替换为 F_i^*	246
F_i^*	Bryant 归约的一个宏变量，代表函数实例 $F_i()$ 的 case 表达式	246
$At(\varphi^E)$	公式 φ^E 中的原子公式集合	249
$E_=, E_{\neq}$	等式谓词和不等式谓词，同时也表示等式图中的边	249
G^E	等式图	250
$x =^* y$	等式图中存在一条从 x 到 y 的等式路径	251

（续）

符号	含义	首次使用的页码
$x \neq^* y$	等式图中存在一条从 x 到 y 的不等式路径	251
$G_{\mathrm{NP}}^{\mathrm{E}}$	非极化等式图	255
$e(\varphi^{\mathrm{E}})$	公式 φ^{E} 的命题骨架	255
$\mathcal{B}_{\mathrm{trans}}$	基于稀疏方法的 φ^{E} 到 $\mathcal{B}_{\mathrm{sat}}$ 的归约所引入的传递性约束	255
$\mathrm{var}(\varphi^{\mathrm{E}})$	公式 φ^{E} 的变量集合	259
D	一个域分配函数，见公式 (11.44)	259
$D(x_i)$	有限整数集合	259
$\|D\|$	一个域生成的状态空间	259
Φ_n	由 n 个变量构成的等式逻辑公式的（无限）集合	259
$\Phi_{n,k}$	具有 n 个变量和 k 个常量的等式逻辑公式的（无限）集合	260
$\phi(e)$	以 e 为文字集合的等式逻辑公式的（无限）集合	261
$E(\varphi^{\mathrm{E}})$	公式 φ^{E} 的文字集合	261
$G_=^{\mathrm{E}}, G_{\neq}^{\mathrm{E}}$	等式图在 $E_=$ 边和 $E_{\neq}$ 边上的投影	262
$\mathrm{char}(v)$	等式图中顶点 v 的特征值	263
MV	算法 11.6.1 的步骤 II.A.1 所选择的混合顶点集合	264
$a_e(x)$	变量 x 的赋值，来自其分配域 $D(x)$	265

第 12 章　判定过程在软件工程和计算生物学中的应用

12.1节 ～ 12.3 节是在微软 Redmond 研究院的 RiSE（research in software engineering）团队成员 Nikolaj Bjørner 和 Leonardo de Moura 的协助下完成的。12.4 节是在微软剑桥研究院生物计算小组的 Hillel Kugler 的协助下完成的。

12.1　引　言

消除程序错误（bug）的重要性怎么强调都不为过，尤其是随着软件在商业相关和安全攸关的系统中日益普及，这个问题变得更加重要。

传统的软件缺陷检测和诊断方法是对程序进行**测试**，即用有限的输入执行程序。这种方法通常有效，但不能保证错误完全消除。相比之下，**形式化验证**有更高的目标：判断程序是否对于所有输入都满足给定的规约（specification），即属性。例如，规约可能要求在程序的某个位置上不会出现除以零的运算，或者要求两个变量 x 和 y 在程序的任何位置上满足 $x < y$。这些规约是**可达性**的例子。可达性问题就是检查程序的执行是否会达到某个状态。可达性问题是不可判定的，这意味着不存在一个算法（判定过程）总能在有限时间内给出正确的答案。为什么这个问题是不可判定的呢？简单地说，由于内存的无限分配，程序所能达到的状态集合是一个无限集合（见附注）。因此软件验证是不可判定的。

附注：软件验证与有限内存

我们可以认为计算机的内存是有限的，这显然是正确的，从而理论上解决了可达性问题。然而，除非假定可用内存非常小，否则对于实践中的自动推理并没有实际帮助。另外，内存有限性假设也限制了我们的证明依赖于内存大小的界。因此，软件验证技术通常不依赖于内存的有限性。即使递归函数不分配堆内存，无限递归也存在类似问题，因为堆栈大小可能会无限增长。关于不可判定条件的讨论超出了本书的范畴。

最后，我们假设程序中的算术运算在有限范围内进行，例如用固定位数对数字进行编码。

对于软件验证，就像许多其他很重要的不可判定问题一样，多年来人们已经发明了许多不完备解决方案（partial solution），并且其中大部分已在日常中使用。在这里，"不完备解决方案"意味着可以处理的程序类型受到了限制；对于其他程序，解决方案是不完备的（参见定义 1.6），这意味着验证系统有时可能会放弃（返回一个"不知道"答案）或者不终止。例如，**测试**可以看作这样一个不完备解决方案：由于无法穷尽所有输入，因此测试无法证明程序的正确性；它只能在发现某次测试违反了程序规约时说它是不正确的。

在许多解决方案（包括自动测试生成）中，一个关键组成部分是推理引擎，而推理引擎的核心是判定过程。现代工具使用 SMT 求解器，这种判定过程基于第 3 章描述的架构。这些求解器在工业领域的一个重要应用是对程序进行分析、验证和测试。

程序和逻辑之间的联系并不是那么显而易见。程序是**动态**的：它们逐条执行指令，重复使用变量，分配内存，等等。无量词的一阶理论的判定过程是**静态**的：它们只能检查是否存在一个对变量的赋值**同时**满足给定的逻辑公式。弥合这种差距是本章的一个主题。虽然我们强调的是完全自动推理的现代技术，但我们注意到，将逻辑意义赋予程序可以追溯到 20 世纪 60 年代 Floyd 和 Hoare 的开创性工作[116,144]，这些工作侧重于手动证明。

正如之前指出的，内存分配的无限循环是导致软件验证问题不可判定的原因。一个避免不可判定性的方法是限制循环的迭代次数。这意味着我们检查的是一个对原始程序进行**下近似**（underapproximate）的新程序。通过这种限制（或者在程序一开始就有界的情况下），可以建立一个表示程序输入-输出关系的逻辑公式。这可以借助一种称为**静态单赋值**（SSA）形式的表示方法来实现。我们将在 12.2 节看到基于这种表示方法的技术，用于弥合有界指令序列和无量词一阶公式之间的差距。

我们还将学习一种通过**抽象**技术对原始程序进行**上近似**（overapproximate）的方法。这种技术可能会误报，但是作为回报，它经常能够对无界程序进行推理。我们将在 12.3 节中介绍这种技术。

12.2 有界程序分析

12.2.1 检查单一路径的可行性

许多程序分析器包含一个基本构件：一种检查程序能否执行一条给定路径的方法。**执行路径**（execution path）是在程序运行过程中执行的一个程序指令序列。路径可以是**部分**的，这意味着它不必到达程序的出口。

执行轨迹（execution trace）是沿着执行路径观察到的一个状态序列。同一条路径，对应不同的输入，可能有许多不同的轨迹。对于每条路径，我们可以建立一个表示它的公式：满足这个公式的赋值对应了沿着这条路径的轨迹。轨迹的符号表示在许多应用中至关重要，基于此的技术被称为（基于路径的）**符号模拟**（symbolic simulation）技术。符号模拟比较常见的应用包括**自动测试生成**、**死代码检测**和**属性验证**。属性一般以断言（assertion）形式给出，断言是以条件为参数的程序指令，如果条件评估为假，则报告错误并中止。验证一个断言意味着证明对于所有输入，断言的条件都评估为真。

我们将使用程序 12.2.1 作为验证断言的运行示例。该程序定义了一个名为 ReadBlocks 的过程。该程序是人工构造的，但它展示了处理文件格式（比如媒体格式 JPEG、AVI 或 MPEG）时通常使用的低级解析代码。

程序 12.2.1 从数组中读取数据块

```
 1 void ReadBlocks(int data[], int cookie)
 2 {
 3     int i = 0;
 4     while (true)
 5     {
 6         int next;
 7         next = data[i];
 8         if (!(i < next && next < N)) return;
 9         i = i + 1;
10         for (; i < next; i = i + 1) {
11             if (data[i] == cookie)
12                 i = i + 1;
13             else
14                 Process(data[i]);
15         }
16     }
17 }
```

输入数组 data 隐式地编码了一个数据块序列。每个数据块的第一个元素包含下一个数据块的索引。ReadBlocks 的功能是处理这些数据块的数据，同时跳过与输入参数 cookie 相等的数据。我们假设变量 N 表示数组中的元素数量。

该示例包含了两个数组边界错误，也即索引超出了范围 $0, \cdots, (N-1)$。为了检测这些错误，每次访问数组 data 时将生成一个断言。在示例程序中，我们将添加断言来检查数组索引是否在范围内。

暂时假设验证工具具有选择执行路径的启发式策略——稍后我们会看到，不需要将注意力集中在单条路径上，因为可以同时检查多条路径。假设启发式选择了以下路径。

1. 从第 3 行开始。
2. 进入 for 循环，走 else 分支，然后退出 for 循环。
3. 在 while 循环的第二次迭代中，从第 8 行退出循环。

表 12.1 显示了与此执行对应的指令序列。行号对应原始程序。最右列记录指令。每次沿该路径执行 "if" 语句的 "then" 分支时，我们记录**守护条件（guard）**，即 "if" 的条件。如果执行的是 "else" 分支，我们记录其否定。

表 12.1　程序 12.2.1 的一条路径的语句序列

行号	类型	指令或条件
3	赋值	i = 0;
7	赋值	next = data[i];
8	分支	i < next && next < N
9	赋值	i = i + 1;
10	分支	i < next
11	分支	data[i] != cookie
14	函数调用	Process(data[i]);
10	赋值	i = i + 1;
10	分支	!(i < next)
7	赋值	next = data[i];
8	分支	!(i < next && next < N)

然后，我们将这些指令和条件重写为**静态单赋值（SSA）**形式。在 SSA 中，我们为程序变量创建了一个 "时间戳版本"：每当一个变量被写入时，就为它引入一个新符号。

我们以给定的轨迹表 12.1 来阐述这个想法。我们将忽略对 Process 函数的调用，在这里假设它不改变 data 的值。轨迹的 SSA 如表 12.2 所示。输入的值被标记为时间戳 0，因此 data 和 cookie 被分别重命名为 $data_0$ 和 $cookie_0$。ReadBlocks 的第一个执行语句是对 i 进行初始化。在此赋值后，i 的值用 i_1 表示。每次读取变量时，我们通过在其标识符中添加当前时间戳对它进行重命名。每次赋值变量时，时间戳增加一，然后重命名变量。

表 12.2　表 12.1中的轨迹的 SSA 形式

行号	类型	指令或条件
3	赋值	i_1 = 0;
7	赋值	$next_1$ = $data_0$[i_1];
8	分支	i_1 < $next_1$ && $next_1$ < N_0
9	赋值	i_2 = i_1 + 1;
10	分支	i_2 < $next_1$
11	分支	$data_0$[i_2] != $cookie_0$
14	函数调用	Process($data_0$[i_2]);
10	赋值	i_3 = i_2 + 1;
10	分支	!(i_3 < $next_1$)
7	赋值	$next_2$ = $data_0$[i_3];
8	分支	!(i_3 < $next_2$ && $next_2$ < N_0)

现在，我们可以将 SSA 转换为逻辑公式，称为**路径约束**（path constraint）。我们将赋值替换为等式，并和所有分支条件一起做合取，从而得到公式，如下所示：

$$
\begin{aligned}
ssa \iff \quad & i_1 = 0 & \wedge \\
& next_1 = data_0[i_1] & \wedge \\
& (i_1 < next_1 \wedge next_1 < N_0) & \wedge \\
& i_2 = i_1 + 1 & \wedge \\
& i_2 < next_1 & \wedge \\
& data_0[i_2] \neq cookie_0 & \wedge \\
& i_3 = i_2 + 1 & \wedge \\
& \neg(i_3 < next_1) & \wedge \\
& next_2 = data_0[i_3] & \wedge \\
& \neg(i_3 < next_2 \wedge next_2 < N_0) &
\end{aligned}
\tag{12.1}
$$

请注意，公式中的等号表示数学等式，而在表 12.2 中等号表示赋值。

所有满足上述 *ssa* 公式的 $data_0$ 和 $cookie_0$ 的输入值都对应了表 12.1 中给定路径上的一条轨迹。

断言检查

现在考虑一条通往断言的路径。我们可以使用相应的路径约束来检查该断言是否会被违反。为此，我们需要将断言的**否定**添加到路径约束中。

再考虑程序 12.2.1，特别是执行第 3 行的赋值语句，我们想检查变量 i 是否在第 7 行的数组访问所需的范围内。对应的约束为

$$i_1 = 0 \quad \wedge \quad \neg(0 \leqslant i_1 \wedge i_1 < N_0) \tag{12.2}$$

如果公式 (12.2) 是可满足的，那么这个断言可能被违反，我们可以通过适当的判定过程来判断是否存在这种情况。由于所检查的是一个 C 程序，i_1 是一个位向量，N_0 也可以用一个位向量来建模。[①]我们在第 6 章中讨论了位向量的判定过程。这个公式可以被以下赋值满足：

$$\{i_1 \mapsto 0, \ N_0 \mapsto 0\}$$

也即，data 是一个长度为 0 的数组，这意味着我们找到了一个潜在的错误。总结一下，我们将程序路径的正确性验证问题归约为逻辑公式可满足性问题。因此，与验证问题相对应的公式被称为**验证条件**（verification condition，VC）。

程序还有一个更隐蔽的错误。导致该错误的路径在表 12.3 中给出。

表 12.3　程序 12.2.1 的另一条路径

行号	类型	指令或条件
3	赋值	i = 0;
7	赋值	next = data[i];
8	分支	i < next && next < N
9	赋值	i = i + 1;
10	分支	i < next
11	分支	data[i] == cookie
12	赋值	i = i + 1;
10	赋值	i = i + 1;
10	分支	!(i < next)
7	断言	0 <= i && i < N

① 根据 C 标准，数组的元素数量是有限的。此外，用一个大小为 size_t 的索引（通常为 32 位或 64 位）就足以访问所有元素。

下面我们将这条路径转换为路径约束，并添加路径上最后一个断言的否定：

$$
\begin{aligned}
&i_1 = 0 &&\wedge \\
&next_1 = data_0[i_1] &&\wedge \\
&(i_1 < next_1 \ \wedge \ next_1 < N_0) &&\wedge \\
&i_2 = i_1 + 1 &&\wedge \\
&i_2 < next_1 &&\wedge \\
&data_0[i_2] = cookie_0 &&\wedge \\
&i_3 = i_2 + 1 &&\wedge \\
&i_4 = i_3 + 1 &&\wedge \\
&\neg(i_4 < next_1) &&\wedge \\
&\neg(0 \leqslant i_4 \ \wedge \ i_4 < N_0)
\end{aligned} \tag{12.3}
$$

这个公式包括对输入数组的约束条件，需要位向量判定过程（参见第 6 章）与数组理论判定过程（参见第 7 章）相结合对其进行求解。该公式是可满足的，其中一个满足赋值是

$$
\begin{aligned}
&\{i_1 \mapsto 0, \ N_0 \mapsto 3, \ next_1 \mapsto 2, \ data_0 \mapsto \langle 2,6,5 \rangle, \\
&\quad i_2 \mapsto 1, \ cookie_0 \mapsto 6, \ i_3 \mapsto 2, \ i_4 \mapsto 3\}
\end{aligned} \tag{12.4}
$$

因此我们发现了代码中的另一个错误。事实上，数组 $\langle 2,6,5 \rangle$ 不是合法的媒体格式（media format），不能作为函数的输入——请注意，索引应该递增，因为它们表示块列表中的偏移量——无论最后一个元素如何，错误都是存在的。如果我们想在强制这种性质的同时检查该函数，可以通过将适当的约束条件添加到公式 (12.3) 来实现。

12.2.2 检查有界程序中所有路径的可行性

程序中的路径数量会随着分支数量呈指数级增长。因此，如果用前一节的方法对有界程序进行穷尽分析，可能需要解决指数数量的判定问题。

我们不会那样做。相反,我们为包含分支的有界**程序**(而不仅仅是针对**路径**)生成 SSA,进而将 SSA 转换为一个编码了所有路径的公式。第一步,将循环展开 k 次,其中 k 由用户指定。第二步,将每个 if 语句的条件赋给一个新变量。我们将使用变量 γ 作为被引用的任一条件的简写。

$\boxed{\gamma}$

最后,我们确定控制流重新汇合的位置。对于在分支中被修改的变量,我们添加语句来向它们赋予正确的值。在编译器文献中,这些额外的赋值被称为 ϕ 指令。

我们用程序 12.2.1 中的 for 循环来解释这种做法。将该循环展开两次($k = 2$)的结果如程序 12.2.2 左侧所示。请注意,for 结构中隐含的分支现在变成了显式的 if 语句。相应的 SSA 在右侧。它的构建遵循我们对单条路径使用的原则,只是对分支的处理有所不同:我们现在引入了新的赋值语句,将 if 条件赋给新变量 γ。和其他变量一样,γ 也会被赋予一个时间戳,γ 在 ϕ 指令中被使用。

程序 12.2.2 程序 12.2.1 的 for 循环展开以及对应的带 ϕ 指令的 SSA

```
1  if (i < next) {
2      if (data[i] == cookie)
3          i = i + 1;
4      else
5          Process(data[i]);
6
7      i = i + 1;
8
9      if (i < next) {
10         if (data[i] == cookie)
11             i = i + 1;
12         else
13             Process(data[i]);
14
15         i = i + 1;
16     }
17 }
```

$$
\begin{aligned}
&1\quad \gamma_1 = (i_0 < next_0);\\
&2\quad \gamma_2 = (data_0[i_1] == cookie_0);\\
&3\quad i_1 = i_0 + 1;\\
&4\\
&5\\
&6\quad i_2 = \gamma_2 \,?\, i_1 : i_0;\\
&7\quad i_3 = i_2 + 1;\\
&8\\
&9\quad \gamma_3 = (i_3 < next_0);\\
&10\quad \gamma_4 = (data_0[i_3] == cookie_0);\\
&11\quad i_4 = i_3 + 1;\\
&12\\
&13\\
&14\quad i_5 = \gamma_4 \,?\, i_4 : i_3;\\
&15\quad i_6 = i_5 + 1;\\
&16\quad i_7 = \gamma_3 \,?\, i_6 : i_3;\\
&17\quad i_8 = \gamma_1 \,?\, i_7 : i_0;
\end{aligned}
$$

考虑程序 12.2.2(左侧)的第 6 行,是第二个 if 语句的两个分支汇合的地方。在任一分支中,唯一被写入的变量是 i。为了定义分支后 i 的值,我们使用 C 语言的条件表达式 $con\,?\,a:b$;这个表达式根据条件 c 的真假返回 a 或 b。if 语句之后的 i 的值在 SSA 中的第 6 行被编码如下:如果条件 γ_2 成立,我们赋予 i_1,它是执行"then"分支后的 i 的

值；否则，我们赋予 i_0，表示 i 的值保持不变。

给定（展开的）程序的 SSA 形式，我们可以构造一个准确捕捉程序所有可能执行的轨迹的公式。和之前一样，为了验证程序中的断言，我们需要将其否定添加到公式中。然后，将得到的公式提交给适当的判定过程。

12.3　无界程序分析

我们现在研究一种验证**无界**程序的技术。如本章开头提到的，这个问题通常是不可判定的，因此没有一个判定过程可以对所有程序求解该问题。我们将看到的技术可能不会终止，也可能中途放弃，这取决于实现的具体细节。我们从一个非常粗糙的上近似开始，然后逐渐精确化。

12.3.1　使用非确定赋值的上近似

在 12.2.2 节，我们已经看到一种技术，通过限制循环的深度将程序转换为一个公式。这种技术对程序的行为进行了**欠近似**，无法证明断言对超过该深度界的执行成立。

下面我们介绍一种程序转换方法，该方法将带有循环的程序转换为无循环但**上近似**原始行为的程序。这种方法使我们能够对任意长度的执行得出结论。我们通过三个步骤进行转换。

1. 对于每个循环和每个被该循环修改的变量，在刚进入循环的地方添加一个赋值语句，将一个非确定值赋给该变量。
2. 在每个循环结束之后，添加一个**假设**表示循环条件的否定成立。这个假设是一个程序语句 assume(c)，它会中止任何不满足 c 的路径。
3. 将每个 while 循环替换为一个 if 语句，将循环的条件作为 if 语句的条件。

我们通过一个简单的例子来说明这个转换。程序 12.3.1 的左侧给出了一个包含 while 循环的小程序片段。循环迭代直到在一个数组中找到换行符。因此，循环的迭代次数是未知的。

程序 12.3.1　　　程序循环的上近似转换的例子

```
1  int i=0, j=0;
2
3  while(data[i] != '\n')
4  {
5      i++;
6      j=i;
7  }
8
9  assert(i == j);
```

$\longrightarrow$

```
1  int i=0, j=0;
2
3  if(data[i] != '\n')
4  {
5      i=*;
6      j=*;
7      i++;
8      j=i;
9  }
10
11 assume(data[i] == '\n');
12
13 assert(i == j);
```

右侧是应用了上述转换后的程序。现在，我们可以进一步使用 12.2.2 节中的技术将该程序翻译为 SSA 约束。注意，将右侧具有非确定值的赋值翻译为 SSA 约束特别简单，只需增加被赋值变量的 SSA 计数器即可。对于第 11 行的假设，则将该条件作为合取项添加到公式中。然后，我们将 SSA 约束与断言的否定进行合取，得到以下公式：

$$
\begin{aligned}
i_1 &= 0 & \wedge \\
j_1 &= 0 & \wedge \\
\gamma_1 &= (data_0[i_1] \neq \text{'\textbackslash\textbackslash n'}) & \wedge \\
i_3 &= i_2 + 1 & \wedge \\
j_3 &= i_3 & \wedge \\
i_4 &= \gamma_1 \,?\, i_3 : i_1 & \wedge \\
j_4 &= \gamma_1 \,?\, j_3 : j_1 & \wedge \\
data_0[i_4] &= \text{'\textbackslash\textbackslash n'} & \wedge \\
i_4 &\neq j_4 &
\end{aligned}
\tag{12.5}
$$

请注意，在第 4 行中我们使用 i_2 而不是 i_1，这是因为存在非确定赋值。接下来，我们需要将公式 (12.5) 传递给一个适当的判定过程，检查这个公式的可满足性。如果公式不可满足，则意味着该断言对于任意数量的循环迭代都成立。

尽管上述技术在这个特定例子中成功证明了断言，但它并非适用于任意的程序。它之所以对这个例子有效是因为该断言的正确性并不依赖于之前的循环迭代。接下来，我们将看到一个程序，上述抽象对于该程序太粗糙。接着，我们将讨论一种细化抽象的方法。

12.3.2 上近似可能太粗糙

考虑程序 12.3.2 中的程序片段,这是一个典型的 Windows 设备驱动程序的片段。我们将以它为例,说明 12.3.1 节的简单近似方法不适用的情况。该程序处理一系列请求,这些请求是通过调用名为 GetNextRequest 的函数获取的。此函数调用受到锁(lock)的保护,以允许多个并发线程访问存储请求的队列数据结构。一旦一个请求被出队并释放,锁就不再需要了,因为与特定请求相关的数据不会被多个线程访问。在处理请求之前释放锁非常重要,因为处理请求可能需要很长时间或者需要获取其他的锁。此外,需要注意的是,在没有拥有锁的情况下不能退出循环,否则循环后的 unlock() 调用将释放锁两次。这违反了锁的使用规约:一个线程在没有拥有锁的情况下不应该调用 unlock()。

程序 12.3.2 使用锁处理请求

```
1    do {
2        lock();
3        old_count = count;
4        request = GetNextRequest();
5        if (request != NULL) {
6            ReleaseRequest(request);
7            unlock();
8            ProcessRequest(request);
9            count = count + 1;
10       }
11   }
12   while(old_count != count);
13   unlock();
```

更一般地,我们希望保证的锁策略如图 12.1 所示:目标就是永远不会进入错误状态。因此,程序应严格地在加锁和解锁之间交替。

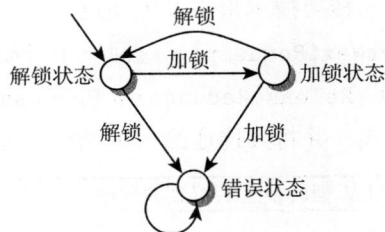

图 12.1 以状态机表示的锁机制的规约

锁机制只在多线程程序中才有意义,为了进行验证,我们将查看一个单线程版本的程序，该版本足以检查此线程是否满足状态图的规约，不会连续两次加锁或解锁。我们将按照以下方式将该规约嵌入程序 12.3.2 中。

1. 我们添加一个变量 `state_of_lock`，反映状态机的状态。该变量被初始化为 `unlocked`。

2. 当程序执行的动作（加锁或解锁）影响状态机的状态时，我们相应地向变量 `state_of_lock` 添加赋值。

3. 向程序添加断言，以捕捉状态机转移到 *error* 状态的情况。

经过这些转换之后的程序如程序 12.3.3 所示。我们的目标是检查在断言中表达的锁规约。

程序 12.3.3　　对程序 12.3.2 进行锁机制抽象化之后的程序，锁的规约被建模为断言

```
1    state_of_lock = unlocked;
2    do {
3        assert(state_of_lock == unlocked);
4        state_of_lock = locked;
5        old_count = count;
6        request = GetNextRequest();
7        if (request != NULL) {
8            ReleaseRequest(request);
9            assert(state_of_lock == locked);
10           state_of_lock = unlocked;
11           ProcessRequest(request);
12           count = count + 1;
13       }
14   }
15   while (old_count != count);
16   assert(state_of_lock == locked);
17   state_of_lock = unlocked;
```

我们现在应用前一节描述的转换技术来尝试证明这些断言。程序 12.3.4 给出了转换的结果。假设在这个例子中，`GetNextRequest()` 返回一个非确定性选择的指针，并且它不会改变程序的状态。同样，假设 `ReleaseRequest` 和 `ProcessRequest` 不会改变任何变量。我们可以将程序转换为一个公式，并将其传递给一个判定过程。

程序 12.3.4　　对程序 12.3.3 进行上近似转换之后得到的程序

```
1    state_of_lock = unlocked;
2
3    state_of_lock = *;
4    old_count = *;
```

```
5    count = *;
6    request = *;
7
8    assert(state_of_lock == unlocked);
9    state_of_lock = locked;
10   old_count = count;
11   request = GetNextRequest();
12   if (request != NULL) {
13       ReleaseRequest(request);
14       assert(state_of_lock == locked);
15       state_of_lock = unlocked;
16       ProcessRequest(request);
17       count = count + 1;
18   }
19
20   assume(old_count == count);
21
22   assert(state_of_lock == locked);
23   state_of_lock = unlocked;
```

然而，我们发现所得的公式是可满足的。特别地，对于第一个断言，存在一种显而易见的反例，其中变量 state_of_lock 在循环开始之前被赋值为 locked，就在第 3 行之前。显然，在具体（真实）程序的循环开始时，状态不可能是 locked，这是抽象所导致的产物。这个示例告诉我们，用任意状态来开始循环是一个过于粗糙的抽象，可能导致误报。我们需要**细化**这个抽象，也就是使它更接近具体的程序：这将消除那些在具体程序中并不存在但会导致证明失败的虚假状态。接下来，我们考虑解决这个问题的策略。在 12.3.4 节中，我们将介绍它是如何解决上述程序的验证问题的。

12.3.3　循环不变式

程序分析的一个关键技术是**循环不变式**。循环不变式是不论循环迭代多少次，在循环体的开始处都成立的谓词。

比如，考虑以下 C 代码片段：

```
1 int i=0;
2
3 while(i != 10) {
4     ...
5     i++;
6 }
```

以下谓词就是这个循环的一个不变式，因为不管在哪次迭代，它在循环体的开始处始终为真：

$$0 \leqslant i < 10 \tag{12.6}$$

如何证明一个给定的谓词是循环不变式？答案是可以使用**归纳法**。假设我们的程序符合以下模板：

```
1 A;
2 while(C) {
3     assert(I);
4     B;
5 }
```

代码片段 A 和代码片段 B 都不能包含循环，但可以包含分支。条件 C 和候选不变式 I 必须没有副作用。我们通过归纳来证明 I 是一个不变式。

1. **基本情况**：证明第一次进入循环时，不变式是满足的。
2. **归纳步骤**：证明，从一个满足不变式的状态开始，执行一次循环体，也会使状态转变为另一个满足不变式的状态。

要得出不变式成立的结论，必须证明以上两个部分。为了检查上述两个条件，我们构造两个没有循环的程序。对应于基本情况的程序很简单：

```
1 A;
2 assert(C ⟹ I);
```

对应于归纳步骤的程序首先限制循环体的起始状态，使其既满足循环条件又满足循环不变式。然后执行一次循环体，并断言循环不变式仍然成立。

```
1 assume(C ∧ I);
2 B;
3 assert(C ⟹ I);
```

由于这两个程序都没有循环，所以都是有界程序。我们可以使用 12.2.2 节中的技术来检查这两个程序中的断言是否对所有输入都成立。如果成立，我们就可以确定 I 是该循环的一个不变式。

我们以上述 while 循环来说明此过程。为了验证 i >= 0 && i < 10 确实是一个不变式，我们首先构造对应基本情况的程序：

```
1 int i=0;
2 assert(i != 10 ⟹ i >= 0 && i < 10);
```

在对应基本情况的程序里，断言显而易见成立。现在，我们构造一个对应归纳步骤的程序：

```
1 assume(i != 10 && i >= 0 && i < 10);
2 i++;
3 assert(i != 10  ⟹  i >= 0 && i < 10);
```

上面的程序可以通过适当的判定过程进行检查。我们发现公式是不可满足的（即断言通过）。因此，我们证明了该不变式。

如何把这个过程适配到 do-while 循环和 for 循环？这个问题留给读者（参见问题 12.1）。

12.3.4 利用循环不变式对抽象进行细化

下面我们使用循环不变式来提高 12.3.1 节的程序抽象过程的准确性。该方法允许为每个循环使用单独的循环不变式。我们用 $\mathcal{L}$ 表示循环集合，I_ℓ 表示循环 $\ell \in \mathcal{L}$ 的不变式。现在，我们给 12.3.1 节的转换过程添加三个步骤。这些步骤对于每个循环 $\ell \in \mathcal{L}$ 都会执行。

4. 在对循环变量进行非确定赋值之前，添加一个表示 I_ℓ 成立的断言。这对应了基本情况。

5. 添加一个假设：I_ℓ 在对循环变量进行非确定赋值之后成立。这就是归纳假设。

6. 在循环体的最后加上一个断言，即 $C \implies I_\ell$ 成立。这证明了归纳步骤。

请注意，基本情况和归纳步骤是通过一个程序一起进行检查的。

现在我们使用这个方法验证 12.3.2 节的 Windows 驱动程序片段。回想一下，对于我们的抽象，断言 state_of_lock == unlocked 在进入循环时失败了。我们猜测这个谓词可能是循环的一个潜在不变式。然后，我们使用上述过程构建一个新的抽象，结果见程序 12.3.5。

第 3 行、第 12 行和第 18 行的断言显然是成立的。至于第 25 行和第 29 行的两个断言为什么能够通过，更难理解。我们分两种情况进行分析。

- 如果 request != NULL，程序会执行第 16 行的 if 语句的 "then" 分支。结果，变量 state 的值为 unlocked。因此，归纳步骤（参见第 25 行）的断言得以通过。此外，由于 count 等于 old_count 加一，所以 old_count 与 count 不同，这意味着由于第 27 行的假设，第 29 行的断言甚至不被执行。

- 如果 request == NULL，那么代码执行会跳过 "then" 分支。变量 old_count 等于 count，变量 state 等于 locked。因此，这两个断言都通过。

　　这里的挑战在于，我们要找到一个足够强大的不变式来证明上述示例中的属性（回想一下，那里的不变式仅仅是我们猜测的）。作为一个极端的例子，常量"真"也是一个不变式，但它对于验证并没太大用：它不能限制验证引擎所探索的状态。寻找合适的循环不变式是一个活跃的研究领域。简单的选择包括选择出现在程序文本中的谓词，或者根据程序变量和通常的关系运算符构造新的谓词。我们可以用启发式算法选择候选不变式，然后使用上面描述的判定过程来尝试确认不变式以及属性。一般来说，没有一个算法总是能够找到足够证明给定属性的不变式。

程序 12.3.5　　使用候选循环不变式 `state_of_lock ==unlocked` 对程序 12.3.4 进行细化。如果它实际上不是不变式，则验证失败（第 3 行、第 25 行），或者证明不了该属性（详见第 12 行、第 18 行、第 29 行）

```
1      state_of_lock = unlocked;
2
3      assert(state_of_lock == unlocked); // 基本情况
4
5      state_of_lock = *;
6      old_count = *;
7      count = *;
8      request = *;
9
10     assume(state_of_lock == unlocked); // 归纳假设
11
12     assert(state_of_lock == unlocked); // 属性
13     state_of_lock = locked;
14     old_count = count;
15     request = GetNextRequest();
16     if (request != NULL) {
17         ReleaseRequest(request);
18         assert(state_of_lock == locked); // 属性
19         state_of_lock = unlocked;
20         ProcessRequest(request);
21         count = count + 1;
22     }
23
24     // 归纳步骤
25     assert(old_count != count ⟹ state_of_lock == unlocked);
26
27     assume(old_count == count);
28
29     assert(state_of_lock == locked); // 属性
30     state_of_lock = unlocked;
```

12.4　SMT 方法在生物学中的应用

计算机科学通过存储和分析大量实验数据，为生物科学做出了贡献。最近，随着刻画关键生物过程和机制的模型与相关计算方法的发展，生物学家得以更清晰地理解生命系统并提高预测能力。对这些生物模型进行探索和分析的能力对于该领域的发展至关重要。生物建模应用可分为两个领域：1）生物电路工程；2）理解和预测自然生物系统的行为。笼统地讲，生物电路工程是一个新兴领域，有一个跨学科研究人员的小社群，而生物学中的理解和预测研究则有一个更广泛、更成熟的社群，其中可能有数千名研究人员因计算建模工具受益。

12.4.1　DNA 计算

第一类应用的代表性领域是 DNA 计算，这是生物电路工程领域中的一个新兴领域。DNA 计算旨在研究如何在生物材料上进行计算。DNA 计算的主要目标是根据 DNA 稳健地设计和构建可以执行特定类型计算的电路。现在，实验室里的研究已经可以设计和构建包含基本组件的复杂 DNA 电路[69,234,235]。长期目标是探索这个问题：基于生物计算的高度并行性，生物计算机能否在某些领域和应用中取代现有的计算机？生物电路也备受关注，因为它们可以与生物材料对接，于是有可能开辟材料设计和医学的新应用领域。现在的研究也致力于将工程化电路整合到活细胞中。如果这些技术成熟，应用形式化方法来确保电路设计的"正确性"将对各种医学应用至关重要。

化学反应网络（chemical reaction network，CRN）是一种模拟这种电路的比较方便的形式模型。例如，图 12.2 显示了一个实现逻辑与门的简单 DNA 电路的 CRN。稍后我们会再次讨论这张图。CRN 编码可以很直接地编码为一个迁移系统。假设我们用整数来存储每个物质的分子数量。如果一个反应 $A + B \rightarrow C$ 发生，A 和 B 的分子数量都减少一个，C 的分子数量增加一个，而其他物质的分子数量保持不变。触发这个反应的前提条件是至少有一个 A 分子和一个 B 分子。这种行为可以用一个迁移系统来模拟，并且可以利用标准的验证技术进行分析，以证明安全属性或识别出设计中的具体错误。

形式化地，一个 CRN 被定义为物质和反应的二元组 $(\mathcal{S}, \mathcal{R})$，其中反应 $r \in \mathcal{R}$ 是一个包含反应物和生成物以及它们的化学计量的多重集合 $r = (R_r, P_r)$（化学计量指的是参与反应的分子数量，不参与的物质的计量为 0）。我们将 CRN 的行为形式化为迁移系统 $\mathcal{T} = (Q, T)$，其中

- Q 是物质的多重集的集合，对于 $q \in Q$，我们用 $q(s)$ 表示在状态 q 下，物质 s 可用的分子数量；
- $T \subseteq Q \times Q$ 是定义如下形式的迁移关系：

$$T(q, q') \leftrightarrow \bigvee_{r \in \mathcal{R}} (on(r, q) \wedge \bigwedge_{s \in \mathcal{S}} q'(s) = q(s) - R_r(s) + P_r(s)) \tag{12.7}$$

如果在状态 q 下，有足够的反应物分子使反应 r 可以发生，$on(r, q)$ 为 TRUE。这意味着在状态 q 下，反应 r 是可行的。

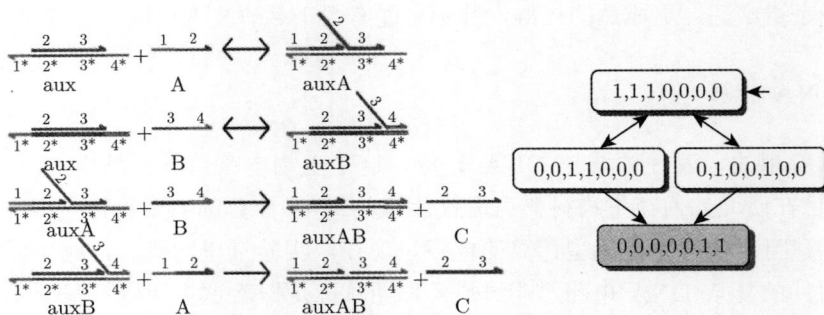

图 12.2　　在图的左侧，我们可以看到一个实现逻辑与门的 DNA 电路。输入是种类为 A 和 B 的 DNA 链，而输出是种类为 C 的 DNA 链。参与计算的其他种类有 aux、auxA、auxB、auxAB（aux 是 "auxiliary" 的前缀）。对于 aux 单一分子，当且仅当同时存在 A 和 B 时，计算结束后会产生输出 C，这符合与门的定义。对于 7 个种类的每一种，标有 $1, \cdots, 4$ 的区域代表不同的 DNA 序列，互补序列则用 $*$ 表示。互补区域的结合以及相邻互补序列的位移决定了物质之间可能发生的化学反应。图的左侧显示了反应过程，采用了文献 [221] 中介绍的一种视觉表示方法。符号 $\rightarrow$ 和 $\leftarrow$ 表示 DNA 的末端在右侧或左侧。这个电路总共有 6 个化学反应。前两对是可逆反应：aux + A $\leftrightarrow$ auxA，aux + B $\leftrightarrow$ auxB。剩下的反应是不可逆的：auxA + B $\rightarrow$ auxAB + C 和 auxB + A $\rightarrow$ auxAB + C。在图的右侧，DNA 电路被表示为一个状态机，每个状态表示每个物质的分子数量。初始状态中，aux、A、B 都有一个分子，其他物质的分子数量为 0，因此标记为 1, 1, 1, 0, 0, 0, 0。如果计算达到一个没有反应可以进行的状态，则终止。在我们的例子中，状态 0, 0, 0, 0, 0, 1, 1 是系统的 "吸收" 状态，系统最终会达到该状态

从公式 (12.7) 可以看出，我们可以用线性整数算术理论对 CRN 进行编码。由于可能具有无限数量的分子，所以需要用整数表达。在实践中，对于许多模型，可以证明整数表示的上界，从而可以使用适当大小的位向量编码而不牺牲精度[291]。

一种实现 CRN 的方法称为 DNA **链置换**，它基于 DNA 序列的互补性。DNA 碱基对

（A-T 和 G-C）的结合提供了使用 DNA 实现 CRN 的机制。在这种方法中，各种单链和双链 DNA 分子被指定为化学物质。这些物质的互补 DNA 区域之间可能发生的结合、解离和置换反应形成所需的 CRN。可以使用这种策略实现特定的计算操作，从而形成一种称为 DNA **电路**的系统。

图 12.2 显示了一个实现逻辑与门的简单 DNA 电路（详见图注）。系统的一个状态刻画了每种 DNA 物质的可用分子数量，当反应被触发时会发生变化，于是就得到状态转移系统。对于这样一个系统，我们希望证明它会稳定在给定的状态，并且能正确地计算出结果。特别地，在这种情况下，我们希望证明 AND 运算的最终结果为 $q(C) = 1$。形式化地，这意味着我们要检查时序属性

$$(q_0(A) = 1 \land q_0(B) = 1) \implies \mathbf{FG}(q(C) = 1) \tag{12.8}$$

其中，q_0 是初始状态，$\mathbf{F}$ 和 $\mathbf{G}$ 分别是时态逻辑运算符 Eventually（最终）和 Always（始终）。迁移关系扩展了一个空闲转换，用于表示没有反应可发生的情况。换句话说，该属性可描述为：如果在初始状态下 A 和 B 的分子数量都为 1，则最终我们将达到一个状态并一直停留在该状态，其中 C 的分子数量为 1。文献 [293] 说明了，基于 SMT 的方法使得分析这种复杂系统并检查此类属性成为可能。提升分析规模的关键是确定基于守恒性质的系统不变式，具体来说，系统中的基本链数不会变化，但基本链可以粘连或分开。

12.4.2　基因调控网络

理解和预测自然生物系统行为的一个重要领域是研究基因调控网络（gene regulatory network，GRN）及其在细胞发育过程中的调控行为[182]。细胞是生物系统的基本单位，其活动和功能受到一个复杂的相互作用网络的控制，该网络规定了基因表达的模式。GRN 可以被视为一个生物"程序"，它激活和抑制基因的活动，决定了细胞的功能行为。几十年来，对 GRN 的计算建模的研究一直是一个活跃的领域[89]，主要动机是通过实验数据综合出有用的预测。

图 12.3 展示了一个简单的 GRN，其中包含基因 A、基因 B 和基因 C。基因之间的典型调控关系包括**激活**和**抑制**。例如，基因 A 激活基因 B，或者基因 A 抑制自己。在布尔网络中，基因的值使用布尔变量进行建模（A 代表基因 A，B 代表基因 B 等），它们的调控关系使用谓词进行建模。例如，在图 12.3 中，$C' = A \lor B$ 表示基因 C 的值被更新为基因 A 和基因 B 值的逻辑或。

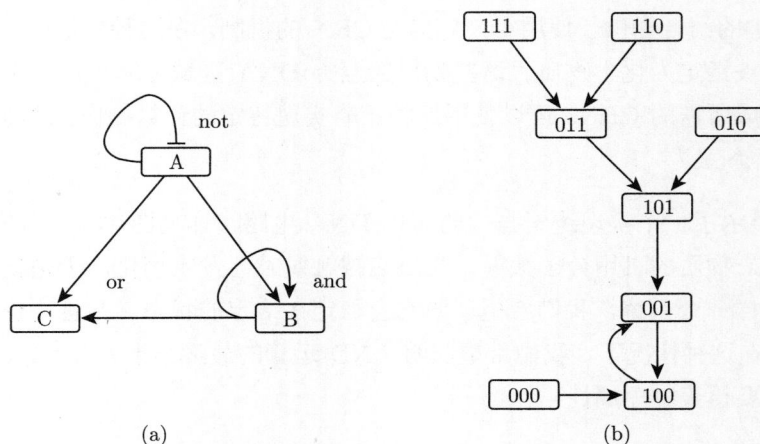

图 12.3　(a) 表示三个基因 A、B 和 C 的布尔网络。基因之间的相互作用使用有向箭头（正向作用）或 ⊤ 箭头（负向作用）表示。我们需要定义每个基因的更新函数，并指定决定基因下一个值的输入的逻辑组合。在这个例子中，基因 A 的下一个状态 A' 由 $A' = \neg A$ 给出。类似地，对于基因 B 和 C，我们有 $B' = A \wedge B$ 和 $C' = A \vee B$。(b) 布尔网络被表示为一个迁移系统，其中所有节点的更新是同步的。该系统不会稳定在单一状态，而是会达到一个循环，其中基因 A 和 C 的值在状态 001 和状态 100 之间振荡（状态名的每个位表示基因 A、B、C 的值）

一个布尔网络被表示为一个二元组 $(\mathcal{G}, \mathcal{F})$，其中 $\mathcal{G}$ 是基因集合，$\mathcal{F}$ 是更新函数集合。对于基因集合 $\mathcal{G}$ 中的每一个基因 g，根据基因是开启还是关闭，系统状态 q 赋予一个布尔值，即当 g 在状态 q 中为开启时 $q(g) = 1$，当 g 在状态 q 中为关闭时 $q(g) = 0$。每个基因 g 被赋予一个更新函数 f_g，根据 $\mathcal{G}$ 中所有基因的当前值来决定下一步中 g 的值。

我们将布尔网络的行为形式化为迁移系统 $\mathcal{T} = (Q, T)$，其中

- $Q = \mathbb{B}^{|\mathcal{G}|}$，$q(g) \in \mathbb{B}$ 表示基因 g 在状态 q 中是开启还是关闭；
- $T \subseteq Q \times Q$ 是一个迁移关系，定义为

$$T(q, q') \leftrightarrow \left(\bigwedge_{g \in \mathcal{G}} q'(g) = f_g(q) \right) \tag{12.9}$$

该定义假设了**同步**语义，即所有基因在同一步中更新。我们也可以将其推广到**异步**的情况，其中每一步只更新一个基因。研究在同步/异步语义和潜在时间延迟方面最合适的建模假设是一个活跃的领域。在许多情况下，即使是"简单的"同步语义也是一个很好的近似。这种迁移系统可以使用位向量和未解释函数（UFBV）理论自然地编码为 SMT 公式[291,292]。

尽管将基因视为开启或关闭可能过于简单化，但这种网络在实际应用中被证明是一个有用的抽象，并且现在已经成为一种被广泛接受的形式化方法。在这种网络中，经常研究的一个典型分析问题是："从给定的初始条件开始，基因表达的行为是否稳定在一个固定的状态？"在图 12.3 所示的示例中，从任意初始状态出发，系统最终在两个状态之间振荡，其中一个基因 A 或 C 开启，另一个关闭。另一个有趣的问题是识别 GRN 的所有吸引子，吸引子是一组状态，一旦达到它们，系统就永远保持在这些状态。

我们可以使用 SMT 求解器合成满足一组实验条件的 GRN。动机在于，实验人员通过一系列测量，包括稳态基因表达测量和对特定基因的干扰效应，来揭示控制细胞行为的 GRN。随着网络规模和实验数量的增长，对能够解释已知数据的潜在 GRN 进行推理有很大的挑战，因此形式化分析非常重要[216]。合成的 GRN 可以用于预测尚未测量的新条件下细胞的动力学行为。有时候，考虑所有可能模型可以提高预测的准确度，特别是对于给定数据，所有可能模型的预测结果都一致的情况[107,290]。

12.5　习　　题

12.5.1　热身练习

问题 12.1（循环不变式）　类似于 12.3.3 节中的讨论，说明如何检查循环不变式，其中循环分别以 do-while 和 for 模板的形式给出，符合 C 语言的语义。

12.5.2　有界符号模拟

问题 12.2（SSA 表示）　对于下面的程序：

1. 写出展开后的程序的 SSA 形式和对应的公式，for 循环展开三次，Next 函数则内联展开；

2. 在退出 for 循环后添加一个断言，即 $y > x$，并重写公式，使其当且仅当此断言始终成立时可满足。你认为这个断言总是成立吗？

```
1 int main(int x, int y)
2 {
3     int result;
4     if (x < y)
```

```
 5        x = x + y;
 6        for (int i = 0; i < 3; ++i) {
 7            y = x + Next(y);
 8        }
 9        result = x + y;
10        return result;
11  }
12
13  int Next(int x) {
14        return x + 1;
15  }
```

问题 12.3（带数组的 SSA） 写一个程序，其中使用变量作为索引向数组写入数据。给出它的 SSA 形式和对应的公式。

问题 12.4（带指针的 SSA） 我们尚未解释如何构建解引用指针的 SSA。现在考虑以下程序：

```
1  int i;
2
3  void my_function(int *p)
4  {
5        int j = 0, *q = &j;
6
7        j += *p + *q;
8  }
```

1. 假设程序中只包含类型为 `int` 和 `int *` 的变量，并且解引用的指针只能被读取。请说明在此限制下如何构建 SSA 形式，然后将此方法应用于上面的程序。
2. 重复第 1 个问题，不过现在允许指向指针的指针、指向指针的指针的指针，等等。请给出一个例子。
3. 重复第 1 个问题，不过现在允许对解引用指针进行赋值操作，作为向整数变量写入值的一种方式，例如 `*i = 5;`。

12.5.3 程序的上近似

问题 12.5（指针和上近似） 以下面的程序为例，解释如何对使用指针的程序进行上近似，演示你的方法。使用适合证明程序断言的循环不变式。

```
1 void my_function(int *p) {
2
3     for(*p=0; *p < 10; (*p)++) {
4         ...
5     }
6
7     assert(*p == 10);
8 }
```

问题 12.6（循环不变式） 考虑以下程序：

```
1 char mybuf[256];
2
3 void concatenate(
4     char buf1[], unsigned len1,
5     char buf2[], unsigned len2)
6 {
7     if(len1+len2 > 256)
8         return;
9
10    for(unsigned i = 0; i != len1; i++)
11        mybuf[i] = buf1[i];
12
13    for(unsigned i = 0; i != len2; i++)
14        mybuf[len1 + i] = buf2[i];
15 }
```

1. 为该程序添加断言，检查数组的索引是否在边界范围内。假设 buf1 的大小为 len1，buf2 的大小为 len2。

2. 现在假设类型 unsigned 是无界自然数的集合。在这个假设下，通过合适的不变式证明你所写的断言。

3. 在 ANSI-C 程序中，类型 unsigned 实际上是一个位向量类型，通常有 32 位。回想一下在第 6 章中介绍的无符号位向量算术的语义。你的断言是否仍然成立？请解释你的答案。

12.6 文 献 注 释

形式化程序验证是一个重要的研究领域，至少可以追溯到 20 世纪 50 年代，我们并没有意愿也不可能在此处描述其里程碑或主要贡献者，但会提及一些与本章直接相关的参考资料，即基于路径的符号模拟、BMC 和基于不变式的证明方法。

基于路径的符号模拟

使用判定过程和基于路径的符号模拟来生成软件测试用例在 1974 年就有相关工作了[165]。此后，关于这个主题已经出现了数百篇论文。我们重点介绍一些著名的方法。如何选择执行路径？在静态符号模拟中，只要保持公式是可满足的，可以通过加入合取项来扩展部分路径。一旦公式变为不可满足，可以对路径上遇到的一个分支条件进行取反，从而探索其他路径。相比之下，在动态符号模拟中，路径的选择则是由具体的执行驱动的。

JAVA PATH FINDER （JPF）[163,280] 是一个多线程 Java 字节码的显式状态模型检测器，现在已经添加了包括路径约束的混合状态表示。JPF 会在执行代码时插桩代码，从而构建一个符号公式。JPF 会调用判定过程来检查是否存在遵循该路径的执行，以避免探索无效路径。DART [131] 将基于路径的符号执行集成到随机测试生成器中。如果求解器无法处理符号约束，DART 会将符号值替换为显式值。DART 不支持并发，但是其后继工具 CUTE [255] 支持并发。

在安全分析领域，符号执行技术近年来在工业界得到了广泛应用。基于路径的符号执行工具 SAGE [130] 可以找到微软的模糊测试找到的大部分错误。它已被用于数百个不同媒体格式的解析器，并集成到数据中心测试环境。类似地，符号执行工具 KLEE [62] 在发现部署在 Windows 和 Linux 上的代码的大量安全漏洞方面起到了重要作用。最后，PEX [130] 将符号执行技术与 .NET 运行时环境集成，可以用于任何 .NET 语言，包括 C#。PEX 允许程序员直接用符号执行技术生成.NET 代码的测试输入。它与 .NET 类型系统紧密集成，能够为复杂的结构化数据生成测试用例。PREFIX 被用来定期分析数百万行的微软源代码。COVERITY 分析器[111] 以及 GrammaTech 的 CODESONAR 工具也包含了与 PREFIX 类似的技术，包括位级别的分析。这些工具的一个共同点是，它们的目标并不是保证没有运行时错误，而是发现错误。

符号执行对安全社区仍然很有吸引力，包括"白客""蓝客"和"黑客"（行业术语，指合法的、目的可疑的、水平高超的电脑专家）。微软的 PREFIX [61] 工具开创了自底向上的过程分析方法：它将基本（有界）过程汇总为一组有保护条件的转换，基于这些转换，分析调用这些过程的函数。这组有保护条件的转换对应于一条执行路径，并包括自动的断言（例如，无空指针引用）。可以使用 SMT 求解器检查是否存在输入，使得程序沿该路径执行且违反断言。

有界分析器

BMC[34] 最初是为了验证硬件电路的逻辑设计而提出的。它在给定的界限 k 下把设计展开 k 次，将产生的电路编码为命题公式。添加一个表示属性取否的约束，因此当且仅当存在长度不超过 k 的错误轨迹时，这样的公式是可满足的。12.2 节描述了这个方法在软件领域的应用。2000 年，Currie 等人提出了一种对运行在 DSP 上的汇编程序进行循环展开的方法[83]。2003 年，该方法被扩展到了 ANSI-C 程序，并应用于硬件/软件协同验证，该验证是通过 CBMC 软件模型检测器完成的[170]。CBMC 使用了数组理论和位向量理论的组合（指针被表示为一对位向量，即对象的索引和偏移量）。它可以将验证条件导出，作为外部的 SAT 和 SMT 求解器的输入。2005 年，基于对线程交错的显式枚举，该方法被扩展到了并发软件的有界验证[237]。给定上下文切换次数的上限，线程交错可以用顺序代码进行编码[154,179]。另外，也可以采用符号编码，例如使用偏序对应的约束条件[3]。F-SOFT[155] 使用 BDD 和 SAT 引擎来验证 C 程序的位精确模型。这种方法的例子还包括 ESBMC[80] 和 LLBMC[195]。

基于抽象的方法

谓词抽象是由 Susanne Graf 和 Hassen Saïdi 在交互式定理证明的背景下引入的[135]。它后来被微软的 SLAM[12] 工具、BLAST[139] 工具以及在一定程度上被 JAVA PATH FINDER[280] 工具所使用。这些工具都被认为是支持工业编程语言的软件验证器的先驱。SLAM 演变为 SDV（Static Driver Verifier，静态驱动程序验证器）[13]，已成为微软的 Windows 驱动套件的一部分。SDV 用于验证设备驱动程序，被认为是软件形式化验证的首个大规模工业应用。在随后的 10 年里，至少又出现了 10 个基于谓词抽象的软件验证器。MAGIC[65] 和 SATABS[73] 都可以验证并发程序。BFC 是布尔程序模型检测器，可以验证参数化情况，即线程数量不是预先确定的[161]。随着 Windows 8.1 的发布，SDV 开始使用 Corral 作为验证器[177,178]，Corral 使用了 12.3 节中描述的技术。

SAT 比赛（基本是一年一度）促进了求解器性能和质量的显著提升。软件验证竞赛（Competition on Software Verification，SV-COMP）始于 2012 年，并与每年的 TACAS 会议联合举办。基准集被分为多个类别，根据被测试的特定语言特性，包括"位向量""并发"和"堆操作"类别。

安全性质检查之外

本章重点介绍了检查可达性属性的方法。然而，判定过程在程序分析中还有其他应用，这里给出一些例子。**终止检查器**试图回答的问题是"这个程序是否永远运行，还是最终会终止"，证明程序会终止通常是通过找到程序状态的秩函数（ranking function）来完成的，而这些秩函数的生成依赖于适当理论的判定过程，典型的理论包括有理数线性算术（比如文献 [76]）和位向量[68, 74, 86]。除了可达性检查之外，程序分析还可以用于计算程序的量化性质，例如信息泄露[141]。

附录 A　SMT-LIB：简介

A.1　SMT 库与标准

一点历史：大家对（像本书描述的这些）判定过程的兴趣和需要的增长，促使了 **SMT-LIB**（Satisfiability-Modulo-Theory Library）倡议的产生。该倡议的主要目的是使这个领域的研究和工具开发更加顺畅。为此，组织者提出了 **SMT-LIB 标准**[239]，对于在学术界引起足够兴趣并具有足够多的公开基准集的理论，正式规定了其语法格式。然后，组织者开始以这种格式收集基准集。截至 2016 年，SMT-LIB 包含了超过 100 000 个 SMT-LIB 2.5 格式的实例，分为数十个不同的逻辑理论。随后组织者发起 **SMT-COMP**，这是一年一度的 SMT 求解器竞赛，针对每个分区（division）都设置了单独的赛道。

这三件事情极大地推动了该领域的发展：在 2010 年左右，获得基准集非常困难，每个工具都有自己的语言规范，因此测试实例需要进行翻译才能迁移；而且缺乏有效的方法对工具和方法进行比较。① 由于上述倡议，这些问题大多已经得到解决，因此，致力于这一领域的工具和研究论文的数量正稳步增长。

SMT-LIB 倡议诞生于 2002 年的第四届组合系统前沿研究会议（Workshop on Frontiers of Combining Systems，FroCoS 2002），Alessandro Armando 提出了该提案。截至撰写本附录时，该倡议由 Clark Barrett、Pascal Fontaine 和 Cesare Tinelli 共同领导。Clark Barrett、Leonardo de Moura 和 Cesare Tinelli 目前管理 SMT-LIB 基准库。

当前状态（2016 年）：截至 2015 年，SMT-LIB 标准版本是 2.5。它支持图 A.1 中的理论。这些符号按照以下方式解释：

- QF 表示无量词的公式
- A 和 AX 表示带外延性质的数组理论和不带外延性质的数组理论

---

① 实际上，文献 [94] 中指出，每个工具往往在自己的基准集上表现最好。

- BV 表示固定长度位向量
- FP 表示浮点
- IA 表示整数算术
- RA 表示实数算术
- IRA 表示混合整数算术
- IDL 表示整数差分逻辑
- RDL 表示有整数差分逻辑
- 在 IA、RA 或 IRA 前加 L，表示这些算术的线性片段
- 在 IA、RA 或 IRA 前加 N，表示这些算术的非线性片段
- UF 表示允许自由类别和函数符号的扩展

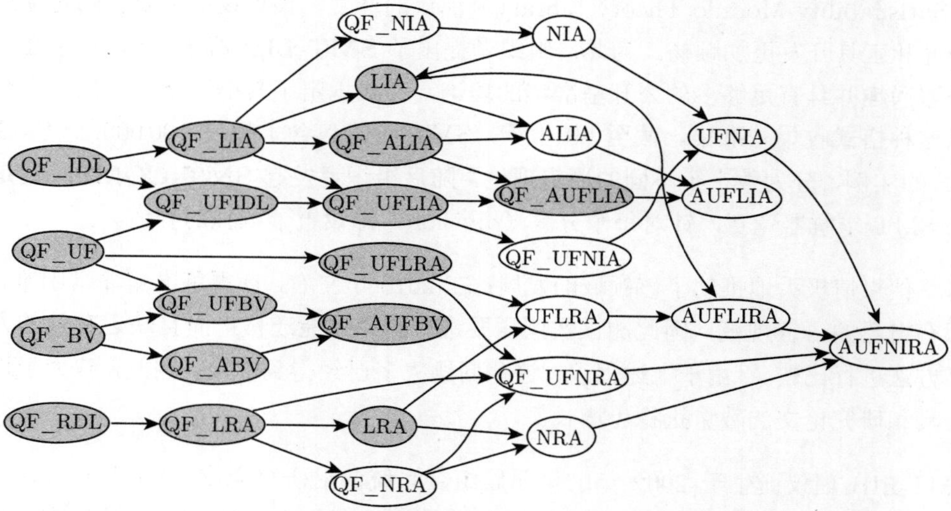

图 A.1 SMT-LIB 标准支持的理论，这些理论有相关的基准集和至少一个（试图）求解的工具。箭头 (T_1, T_2) 表示 T_1 是 T_2 的一个特殊情况。灰色节点表示本书涵盖的理论。此图是从 SMT-LIB 网站复制过来的（获得了许可）

A.2 SMT-LIB 文件接口

　　SMT-LIB 标准定义了一种描述判定问题的文件格式。标准化的文件格式的好处是可以轻松地使用各种求解器，并在更好的求解器开发出来时很方便地替换求解器。下面的描述适用于标准的 2.0 版本，但 2.5 版本是向后兼容的。

SMT-LIB 文件是 ASCII 纯文本文件，因此可以使用任何能够保存纯文本文件的文本编辑器进行编辑。其语法源自于 Common Lisp 的 S 表达式。所有流行的求解器都能够从文件或程序的标准输入中读取公式，使得我们可以使用 POSIX 管道与求解器进行通信。我们不介绍 SMT-LIB 文件的语法和语义，而是给出最重要理论的示例。

A.2.1 命题逻辑

我们从命题逻辑的一个例子开始。假设我们想检查以下公式的可满足性：

$$(a \lor b) \land \neg a$$

首先，我们需要**声明**布尔变量 a 和 b。SMT-LIB 语法提供了 `declare-fun` 命令用于声明函数，即从函数的参数序列映射到函数的值域。通过创建一个没有参数的函数，可以获得变量。因此，我们写

```
1 (declare-fun a () Bool)
2 (declare-fun b () Bool)
```

获得两个布尔变量，名为 a 和 b。请注意在变量名之后参数为空的写法。

现在，我们可以对这些变量写约束。通常的布尔常量和联结操作的语法如下：

TRUE	`true`
FALSE	`false`
$\neg a$	`(not a)`
$a \implies b$	`(=> a b)`
$a \land b$	`(and a b)`
$a \lor b$	`(or a b)`
$a \oplus b$	`(xor a b)`

利用以上运算符，我们可以将上述公式写成如下形式：

```
1 (and (or a b) (not a))
```

我们使用 `assert` 命令把约束传递给 SMT 求解器。比如，我们可以这样把上述公式作为约束添加进去：

```
1 (assert (and (or a b) (not a)))
```

我们的公式是两个约束的合取式，它可以等价地写成

```
1 (assert (or a b))
2 (assert (not a))
```

在将所有约束传递给求解器之后，我们可以通过以下命令来检查约束系统的可满足性：

```
1 (check-sat)
```

求解器将返回 unsat 或 sat。对于上述公式，得到答案 sat。我们可以使用 get-value 命令查看满足赋值。

```
1 (get-value (a b))
```

这个命令接收一组变量作为参数，可以对任何已声明变量的子集查询满足赋值。

A.2.2　算术

SMT-LIB 格式提供了整数算术和实数算术的标准语法。变量的类型（type）也称为类别（sort）。SMT-LIB 语法有一些可用于所有类型。例如，我们可以写 (= x y) 来表示 x 和 y 是相等的，前提是 x 和 y 具有相同的类型。类似地，我们可以写 (disequal x y) 来表示 x 和 y 是不同的。运算符 disequal 可以应用于多于两个的操作数，例如 (disequal a b c)。这相当于说所有的参数都是不同的。

SMT-LIB 的语法还提供了一个三元的 if-then-else 运算符，表示为 (ite c x y)。第一个操作数必须是一个布尔表达式，而第二个和第三个操作数可以是任何类型，只要 x 的类型与 y 的类型匹配即可。如果 c 取值为 TRUE，则表达式的计算结果为 x，否则为 y。

对于算术表达式，SMT-LIB 提供了预定义的类型，Real 和 Int。常用的函数符号如下所示。

加法	+
减法	−
负号	−
乘法	*
除法	/ (实数)　　div (整数)
余数	mod (仅整数)
关系	< > <= >=

许多运算符可以"**链接**",其意思很明显,例如 (+ x y z)。求解器将检查表达式中的变量是否具有相同的类型。非负整数和十进制常量符号 1、2、3.14 等以这种明显的方式书写。因此,表达式 $2x + y$ 可以写成 (+ (* 2 x) y)。要得到一个负数,我们使用负号运算符,如 (- 1)。相反,不接受-1 的写法。

A.2.3 位向量算术

SMT-LIB 语法提供了一个**参数化**类型 BitVec,其中参数表示位向量的位数,下划线符号表示 BitVec 是参数化的。例如,我们可以定义一个 8 位的位向量 a 和一个 16 位的位向量 b,如下所示:

```
1 (declare-fun a () (_ BitVec 8))
2 (declare-fun b () (_ BitVec 16))
```

常量可以使用十六进制或二进制表示,例如:

```
1 (assert (= a #b11110000))
2 (assert (= b #xff00))
```

运算符如下所示。回忆一下第 6 章的内容,某些算术运算符的语义取决于位向量是作为无符号整数还是作为二进制补码来解释。特别是,除法运算符、余数运算符和关系运算符在不同情况下的语义不同。

	无符号	二进制补码
加法	bvadd	
减法	bvsub	
乘法	bvmul	
除法	bvudiv	bvsdiv
余数	bvurem	bvsrem
关系	bvult, bvugt,	bvslt, bvsgt,
	bvule, bvuge	bvsle, bvsge
左移	bvshl	
右移	bvlshr	bvashr

对于位向量拼接,可以使用 concat 操作。从位向量中提取一定范围的位可以使用 (_ extract i j),它会提取从索引 j 到索引 i(包括 i 和 j)之间的位。

A.2.4　数组

第 7 章提到，数组将索引类型映射到元素类型。例如，用 SMT-LIB 语法，我们可以这样表达一个把整数映射到实数的数组 a：

```
1 (declare-fun a () (Array Int Real))
```

SMT-LIB 中表示 $a[i]$ 的语法是 (select a i)，而表示数组更新操作 $a\{i \leftarrow e\}$ 的语法是 (store a i e)。

A.2.5　等式理论和未解释函数

等式逻辑可以表达某个集合中变量的等式和不等式。唯一的假设是这个集合有无限个元素。为了定义这些变量，我们首先需要声明集合本身，即用 SMT-LIB 术语声明一个新的类别，该命令是 declare-sort。我们可以按照以下方式获得一个新的类别 my_sort 和该类别上的变量 a、b 和 c：

```
(declare-sort my_sort 0)
(declare-fun a () my_sort)
(declare-fun b () my_sort)
(declare-fun c () my_sort)
(assert (= a b))
(assert (disequal a b c))
```

在 declare-sort 命令中，数字零表示类别的元数（arity）。元数可以用于子类型化，例如，上面的数组的元数为 2。

附录 B　判定过程的 C++ 库

B.1　简　　介

一个判定过程通常不止一种算法。即使是实现简单的判定过程，也需要大量的基础设施。为了简化新过程的开发，我们通过 DPLIB 库提供了大部分基础部件。DPLIB 可以从网络上下载，它包括以下部分。

- 图数据结构的模板类，在 B.2 节中描述。
- 一阶逻辑的简单片段的分析器，见 B.3 节。
- 生成 CNF 格式的 SAT 实例的代码，见 B.4 节。
- 一个基于惰性方法的判定过程的模板，见 B.5 节。

首先，判定问题（即公式）必须以输入的方式读取。读入的方式取决于判定过程与生成判定问题的程序如何交互。

在工业实践中，许多判定过程是以子过程的形式嵌入更大的程序中的。使用判定过程的程序被称为**应用程序**。如果判定过程的运行时间占据了应用程序的大部分运行时间，那么判定问题的求解器通常通过**文件接口**与之交互。本章会介绍基于文件接口的判定过程的基本要素。我们重点关注 C/C++ 编程语言，因为所有前沿的判定过程都是用其编写的。

判定过程的文件接口组成如图 B.1 所示。首先**解析**输入文件。这意味着将字符序列转换为一棵**解析树**（parse tree）。然后对解析树进行类型错误检查（例如，给一个实数加上一个布尔值会被视为类型错误）。这个步骤称为**类型检查**。执行解析和类型检查的程序模块通常被称为**前端**。

本书描述的大部分判定过程允许在公式中使用任意的布尔结构，因此需要推理命题逻辑。解决这个问题的最佳方法是使用现代的 SAT 求解器。我们将在 B.4 节解释如何与 SAT

求解器进行接口。B.5 节给出了一个简单的判定过程模板，实现了第 3 章描述的增量转换为命题逻辑的方法。

图 B.1　判定过程的组成部分，带文件接口

B.2　图　和　树

图是许多判定过程的基本数据结构，可以视为许多其他数据结构的泛化，如树和有向无环图都是图的特例。我们提供了一个模板类，实现了一个通用的图容器。

这个类有以下设计目标。

- 它提供了节点的编号。通过编号访问节点是一个 $O(1)$ 的操作。节点的编号是稳定的，即使图被修改或复制也保持不变。
- 该数据结构针对稀疏图（即具有较少边的图）做了优化。插入或删除边是一个 $O(\log k)$ 的操作，其中 k 是边的数量。检查一条特定的边是否存在也是 $O(\log k)$ 的操作。
- 节点被存储在一个**向量**中，每个节点的开销很小。这允许存储大量的节点（数百万个）。然而，添加或删除节点可能会使得对已经存在的节点的引用无效。

可以按如下方式创建一个图 G：

```
#include "graph.h"
    ...
    graph<graph_nodet<> > G;
```

开始时，图是空的。可以通过两种方式添加节点：使用方法 `add_node()` 添加单个节点，返回此节点的编号。如果需要添加很多节点，可以使用 `resize(i)`，这个函数添加或删除适当数量的节点，直到节点数量变为 i。没有删除单个节点的方法。

类 `graph` 可以用于有向图和无向图。无向图实际上是以所有边都存在两个方向的有向图的形式存储的。我们用 $a \longrightarrow b$ 表示从 a 到 b 的有向边，用 $a \longleftrightarrow b$ 表示 a 和 b 之间的无向边。

表 B.1 列出了这个模板类的方法。方法 has_edge(a, b) 当且仅当 $a \longrightarrow b$ 存在于图中时返回 true。方法 in(a) 返回满足 $x \longrightarrow a$ 的节点集合 x，而方法 out(a) 返回满足 $a \longrightarrow x$ 的节点集合 x。

表 B.1 模板类 graph\<T\> 的接口

类	方法	
graph\<T\>	add_edge(a, b)	加入边 $a \longrightarrow b$
	remove_edge(a, b)	删除边 $a \longrightarrow b$（如果它存在）
	add_undirected_edge(a, b)	加入边 $a \longleftrightarrow b$
	remove_undirected_edge(a, b)	删除边 $a \longleftrightarrow b$
	remove_in_edges(a)	删除所有指向 a 的边 $x \longrightarrow a$
	remove_out_edges(a)	删除所有从 a 出发的边 $a \longrightarrow x$
	remove_edges(a)	删除 a 关联的所有边 $a \longrightarrow x$ 和 $x \longrightarrow a$

类 graph 提供了以下两个算法的实现。

- 可以使用方法 visit_reachable(a) 计算从给定节点 a 可达的节点集合。该方法把所有 a 可达节点的成员 .visited 设置为 true。可以通过调用方法 clear_visited() 将所有节点的该成员设置为 false。
- 给定节点 a，a 到节点 b 的最短路径可以使用方法 shortest_path(a, b, p) 计算，它的第三个参数是类型为 graph::patht 的对象 p（一个节点编号列表），它存储了 a 到 b 的最短路径。如果 b 无法从 a 到达，则 p 为空。

加入"载荷"

图上的很多算法可能需要存储每个节点或每条边的额外信息。容器类提供了一种方便的方式来实现这一点。它定义一个新的类来存储这些数据，并将这个新的类当作模板参数传递给 graph 模板。例如，下面的代码可以用来定义一个在每个节点中具有额外字符串成员的图：

```cpp
#include "graph.h"
class my_nodet {
public:
    std::string name;
};
...
    graph<my_nodet> G;
```

通过将类（class）类型作为第二个模板参数传递给模板 `graph_nodet`，可以将数据成员添加到边上。例如，以下代码片段可以给每条边关联一个 `weight` 属性：

```
#include "graph.h"
class my_edget {
    int weight;
    my_edget():weight(0) {
    }
};
class my_nodet {
};
...
    graph<my_nodet, my_edget> G;
```

使用方法 edge() 可以访问单独的边。以下代码将边 $a \longrightarrow b$ 的权重设置为 10：

```
G.edge(a, b).weight=10;
```

B.3   解   析

B.3.1   一阶逻辑语法

许多判定问题以文件形式存储，我们把文件名传递给判定过程。判定过程的程序的第一步是解析文件。假定文件遵循特定的语法。我们提供一个用于解析一阶逻辑的带量词的简单片段的解析器。

图 B.2 展示了一阶逻辑片段的语法。图 B.2 中的语法使用数学符号表示。表 B.2 列出了对应的 ASCII 表示。

所有谓词、变量和函数都有**标识符**。这些标识符在使用之前必须先声明。变量的声明需要指定**类型**。这些类型区分了一些问题，例如整数线性算术与实数线性算术。图 B.3 列出了预定义的类型。**域** U 用于不适合其他类别的类型。

表 B.2 还定义了内置运算符的优先级：优先级较高的运算符先列出，优先级之间用水平线分隔。所有运算符都是左结合的。

id	:	[a-zA-Z_\$][a-zA-Z0-9_\$]$^+$
$\mathbb{N}$-*elem*	:	[0-9]$^+$
$\mathbb{Q}$-*elem*	:	[0-9]*.[0-9]$^+$
infix-function-id	:	$+ \mid - \mid * \mid / \mid mod$
boolop-id	:	$\land \mid \lor \mid \Leftrightarrow \mid \Longrightarrow$
infix-relop-id	:	$< \mid > \mid \leqslant \mid \geqslant \mid =$
quantifier	:	$\forall \mid \exists$
term	:	*id*
	|	$\mathbb{N}$-*elem* | $\mathbb{Q}$-*elem*
	|	*id* (*term-list*)
	|	*term infix-function-id term*
	|	$-$ *term*
	|	(*term*)
formula	:	*id*
	|	*id* (*term-list*)
	|	*term infix-relop-id term*
	|	*quantifier variable-list* : *formula*
	|	(*formula*)
	|	*formula boolop-id formula*
	|	$\neg$ *formula*
	|	true | false

图 B.2 公式的简单 BNF 语法

表 B.2 内置函数符号

数学符号	运算符	ASCII
$\neg$	取否	not, !
$\land$	合取	and, &
$\lor$	析取	or, |
$\Leftrightarrow$	双蕴含（biimplication）	<=>
$\Longrightarrow$	蕴含	=>
$<$	小于	<
$>$	大于	>
$\leqslant$	小于等于	<=
$\geqslant$	大于等于	>=
$=$	等于	=
$\forall$	全称量词	forall
$\exists$	存在量词	exists
$-$	负号	-
$\cdot$	乘法	*
$/$	除法	/
mod	模运算（余数）	mod
$+$	加法	+
$-$	减法	-

```
𝔹       boolean
ℕ₀      natural
ℤ       int
ℝ       real
𝔹ᴺ      unsigned [N]
𝔹ᴺ      signed [N]
𝕌       untyped
```

图 B.3   支持的类型和它们的 ASCII 表示

B.3.2   问题的文件格式

解析器的输入文件由一系列**声明**组成（图 B.4 显示了一个例子）。所有变量、函数和谓词都被声明。声明之间用分号分隔，每个声明中的元素用逗号分隔。每个变量声明之后都跟着一个类型（如图 B.3 所示），该类型指定了该声明中所有变量的类型。

```
a, b, x, p, n: int;
el: natural;
pi: real;
i, j: real;
u: untyped;                      -- 一个无类型变量
abs: function;
prime, divides: predicate;

absolute: axiom          forall a:  ((a >=0 ==> abs(a) = a) and
                          (a < 0 ==> abs(a) = -a)) ==>
                          (exists el: el = abs(a));
divides: axiom           (forall a, b: divides (a, b) <=>
                          exists x: b = a * x);
simplex: formula         (i + 5*j <= 3) and
                          (3*i < 3.7) and
                          (i > -1) and (j > 0.12)
```

图 B.4   一个真实例子

一个声明还可以定义一个公式。公式被**命名**并且可以被**标记**。每个条目以公式的名称开头，后跟一个冒号和关键字 theorem、axiom 或 formula 之一。关键字后面是一个公式。需要注意的是，这些公式不一定是**闭合**的：公式 simplex 包含了未量化的变量 i 和 j。未显式量化的变量会隐式地被全称量化。

B.3.3　存储标识符的类

判定问题通常包含大量变量，这些变量由标识符字符串表示。对标识符的主要操作是比较。因此，我们提供了一个专门的字符串类，其特点是在 $O(1)$ 的时间内进行字符串比较。这是通过将所有标识符存储在哈希表中来实现的，比较字符串就变成了比较哈希表中的索引。

标识符存储在类型为 dstring 的对象中。这个类提供了其他字符串容器类的大部分方法，但不包括任何修改字符串的方法。dstring 类的实例可以在 $O(1)$ 的时间内进行复制、比较、排序和销毁，并且使用的空间与整数变量一样多。

B.3.4　解析树

解析树存储在图类 ast::astt 中，它是从文件中生成的，生成过程如图 B.5 所示。

1. 创建类 ast::astt 的一个实例。
2. 调用方法 parse(file)，并将文件名作为参数传递给它。该方法在解析过程中遇到错误时返回 true。

```
#include "parsing/ast.h"

...

ast::astt ast;
if(ast.parse(argv[1])) {
    std::cerr << "parsing failed" << std::endl;
    exit(1);
}
```

图 B.5　生成一棵解析树

类 ast::astt 是图的特殊形式，存储类型为 ast::nodet 的节点。根节点可以通过类 ast::astt 的方法 root() 来获取。每个节点存储以下信息。

1. 每个节点都有一个数值标签（整数），用于区分运算符和终结符。表 B.3 列出了用于数值标签的符号常量。
2. 包含标识符或数值常量的节点还有一个字符串标签，该标签的类型是 dstring（参见 B.3.3 节）。我们使用字符串而不是 C++ 提供的数值类型来表示数值常量，以支持无界数值。
3. 每个节点最多可以有两个子节点。

表 B.3   节点的数值标签及其含义

名字	用途
N_IDENTIFIER	标识符
N_INTEGER	整数常量
N_RATIONAL	有理数常量
N_INT	整数类型
N_REAL	实数类型
N_BOOLEAN	布尔类型
N_UNSIGNED	无符号类型
N_SIGNED	有符号类型
N_AXIOM	公理
N_DECLARATION	声明
N_THEOREM	定理
N_CONJUNCTION	$\wedge$
N_DISJUNCTION	$\vee$
N_NEGATION	$\neg$
N_BIIMPLICATION	$\Longleftrightarrow$
N_IMPLICATION	$\Longrightarrow$
N_TRUE	True
N_FALSE	False
N_ADDITION	$+$
N_SUBTRACTION	$-$
N_MULTIPLICATION	$*$
N_DIVISION	$/$
N_MODULO	mod
N_UMINUS	负号
N_LOWER	$<$
N_GREATER	$>$
N_LOWEREQUAL	$\leqslant$
N_GREATEREQUAL	$\geqslant$
N_EQUAL	$=$
N_FORALL	$\forall$
N_EXISTS	$\exists$
N_LIST	节点列表
N_PREDICATE	谓词
N_FUNCTION	函数

正如 B.2 节所描述的，图的节点是有编号的。实际上，ast::nodet 类只是这些数字的一个包装，因此可以高效地进行复制。它提供的方法如表 B.4 所示。如果没有第一个子节点，则方法 c1() 返回 NIL；如果没有第一或第二个子节点，则方法 c2() 返回 NIL。

表 B.4   类 ast::nodet 的接口

类	方法	描述
ast::nodet	id()	返回数值标签
	string()	返回字符串标签
	c1()	返回第一个子节点
	c2()	返回第二个子节点
	number()	返回节点的数值
	is_nil()	如果节点是 NIL，返回 true

为方便起见，`ast::astt` 类提供了一个**符号表**，它将标识符映射到它们的类型。给定一个标识符 s，方法 `get_type_node`(s) 返回对应于 s 类型的解析树中的节点。

B.4 CNF 和 SAT

B.4.1 产生 CNF

该库提供了基于使用 Tseitin 方法将命题逻辑转换为 CNF 的算法（参见 1.3 节）。产生的子句可以直接传递给 SAT 求解器，或者以 DIMACS 格式写入磁盘。两个后端的接口都在 `propt` 基类中定义。如果不指定命题后端保留，就使用该类。文字（即变量或其否定）存储在 `literalt` 类型的对象中。`const_literal`(true) 和 `const_literal`(false) 分别返回常量 TRUE 和 FALSE。

表 B.5 列出了类 `propt` 的接口。类 `satcheckt` 和 `dimacs_cnft` 派生自该类。`satcheckt` 类提供了一个先进的 SAT 求解器的实现。它提供的额外方法在表 B.6 中列出。类 `dimacs_cnft` 用于存储子句并将它们转储到 DIMACS CNF 格式的文本文件中。其接口在表 B.7 中给出。

表 B.5 类 `propt` 的接口

类	方法	描述
propt	land(a, b)	返回一个文字 l，满足 $l \iff a \wedge b$
	land(v)	给定一个向量 $v = \langle v_1, \ldots, v_n \rangle$，返回一个文字 l，满足 $l \iff \bigwedge_i v_i$
	lor(a, b)	返回一个文字 l，满足 $l \iff a \vee b$
	lor(v)	给定一个向量 $v = \langle v_1, \ldots, v_n \rangle$，返回一个文字 l，满足 $l \iff \bigvee_i v_i$
	lxor(a, b)	返回一个文字 l，满足 $l \iff a \oplus b$
	lnot(a, b)	返回一个文字 l，满足 $l \iff \neg a$
	lnand(a, b)	返回一个文字 l，满足 $l \iff \neg(a \wedge b)$
	lnor(a, b)	返回一个文字 l，满足 $l \iff \neg(a \vee b)$
	lequal(a, b)	返回一个文字 l，满足 $l \iff (a \iff b)$
	limplies(a, b)	返回一个文字 l，满足 $l \iff (a \implies b)$
	lselect(a, b, c)	返回一个文字 l，满足 $(a \implies (l \iff b)) \wedge (\neg a \implies (l \iff c))$
	set_equal(a, b)	添加约束 $a \iff b$
	new_variable()	返回一个新变量
	const_literal(c)	返回一个布尔常量文字，其布尔值为 c 的值

表 B.6   类 satcheckt 的接口

类	方法	描述
satcheckt，派生自 propt	prop_solve()	如果公式可满足，返回 P_SATISFIABLE
	l_get(l)	返回满足赋值中 l 的值
	solver_text()	返回标识求解器的字符串

表 B.7   类 dimacs_cnft 的接口

类	方法	描述
dimacs_cnft，派生自 propt	write_dimacs_ cnf(s)	将 DIMACS CNF 格式的公式转储到流 s 中

B.4.2   解析命题骨架

可以使用类 skeletont 生成解析树的**命题骨架**（参见第 3 章）。这个类提供了一个运算符 ()，可以按照以下方式调用，其中 root_node 是一个公式的根节点，prop 是 propt 类的实例：

```
#include "sat/skeleton.h"
...
    skeletont skeleton;
    skeleton(root_node, prop);
```

除了转换命题部分，这个方法还生成一个向量 skeleton.nodes，其中每个元素对应于解析树中的一个节点。每个节点有两个属性。

- 属性 type 是 PROPOSITIONAL 或 THEORY 之一，用于区分骨架和理论原子。
- 对于骨架节点，属性 l 是编码了该节点的文字。

B.5   一个惰性判定过程模板

这个库提供了两个模板来实现判定过程，按照一种惰性的方式计算给定公式 φ 的命题编码。这些算法的详细描述在第 3 章中以 LAZY-DPLL（算法 3.3.2）和 DPLL(T)（算法 3.4.1）给出。

我们首先为任何类型的判定过程定义一个共同接口。这个接口由一个名为 decision_proceduret 的类定义（见表 B.8）。这个类提供了一个名为 is_satisfiable(φ) 的方法，如果公式 φ 是可满足的，则返回 TRUE。如果 φ 是可满足的，可以调用方法 print_assignment(s) 和 get(n)。方法 print_assignment(s) 将整个满足赋值打印到一个流中，而 get(n) 方法允许查询公式 φ 中一个节点 n 的值。

表 B.8 类 decision_proceduret 的接口

类	方法	描述
decision_proceduret	is_satisfiable(φ)	如果公式 φ 是可满足的，返回 TRUE
	print_ assignment(s)	将满足赋值转存到流 s 中
	get(n)	返回赋给节点 n 的值

我们提供的模板实现了第 3 章中给出的两种算法：LAZY-DPLL 和 DPLL(T)。这些模板包括将命题骨架 φ 转换为 CNF 以及与 SAT 求解器的接口。我们为这两种算法提供了一个共同的接口，见表 B.9。

表 B.9 类 lazy_dpllt 和 dpll_tt 的接口，基于 Lazy-DPLL（算法 3.3.2）和 DPLL(T)（算法 3.4.1）的实现。假设该理论 T 是定义在签名 Σ 上的

类	方法/成员	描述
lazy_dpllt，派生自 decision_proceduret	assignment(n, v)	这个方法由 SAT 求解器在给 φ 中的一个 Σ-文字进行赋值时调用。它对应的节点是 n，被赋的值是 v
	deduce()	一旦算法对当前的命题编码找到满足赋值就调用这个方法
	add_clause(c)	由 deduce() 调用，用于添加一个从 T-不一致的赋值推导得到的子句
	f	φ 的一个副本
	skeleton	一个骨架实例

唯一没确定的部分是与 Σ-文字合取式的判定过程的接口。在两种算法中，这对应方法 deduce()（见表 B.10）。Σ-文字的赋值通过调用方法 assignment(n, v) 从 SAT 求解器传递给推理引擎，其中 n 是节点，v 是被赋的值。

方法 deduce() 会检查对 Σ-文字的赋值。如果发现是一致的，deduce() 返回 TRUE。否则，它使用方法 add_clause 添加适当的约束，并返回 FALSE。

在 Lazy-DPLL 的情况下，仅对完整赋值调用 deduce()，而DPLL(T)可以对部分赋值调用 deduce()。

表 B.10 类 dpll_tt 的接口，DPLL(T) 的一个实现 （算法 3.4.1）

类	方法/成员	描述
dpll_tt，派生自 decision_proceduret	deduce()	SAT 求解器调用这个方法检查部分赋值的 T-一致性
	add_clause(c)	添加从赋值推导得到的子句
	theory_ implication(n, v)	向 SAT 求解器传递一个 T-蕴含关系：n 是被蕴含的节点，v 是取值
	f	φ 的一个副本
	skeleton	一个骨架实例

参 考 文 献

[1] W. Ackermann. *Solvable cases of the Decision Problem.* Studies in Logic and the Foundations of Mathematics. North-Holland, Amsterdam, 1954.

[2] V. S. Adve and J. M. Mellor-Crummey. Using integer sets for data-parallel program analysis and optimization. In J. W. Davidson, K. D. Cooper, and A. M. Berman, editors, *PLDI*, pages 186–198. ACM, 1998.

[3] J. Alglave, D. Kroening, and M. Tautschnig. Partial orders for efficient bounded model checking of concurrent software. In N. Sharygina and H. Veith, editors, *Computer Aided Verification (CAV)*, volume 8044 of *LNCS*, pages 141–157. Springer, 2013.

[4] A. Armando, C. Castellini, and E. Giunchiglia. SAT-based procedures for temporal reasoning. In *5th European Conference on Planning (ECP)*, volume 1809 of *LNCS*, pages 97–108. Springer, 1999.

[5] A. Armando and E. Giunchiglia. Embedding complex decision procedures inside an interactive theorem prover. *Annals of Mathematics and Artificial Intelligence*, 8(3–4):475–502, 1993.

[6] A. Armando, S. Ranise, and M. Rusinowitch. A rewriting approach to satisfiability procedures. *Inf. Comput.*, 183(2):140–164, 2003.

[7] G. Audemard, P. Bertoli, A. Cimatti, A. Kornilowicz, and R. Sebastiani. A SAT based approach for solving formulas over Boolean and linear mathematical propositions. In *18th International Conference on Automated Deduction (CADE)*, volume 2392 of *LNCS*, pages 195–210. Springer, 2002.

[8] G. Audemard and L. Simon. Predicting learnt clauses quality in modern SAT solvers. In C. Boutilier, editor, *21st International Joint Conference on Artificial Intelligence (IJCAI)*, pages 399–404, 2009.

[9] A. Ayari and D. A. Basin. QUBOS: deciding quantified boolean logic using propositional satisfiability solvers. In M. Aagaard and J. W. O'Leary, editors, *Formal Methods in Computer-Aided Design, 4th International Conference (FMCAD)*, volume 2517 of *LNCS*, pages 187–201. Springer, 2002.

[10] L. Bachmair and A. Tiwari. Abstract congruence closure and specializations. In D. A. McAllester, editor, *17th International Conference on Automated Deduction (CADE)*, volume 1831 of *LNCS*, pages 64–78. Springer, 2000.

[11] E. Balas, S. Ceria, G. Cornuejols, and N. Natraj. Gomory cuts revisited. *Operations Research Letters*, 19:1–9, 1996.

[12] T. Ball, A. Podelski, and S. K. Rajamani. Boolean and Cartesian abstraction for model checking C programs. In T. Margaria and W. Yi, editors, *Tools and Algorithms for the Construction and Analysis of Systems (TACAS)*, volume 2031 of *LNCS*, pages 268–283. Springer, 2001.

[13] T. Ball and S. Rajamani. Automatically validating temporal safety properties of interfaces. In *SPIN 2001 Workshop on Model Checking of Software*, volume 2057 of *LNCS*, 2001.

[14] C. Barrett and S. Berezin. CVC Lite: A new implementation of the cooperating validity checker. In *International Conference on Computer-Aided Verification (CAV)*, volume 3114 of *LNCS*. Springer, 2004.

[15] C. Barrett, C. L. Conway, M. Deters, L. Hadarean, D. Jovanovic, T. King, A. Reynolds, and C. Tinelli. CVC4. In *23rd International Conference on Computer Aided Verification (CAV)*, volume 6806 of *LNCS*, pages 171–177. Springer, 2011.

[16] C. Barrett, D. Dill, and J. Levitt. Validity checking for combinations of theories with equality. In M. K. Srivas and A. J. Camilleri, editors, *Formal Methods in Computer-Aided Design, First International Conference (FMCAD)*, volume 1166 of *LNCS*, pages 187–201. Springer, 1996.

[17] C. Barrett and C. Tinelli. CVC3. In *19th International Conference on Computer Aided Verification (CAV)*, volume 4590 of *LNCS*, pages 298–302. Springer, 2007.

[18] C. W. Barrett, D. L. Dill, and J. R. Levitt. A decision procedure for bit-vector arithmetic. In *Design Automation Conference (DAC)*, pages 522–527. ACM Press, 1998.

[19] C. W. Barrett, D. L. Dill, and A. Stump. Checking satisfiability of first-order formulas by incremental translation to SAT. In *14th International Conference on Computer Aided Verification (CAV)*, volume 2404 of *LNCS*, pages 236–249. Springer, 2002.

[20] C. W. Barrett, D. L. Dill, and A. Stump. A generalization of Shostak's method for combining decision procedures. In A. Armando, editor, *Frontiers of Combining Systems, 4th International Workshop (FroCos)*, volume 2309 of *LNCS*, pages 132–146. Springer, 2002.

[21] R. Bayardo and R. Schrag. Using CSP look-back techniques to solve real-world SAT instances. In B. Kuipers and B. L. Webber, editors, *Fourteenth National Conference on Artificial Intelligence (AAAI)*, pages 203–208. AAAI Press, 1997.

[22] P. Beame, H. Kautz, and A. Sabharwal. Towards understanding and harnessing the potential of clause learning. *Journal of Artificial Intelligence Research*, 22:319–351, 2004.

[23] E. Ben-Sasson and A. Wigderson. Short proofs are narrow – resolution made simple. *J. ACM*, 48(2):149–169, 2001.

[24] M. Benedikt, T. W. Reps, and S. Sagiv. A decidable logic for describing linked data structures. In *Programming Languages and Systems, 8th European Symposium on Programming (ESOP)*, volume 1576 of *LNCS*, pages 2–19. Springer, 1999.

[25] J. Berdine, C. Calcagno, and P. W. O'Hearn. A decidable fragment of separation logic. In *Foundations of Software Technology and Theoretical Computer Science, 24th International Conference (FSTTCS)*, volume 3328 of *LNCS*, pages 97–109. Springer, 2004.

[26] J. Berdine, C. Calcagno, and P. W. O'Hearn. Symbolic execution with separation logic. In *Programming Languages and Systems, 3rd Asian Symposium, (APLAS)*, volume 3780 of *LNCS*, pages 52–68. Springer, 2005.

[27] J. Berdine, C. Calcagno, and P. W. O'Hearn. Smallfoot: Modular automatic assertion checking with separation logic. In *Formal Methods for Components and Objects (FMCO)*, volume 4111 of *LNCS*, pages 115–137. Springer, 2006.

[28] D. Beyer, T. A. Henzinger, and G. Théoduloz. Lazy shape analysis. In *Computer Aided Verification, 18th International Conference (CAV)*, volume 4144 of *LNCS*, pages 532–546. Springer, 2006.

[29] A. Biere. Resolve and expand. In *7th International Conference on Theory and Applications of Satisfiability Testing (SAT)*, 2004.

[30] A. Biere. PicoSAT essentials. *JSAT*, 4(2-4):75–97, 2008.

[31] A. Biere. Lingeling, Plingeling, PicoSAT and PrecoSAT at SAT race 2010. SAT race: system description, 2010.

[32] A. Biere, D. L. Berre, E. Lonca, and N. Manthey. Detecting cardinality constraints in CNF. In C. Sinz and U. Egly, editors, *Theory and Applications of Satisfiability Testing (SAT), 17th International Conference*, volume 8561 of *LNCS*, pages 285–301. Springer, 2014.

[33] A. Biere, A. Cimatti, E. Clarke, and Y. Zhu. Symbolic model checking without BDDs. In *Workshop on Tools and Algorithms for the Construction and Analysis of Systems (TACAS)*, volume 1579 of *LNCS*, pages 193–207. Springer, 1999.

[34] A. Biere, A. Cimatti, E. M. Clarke, M. Fujita, and Y. Zhu. Symbolic model checking using SAT procedures instead of BDDs. In *Design Automation Conference (DAC)*, pages 317–320. ACM, 1999.

[35] A. Biere, M. Heule, H. van Maaren, and T. Walsh. *Handbook of Satisfiability: Volume 185 Frontiers in Artificial Intelligence and Applications*. IOS Press, Amsterdam, The Netherlands, 2009.

[36] J. D. Bingham and Z. Rakamaric. A logic and decision procedure for predicate abstraction of heap-manipulating programs. In *Verification, Model Checking, and Abstract Interpretation (VMCAI)*, volume 3855 of *LNCS*, pages 207–221. Springer, 2006.

[37] C. Binnig, D. Kossmann, and E. Lo. Reverse query processing. In *23rd International Conference on Data Engineering (ICDE)*, pages 506–515. IEEE, 2007.

[38] C. Binnig, D. Kossmann, E. Lo, and M. T. Özsu. QAGen: generating query-aware test databases. In *ACM SIGMOD International Conference on Management of Data*, pages 341–352. ACM, 2007.

[39] N. Bjørner. Linear quantifier elimination as an abstract decision procedure. In J. Giesl and R. Hähnle, editors, *Automated Reasoning, 5th International Joint Conference (IJCAR)*, volume 6173 of *LNCS*, pages 316–330. Springer, 2010.

[40] M. P. Bonacina, S. Ghilardi, E. Nicolini, S. Ranise, and D. Zucchelli. Decidability and undecidability results for Nelson–Oppen and rewrite-based decision procedures. In *Automated Reasoning (IJCAR)*, volume 4130 of *LNCS*, pages 513–527. Springer, 2006.

[41] M. Bozzano, R. Bruttomesso, A. Cimatti, T. Junttila, S. Ranise, P. van Rossum, and R. Sebastiani. Efficient satisfiability modulo theories via delayed theory combination. In *17th International Conference on Computer Aided Verification (CAV)*, volume 3576 of *LNCS*, pages 335–349, 2005.

[42] A. R. Bradley. SAT-based model checking without unrolling. In *Verification, Model Checking, and Abstract Interpretation (VMCAI)*, volume 6538 of *Lecture Notes in Computer Science*, pages 70–87, 2011.

[43] A. R. Bradley and Z. Manna. *The Calculus of Computation*. Springer, 2007.

[44] A. R. Bradley, Z. Manna, and H. B. Sipma. What's decidable about arrays? In *Verification, Model Checking, and Abstract Interpretation, 7th International Conference (VMCAI)*, volume 3855 of *LNCS*, pages 427–442. Springer, 2006.

[45] M. Brain, V. D'Silva, A. Griggio, L. Haller, and D. Kroening. Deciding floating-point logic with abstract conflict driven clause learning. *Formal Methods in System Design*, 45(2):213–245, 2014.

[46] M. Brain, L. Hadarean, D. Kroening, and R. Martins. Automatic generation of propagation complete SAT encodings. In B. Jobstmann and K. R. M. Leino, editors, *Verification, Model Checking, and Abstract Interpretation (VMCAI)*, volume 9583 of *LNCS*, pages 536–556. Springer, 2016.

[47] M. Brain, C. Tinelli, P. Rümmer, and T. Wahl. An automatable formal semantics for IEEE-754 floating-point arithmetic. In *22nd IEEE Symposium on Computer Arithmetic (ARITH)*, pages 160–167. IEEE, 2015.

[48] A. Braunstein, M. Mézard, and R. Zecchina. Survey propagation: An algorithm for satisfiability. *Random Structures & Algorithms*, 27(2):201–226, 2005.

[49] A. Brillout, D. Kroening, and T. Wahl. Mixed abstractions for floating-point arithmetic. In *Proceedings of 9th International Conference on Formal Methods in Computer-Aided Design (FMCAD)*, pages 69–76. IEEE, 2009.

[50] R. Brinkmann and R. Drechsler. RTL-datapath verification using integer linear programming. In *Proceedings of VLSI Design*, pages 741–746. IEEE, 2002.

[51] R. Brummayer and A. Biere. C32SAT: Checking C expressions. In *Computer Aided Verification (CAV)*, volume 4590 of *LNCS*, pages 294–297. Springer, 2007.

[52] R. Brummayer and A. Biere. Boolector: An efficient SMT solver for bit-vectors and arrays. In S. Kowalewski and A. Philippou, editors, *Tools and Algorithms for the Construction and Analysis of Systems (TACAS)*, volume 5505 of *LNCS*, pages 174–177. Springer, 2009.

[53] R. Brummayer and A. Biere. Lemmas on demand for the extensional theory of arrays. *JSAT*, 6(1-3):165–201, 2009.

[54] R. Bruttomesso, A. Cimatti, A. Franzén, A. Griggio, Z. Hanna, A. Nadel, A. Palti, and R. Sebastiani. A lazy and layered SMT($\mathcal{BV}$) solver for hard industrial verification problems. In *Computer Aided Verification (CAV)*, volume 4590 of *LNCS*, pages 547–560. Springer, 2007.

[55] R. Bryant. Graph-based algorithms for Boolean function manipulation. *IEEE Transactions on Computers*, C-35(12):1035–1044, 1986.

[56] R. Bryant, S. German, and M. Velev. Exploiting positive equality in a logic of equality with uninterpreted functions. In *11th International Conference on Computer Aided Verification (CAV)*, volume 1633 of *LNCS*. Springer, 1999.

[57] R. Bryant and M. Velev. Boolean satisfiability with transitivity constraints. In *12th International Conference on Computer Aided Verification (CAV)*, volume 1855 of *LNCS*. Springer, 2000.

[58] R. E. Bryant, S. K. Lahiri, and S. A. Seshia. Modeling and verifying systems using a logic of counter arithmetic with lambda expressions and uninterpreted functions. In *14th International Conference on Computer Aided Verification (CAV)*, volume 2404 of *LNCS*. Springer, 2002.

[59] H. K. Büning, M. Karpinski, and A. Flögel. Resolution for quantified Boolean formulas. *Information and Computation*, 117(1):12–18, 1995.

[60] R. Burstall. Some techniques for proving correctness of programs which alter data structures. *Machine Intelligence*, 7:23–50, 1972.

[61] W. R. Bush, J. D. Pincus, and D. J. Sielaff. A static analyzer for finding dynamic programming errors. *Softw., Pract. Exper.*, 30(7):775–802, 2000.

[62] C. Cadar, D. Dunbar, and D. R. Engler. KLEE: Unassisted and automatic generation of high-coverage tests for complex systems programs. In R. Draves and R. van Renesse, editors, *OSDI*, pages 209–224. USENIX Association, 2008.

[63] C. Calcagno, D. Distefano, P. W. O'Hearn, and H. Yang. Beyond reachability: Shape abstraction in the presence of pointer arithmetic. In *Static Analysis, 13th International Symposium (SAS)*, volume 4134 of *LNCS*, pages 182–203. Springer, 2006.

[64] C. Calcagno, H. Yang, and P. W. O'Hearn. Computability and complexity results for a spatial assertion language for data structures. In *Foundations of Software Technology and Theoretical Computer Science (FSTTCS)*, volume 2245 of *LNCS*, pages 108–119. Springer, 2001.

[65] S. Chaki, E. M. Clarke, A. Groce, S. Jha, and H. Veith. Modular verification of software components in C. In L. A. Clarke, L. Dillon, and W. F. Tichy, editors, *ICSE*, pages 385–395. IEEE Computer Society, 2003.

[66] S. Chaki, A. Gurfinkel, and O. Strichman. Regression verification for multi-threaded programs (with extensions to locks and dynamic thread creation). *Formal Methods in System Design*, 47(3):287–301, 2015.

[67] P. Cheeseman, B. Kanefsky, and W. M. Taylor. Where the really hard problems are. In *12th International Joint Conference on Artificial Intelligence (IJCAI)*, pages 331–337, 1991.

[68] H. Chen, C. David, D. Kroening, P. Schrammel, and B. Wachter. Synthesising interprocedural bit-precise termination proofs. In M. B. Cohen, L. Grunske, and M. Whalen, editors, *Automated Software Engineering (ASE)*, pages 53–64. IEEE, 2015.

[69] Y. Chen, N. Dalchau, N. Srinivas, A. Phillips, L. Cardelli, D. Soloveichik, and G. Seelig. Programmable chemical controllers made from DNA. *Nature nanotechnology*, 8(10):755–762, 2013.

[70] J. Christ and J. Hoenicke. Weakly equivalent arrays. In P. Rümmer and C. M. Wintersteiger, editors, *Satisfiability Modulo Theories (SMT)*, volume 1163 of *CEUR Workshop Proceedings*, pages 39–49, 2014.

[71] A. Cimatti, A. Griggio, B. Schaafsma, and R. Sebastiani. The MathSAT5 SMT solver. In N. Piterman and S. Smolka, editors, *Tools and Algorithms for the Construction and Analysis of Systems (TACAS)*, volume 7795 of *LNCS*, pages 93–107. Springer, 2013.

[72] E. M. Clarke, D. Kroening, and F. Lerda. A tool for checking ANSI-C programs. In *Tools and Algorithms for the Construction and Analysis of Systems (TACAS)*, volume 2988 of *LNCS*, pages 168–176. Springer, 2004.

[73] E. M. Clarke, D. Kroening, N. Sharygina, and K. Yorav. Predicate abstraction of ANSI-C programs using SAT. *Formal Methods in System Design*, 25(2-3):105–127, 2004.

[74] B. Cook, D. Kroening, P. Rümmer, and C. M. Wintersteiger. Ranking function synthesis for bit-vector relations. *Formal Methods in System Design*, 43(1):93–120, 2013.

[75] B. Cook, D. Kroening, and N. Sharygina. Accurate theorem proving for program verification. In *Leveraging Applications of Formal Methods, First International Symposium (ISoLA)*, volume 4313 of *LNCS*, pages 96–114. Springer, 2006.

[76] B. Cook, A. Podelski, and A. Rybalchenko. Termination proofs for systems code. In M. I. Schwartzbach and T. Ball, editors, *ACM SIGPLAN 2006 Conference on Programming Language Design and Implementation (PLDI)*, pages 415–426. ACM, 2006.

[77] S. Cook. The complexity of theorem-proving procedures. In *3rd Annual ACM Symposium on Theory of Computing*, pages 151–158, 1971.

[78] D. C. Cooper. Theorem proving in arithmetic without multiplication. In *Machine Intelligence*, pages 91–100. Edinburgh University Press, 1972.

[79] F. Copty, L. Fix, R. Fraer, E. Giunchiglia, G. Kamhi, A. Tacchella, and M. Y. Vardi. Benefits of bounded model checking at an industrial setting. In *13th International Conference on Computer Aided Verification (CAV)*, volume 2102 of *LNCS*, pages 436–453, 2001.

[80] L. Cordeiro, B. Fischer, and J. Marques-Silva. SMT-based Bounded Model Checking for embedded ANSI-C software. In *ASE*, pages 137–148. IEEE Computer Society, 2009.

[81] F. Corella, Z. Zhou, X. Song, M. Langevin, and E. Cerny. Multiway decision graphs for automated hardware verification. *Formal Methods in System Design*, 10(1):7–46, 1997.

[82] T. Cormen, C. Leiserson, and R. Rivest. *Introduction to Algorithms*, chapter 25.3, pages 532–536. MIT Press, 2000.

[83] D. W. Currie, A. J. Hu, and S. P. Rajan. Automatic formal verification of DSP software. In *Design Automation Conference (DAC)*, pages 130–135. ACM, 2000.

[84] G. B. Dantzig. *Linear Programming and Extensions*. Princeton University Press, 1963.

[85] C. David, D. Kroening, and M. Lewis. Propositional reasoning about safety and termination of heap-manipulating programs. In J. Vitek, editor, *Programming Languages and Systems, 24th European Symposium on Programming (ESOP)*, volume 9032 of *LNCS*, pages 661–684. Springer, 2015.

[86] C. David, D. Kroening, and M. Lewis. Unrestricted termination and non-termination arguments for bit-vector programs. In J. Vitek, editor, *Programming Languages and Systems, 24th European Symposium on Programming (ESOP)*, volume 9032 of *LNCS*, pages 183–204. Springer, 2015.

[87] M. Davis, G. Logemann, and D. Loveland. A machine program for theorem-proving. *Communications of the ACM*, 5:394–397, 1962.

[88] M. Davis and H. Putnam. A computing procedure for quantification theory. *Journal of the ACM*, 7:201–215, 1960.

[89] H. de Jong. Modeling and simulation of genetic regulatory systems: A literature review. *Journal of Computational Biology*, 9(1):67–103, 2002.

[90] L. de Moura. System description: Yices 0.1. Technical report, Computer Science Laboratory, SRI International, 2005.

[91] L. de Moura and N. Bjørner. Model-based theory combination. In *Satisfiability Modulo Theories (SMT)*, 2007.

[92] L. de Moura and N. Bjørner. Z3: An efficient SMT solver. In C. R. Ramakrishnan and J. Rehof, editors, *Tools and Algorithms for the Construction and Analysis of Systems, 14th International Conference (TACAS)*, volume 4963 of *LNCS*, pages 337–340. Springer, 2008.

[93] L. de Moura and H. Ruess. Lemmas on demand for satisfiability solvers. In *Theory and Applications of Satisfiability Testing (SAT)*, 2002.

[94] L. de Moura and H. Ruess. An experimental evaluation of ground decision procedures. In *16th International Conference on Computer Aided Verification (CAV)*, volume 3114 of *LNCS*, pages 162–174. Springer, 2004.

[95] L. de Moura, H. Ruess, and N. Shankar. Justifying equality. In *Second Workshop on Pragmatics of Decision Procedures in Automated Reasoning (PDPAR)*, 2004.

[96] L. M. de Moura and N. Bjørner. Efficient E-matching for SMT solvers. In *Automated Deduction, 21st International Conference on Automated Deduction (CADE)*, volume 4603 of *LNCS*, pages 183–198. Springer, 2007.

[97] L. M. de Moura and N. Bjørner. Generalized, efficient array decision procedures. In *9th International Conference on Formal Methods in Computer-Aided Design (FMCAD)*, pages 45–52, 2009.

[98] R. Dechter. *Constraint Processing*. The Morgan Kaufmann Series in Artificial Intelligence. Morgan Kaufmann, 2003.

[99] N. Dershowitz, Z. Hanna, and A. Nadel. A clause-based heuristic for SAT solvers. In F. Bacchus and T. Walsh, editors, *Theory and Applications of Satisfiability Testing, 8th International Conference (SAT)*, volume 3569 of *LNCS*, pages 46–60. Springer, 2005.

[100] N. Dershowitz and J.-P. Jouannaud. Rewrite systems. In *Handbook of Theoretical Computer Science (Volume B): Formal Models and Semantics*, pages 243–320. MIT Press, 1990.

[101] D. Detlefs, G. Nelson, and J. B. Saxe. Simplify: a theorem prover for program checking. *Journal of the ACM*, 52(3):365–473, May 2005.

[102] A. Deutsch. Interprocedural may-alias analysis for pointers: Beyond k-limiting. In *Programming Language Design and Implementation (PLDI)*, pages 230–241. ACM, 1994.

[103] D. Distefano, P. W. O'Hearn, and H. Yang. A local shape analysis based on separation logic. In *Tools and Algorithms for the Construction and Analysis of Systems (TACAS)*, volume 3920 of *LNCS*, pages 287–302. Springer, 2006.

[104] A. Dolzmann, T. Sturm, and V. Weispfenning. Real quantifier elimination in practice. Technical Report MIP9720, FMI, Universität Passau, Dec. 1997.

[105] P. J. Downey. Undecidability of Presburger arithmetic with a single monadic predicate letter. Technical Report TR-18-72, Center for Research in Computing Technology, Harvard University, 1972.

[106] P. J. Downey, R. Sethi, and R. E. Tarjan. Variations on the common subexpression problem. *J. ACM*, 27(4):758–771, October 1980.

[107] S. Dunn, G. Martello, B. Yordanov, S. Emmott, and A. Smith. Defining an essential transcription factor program for naïve pluripotency. *Science*, 344(6188), 2014.

[108] B. Dutertre and L. de Moura. A fast linear-arithmetic solver for DPLL(T). In *18th International Conference on Computer Aided Verification (CAV)*, volume 4144 of *LNCS*, pages 81–94. Springer, 2006.

[109] B. Dutertre and L. de Moura. Integrating Simplex with DPLL(T). Technical Report SRI-CSL-06-01, Stanford Research Institute (SRI), 2006.

[110] N. Eén and N. Sörensson. An extensible SAT-solver [ver 1.2]. In *Theory and Applications of Satisfiability Testing*, volume 2919 of *LNCS*, pages 512–518. Springer, 2003.

[111] D. R. Engler, D. Y. Chen, and A. Chou. Bugs as inconsistent behavior: A general approach to inferring errors in systems code. In *18th ACM Symposium on Operating System Principles (SOSP)*, pages 57–72. ACM, 2001.

[112] J. Ferrante and C. Rackoff. A decision procedure for the first order theory of real addition with order. *SIAM J. Comput.*, 4(1):69–76, 1975.

[113] J. Filliatre, S. Owre, H. Ruess, and N. Shankar. ICS: Integrated canonizer and solver. In *13th International Conference on Computer Aided Verification (CAV)*, volume 2102 of *LNCS*, pages 246–249. Springer, 2001.

[114] M. J. Fischer and M. O. Rabin. Super-exponential complexity of Presburger arithmetic. In *SIAM-AMS Symposium in Applied Mathematics*, volume 7, pages 27–41, 1974.

[115] C. Flanagan, R. Joshi, X. Ou, and J. B. Saxe. Theorem proving using lazy proof explication. In *Computer Aided Verification (CAV)*, volume 2725 of *LNCS*, pages 355–367. Springer, 2003.

[116] R. Floyd. Assigning meanings to programs. *Symposia in Applied Mathematics*, 19:19–32, 1967.

[117] V. Ganesh, S. Berezin, and D. Dill. Deciding Presburger arithmetic by model checking and comparisons with other methods. In *Formal Methods in Computer-Aided Design (FMCAD)*, volume 2517 of *LNCS*, pages 171–186. Springer, 2002.

[118] V. Ganesh and D. L. Dill. A decision procedure for bit-vectors and arrays. In *Computer Aided Verification (CAV)*, volume 4590 of *LNCS*, pages 519–531. Springer, 2007.

[119] H. Ganzinger. Shostak light. In A. Voronkov, editor, *Automated Deduction, 18th International Conference on Automated Deduction (CADE)*, volume 2392 of *LNCS*, pages 332–346. Springer, 2002.

[120] H. Ganzinger, G. Hagen, R. Nieuwenhuis, A. Oliveras, and C. Tinelli. DPLL(T): Fast decision procedures. In *16th International Conference on Computer Aided Verification (CAV)*, volume 3114 of *LNCS*, pages 175–188. Springer, 2004.

[121] Y. Ge, C. W. Barrett, and C. Tinelli. Solving quantified verification conditions using satisfiability modulo theories. *Ann. Math. Artif. Intell.*, 55(1-2):101–122, 2009.

[122] A. V. Gelder and Y. Tsuji. Incomplete thoughts about incomplete satisfiability procedures. In *2nd DIMACS Challenge Workshop: Cliques, Coloring and Satisfiability*, 1993.

[123] R. Gershman, M. Koifman, and O. Strichman. Deriving small unsatisfiable cores with dominators. In *18th International Conference on Computer Aided Verification (CAV)*, volume 4144 of *LNCS*, pages 109–122. Springer, 2006.

[124] R. Gershman and O. Strichman. HaifaSat: A new robust SAT solver. In *1st International Haifa Verification Conference*, volume 3875 of *LNCS*, pages 76–89. Springer, 2005.

[125] M. Ghasemzadeh, V. Klotz, and C. Meinel. Embedding memoization to the semantic tree search for deciding QBFs. In *Australian Conference on Artificial Intelligence*, pages 681–693, 2004.

[126] S. Ghilardi, E. Nicolini, S. Ranise, and D. Zucchelli. Deciding extensions of the theory of arrays by integrating decision procedures and instantiation strategies. In *Logics in Artificial Intelligence (JELIA)*, volume 4160 of *LNCS*, pages 177–189. Springer, 2006.

[127] S. Ghilardi, E. Nicolini, S. Ranise, and D. Zucchelli. Decision procedures for extensions of the theory of arrays. *Ann. Math. Artif. Intell.*, 50(3-4):231–254, 2007.

[128] E. Giunchiglia, M. Narizzano, and A. Tacchella. Quantified Boolean Formulas satisfiability library (QBFLIB), 2001.

[129] F. Giunchiglia and R. Sebastiani. Building decision procedures for modal logics from propositional decision procedures – the case study of modal K. In *Automated Deduction (CADE)*, volume 1104 of *LNCS*, pages 583–597. Springer, 1996.

[130] P. Godefroid, J. de Halleux, A. V. Nori, S. K. Rajamani, W. Schulte, N. Tillmann, and M. Y. Levin. Automating software testing using program analysis. *IEEE Software*, 25(5):30–37, 2008.

[131] P. Godefroid, N. Klarlund, and K. Sen. DART: directed automated random testing. In V. Sarkar and M. W. Hall, editors, *PLDI*, pages 213–223. ACM, 2005.

[132] A. Goel, K. Sajid, H. Zhou, A. Aziz, and V. Singhal. BDD based procedures for a theory of equality with uninterpreted functions. In *Computer Aided Verification, 10th International Conference (CAV)*, volume 1427 of *LNCS*, pages 244–255. Springer, 1998.

[133] E. Goldberg and Y. Novikov. Berkmin: A fast and robust SAT-solver. In *Design, Automation and Test in Europe Conference and Exhibition (DATE)*, page 142, 2002.

[134] R. Gomory. An algorithm for integer solutions to linear problems. In *Recent Advances in Mathematical Programming*, pages 269–302, New York, 1963. McGraw-Hill.

[135] S. Graf and H. Saïdi. Construction of abstract state graphs with PVS. In O. Grumberg, editor, *Computer Aided Verification, 9th International Conference (CAV)*, volume 1254 of *LNCS*. Springer, 1997.

[136] L. Hadarean, K. Bansal, D. Jovanovic, C. Barrett, and C. Tinelli. A tale of two solvers: Eager and lazy approaches to bit-vectors. In A. Biere and R. Bloem, editors, *Computer Aided Verification (CAV)*, volume 8559 of *LNCS*, pages 680–695. Springer, 2014.

[137] A. Haken. The intractability of resolution. *Theoretical Computer Science*, 39:297–308, 1985.

[138] J. Harrison. *Handbook of Practical Logic and Automated Reasoning*. Cambridge University Press, 2008.

[139] T. A. Henzinger, R. Jhala, R. Majumdar, and G. Sutre. Lazy abstraction. In *Symposium on Principles of Programming Languages*, pages 58–70, 2002.

[140] M. Heule, O. Kullmann, S. Wieringa, and A. Biere. Cube and conquer: Guiding CDCL SAT solvers by lookaheads. In *Haifa Verification Conference*, volume 7261 of *LNCS*, pages 50–65. Springer, 2011.

[141] J. Heusser and P. Malacaria. Quantifying information leaks in software. In C. Gates, M. Franz, and J. P. McDermott, editors, *Twenty-Sixth Annual Computer Security Applications Conference (ACSAC)*, pages 261–269. ACM, 2010.

[142] F. Hillier and G. Lieberman. *Introduction to Mathematical Programming*. McGraw-Hill, 1990.

[143] E. A. Hirsch and A. Kojevnikov. UnitWalk: A new SAT solver that uses local search guided by unit clause elimination. *Annals of Mathematics and Artificial Intelligence*, 43(1):91–111, 2005.

[144] C. Hoare. An axiomatic basis for computer programming. *Comm. ACM*, 12(10):576–580, 1969.

[145] C. A. R. Hoare and N. Wirth. An axiomatic definition of the programming language PASCAL. *Acta Informatica*, 2(4):335–355, December 1973.

[146] R. Hojati, A. Isles, D. Kirkpatrick, and R. Brayton. Verification using uninterpreted functions and finite instantiations. In *1st International Conference on Formal Methods in Computer-Aided Design (FMCAD)*, volume 1166 of *LNCS*, pages 218–232. Springer, 1996.

[147] R. Hojati, A. Kuehlmann, S. German, and R. Brayton. Validity checking in the theory of equality using finite instantiations. In *International Workshop on Logic Synthesis*, 1997.

[148] J. N. Hooker. Solving the incremental satisfiability problem. *Journal of Logic Programming*, 15:177–186, 1993.

[149] I. Horrocks. The FaCT system. In H. de Swart, editor, *TABLEAUX-98*, volume 1397 of *LNAI*, pages 307–312. Springer, 1998.

[150] J. Huang. MUP: A minimal unsatisfiability prover. In *10th Asia and South Pacific Design Automation Conference (ASP-DAC)*, pages 432–437, 2005.

[151] G. Huet and D. Oppen. Equations and rewrite rules: A survey. In *Formal Language Theory: Perspectives and Open Problems*, pages 349–405. Academic Press, 1980.

[152] A. P. Hurst, P. Chong, and A. Kuehlmann. Physical placement driven by sequential timing analysis. In *International Conference on Computer-Aided Design (ICCAD)*, pages 379–386. IEEE Computer Society/ACM, 2004.

[153] N. Immerman, A. M. Rabinovich, T. W. Reps, S. Sagiv, and G. Yorsh. The boundary between decidability and undecidability for transitive-closure logics. In *Computer Science Logic (CSL)*, volume 3210 of *LNCS*, pages 160–174. Springer, 2004.

[154] O. Inverso, E. Tomasco, B. Fischer, S. La Torre, and G. Parlato. Bounded model checking of multi-threaded C programs via lazy sequentialization. In A. Biere and R. Bloem, editors, *Computer Aided Verification (CAV)*, volume 8559 of *LNCS*, pages 585–602. Springer, 2014.

[155] F. Ivancic, I. Shlyakhter, A. Gupta, and M. K. Ganai. Model checking C programs using F-SOFT. In *International Conference on Computer Design (ICCD)*, pages 297–308. IEEE Computer Society, 2005.

[156] J. Jaffar. Presburger arithmetic with array segments. *Inf. Process. Lett.*, 12(2):79–82, 1981.

[157] G. Johnson. Separating the insolvable and the merely difficult. New York Times, July 13 1999.

[158] D. Jovanovic and C. Barrett. Polite theories revisited. In C. G. Fermüller and A. Voronkov, editors, *Logic for Programming, Artificial Intelligence, and Reasoning, 17th International Conference (LPAR)*, volume 6397 of *LNCS*, pages 402–416. Springer, 2010.

[159] D. Jovanovic and C. Barrett. Sharing is caring: Combination of theories. In C. Tinelli and V. Sofronie-Stokkermans, editors, *Frontiers of Combining Systems, 8th International Symposium (FroCoS)*, volume 6989 of *LNCS*, pages 195–210. Springer, 2011.

[160] T. Jussila, A. Biere, C. Sinz, D. Kroening, and C. M. Wintersteiger. A first step towards a unified proof checker for QBF. In *Theory and Applications of Satisfiability Testing (SAT)*, volume 4501 of *LNCS*, pages 201–214. Springer, 2007.

[161] A. Kaiser, D. Kroening, and T. Wahl. Efficient coverability analysis by proof minimization. In M. Koutny and I. Ulidowski, editors, *CONCUR*, volume 7454 of *LNCS*, pages 500–515. Springer, 2012.

[162] M. Kaufmann, P. Manolios, and J. S. Moore. *Computer-Aided Reasoning: An Approach*. Kluwer Academic, 2000.

[163] S. Khurshid, C. S. Pasareanu, and W. Visser. Generalized symbolic execution for model check-
      ing and testing. In *Tools and Algorithms for the Construction and Analysis of Systems, 9th
      International Conference (TACAS)*, pages 553–568, 2003.

[164] J. Kim, J. Whittemore, J. Silva, and K. Sakallah. Incremental Boolean satisfiability and its
      application to delay fault testing. In *IEEE/ACM International Workshop on Logic Synthesis
      (IWLS)*, June 1999.

[165] J. C. King. A new approach to program testing. In C. Hackl, editor, *Programming Methodology*,
      volume 23 of *LNCS*, pages 278–290. Springer, 1974.

[166] S. Kirkpatrick and B. Selman. Critical behavior in the satisfiability of random Boolean expres-
      sions. *Science*, 264(5163):1297–1301, 1994.

[167] D. E. Knuth. *The Art of Computer Programming Volume 4, Fascicle 1*. Addison-Wesley Pro-
      fessional, 2009. Bitwise tricks & techniques; Binary Decision Diagrams.

[168] D. E. Knuth. *The Art of Computer Programming, Volume 4, Fascicle 6*. Pearson Education,
      2016. Satisfiability.

[169] L. Kovács and A. Voronkov. First-order theorem proving and Vampire. In N. Sharygina and
      H. Veith, editors, *Computer Aided Verification, 25th International Conference (CAV)*, volume
      8044 of *LNCS*, pages 1–35. Springer, 2013.

[170] D. Kroening, E. Clarke, and K. Yorav. Behavioral consistency of C and Verilog programs using
      bounded model checking. In *Design Automation Conference (DAC)*, pages 368–371. ACM, 2003.

[171] D. Kroening and O. Strichman. A framework for satisfiability modulo theories. *Formal Aspects
      of Computing*, 21(5):485–494, 2009.

[172] V. Kuncak and M. C. Rinard. Existential heap abstraction entailment is undecidable. In *Static
      Analysis (SAS)*, volume 2694 of *LNCS*, pages 418–438. Springer, 2003.

[173] R. Kurshan. *Computer Aided Verification of Coordinating Processes*. Princeton University Press,
      1994.

[174] S. K. Lahiri, R. E. Bryant, A. Goel, and M. Talupur. Revisiting positive equality. In *Tools
      and Algorithms for the Construction and Analysis of Systems (TACAS)*, volume 2988 of *LNCS*,
      pages 1–15. Springer, 2004.

[175] S. K. Lahiri and S. Qadeer. Verifying properties of well-founded linked lists. In *Principles of
      Programming Languages (POPL)*, pages 115–126. ACM, 2006.

[176] S. K. Lahiri and S. Qadeer. Back to the future: Revisiting precise program verification using
      SMT solvers. In *Principles of Programming Languages (POPL)*, pages 171–182. ACM, 2008.

[177] A. Lal and S. Qadeer. Powering the Static Driver Verifier using Corral. In S. Cheung, A. Orso,
      and M. D. Storey, editors, *22nd ACM SIGSOFT International Symposium on Foundations of
      Software Engineering (FSE)*, pages 202–212. ACM, 2014.

[178] A. Lal, S. Qadeer, and S. K. Lahiri. A solver for reachability modulo theories. In P. Madhusudan and S. A. Seshia, editors, *Computer Aided Verification (CAV)*, volume 7358 of *LNCS*, pages 427–443. Springer, 2012.

[179] A. Lal and T. W. Reps. Reducing concurrent analysis under a context bound to sequential analysis. In A. Gupta and S. Malik, editors, *Computer Aided Verification (CAV)*, volume 5123 of *LNCS*, pages 37–51. Springer, 2008.

[180] S. Lee and D. Plaisted. Eliminating duplication with the hyper-linking strategy. *Journal of Automated Reasoning*, 9:25–42, 1992.

[181] K. R. M. Leino. *Toward reliable modular programs*. PhD thesis, CalTech, 1995. Available as Technical Report Caltech-CS-TR-95-03.

[182] M. Levine and E. Davidson. Gene regulatory networks for development. *Proceedings of the National Academy of Sciences*, 102(14):4936–4942, 2005.

[183] R. Loos and V. Weispfenning. Applying linear quantifier elimination. *Comput. J.*, 36(5):450–462, 1993.

[184] I. Lynce and J. Marques-Silva. On computing minimum unsatisfiable cores. In *International Symposium on Theory and Applications of Satisfiability Testing (SAT)*, pages 305–310, 2004.

[185] M. Mahfoudh. *On Satisfiability Checking for Difference Logic*. PhD thesis, Verimag, France, 2003.

[186] M. Mahfoudh, P. Niebert, E. Asarin, and O. Maler. A satisfiability checker for difference logic. In *5th International Conference on Theory and Applications of Satisfiability Testing (SAT)*, pages 222–230, 2002.

[187] R. Manevich, E. Yahav, G. Ramalingam, and S. Sagiv. Predicate abstraction and canonical abstraction for singly-linked lists. In *Verification, Model Checking, and Abstract Interpretation, 6th International Conference (VMCAI)*, volume 3385 of *LNCS*, pages 181–198. Springer, 2005.

[188] P. Manolios, S. K. Srinivasan, and D. Vroon. Automatic memory reductions for RTL model verification. In *International Conference on Computer-Aided Design (ICCAD)*, pages 786–793. ACM, 2006.

[189] P. Manolios and D. Vroon. Efficient circuit to CNF conversion. In *Theory and Applications of Satisfiability Testing (SAT)*, volume 4501 of *LNCS*, pages 4–9. Springer, 2007.

[190] P. Mateti. A decision procedure for the correctness of a class of programs. *J. ACM*, 28(2):215–232, 1981.

[191] J. McCarthy and J. Painter. Correctness of a compiler for arithmetic expressions. In *Proceedings Symposium in Applied Mathematics, Volume 19, Mathematical Aspects of Computer Science*, pages 33–41. American Mathematical Society, 1967.

[192] K. McMillan. *Symbolic Model Checking*. Kluwer Academic, 1993.

[193] K. L. McMillan. Interpolation and SAT-based model checking. In *15th International Conference on Computer Aided Verification (CAV)*, volume 2725 of *LNCS*, pages 1–13. Springer, Jul 2003.

[194] O. Meir and O. Strichman. Yet another decision procedure for equality logic. In *17th International Conference on Computer Aided Verification (CAV)*, volume 3576 of *LNCS*, pages 307–320. Springer, 2005.

[195] F. Merz, S. Falke, and C. Sinz. LLBMC: Bounded model checking of C and C++ programs using a compiler IR. In R. Joshi, P. Müller, and A. Podelski, editors, *VSTTE*, volume 7152 of *LNCS*, pages 146–161. Springer, 2012.

[196] M. Mezard, G. Parisi, and R. Zecchina. Analytic and algorithmic solution of random satisfiability problems. *Science*, 297(5582):812–815, 2002.

[197] D. G. Mitchell, B. Selman, and H. J. Levesque. Hard and easy distributions for SAT problems. In *Tenth National Conference on Artificial Intelligence*, pages 459–465. AAAI Press, 1992.

[198] A. Møller and M. I. Schwartzbach. The pointer assertion logic engine. In *2001 ACM SIGPLAN Conference on Programming Language Design and Implementation (PLDI)*, pages 221–231. ACM, 2001.

[199] J. Møller, J. Lichtenberg, H. R. Andersen, and H. Hulgaard. Difference decision diagrams. In *13th International Conference on Computer Science Logic*, volume 1683 of *LNCS*, pages 111–125. Springer, 1999.

[200] R. Monasson, R. Zecchina, S. Kirkpatrick, B. Selman, and L. Troyansky. Determining computational complexity from characteristic phase transitions. *Nature*, 400(8):133–137, 1999.

[201] U. Montanari. Networks of constraints: fundamental properties and applications to picture processing. *Information Science*, 7, 1976.

[202] M. W. Moskewicz, C. F. Madigan, Y. Zhao, L. Zhang, and S. Malik. Chaff: Engineering an efficient SAT solver. In *38th Design Automation Conference (DAC)*, June 2001.

[203] A. Nadel. Boosting minimal unsatisfiable core extraction. In R. Bloem and N. Sharygina, editors, *10th International Conference on Formal Methods in Computer-Aided Design (FMCAD)*, pages 221–229. IEEE, 2010.

[204] G. Nelson. Verifying reachability invariants of linked structures. In *Tenth Annual ACM Symposium on Principles of Programming Languages (POPL)*, pages 38–47. ACM, 1983.

[205] G. Nelson and D. C. Oppen. Fast decision procedures based on UNION and FIND. In *18th Annual Symposium on Foundations of Computer Science (FOCS)*, pages 114–119. IEEE, 1977.

[206] G. Nelson and D. C. Oppen. Simplification by cooperating decision procedures. *ACM Transactions on Programming Languages and Systems*, 1(2):245–257, Oct 1979.

[207] G. Nelson and F. F. Yao. Solving reachability constraints for linear lists. Technical report, 1982.

[208] G. Nemhauser and L. Wosley. *Integer and Combinatorial Optimization.* Wiley-Interscience, 1999.

[209] R. Nieuwenhuis and A. Oliveras. DPLL(T) with exhaustive theory propagation and its application to difference logic. In *17th International Conference on Computer Aided Verification (CAV)*, volume 3576 of *LNCS*, pages 321–334. Springer, 2005.

[210] R. Nieuwenhuis and A. Oliveras. Proof-producing congruence closure. In *16th International Conference on Term Rewriting and Applications (RTA)*, volume 3467 of *LNCS*, pages 453–468. Springer, 2005.

[211] R. Nieuwenhuis, A. Oliveras, and C. Tinelli. Solving SAT and SAT modulo theories: From an abstract Davis–Putnam–Logemann–Loveland procedure to DPLL(T). *J. ACM*, 53(6):937–977, 2006.

[212] E. Nudelman, K. Leyton-Brown, H. H. Hoos, A. Devkar, and Y. Shoham. Understanding random SAT: Beyond the clauses-to-variables ratio. In *Principles and Practice of Constraint Programming (CP)*, pages 438–452, 2004.

[213] C. Oh. Between SAT and UNSAT: the fundamental difference in CDCL SAT. In M. Heule and S. Weaver, editors, *Theory and Applications of Satisfiability Testing - SAT*, volume 9340 of *LNCS*, pages 307–323, 2015.

[214] Y. Oh, M. N. Mneimneh, Z. S. Andraus, K. A. Sakallah, and I. L. Markov. AMUSE: A minimally-unsatisfiable subformula extractor. In *Design Automation Conference (DAC)*, pages 518–523, 2004.

[215] D. C. Oppen. Complexity, convexity and combinations of theories. *Theoretical Computer Science*, 12(3):291–302, 1980.

[216] N. Paoletti, B. Yordanov, Y. Hamadi, C. Wintersteiger, and H. Kugler. Analyzing and synthesizing genomic logic functions. In *CAV*, volume 8559 of *LNCS*. Springer, 2014.

[217] M. J. Parkinson and G. M. Bierman. Separation logic and abstraction. In *32nd ACM SIGPLAN-SIGACT Symposium on Principles of Programming Languages (POPL)*, pages 247–258. ACM, 2005.

[218] G. Parthasarathy, M. K. Iyer, K.-T. Cheng, and L.-C. Wang. An efficient finite-domain constraint solver for circuits. In *Design Automation Conference (DAC)*, pages 212–217. ACM Press, 2004.

[219] P. F. Patel-Schneider. DLP system description. In E. Franconi, G. D. Giacomo, R. M. MacGregor, W. Nutt, and C. A. Welty, editors, *International Workshop on Description Logics (DL)*, volume 11 of *CEUR Workshop Proceedings*, pages 87–89, 1998.

[220] J. Petke and P. Jeavons. The order encoding: From tractable CSP to tractable SAT. In *Theory and Applications of Satisfiability Testing (SAT)*, volume 6695 of *Lecture Notes in Computer Science*, pages 371–372. Springer, 2011.

[221] A. Phillips and L. Cardelli. A programming language for composable DNA circuits. *Journal of The Royal Society Interface*, 6(4):1470–1485, 2009.

[222] K. Pipatsrisawat and A. Darwiche. A lightweight component caching scheme for satisfiability solvers. In *10th International Conference on Theory and Applications of Satisfiability Testing (SAT)*, pages 294–299, 2007.

[223] K. Pipatsrisawat and A. Darwiche. RSAT 2.0: SAT solver description, 2007. SAT solvers competition.

[224] R. Piskac, L. de Moura, and N. Bjørner. Deciding effectively propositional logic with equality. Technical Report MSR-TR-2008-181, Microsoft Research, 2008.

[225] D. A. Plaisted and S. Greenbaum. A structure-preserving clause form translation. *Journal of Symbolic Computation*, 2(3):293–304, September 1986.

[226] A. Pnueli, Y. Rodeh, and O. Shtrichman. Range allocation for equivalence logic. In R. Hariharan, M. Mukund, and V. Vinay, editors, *21st Conference on Foundations of Software Technology and Theoretical Computer Science (FSTTCS)*, volume 2245 of *LNCS*, pages 317–333. Springer, 2001.

[227] A. Pnueli, Y. Rodeh, O. Shtrichman, and M. Siegel. Deciding equality formulas by small-domains instantiations. In *11th International Conference on Computer Aided Verification (CAV)*, volume 1633 of *LNCS*. Springer, 1999.

[228] A. Pnueli, Y. Rodeh, O. Strichman, and M. Siegel. The small model property: How small can it be? *Information and Computation*, 178(1):279–293, Oct. 2002.

[229] A. Pnueli and O. Strichman. Reduced functional consistency of uninterpreted functions. In *Pragmatics of Decision Procedures for Automated Reasoning (PDPAR)*, number 898 in Electronic Notes in Computer Science, 2005.

[230] A. Podelski and T. Wies. Boolean heaps. In *Static Analysis, 12th International Symposium (SAS)*, volume 3672 of *LNCS*, pages 268–283. Springer, 2005.

[231] V. Pratt. Two easy theories whose combination is hard. Technical report, Massachusetts Institute of Technology, 1977.

[232] M. Presburger. Über die Vollständigkeit eines gewissen Systems der Arithmetik ganzer Zahlen, in welchem die Addition als einzige Operation hervortritt. In *Comptes Rendus du I congrès de Mathématiciens des Pays Slaves*, pages 92–101, Warszawa, 1929.

[233] W. Pugh. A practical algorithm for exact array dependence analysis. *Commun. ACM*, 35(8):102–114, 1992.

[234] L. Qian and E. Winfree. Scaling up digital circuit computation with DNA strand displacement cascades. *Science*, 332(6034):1196–1201, 2011.

[235] L. Qian, E. Winfree, and J. Bruck. Neural network computation with DNA strand displacement cascades. *Nature*, 475(7356):368–372, 2011.

[236] M. O. Rabin. Decidability of second-order theories and automata on infinite trees. *Transactions of the American Mathematical Society*, 141:1–35, July 1969.

[237] I. Rabinovitz and O. Grumberg. Bounded model checking of concurrent programs. In K. Etessami and S. K. Rajamani, editors, *Computer Aided Verification, 17th International Conference (CAV)*, volume 3576 of *LNCS*, pages 82–97. Springer, 2005.

[238] S. Ranise, C. Ringeissen, and C. G. Zarba. Combining data structures with nonstably infinite theories using many-sorted logic. In B. Gramlich, editor, *Frontiers of Combining Systems, 5th International Workshop (FroCoS)*, volume 3717 of *LNCS*, pages 48–64. Springer, 2005.

[239] S. Ranise and C. Tinelli. The SMT-LIB standard: Version 1.2. Technical report, Department of Computer Science, The University of Iowa, 2006.

[240] T. W. Reps, S. Sagiv, and R. Wilhelm. Static program analysis via 3-valued logic. In *Computer Aided Verification, 16th International Conference (CAV)*, volume 3114 of *LNCS*, pages 15–30. Springer, 2004.

[241] J. C. Reynolds. Reasoning about arrays. *Communications of the ACM*, 22(5):290–299, 1979.

[242] J. C. Reynolds. Separation logic: A logic for shared mutable data structures. In *17th IEEE Symposium on Logic in Computer Science (LICS)*, pages 55–74. IEEE Computer Society, 2002.

[243] J. A. Robinson. A machine-oriented logic based on the resolution principle. *Journal of the ACM*, 12(1):23–41, January 1965.

[244] J. A. Robinson and A. Voronkov, editors. *Handbook of Automated Reasoning (in 2 volumes)*. Elsevier and MIT Press, 2001.

[245] Y. Rodeh. *Techniques in Decision Procedures for Equality Logic and Improved Model Checking Methods*. PhD thesis, Weizmann Institute of Science, 2003.

[246] Y. Rodeh and O. Shtrichman. Finite instantiations in equivalence logic with uninterpreted functions. In *Computer Aided Verification (CAV)*, 2001.

[247] M. Rozanov and O. Strichman. Generating minimum transitivity constraints in P-time for deciding equality logic. In *Satisfiability Modulo Theories (SMT)*, 2007.

[248] L. Ryan. Efficient algorithms for clause-learning SAT solvers. Master's thesis, Simon Fraser University, 2004.

[249] V. Ryvchin and O. Strichman. Faster extraction of high-level minimal unsatisfiable cores. In K. A. Sakallah and L. Simon, editors, *Theory and Applications of Satisfiability Testing (SAT)*, volume 6695 of *LNCS*, pages 174–187. Springer, 2011.

[250] A. Sabharwal, C. Ansótegui, C. P. Gomes, J. W. Hart, and B. Selman. QBF modeling: Exploiting player symmetry for simplicity and efficiency. In *9th International Conference on Theory and Applications of Satisfiability Testing (SAT)*, pages 382–395, 2006.

[251] S. Sagiv, T. W. Reps, and R. Wilhelm. Parametric shape analysis via 3-valued logic. In *POPL*, pages 105–118, 1999.

[252] A. Schrijver. *Theory of Linear and Integer Programming*. Wiley, 1998.

[253] R. Sebastiani. Lazy satisfiability modulo theories. *Journal on Satisfiability, Boolean Modeling and Computation, JSAT*, 3, 2007.

[254] B. Selman, H. J. Levesque, and D. G. Mitchell. A new method for solving hard satisfiability problems. In *10th National Conference on Artificial Intelligence (AAAI)*, pages 440–446, 1992.

[255] K. Sen and G. Agha. CUTE and jCUTE: Concolic unit testing and explicit path model-checking tools. In T. Ball and R. B. Jones, editors, *18th International Conference on Computer Aided Verification (CAV)*, volume 4144 of *LNCS*, pages 419–423. Springer, 2006.

[256] S. Seshia, S. Lahiri, and R. Bryant. A hybrid SAT-based decision procedure for separation logic with uninterpreted functions. In *Proc. of Design Automation Conference (DAC)*, pages 425–430, 2003.

[257] N. Shankar and H. Ruess. Combining Shostak theories. In S. Tison, editor, *Rewriting Techniques and Applications, 13th International Conference (RTA)*, volume 2378 of *LNCS*, pages 1–18. Springer, 2002.

[258] R. E. Shostak. An algorithm for reasoning about equality. *Commun. ACM*, 21(7):583–585, 1978.

[259] R. E. Shostak. Deciding combinations of theories. *Journal of the ACM*, 31(1):1–12, January 1984.

[260] O. Shtrichman. Sharing information between instances of a propositional satisfiability (SAT) problem, Dec 2000. US Patent 2002/0123867 A1.

[261] O. Shtrichman. Pruning techniques for the SAT-based bounded model checking problem. In *11th Advanced Research Working Conference on Correct Hardware Design and Verification Methods (CHARME)*, volume 2144 of *LNCS*, pages 58–70. Springer, 2001.

[262] J. Silva and K. Sakallah. GRASP – a new search algorithm for satisfiability. Technical Report TR-CSE-292996, University of Michigan, 1996.

[263] E. Singerman. Challenges in making decision procedures applicable to industry. In PDPAR 2005. *Electronic Notes in Computer Science*, 144(2), 2006.

[264] L. Stockmeyer. The polynomial-time hierarchy. *Theoretical Computer Science*, 3:1–22, 1977.

[265] L. Stockmeyer and A. Meyer. Word problems requiring exponential time. In *5th Annual ACM Symposium on Theory of Computing (STOC)*, pages 1–9. ACM, 1973.

[266] O. Strichman. On solving Presburger and linear arithmetic with SAT. In *Formal Methods in Computer-Aided Design (FMCAD)*, volume 2517 of *LNCS*, pages 160–170. Springer, 2002.

[267] O. Strichman, S. Seshia, and R. Bryant. Deciding separation formulas with SAT. In *14th International Conference on Computer Aided Verification (CAV)*, volume 2404 of *LNCS*, pages 209–222. Springer, July 2002.

[268] A. Stump, C. Barrett, and D. Dill. CVC: a cooperating validity checker. In *14th International Conference on Computer Aided Verification (CAV)*, volume 2404 of *LNCS*, pages 500–504. Springer, 2002.

[269] A. Stump, C. W. Barrett, D. L. Dill, and J. R. Levitt. A decision procedure for an extensional theory of arrays. In *16th Annual IEEE Symposium on Logic in Computer Science (LICS)*, pages 29–37. IEEE, 2001.

[270] A. Stump and L.-Y. Tan. The algebra of equality proofs. In *Term Rewriting and Applications, 16th International Conference (RTA)*, volume 3467 of *LNCS*, pages 469–483. Springer, 2005.

[271] G. Sutcliffe and C. Suttner. The state of CASC. *AI Communications*, 19(1):35–48, 2006.

[272] N. Suzuki and D. Jefferson. Verification decidability of Presburger array programs. *J. ACM*, 27(1):191–205, 1980.

[273] M. Talupur, N. Sinha, O. Strichman, and A. Pnueli. Range-allocation for separation logic. In *16th International Conference on Computer Aided Verification (CAV)*, volume 3114 of *LNCS*, pages 148–161. Springer, July 2004.

[274] C. Tinelli. A DPLL-based calculus for ground satisfiability modulo theories. In *Proc. 8th European Conference on Logics in Artificial Intelligence*, volume 2424 of *LNAI*, pages 308–319. Springer, 2002.

[275] C. Tinelli and M. T. Harandi. A new correctness proof of the Nelson–Oppen combination procedure. In *Frontiers of Combining Systems: 1st International Workshop*, pages 103–120. Kluwer Academic, 1996.

[276] C. Tinelli and C. Zarba. Combining nonstably infinite theories. *Journal of Automated Reasoning*, 34(3):209–238, 2005.

[277] G. Tseitin. On the complexity of proofs in propositional logics. In *Automation of Reasoning: Classical Papers in Computational Logic 1967–1970*, volume 2. Springer, 1983. Originally published 1970.

[278] R. J. Vanderbei. *Linear Programming: Foundations and Extensions*. Kluwer, 1996.

[279] M. Veksler and O. Strichman. Learning general constraints in CSP. *Artificial Intelligence*, 238:135–153, 2016.

[280] W. Visser, S. Park, and J. Penix. Using predicate abstraction to reduce object-oriented programs for model checking. In M. P. E. Heimdahl, editor, *Third Workshop on Formal Methods in Software Practic (FMSP)*, pages 3–182. ACM, 2000.

[281] J. Whittemore, J. Kim, and K. Sakallah. SATIRE: A new incremental satisfiability engine. In *IEEE/ACM Design Automation Conference (DAC)*, 2001.

[282] R. Wilhelm, S. Sagiv, and T. W. Reps. Shape analysis. In *Compiler Construction (CC)*, volume 1781 of *LNCS*, pages 1–17. Springer, 2000.

[283] H. P. Williams. Fourier-Motzkin elimination extension to integer programming problems. *Journal of Combinatorial Theory*, 21:118–123, July 1976.

[284] R. Williams, C. P. Gomes, and B. Selman. Backdoors to typical case complexity. In *IJCAI*, pages 1173–1178. Morgan Kaufmann, 2003.

[285] J. Wilson. Compact normal forms in propositional logic. *Computers and Operations Research*, 90:309–314, 1990.

[286] S. A. Wolfman and D. S. Weld. The LPSAT engine & its application to resource planning. In T. Dean, editor, *International Joint Conference on Artificial Intelligence (IJCAI)*, pages 310–317. Morgan Kaufmann, 1999.

[287] P. Wolper and B. Boigelot. On the construction of automata from linear arithmetic constraints. In *Tools and Algorithms for the Construction and Analysis of Systems (TACAS)*, volume 1785 of *LNCS*, pages 1–19. Springer, 2000.

[288] L. Wolsey. *Integer Programming*. Wiley-Interscience, 1998.

[289] L. Xu, F. Hutter, H. H. Hoos, and K. Leyton-Brown. SATzilla-07: The design and analysis of an algorithm portfolio for SAT. In *Principles and Practice of Constraint Programming (CP)*, pages 712–727, 2007.

[290] B. Yordanov, S.-J. Dunn, H. Kugler, A. Smith, G. Martello, and S. Emmott. A method to identify and analyze biological programs through automated reasoning. *Nature Systems Biology and Applications, In Press*, 2016.

[291] B. Yordanov, C. Wintersteiger, Y. Hamadi, and H. Kugler. SMT-based analysis of biological computation. In *NFM*, volume 7871 of *LNCS*. Springer, 2013.

[292] B. Yordanov, C. Wintersteiger, Y. Hamadi, and H. Kugler. Z34Bio: An SMT-based framework for analyzing biological computation. In *SMT*, 2013.

[293] B. Yordanov, C. Wintersteiger, Y. Hamadi, A. Phillips, and H. Kugler. Functional analysis of large-scale DNA strand displacement circuits. In *Proc. 19th International Conference on DNA Computing and Molecular Programming (DNA 2013)*, volume 8141 of *LNCS*, pages 189–203, 2013.

[294] H. Zantema and J. F. Groote. Transforming equality logic to propositional logic. *Electronic Notes in Computer Science*, 86(1), 2003.

[295] L. Zhang, C. Madigan, M. Moskewicz, and S. Malik. Efficient conflict driven learning in a Boolean satisfiability solver. In *International Conference on Computer Aided Design (ICCAD)*, pages 279–285. IEEE, 2001.

[296] L. Zhang and S. Malik. Conflict driven learning in a quantified Boolean satisfiability solver. In *International Conference on Computer Aided Design (ICCAD)*, 2002.

[297] L. Zhang and S. Malik. Towards symmetric treatment of conflicts and satisfaction in quantified Boolean satisfiability solver. In P. V. Hentenryck, editor, *8th International Conference on Principles and Practice of Constraint Programming (CP)*, volume 2470 of *LNCS*, pages 200–215. Springer, 2002.

[298] L. Zhang and S. Malik. Extracting small unsatisfiable cores from unsatisfiable Boolean formula. In *Theory and Applications of Satisfiability Testing (SAT)*, 2003. Presentation only.

[299] L. Zhang and S. Malik. Validating SAT solvers using an independent resolution-based checker: Practical implementations and other applications. In *Design and Test in Europe Conference (DATE)*, pages 10880–10885. IEEE, 2003.

工 具 索 引

算 法 索 引

索 引